2594 | ALFA | KİŞİSEL GELİŞİM | 111

KENDİ KUTUPYILDIZI'NIN PEŞİNDE

MARTHA BECK

Lisansını, yüksek lisansını ve doktorasını Harvard'da yaptı. Yaşam tasarımı danışmanı olmadan önce Harvard ve American Graduate School of Internationol Management'ta ders verdi. *Expecting Adam: A True Story of Birth, Rebirth and Everyday Magic; Breaking Point: Why Women Fall Apart and How They Can Re-Create Their Lives; The Joy Diet: 10 Daily Practices for a Happier Life, Leaving Saints: How I Lost the Mormons and Found My Faith, Steering by Starlight, The Science and Magic of Finding Your Destiny, The Four Day Win, End Your Diet War and Achieve Thinner Peace* ve *Finding Your Way in a Wild New World, Reclaiming Your True Nature* kitaplarının yazarıdır. *Mademmoiselle, Real Simple* ve *Redbook* dergilerinin yardımcı editörlüğünün yapmakta, ayrıca başka dergilerde de yazılar yazmaktadır. Martha ailesiyle beraber Phoenix'te yaşıyor.

FERHAN ERTÜRK

Yayınlanmış bir romanı, bir öyküsü, çoğunluğu kurgu olmak üzere, seksenin üzerinde çeviri ve yetmişin üzerinde yayına hazırladığı kitabı olan Ferhan Ertürk, balık tutup dans etmediği zamanlarda ya okuyor ya yeni romanları üzerinde çalışıyor ya da arada sırada çeviri yapmaya devam ediyor.

Yayıncı ve Genel Yayın Yönetmeni M. Faruk Bayrak
Genel Müdür Vedat Bayrak
Yayın Yönetmeni Mustafa Küpüşoğlu
Kapak ve Sayfa Tasarımı Begüm Çiçekçi

ISBN 978-605-106-893-0
1. Basım: Eylül 2014

Baskı ve Cilt
Melisa Matbaacılık
Çiftehavuzlar Yolu Acar Sanayi Sitesi No: 8 Bayrampaşa-İstanbul
Tel: 0(212) 674 97 23 Faks: 0(212) 674 97 29
Sertifika no: 12088

Alfa Basım Yayım Dağıtım San. ve Tic. Ltd. Şti.
Alemdar Mahallesi Ticarethane Sokak No: 15 34110 Fatih-İstanbul
Tel: 0(212) 511 53 03 (pbx) Faks: 0(212) 519 33 00
www.alfakitap.com - info@alfakitap.com
Sertifika no: 10905

Martha Beck

Kendi Kutupyıldızı'nın Peşinde

Çeviri
Ferhan Ertürk

ALFA | KİŞİSEL GELİŞİM

Karen, bu kitap senin için

İçindekiler

Kutupyıldızı özel isim olduğundan büyük harfle başlatılmış ama okumayı kolaylaştırmak için gelen ekler kitabın kapağında ayrılmış olsa da içinde ayrılmamıştır.

Yazarın Notu

Bu kitabın başından sonuna kadar, Yaşam Tasarımı programı ve atölyelerimdeki müşterilerimden bol miktarda örnek aldım. Bununla beraber, mahremiyetlerini korumak ve gizliliklerini sağlamak için isimlerini, görünüşlerini ve diğer tanımlayıcı özelliklerini değiştirdim. Bana olan güvenleri ve verdikleri örnekler için onlara son derece müteşekkirim; ben onlara kendi Kutupyıldızlarını bulmak için yardım ederken onlar da bana benimkini bulmamda yardımcı oldular.

Ailemin, arkadaşlarımın ya da ermiş tazım Cookie'nin isimlerini değiştirmedim.

Teşekkürler

Bu kitap, benim geleneksel olmayan eğitim tarzıma katlanan, hatalarımdan dolayı beni affeden, hayatlarını ve kariyer geçmişlerini paylaşan, "yaşam tasarımı" konusundaki ilgimi derinleştirmem için beni zorlayan American Graduate School of International Management'taki öğrencilerime çok şey borçludur. Özellikle Jessica Walters ve Susan Bagdadhi'ye içgörüleri, enerjileri ve duyarlılıkları için teşekkür etmek isterim. Başarılarının sırlarını açıkça çalma girişimimde, onlarla söyleşi yapmama izin verenlere de teşekkür etmek isterim.

Bu kitaba dair fikirler ben Harvard Business School'da Dr. John Kotter için araştırma görevlisi olarak çalışırken şekillenmeye başladı. Deneyim ve yetenek eksikliğime rağmen beni işe aldığı ve bu iki konuda da yavaş gelişmeme karşın sabırlı olduğu için ona teşekkür ederim.

Andersen Danışmanlık Stratejik Değişim Enstitüsünden (hayır, isim tesadüf *değil*) Dr. John Beck'e de gerçekten minnettarım. Bu kitaptaki pek çok fikir ondan çıktı ve hepsi de sabah kahvelerimizi içerken yaptığımız tartışmalarda en az üç dört kez onun tarafından gözden geçirilmiştir.

Aristoteles bir doktorun bir hastalığı iyileştirecek tedaviyi bulmadan önce o hastalığa yakalanması gerektiğine inanırdı. Ben kendi Kutupyıldızımı kaybedip ona tekrar kavuşma sürecinden kesinlikle geçtim ve belli insanların rehberliği olmasa, geri dönüş yolumu asla bulamayacaktım. Bütün bu kişilerin isimlerini yazmam imkânsız, ama bunların bazıları (ortaya çıkış sıralarına göre) Rebecca Nibley, Robert Bennion, Will Reimann, Sibly Johnston, Ruth Killpack ve Aspen'deki çete, Lydia ve Sylvia Nibley, Dawn Swanson, Annette Rogers ve bütün harika, cesur müşterilerim.

İnanılmaz editörüm Betsy Rapoport sadece bir arkadaş ve Kutupyıldızı rehberi değil, aynı zamanda bu kitabın ebelerinden biridir ve genel olarak yazma konusunda bana yardımcı olmuştur. Ajanım Beth Vesel ve yardımcısı Emilie Stewart da güvenilir destekçilerdir. Dergi editörlerim Marcia Menter, Carol Kramer (*Real Simple*'daki diğer herkes) "yaşam tasarımı" fikirlerini geliştirmem ve onları okunabilir bir hale getirmem konusunda beni teşvik ettiler. Bana öğretmenlik yapmaları benim için bir ayrıcalıktır.

En son olarak, Stella Polaris yıldız ahalisinden John, Kevin, Kat, Adam, Liz, Gözüpek Cookie ve özellikle Karen'a sevgi ve teşekkürlerimi iletiyorum. Yaşamımdaki varlıkları imkânsız hayallerin bile gerçek olabileceğinin günlük yaşamdaki ispatıdır.

Sunuş

"Olmak istediğim yerde olmadığımı hayatımın tam da ortasında fark ettim. Sanki doğru yoldan ayrılıp çok ama *çok* kötü bir mahalleye gitmiş gibiydim. Oranın ne kadar korkunç bir yer olduğunu hatırlamak bile istemiyorum; ölecekmişim gibi hissetmeme neden oluyor. Size bundan bahsetmemin tek nedeni uzun vadede iyi pek çok şeyin bundan çıkmış olmasıdır. Her neyse, rotadan nasıl olup da bu kadar uzaklaştığımı bile bilmiyorum. Uykuda yürüyormuşum gibi hissettim." *Dan, 41 yaşında*

Bu hikâye işyerimde, derslerimde ve seminerlerde tanıştığım yüzlerce insanın herhangi birine ait olabilirdi, ama öyle değil. Aslında "Dan," Dante Alighieri'nin Dante'sinin kısaltılmışıdır. Yukarıdaki paragraf 1307'de yazılmış *İlahi Komedya*'nın ilk on iki dizesinin benim tarafımdan yapılmış çok kaba bir yorumudur. Bazen müşterilerime ondan bahsederim, çünkü bu eser onların, orta yaşa gelip birden uykudan uyanan, kendilerini sersemlemiş, mutsuz ve yoldan çıkmış bulan ilk kişi olmadıklarına inanmalarına yardımcı olur. Bunlar en azından ortaçağdan beri oluyor ve sadece orta yaştakilerin başına gelmiyor.

Çalıştığım işkolunda Dan'e benzeyen birçok kişi görüyorum. Ben "Yaşam Tasarımı" denilen bir hizmet sunuyorum. Bu bir tedavi değil, bununla beraber müşterilerimle duyguları ve kişisel geçmişleri hakkında konuşmaya eğilimliyim. Bu kariyer danışmanlığı değil, bununla beraber birçok kişiye özgeçmişlerini güzelleştirmek, iş görüşmelerine hazırlanmak ve iş planlarını düzeltmek için yardımcı oldum. Yaşam tasarımı, en azından benim uyguladığım şekilde, insanlara Dante'nin *la verace via* dediği, gerçek yolu bulmalarına yardımcı olma sürecidir. Ama anladığınız gibi, ortada sadece tek bir doğru yol yoktur. Ne kadar insan varsa, o kadar çok yol vardır ve rotasını çizebileceğim tek yol benimkidir. Mesela sizin gerçek yolunuzun nerede olduğu hakkında benim hiçbir fikrim yok. Ama sizin var.

İlahi Komedya'da, ozan Vergilius, Dante'ye Karanlık Hata Ormanından çıkış yolunu göstermek için birdenbire ortaya çıkar. Ben sizin başınıza da bunun gelmesini bütün kalbimle umuyorum, ama bunu boşu boşuna beklemeyin. Ve Tanrı biliyor ki, ben Vergilius değilim. Ben sadece, doğru yolunuzu görmenize, ona geri dönecek rotayı bulmanıza ve o rotayı takip etmenize yardım edebilecek bir koçum. Binlerce yararlı kitap okuduktan, kendi Karanlık Hata Ormanımda milyonlarca kez kaybolduktan ve yüzlerce insana ruhlarının serpileceği yerler yaratmaya yardımcı olduktan sonra, bu süreci kolaylaştırıcı fikirler ve yöntemler geliştirdim. Bu kitap verebileceğim en iyi tavsiyeleri içeriyor.

Herkesin yaşam yolu farklı olsa da, insanın yolculuğunun bariz, bazı evrensel yönleri vardır. Bütün kültürler, her coğrafi bölge ve her çağda hakikat, aşk ve neşenin kalitesini idealize etmişlerdir. Bu güne kadar bu şeyleri araştırmayan, bu öğelerin hem gerçek evimiz hem de iç doğamızın en iyi yorumunun bir karışımı olduğunu hissetmeyen bir müşterim olmadı. Dante bu özellikleri nihai bir şekilde gerçekleştirme deneyimini yaşayabileceği bir yer aramaya başladığında, hedefine Cennet adını verdi. Ona Cennet, Nirvana, Allah'ın Bahçesi, Aydınlanma, beyinde yüksek seviyede serotoninden ortaya çıkan bir durum ya da Disneyland diyebilirsiniz; bu iyilik ve mutluluk potansiyelimizin nihai göstergesi için kısaltma bir etiket olduğu sürece umurumda değil. Ben bu durumu Kutupyıldızı olarak görüyorum.

Benim sözlüğüme göre, arkadaşlarının Stella Polaris olarak

bildiği Kutupyıldızı "kuzey kutbunun göğüne yakın bir yerde durur." Yerinden dolayı Kutupyıldızı diğer yıldızların yaptığı gibi gökyüzünde dolaşıyormuş gibi görünmez; bu hangi yöne gittiğinizi bulmanız için her zaman kullanılabilecek "sabit bir noktadır." Kâşifler ve denizciler gözüken başka bir yön bulma işareti olmadığında Polaris'e güvenebilirler.

Aynı ilişki sizinle gerçek yaşamınız, mutluluk potansiyelinizin nihai bir şekilde gerçekleşmesi arasında vardır. Ben mükemmel bir yaşam bilgisinin aynı Kutupyıldızı gibi sizin içinizde, değiştirilemeyecek bir yerde durduğuna inanıyorum. Kendinizi tamamen kaybolmuş, Karanlık Hata Ormanında şaşkın bir şekilde ölecekmiş gibi hissedebilirsiniz. Ama yaprakları kenara itip bulutların uzaklaşmasını beklerseniz hedefinizin her zaman olduğu gibi parladığını göreceksiniz: bu, yaşamınızın sürekli değişen haritasında sabit bir noktadır.

Birçok kişinin kendi Kutupyıldızını keşfetmesini izleme ayrıcalığına sahip oldum ve bu, yoktan var edilen bir yaratımdan ziyade her zaman bir keşif, bir 'ortaya çıkarma'dır. Çok fazla mutluluk yaşamamış, doğduğundan beri kargaşa, adaletsizlik ve acı içinde debelenmiş insanlar bile bir taraftan dünyada pozitif, büyük etkiler yaratırken aynı zamanda potansiyellerini gerçekleştirmeye izin verecek koşullar zincirinin ne olduğunu bilirler. Sizin içinizde de benzer bir imge olduğunu garanti ederim.

Kutupyıldızınızı bir kere buldunuz mu onu göz önünde tutmaya devam etmek rotada ilerlemek için iyi bir metottur; tabii ki gökyüzü açık olduğu sürece. Peki, bulutlu gecelerde, ruhunuzun aşırı miyop olduğunu ve gözlüğünüzü kaybettiğinizi fark ettiğiniz zamanlarda ne olacak? Sis içinde kaldığınız, kafanızın karıştığı durumlarda Kutupyıldızınızın nerede durduğunu bulmak için biraz yardıma ihtiyacınız olabilir. Pusulalar da bunun için vardır. Hangi yöne dönerseniz dönün, bir pusulanın iğnesi Polaris'i göstermeye devam eder.

Yazgınızı göremediğiniz ya da onun size gerçekten rehberlik ettiğine inanamadığınız bu anlarda, beyniniz ve bedeninizde farklı birkaç "pusulanın" var olduğunu bilmek insana yardım eder. Kitabın 1. ve 8. Bölümleri arasında, gerçek yolunuzu ararken size rehberlik edecek iç "pusulalarınızı" okumayı öğreneceksiniz. Eğer hayatınız bulutluysa ve rotanızdan çok uzaktaysanız, yola inancınızla bir süreliğine devam edebilirsiniz, ama eninde sonunda öğreneceksiniz ki içsel yön bulma sisteminize güvendiğiniz sürece, kendinizi sizin için doğru olan yaşama daha da yaklaşmış bulacaksınız. Kendinizi kör ya da kaybolmuş hissettiğiniz zamanlarda bile (ki bu anlardan çok olacaktır) bu pusulaları okuyarak, Kutupyıldızınıza doğru giden yolculuğunuza devam edebilirsiniz.

Kutupyıldızınızın neye benzediğini bilmek ve sizi ona götürecek içsel pusulalarınızı anlamak kaçınılmazdır, ama aslında sahip olmanız gereken yaşantıya gerçekten ulaşmanız için yeterli koşulları oluşturmaz. Sizi ileri doğru taşıyacak vasıtalara da ihtiyacınız vardır. Neyse ki onlara sahipsiniz. Enerjiniz, pratik zekânız, ilişkileriniz ve imkânlarınız hayatta ilerlemenizi sağlayacak vasıtalardır. Ne var ki çoğu insan bunların hepsini iyi kullanamaz. Tek amaçları onları gerçek yaşantılarından uzak tutmak olan bazı düşman güçler tarafından kullanılıyormuş gibi hayatlarının çoğunlukla kendi kontrollerinin dışındaymış gibi hissederler. Eğer siz de kendinizi böyle hissediyorsanız 9 ile 11. Bölümler arasında vasıta kullanma eğitimine dair faydalı bazı tavsiyeler bulacaksınız. Bu tavsiyeler hayatınızın kontrolünü tekrar ele almanıza ve Kutupyıldızınıza doğru yönelmenize yardımcı olacaktır.

Bu kitabın yapacağı en son şey, hayatınız değişmeye başladığında geçmeniz gereken arazinin bir haritasını çizmektir, çünkü eğer ilk iki bölümdeki tavsiyeleri dinlerseniz hayatınız değişecektir. Eğer doğru rotanızı kaybettiyseniz, onu tekrar bulmak için değişiklikler yapmak zorundasınız. Rotaya bir kez girdiniz mi, gelişme ve ilerleme süreci biçimindeki bu değişimin doyurucu bir varoluşun içsel ve değişmez bir bileşeni olduğunu keşfedeceksiniz. İyi herhangi bir Budistin size söyleyebileceği gibi, kalıcı neşeyi bulmanın tek yolu hiçbir şeyin kalıcı olmadığı gerçeğini kabul etmektir. 12. ile 15. Bölümler arasında, değişim kaosunu düzenleyen "planlı kargaşa" incelenecek. Böylece daha önce hiç kimsenin seyahat etmediği bir yolda bile karşılaşacağınız tehlikelerin neler olduğu ve onlardan nasıl kurtulabileceğiniz konusunda bazı fikirleriniz olacak.

Size bütün bunların acı çekmeden gerçekleşeceğini söylemeyeceğim, ama harika olacağı konusunda sizi temin edebilirim. Dan'e dönelim. Onun *la verace via*'sına giden yolun doğrudan Cehennemden geçtiğini hatırlayabilirsiniz. Dante'nin yolculuğu bir insanın düşebileceği, en büyük korkularının ve en acı gerçeklerin olduğu en kötü yerden, dünyanın merkezine indirdi. Ve sonra, "aşağı" inişe devam edip merkezi ve ötesini *geçtikten sonra* aniden yukarı çıkmaya başladı. Önünde "Cennetin taşıdığı güzellikleri;" amacı, tatmini, heyecanı, şefkati ve hazzı görebiliyordu. Hâlâ yorgundu ve korkuyordu, ama uykuda gezmiyordu ve kaybolmamıştı. Önünde hâlâ uzun bir yol vardı, ama bu doğru olan yoldu. Ve böylece Dante "ilerledik ve yıldızları tekrar gördük" diye yazdı. O kadar uzağa gittiğinizde, artık Cennete giden yola çıkmış olursunuz.

Kendi Kutupyıldızı'nın Peşinde

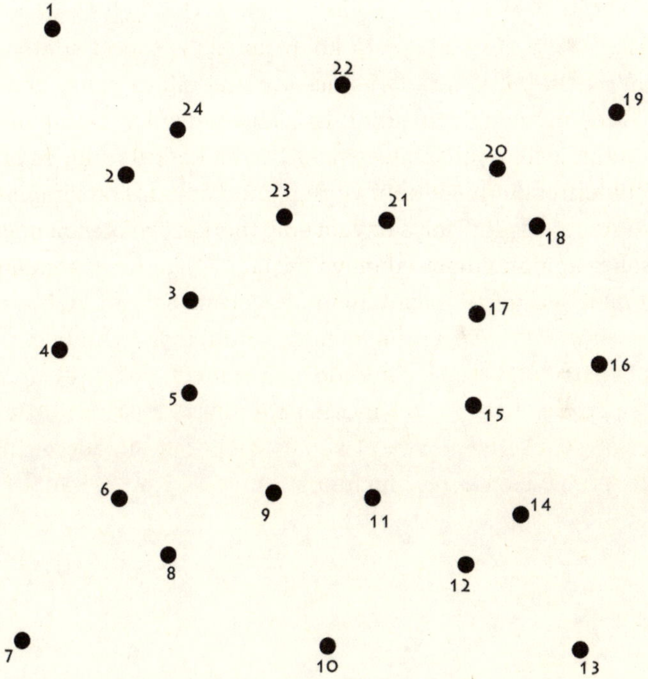

1

KOPUK BENLİK

Melvin IBM'de orta düzey müdür olarak çalışmış ve berbat bir müdür olmuştu. Eğer klinik depresyonun bir telefon sesi olsa, Melvin'in onu bir müşteri olarak kabul edip etmeyeceğimi öğrenmek için beni aradığı sabahki sesi gibi olurdu. Bir süredir kendini durgun ve bitkin hissettiğini söyledi, bunun büyütülecek bir şey olmadığını ve sadece yaklaşık yirmi yıldır sürdüğünü ekledi. Son zamanlarda, durum Melvin'in hem iş performansının hem de evliliğinin zorlanma işaretleri gösterdiği bir noktaya gelmişti. Sorunun işinden kaynaklandığını düşünüp son bir iki aydır üst düzey iş ilanlarını gizlice takip eder ve diğer şirketlerdeki arkadaşlarına özgeçmişini yollar olmuştu. Ufak tefek birkaç cevap almıştı, ama hiçbiri onu ilgilendirecek seviyede değildi. Melvin bütün bunları, *teşvik* ve *tatmin edici* gibi kelimelerle dolu bir şekilde, duygusuz ama akıcı bir Yönetici diliyle söyledi.

Büromda zamanlarını ve paralarını harcamada önce, potansiyel müşterilerimi değerlendirmekte zaman zaman kullandığım küçük kelime testini Melvin'e yapmaya karar verdim. Yaşını (kırk beş), evlilik durumunu (ayrı, çocuksuz) ve iş geçmişini (üniversiteyi bitirdiğinden beri IBM elemanı) sordum. Sonra beni gerçekten ilgilendiren sorulara geçtik.

"Peki, Melvin," dedim. "Küçük bir çocukken hayali bir arkadaşın oldu mu?"

"Pardon?" dedi Melvin.

Soruyu tekrar ettim.

"Hiç hatırlamıyorum," dedi Melvin, sert bir şekilde.

"Tamam," dedim. "Zamanın nasıl geçtiğini sana unutturan, düzenli yaptığın bir şey var mı?"

"Zaman mı?" diye tekrar etti Melvin.

"Evet," dedim, "yaptığın bir şeyden kafanı kaldırıp da sen farkına varmaksızın saatler geçtiğini gördüğün oldu mu hiç?"

"Bir dakika," dedi Melvin. "Bunu yazmam lazım."

"Hayır, hayır," dedim, "yazman gerekmiyor. Bazı durumlarda diğer durumlardan daha fazla güler misin?"

"Bakın," dedi Melvin, gergin bir şekilde "bu tür sorulara cevap vermem gerekeceğini bilmiyordum. Ben sadece bana kariyer ortasında iş değişikliği konusunda bir şeyler söyleyebileceğinizi düşünmüştüm. Hazırlanmak için zamanım yoktu."

Zihnimde Melvin'in, gülme oranlarının hesaplanması için pazarlama bölümünü aramasının ve en sevdiği çocukluk fantezileri konusunda aile üyeleriyle görüşmesinin görüntüleri canlandı. "Melvin," dedim, "rahat ol. Çan eğrisine göre değerlendirmiyorum. Bana sadece, hayatında yediğin en iyi yemeği hatırlayabildiğin kadarıyla anlat."

Telefonda uzun bir sessizlik oldu. Sonra şöyle dedi: "Kusura bakmayın, ama bazı verileri bir araya getirmem ve bu sorular için size daha sonra dönmem gerekiyor. Önümüzdeki hafta uygun olur mu?"

Melvin'den bir daha haber alamadım.

Melvin aslında beni hiç aramamıştı; en azından Melvin'in tamamı aramamıştı. *Melvin*'in daha önce Melvin'in bütününden haberdar olduğunu sanmıyorum. Benim yaptığım görüşme Melvin'in "toplumsal benliği"yleydi; bu onun, etrafındaki insanların değer verdiği şeylere değer vermeyi öğrenmiş olan parçasıydı. Bu "toplumsal benlik" Melvin'in neyi sevdiğini, nelerden hoşlandığını ya da ne istediğini bana söyleyemezdi, çünkü gerçekten bilmiyordu. Bu olgular, bırakın uzmanlaşmayı, onun deneyim alanlarına bile girmiyordu. O Melvin'in tercihlerini ya da çocukluğunu hatırlayamadı, çünkü toplumsal benliği ona yıllardır tercih ettiği şeyleri görmezden gelmesini ve bir çocuk gibi davranmayı bırakmasını söylemişti.

Tabii ki Melvin'in bir parçası ona sorduğum tüm soruların cevabını biliyordu. Ben bu parçaya "öz-benlik" diyorum. Melvin'in öz-benliği tüm sağlıklı bebekler gibi meraklı, büyülenmiş, oyunbaz bir minik yaratık olarak doğmuştu. Kırk beş yıl sonra bireyselliğe, araştırmaya, kendiliğindenliğe ve neşeye yönelik hâlâ güçlü dürtüleri vardı. Ama Melvin'in toplumsal benliği bu dürtüleri yıllarca bastırarak, onlara erişimi kaybetmişti. Melvin'in kendisi için doğru olan yolu da kaybetmiş olması kaçınılmazdı, çünkü *toplumsal benliği onu hayatta taşıyan araç olduğu* için, *Melvin'in, kendi Kutupyıldızını* gösterecek *yön bulma aletlerinin tümüne sahip olan* öz-benliğiyle *bağlantısı kesilmişti.*

Melvin pusulasını ya da haritalarını kaybetmiş bir gemi gibiydi. Kendisini gayesiz ve sönük hissetmesini sağlayan sadece çalıştığı yanlış iş değildi; yaşama amacını kaybetmiş olmasıydı. Eğer Melvin müşterim olsaydı, öz-benliğiyle bilinçli bir şekilde tekrar bağlantı kurmayı öğrenene kadar IBM'de kalmasını ona tavsiye edecektim. Sonra kendisini mutluluğa götürecek doğru rotayı çizme kapasitesini kazanacaktı; bu o anki işini ve evliğini sürdürmek de olabilirdi, tamamen yeni bir yaşam da.

YÖN BULMA SORUNU

Ben bütün danışmanlık hizmetlerimi herkesin bu iki parçaya sahip olduğu öncülü üzerine kuruyorum: öz-benlik ve toplumsal benlik. Öz-benlikte kendi Kutupyıldızınızı sürekli olarak gösteren karmaşık birkaç pusula vardır. Toplumsal benlik de sizi bu hedefe götüren bir takım yeteneklerdir. Öz-benliğiniz doktor olmanızı büyük bir tutkuyla ister, toplumsal benliğiniz organik kimyayla uğraşır ve tıp fakültesine başvurur. Öz-benliğiniz doğada özgürce dolaşmaya can atar, toplumsal benliğiniz sırt çantalı bir gezinti için doğru malzemeleri satın alır. Öz-benliğiniz âşık olur, toplumsal benliğiniz sevdiğiniz kişinin penceresinin altında serenat yapmanıza izin vermeden önce bu duygunun karşılıklı olup olmadığını kontrol eder.

Bu sistem toplumsal benlik ve öz-benlik birbirleriyle özgürce iletişim kurdukları ve tam olarak eşzamanlı çalıştıkları sürece güzel işler. Bununla beraber bu içsel uyumu yaşayacak kadar şanslı insan sayısı pek fazla değildir. Birazdan konuşacağımız bazı nedenlerden ötürü, büyük birçoğunluğumuz hayat rotamızı çizme görevini başka insanlara verir. Hatta kendi yön bulma aletlerimize hiç başvurmaz, hayatlarımızı Kutupyıldızımızın nasıl bulunacağı hakkında hiçbir fikri olmayan insanların talimatlarına göre yönlendiririz. Doğal olarak da onlar bizi rotamızın dışında bir yere yollarlar.

Eğer genel olarak hayat hakkındaki hisleriniz hoşnutsuzluk, endişe, hayal kırıklığı, öfke, sıkıntı, hissizlik ya da umutsuzlukla doluysa, toplumsal benlik ve öz-benlikleriniz eşzamanlı değildir. Yaşam tasarımı onların bağlantısını tekrar kurma sürecidir. Bu sürece iki benliğin farklarını açık bir şekilde belirterek ve aralarındaki iletişimin nasıl koptuğunu anlayarak başlayacağız.

BENLİKLERİNİZİ TANIMAK

Öz-benliğiniz siz daha doğmadan oluşmuştur ve ölene kadar kalacaktır. Bu genlerinizden aldığınız kişiliktir: karakteristik arzularınız, tercihleriniz, duygusal tepkileriniz ve istemsiz psikolojik tepkileriniz genel bir kimlik duyusunda bir araya toplanmıştır. İster Fransa ister Çin ister Brezilya'da, dilenciler ya da milyonerler tarafından yetiştirilmiş de olsanız aynı olurdu. Bu sizin, seçenek ve özel vasıflardan sıyrılmış yalın halinizdir. İki bakımdan aslidir: İlkin sizin kişiliğinizin özüdür, ikinci olarak da kendi Kutupyıldızınızı bulmak için ona kesinlikle ihtiyacınız vardır.

Diğer taraftan toplumsal benlik, ailenizdeki herkesten, ilk aşkınızdan Papa'ya kadar, etrafınızdaki insanlardan gelen baskılara tepki olarak geliştirdiğiniz parçanızdır. Memeliler içinde toplumsal bağlamda başkasına en bağımlı yaratık olan insan bebekleri hayatta kalmalarının, etraflarındaki yetişkinlerin iyi niyetlerine bağlı olduğunu bilerek doğarlar. Bu yüzden, kelimenin tam anlamıyla diğer insanları memnun etmek üzere tasarlanmışızdır. Öz-benliğiniz ilk bebek gülümsemenizi bozan parçanızdır; toplumsal benliğiniz ise annenizin bunu ne kadar çok sevdiğini fark eder ve daha sonra, bir daire almak için gereken peşinatı size borç vermesine onu ikna etmek için tam zamanında o gülücüğü yüzünüze kondurur. İki tepkiniz de hâlâ vardır. Bazen keyiften, zevzeklikten ya da neşeden dolayı istemsiz bir şekilde gülümsersiniz, ama gülümsemelerinizin çoğu tamamen toplumsal uzlaşımdan kaynaklanır.

Doğumla şu an arasında, toplumsal benliğiniz engin bir beceri çeşitliliği kapmıştır. Konuşmayı, okumayı, giyinmeyi, dans etmeyi, araba kullanmayı, el çabukluğunu, elde etmeyi, yemek pişirmeyi, sırada beklemeyi, muzunu paylaşmayı, ısırma dürtüsünü bastırmayı, toplumsal olarak onaylanan her şeyi öğrenmiştir. Kültür ne olursa olsun aynı kalan özbenliğinizin aksine, toplumsal benliğiniz kültürel normlar ve beklentiler tarafından şekillenmiştir. Bir mafya ailesinin ferdi olarak doğmuş olsanız, toplumsal benliğiniz büyük ihtimalle temkinli, sokak yaşantısına uyumlu ve acımasız olur. Yerel yetimhanede bir rahibe tarafından büyütülmüş olsaydınız, toplumsal benliğiniz aziz gibi ve fedakâr olabilirdi. Ne olmayı öğrendiyseniz, hâlâ öğreniyorsunuz. Toplumsal benliğiniz çok çalışıyor, tam şu anda, ya dürüst ve sadık ya tatlı ve seksi ya sert ve maço ya da toplumsal olarak kabul edileceğinize inandığınız şeylerin başka bir birleşimi olmanızı sağlamak için mücadele ediyordur.

Toplumsal benlik çoğunlukla temel arzularınıza ters düşen ilkeler üzerine kuruludur. Onun işi bu arzuların ne zaman diğer insanları sinirlendirdiğini bilmek ve toplumsal olarak kabul edilmeyen doğal eğilimleri bastırmamız için bize yardım etmektir. Bizim bildiğimiz ve sevdiğimiz Sizi oluşturan, birbiriyle çatışan-çelişen bazı işlemsel özellikler şunlardır:

İKİ BENLİĞİNİZ: İŞLEMSEL TEMEL

Toplumsal Benliğin Davranışları	Öz-benliğin Davranışları
Kaçınma temelli	Çekim temelli
Uyumlu	Benzersiz
Taklit edici	Yaratıcı
Öngörülebilir	Şaşırtıcı
Planlı	Kendiliğinden
Çalışkan	Oyunbaz

Görebildiğiniz gibi, siz kesinlikle tuhaf bir çiftsiniz. Sadece çok şanslı ya da bilge kişiler toplumsal benlik ve öz-benliklerini her zaman aynı takımda oynamaları konusunda uyuşturabilirler. İki benliğimiz birbirlerine karşı her gün küçük ya da büyük bir savaş verirler.

Hadi gelin kurgusal bir örnek olması için Orta Düzey Müdür Melvin'in yaşantısı hakkında bazı detaylar uyduralım. Sabah altıda saatin alarmı çaldığında Melvin'in öz-benliği ona en az iki saat daha uykuya ihtiyacı olduğunu söyler; yıllardır her akşam bedeninin ihtiyaç duyduğundan daha az uyur ve kronik olarak yorgundur. Bununla beraber, toplumsal benliği bu ay üç kez işe geç kaldığını ve patronunun bunu fark etmeye başladığını ona hatırlatır. Melvin kalkar.

Kahvaltısını tek başına yapar. Bu, Melvin'in öz-benliğini geçen hafta eşinin evden ayrılmasından dolayı hissettiği yalnızlıkla boğar. Sadece bir dakikalığına, Melvin onu telefonla aramayı düşünür, ama toplumsal benliği bu fikri hemen reddeder. Çünkü öncelikle, saat sabahın altı buçuğudur. İkinci olarak da, Melvin'in eşi, erkek arkadaşının dairesinde kalıyordur. Melvin öz-benliğinin o erkek arkadaşın peşinden bir beysbol sopasıyla gitme önerisini neredeyse hiç duymaz bile çünkü toplumsal benliği bunun ne kadar yanlış ve boş yere olacağını bilir. Melvin bunun yerine işe gider.

İşyerinde, Melvin'in toplumsal benliği öz-benliğini sıkıntıdan patlatacak bir toplantıda sessizce oturur. Yanındaki MIT'den işletme yüksek lisanslı (MBA), yirmi yedi yaşında, kendini beğenmiş, yakın zamanda terfi edip Melvin'in üstüne geçen bir adamdır. Bu adama sadece bakmak bile Melvin'in sinirden dişlerini sıkmasına neden olur. Öz-benliği bu küçük angutun Oxford gömleğine kaleminden mürekkep püskürtmek ister, ama toplumsal benliği bunu yine engeller. Onun yerine, Melvin'in öz-benliği not defterinin kenarına MIT yüksek lisansıyla ilgili müstehcen bir tekerleme yazar. Sonra toplumsal benliği onu karalar, ya düşmanın eline geçerse diye.

Ve saatler, günler, haftalar boyunca bu böyle devam eder. Bu süregiden savaşta on yıllarca arabuluculuk yaptıktan sonra, Melvin'in iç yaşamı boş ve hissiz durumdadır. Ona ne hissettiğini sorsanız, verecek bir cevabı yoktur; toplumsal benliği bunu bilmez ve bu Melvin'in diğer insanlarla konuşma izni olan *tek* parçasıdır. Melvin'in toplumsal benliği onun işinde, evliliğinde ve yaşamda kalmasını sağladı, ama onu kendi rotasından uzaklaştırarak. Şimdi her şey altüst olmuştur. Bugüne kadar yaptığı fedakârlıklar boşunaymış gibi görünüyor. Sorun Melvin'in toplumsal benliğinin kötü birisi olması değil, hatta o oldukça iyi birisi. Melvin'i kendi Kutupyıldızına kadar götürecek motor onda. Ama Kutupyıldızının nerede olduğunu yalnızca öz-benliği ona söyleyebilir.

KOPUK BENLİK

Müşterilerimin çoğu Melvin gibidir: "doğru olduğuna inandıkları şeyi" yapmak için öz-benliklerinin ağzını tıkayan sorumlu vatandaşlardır. Tabii ki toplumsal bir benlik geliştirmeyi beceremeyen –ya da bunu reddeden– insanlar da vardır. Tamamen öz-benlik dünyalarında yaşar, arzularına ters düşen durumlarda toplumla hiçbir şekilde uzlaşmazlar. Ama çalışmalarım sırasında böyle kişileri çok nadir görürüm. Mesela siz onlardan biri değilsiniz.

Bunu nereden mi biliyorum? Çünkü tamamen öz-benliğinizin idaresi altında olsaydınız, bunu okuyor olamazdınız. Hapishane kütüphanesindeki tek kitap bile olsa, bir kitaptan tavsiye almaktan kaçınırdınız. Zaten okuyacak olsanız büyük ihtimalle orada okurdunuz, çünkü toplumsal benliği olmayan insanların sonu genelde kodes olur. Eğer hepimiz kendi toplumsal benliklerimizi görmezden gelseydik bütün insanların etrafı *Sineklerin Tanrısı*'nın bir başka çeşidine dönerdi; insanlar birbirlerine çatallar saplar, "huzurevlerini yağmalar," Oval Ofiste (ABD başkanının bürosu) yirmi bir yaşındaki stajyerlerle cinsel ilişkiye girer ve kim bilir daha neler yaparlardı.

Bu yüzden sizin, büyük ölçüde toplumsal benliğinizle belirlendiğinize iddiaya girerim. Bunu okuyorsunuz, çünkü siz yaşam tasarımı danışmanları ve kitap yazarları gibi insanlarda bilgi-tavsiye arayan, onlardan yararlanan birisiniz. Daha iyi bir insan olmaya çalışıyorsunuz ve bu konuda oldukça iyisiniz. Tebrikler. Güçlü bir toplumsal benlik sahibi olmak harika bir niteliktir. Bu sizin ilişkileri sürdürmenize, okulu bitirmenize, işinizi yürütmenize ve bir yığın başka hedefe ulaşmanıza olanak sağlar. Ama bütün bu kazanımlara rağmen, kendinizi Melvin gibi hissediyorsanız –hoşnutsuz ve tatminsiz– size içsel bağlantılarınızın büyük ihtimalle koptuğunu söyleyebilirim. Öz-benliğinizle bağlantınızı tekrar kurmanız gerekiyor.

Paradoksal olarak, bu konuda çok iyi olmak istiyorsanız, çok iyi olmayı düşünmeyi keseceksiniz. *Kendi Kutupyıldızınızı bulmak için toplumsal benliğinize rahatlamasını ve geri çekilmesini öğretmelisiniz.*

Bunları zorlu deneyimlerden çıkararak söylüyorum. Yıllarca, toplumsal benliğimle öylesine belirlenmiştim ki onu rahatlatana kadar neredeyse ölümüne dayak yemem gerekti. Herkes gibi, toplumsal benliğimi beni büyüten insanlardan öğrendiğim değerler üzerine kurdum. Bazı yönlerden bu harika bir şeydi, diğer taraftan ise biraz korkutucuydu. Üniversitede profesör olan babam kendini entelektüel kazanımlar kültürüne adamıştı. O ve annem sekiz çocuğunu televizyon, popüler müzik ya da modern kültürün diğer beyin şekerlemelerinden uzak bir şekilde büyüttüler. Onların yerine, babamın Homeros'u Yunanca aslından okurken satır satır tercüme etmesini dinledik. Bana İngilizce okumayı dört, Fransızca okumayı sekiz yaşımda öğretti. Annemle babam bizi, özellikle bulutsuz yaz gecelerinde dışarı çıkıp takımyıldızları ezberlememiz için uyandırırlardı. Beşinci doğum günümden önceki gece yatağımda, geleceğim için yeteri kadar şey başaramadığımdan dolayı endişeden felç olmuş bir şekilde yattığımı hatırlıyorum.

Bu zenginleştirilmiş ortamın sonucu okula başlar başlamaz belli oldu: Joaquin İlkokulunun tarihindeki bütün kızlardan daha çok hırpalandım. Yıllar sonra, inekliğin üstesinden gelmek için son şans denemesi olarak Gilligan's Island[1] ve Uzay Yolu'nun tekrarlarını izleyerek yüzlerce saat geçirdim. Ama bu ben yetişkinliğe geçtikten sonra oldu. Ergenlik dönemi boyunca, toplumsal benliğim entelektüel kazanımlara saplantılı bir şekilde bağlı kaldı. Üniversitede, ana ders olarak Çince aldım; sevdiğimden değil, çok çok zor olduğu-

---

1 Gilligan's Island: 1960'larda ABD'de yayımlanan popüler bir televizyon dizisi.

nu duyduğum için. Toplumsal benliğim bu konuyu başarabileceğime ikna olmuştu, Entelektüel Olimpiyatlarda madalya kazanacaktım.

Ruhumun bodrumunun yanındaki çok küçük ve çok soğuk bir zindana atılmış olan öz-benliğim Çinceden *nefret ediyordu*. Sadece sıradan bir öğrenci olmak için deli gibi çalışmam gerekti, o inanılmaz derecede çapraşık küçük karakterleri ezberleyip neredeyse büyülü bir hızla unuttum. Çincenin gizli bir fonetik alfabesi olduğunu, öğretmenlerimden birinin onu haince benden sakladığını hâlâ düşünürüm. O öğretmenlerin önce, benim ezberlemem için başka birkaç yüz karakter bulup sonra odalarına kapanıp nefesleri kesilene kadar güldüklerini gözümde canlandırdım.

Bütün bunlar, eğer kendinizi bir aşırıya doğru yeteri kadar zorlarsanız sonunda onun tam tersine ulaşırsınız demek içindi. Doğunun ilimi eteklerinde yolumu bulmaya çalışırken, tesadüfen Asya felsefesinin kırıntılarına rastlamaya başladım. Günlük çalışma süremin on dördüncü saatinin tam ortasında, bitkin bir haldeyken aşağıdaki pasaj gibi bir şey okudum:

> *Bilginin peşinde dolaşırken*
> *her* gün bir şey eklenir.
> *Yol'un eğitimini alırken*
> *her* gün bir şey düşer.
> *Bir şey yapmak için gitgide daha az zorlarsınız*
> *siz eylemsizliğe varana kadar.*
> *Hiçbir şey yapılmadığında*
> *yapılmamış olan bir şey kalmaz.*

Çinli filozof Lao-tzu'nun bu dizelerini ilk kez okuduğumda, kamyon çarpmışa döndüm. Ne manaya geldikleri konusunda hiçbir fikrim yoktu, ama kendimi bir bebek gibi ağlarken buldum. Bugünden geçmişe doğru baktığımda, bunun öz-benliğimin zihnimde kabul edildiğini hissettiği ilk seferlerden biri olduğunu görebiliyorum. Diğer taraftan, toplumsal benliğimin sinirleri bozulmuştu. Her gün bir şey düşer, siz hareketsizliğe varana kadar? Bu nasıl bir solcu sapkınlıktı ki?

Bu tür reflekssel şüpheciliğin, Orta Düzey Müdür Melvin'in ona en sevdiği yemeği sorduğumda hissettiğiyle tamamen aynı olduğuna eminim. Müşterilerimin çoğu ilk birkaç seansımız sırasında böyle tepki verir. Başarıya hazır bir şekilde gelir, dimdik, kımıldamadan oturur ve söylediğim her şeyi yazarlar. Onlara not defterlerini kaldırmalarını, ayakkabılarını çıkarmalarını ve *hiçbir şey yapmamalarını* söylediğimde, bana yanlış ilaç kullandığımı fark etmiş gibi bakarlar. Yüksek sesle söyleseler de söylemeseler de ne düşündüklerini bilirim: hayatta hiçbir şey yapmadan, yani "eylemsizlikle" ilerleyemezsiniz. Çalışarak, zorlayarak, kendinizi parçalarcasına *çaba sarf ederek* ilerlersiniz.

Bu insanların yaşamamış olduğu şey –benim üniversite yıllarında yaşamadığım şey olan– "yapmadan yapmak" hissidir. Bir grup Konfüçyüsçü entelektüel hakkında Taocu eski bir hikâye vardır. Dev bir şelaleyi geçerlerken gürleyerek dökülen, girdaplar içindeki suların köpükleri içinde bir ceset gözlerine çarpar. Dehşet içinde kıyıda toplanır ve cesedi nasıl çıkarıp uygun bir şekilde gömeceklerini bulmaya çalışırlar. Tartışma yaşlı adamın, hemen gözleri önünde sudan çıkıp kurulandıktan sonra oradan uzaklaşmasıyla aniden sonra erir.

Bilginler şaşkınlıktan ağızları bir karış açık bakmayı kestiklerinde yaşlı adamın peşinden koşarlar. "Bunu nasıl yaptın?" diye sorarlar. "Hiç kimse o suların içinde ölmeden yüzemez."

"Hiç de öyle değil, tam tersine çok da kolay," der onlara yaşlı adam. "Suyun akışına kendinizi verin. Suyla beraber inip çıkın."

Buradaki anafikir, düşünen zihninizi; kurallara bağlı, endişeyle dolu toplumsal benliğinizi rahatlattığınız zaman her şeyi tamamen durdurmuş olmadığınızdır. Taocular bütün gerçekliğin içinde akan muazzam bir iyiliksever güç olduğuna ve her birimizin –en azından özlerimizde– bu gücün parçası olduğuna inanırlar. Bu güçle (Tao ya da "Yol") kendi ayarınızı bir kere yaptınız mı mükemmel bir dalganın üstündeki sörfçü gibisinizdir artık; müthiş bir güçle ilerlersiniz; ama yapmanız gereken tek şey suyla beraber inip çıkmaktır.

Bunu yapmanın yolu kültürünüzden öğrendiğiniz kuralları bir kenara bırakmanız ve öz-benliğinizin ortaya çıkıp gösteriyi sürdürmesine izin vermenizdir. Toplumsal benlik katı ve sabitken, öz-benliğiniz rahat ve duyarlıdır. O size her durumda sizi Kutupyıldızına yaklaştıracak bir şekilde, nasıl "yapılmayacağı" konusunda talimat verebilir.

Küçük bir ameliyat sonrasında iyileşirken bu konuda çok şey öğrendim. Bana ameliyat sonrası sorabileceğim bütün sorulara cevap verebilecek, nazik bir hemşireyle bağlantı kurabileceğim bir telefon numarası verilmişti. Ameliyattan birkaç gün sonra, kendimi berbat hissettiğimi fark ettim. Çok ağrım vardı ve ağrı geçene kadar istirahat etmem gerektiği için çok sinirliydim. En sonunda telefonu aldım ve yardım hattını aradım, hemşirenin bana hem ağrı kesici hem de neşelendirici özellikleri olan güçlü bir ilaç reçetesi yazacağını umuyordum. Onun yerine bana bu güne kadar duyduğum en iyi öğütlerden birini verdi. "Bak," dedi, "stresten uzak durup bol bol dinlenmen gerekiyor. *Ama eğer ruhun dans etmek istiyorsa, yatakta yatmak stres ya-*

ratıyorsa dans etmek dinlendiricidir." Ayağa kalktım ve yürüyüşe çıktım. Hemen kendimi iyi hissetmeye başladım. "Eylemsizlik" o gün benim için, yatmayıp ayağa kalkmak anlamına geliyordu.

Pek çok yıllık kişisel deneyimden ve müşterilerime Kutupyıldızlarını bulmalarında yardım ettikten sonra, "yapmadan yapmak" fikrine tamamen inanmaya başladım. Bu deyimin Çinli karakterlerle yazılı çerçevelenmiş hali büromdaki duvarda asılıdır. Ona bakarak saatler geçirirdim. Bununla birlikte kendi apandisitimi nasıl alamazsam, o karakterleri de ezberden artık yazamam. Niçin mi? Çünkü Çince harika ve görkemli bir dil olsa da, Çince bilmek benim Kutupyıldızımın bir parçası değil. Eğer bir parçası olsaydı, bu yazı sistemini fazla bir çaba sarf etmeden öğrenmiş olurdum. Buna gerçekten inanıyorum. Katı bir toplumsal benliğe kıyasla, Kutupyıldızınıza doğru ilerlemek mükemmel bir şey; *eğlenceli* ve *kolay*. Âşık olmak ya da nefes almak gibi. Yapmamak yoğun bir aktivite içerebilir, ama bu aktivite insana hiçbir şey yapmamaktan çok daha güzel gelecektir.

EYLEMSİZLİK YOLUYLA ÇOK PARA KAZANMAK

"İyi," diyordur belki toplumsal benliğiniz tam şu anda. "Öz, tekrar bağlantı kurma ve Güç hakkındaki bütün bu şeyler çok hoş. Paylaştığın için teşekkürler Yoda, ama benim gerçek bir yaşantım var. Kiramı ödemem gerekiyor. Bakmam gereken bir kedim var." Sizi temin ederim ki insanlara eylemsizlik yoluna gitmelerini tavsiye etmeye *günümüzün ekonomik havasında,* öz-benliğinizin *toplumsal benliğinizden çok daha güvenilir bir şekilde para getirdiğini* fark ettikten sonra başladım.

Bundan Harvard Business School'da araştırma görevlisiyken şüphelenmeye başladım. Birleşik Devletler'deki birinci sınıf uluslararası ticaret okulu olan American Graduate School of International Management'ta ders verirken buna tamamen ikna oldum. Ekonomik hayatın gerçeklerine odaklandıkça, o toplumsal benliğin itaatkâr, konformist davranışının artık yüksek gelir ve iş garantisi için anahtar olmadığını daha iyi gördüm. Günümüzün ekonomik ortamında servet yapmanın en iyi yolu öz-benliğinizin kendiliğinden anlamında doğal, yaratıcı "yapmamasına" sahip olmaktır.

Bu her zaman doğru değildi. Bizden önceki nesil finansal güvenceye giden en güvenilir yolun Melvin'in yaptığını yapmak olduğunu öğrenmişti: iyi bir okuldan mezun ol, iyi bir takım elbise giy, büyük bir şirkette iş bul ve müdür olana kadar adım adım ilerle. Toplumsal kurallara ne kadar uygun davranırsan, başarın o kadar büyük olurdu. Farklı bir davulcunun ritmini dinlemek kariyer intiharıydı. Thoreau[1] "İnsanların çoğu huzurlu umutsuzluktan ibaret olan yaşamlara yönelir" diye yazdığında modern iş ortamını düşünüyordu.

Bununla beraber, artık iş dünyası büyük bir değişim yaşıyor. (İş dünyası derken, banker de olsanız sokak müzisyeni de olsanız hayatınızı nasıl kazandığınızdan bahsediyorum. Robert Louis Stevenson'ın belirttiği gibi, "herkes bir şey satarak geçimini sağlar" ve bu geniş anlamda hepimiz iş-insanıyız demektir.) Bu değişim hakkında binlerce kitap var, ama ben sadece öz-benliğiniz onları ilginç bulursa okumanızı tavsiye ediyorum. Benimki ilginç buluyor, bu yüzden onların neyden bahsettiğini size anlatacağım.

---

[1] Henry David Thoreau (1817-1862), ABD'li yazar, düşünür, çevreci.

Öncelikle bir zamanlar olduğu gibi, büyük şirketlerdeki işler artık sağlam birer kale değil. Günümüzde bürokratik yapılar ve rutinler içinde metodik olarak isteksizce çalışmak ekonomik rekabet gücüne eşit değil; ne şirketler için ne de bir birey olarak sizin için. Teknolojik gelişme, küreselleşme, küçülme ve dışkaynak kullanımına yönelik eğilimler, bir endüstri ekonomisinden bir enformasyon ekonomisine devasa dönüşüm; bütün bunlar iş hayatında başarılı olmanız için yeni bir dizi yeteneğe ihtiyacınız olduğu anlamına geliyor. Aşağıda, geçmiş yılların en çok tercih edilen yeteneklerinin günümüzde başarı sağlayacak olanlarla nasıl kıyaslandığını göreceksiniz.

PARA KAZANMAK: ESKİDEN VE ŞİMDİ

İş hayatında başarılı olmak için ne gerekirdi	İş hayatında başarılı olmak için günümüzde ne gerekir
Tutarlılık	Esneklik
Rutinleştirmek	Yenilik getirmek
Devasa boyut	Zarif yapı
Hiyerarşik olarak kontrol edilen bilgi	Açık iletişim
Rasyonel mantıkta ısrar	Uyumsuzluğa hoşgörü
Denenmiş ve doğru metotlara bel bağlamak	Yeni fikirlere açık olmak
Kültürel benzerlik	Kültürel çeşitlilik

Bu tabloyu toplumsal ve öz-benliğinizin özelliklerini gösteren 24. sayfadaki tabloyla kıyaslayın. Gördüğünüz üzere, toplumsal-benlik ortamından başarılı olmak için öz-benliğin daha donanımlı olduğu bir ortama geçme sürecindeyiz. Bu dönüşüm henüz tamamlanmadı, ama devamlı hızlanıyor.

Öz-benliklerini "sağduyulu" bir tercihle gömen ve "Şirket Adamı" olup orta yaşlarda huzurlu umutsuzluğa kapılan Melvin gibi birçok kişiyle çalıştım. (Bu müşterilerin neredeyse hepsi erkekti, aklımdayken söyleyeyim. Tanrı bilir ki konu işte ilerlemeye gelince biz kadınların karşısına kendi sorun ve adaletsizliklerimiz çıkar, ama en azından biz o mükemmel Şirket Adamı imgesine uyabileceğimiz hayaline kapılmadığımız için bunu nadiren deneriz.) Günümüzde dünyanın tüm Melvinleri öz-benliklerini kurban ettikleri kariyerlerini gitgide kaybediyorlar.

En çok sevdiğiniz şeyi bularak, kendi Kutupyıldızınıza giden yolda ilerleyerek kendinizi günümüzün gün geçtikçe daha da değişken hale gelen ekonomik ortamıyla uyumlu hale getirir ve her işe tamamen özgün yollarla değer katarsınız. Şirket sadakati kaybolduğunda, teknoloji işinizi demode hale getirdiğinde ya da önceden varolmayan bir fırsat aniden önünüze çıktığında yetenekleriniz ve tutkularınız sizinle beraber olacaklardır. Duyarsızlaşmış, öngörülebilir toplumsal benliğinizin böyle durumlarda ne yapılacağı konusunda en ufak bir fikri bile yoktur, ama yaratıcı ve sıradışı olan öz-benliğiniz ne yapılacağını bilir. Kariyeriniz için hayat boyu bir rota çizecek şirketler bulmanın gittikçe zorlaştığı bir ekonomide, içsel yön bulma sisteminizi bulmak sadece kişisel bir tatmin değil, aynı zamanda finansal güvence elde etmek için sahip olduğunuz en iyi şanstır.

ALIŞTIRMA

BAĞLANTI SORULARI

Bu kitabı varoluşsal kaygınıza bir çare bulmak için almış olsanız da, çok para kazanmak için almış olsanız da umarım öz-benliğinizle sorunsuz bir bağlantı kurmanın iyi bir fikir olduğunu görmeye başlamışsınızdır. Eğer iki benliğinizin eşzamanlı olarak çalıştığından emin değilseniz, bir kalem alın ve aşağıdaki testi çözün.

TOPLUMSAL BENLİK–ÖZ-BENLİK BAĞLANTINIZI DENEMEK İÇİN SORULAR

Lütfen, her cümleye en uygun cevabı daire içine alın.

1. Hayatım bana büyük bir macera gibi gelir:
   sık sık bazen nadiren hiç
2. Kendimi karşıma çıkacak bütün sorunları çözebilecek gibi hissederim:
   sık sık bazen nadiren hiç
3. Eğlenirim:
   sık sık bazen nadiren hiç
4. Kahkaha atarım:
   sık sık bazen nadiren hiç
5. Kendimi minnet dolu hissederim:
   sık sık bazen nadiren hiç
6. Yalnız başıma huzurlu zaman geçiririm:
   sık sık bazen nadiren hiç
7. Öğrendiğim şeylere hayranlık duyarım:
   sık sık bazen nadiren hiç
8. Tamamen anlaşıldığımı düşünürüm:
   sık sık bazen nadiren hiç
9. Bana işler yolunda gidiyormuş gibi görünür:
   sık sık bazen nadiren hiç

10. Projelere kendimi o kadar kaptırırım ki durmayı unuturum:
sık sık bazen nadiren hiç

11. Hayal gücümü kullanırım:
sık sık bazen nadiren hiç

12. Çocukken sevdiğim şeyleri yaparım:
sık sık bazen nadiren hiç

13. İnsanlar etrafımda olmaktan hoşlanıyor gibi görünürler:
sık sık bazen nadiren hiç

14. Oyun oynarım:
sık sık bazen nadiren hiç

15. Kendimi tamamen güvende hissederim:
sık sık bazen nadiren hiç

16. İşe gitme zamanı geldiğinde coşku dolarım:
sık sık bazen nadiren hiç

17. Kendimi zihinsel olarak açık ve hazır hissederim:
sık sık bazen nadiren hiç

18. Gerçekten güzel fikirlerim var:
sık sık bazen nadiren hiç

19. Bedenimi severim:
sık sık bazen nadiren hiç

20. İçim diğer insanlara karşı sevgiyle dolu:
sık sık bazen nadiren hiç

21. Yeni şeyler yaparım ya da eski şeyleri yeni yollarla yaparım:
sık sık bazen nadiren hiç

22. Korkunç olsa bile istediğim şeyi yaparım:
sık sık bazen nadiren hiç

23. Diğer insanların yanında tamamen rahatım:
sık sık bazen nadiren hiç

24. Yoğun fiziksel baskı hissederim:
sık sık bazen nadiren hiç

25. Genelde kendimden çok memnunum:
sık sık bazen nadiren hiç

PUANLAMA

Bağlantı Soruları testinin puanlaması çok kolaydır: Eğer soruların hepsine "sık sık" diye cevap vermediyseniz, özbenliğinizle yakın temas halinde olabilirsiniz.

Yeni müşterilerim bu puanlama sistemini genelde aşağılayıcı, hatta tehlikeli bulurlar. Toplumsal benliklerine sağlamca yerleşmiş bir şekilde, yukarıdaki şeylerin çoğunu aptalca, bencil, gerçekdışı ve ahlaki olarak şüpheliymiş gibi yargılarlar. Mesela Bob, bu testi nasıl puanlayacağını ona söylediğimde şoke olup kızdı. "Bunu kitabına koyma," dedi bana. "Bu yanlış. İnsanların umutlarını artırmaktan başka bir şey yapmayacaksın, bunların hepsini sık sık hissetmeleri gerekmiyor." Andrea da aynı fikirdeydi. "Bence bunların hepsini *sık sık* hisseden biri oldukça sorumsuz biridir," dedi bana ciddi bir şekilde.

Bob ve Andrea gibi kişilere özellikle kötü ve yıkıcı olan maddeleri, "sık sık" yapmamamız *gerekenleri* göstermelerini söylediğimde, bunu asla yapmazlar. Sadece çok öfkelenir ve burunlarından soluyup paldır küldür çekip giderler, aynı, maalesef kısa süren ahbaplığımız sonunda Melvin'in yaptığı gibi. Sadece bu soruların yeterli olmadığını düşünmek toplumsal benliğin –kendi Kutupyıldızından tamamen uzaklaşacak yönde– tabanları yağlaması için yeterlidir.

Tabii ki, herkes böyle tepki vermez. Daha ilk görüşmemizde Bağlantı Sorularının hepsine "çoğunlukla" cevabı veren tek bir müşteriyle karşılaştım (ona Lori diyeceğim). Beş dakika sonra, Lori'nin elini sıktım, zaten kendi başına yaptıklarından sonra benim onun için yapabileceğim hiçbir şey olmadığını söyledim ve ihtiyacı olmasa da ona gelecekte bol şans diledim. Ekonomi dergilerinde Lori'nin üstün başarılı kariyeriyle ilgili makaleler görmeye başladığımda da hiç şaşırmadım. Özel yaşamının da iyi olduğuna iddiaya girerim.

Eğer Kutupyıldızını çoktan yerleşmiş olan bir Lori'yseniz, bu kitabı okumayı bırakıp harika hayatınıza devam edin. Geri kalanımız -bütün hafta sonlarını yeni çıkan beyaz saç telleri aramakla ya da büyüdüğümüzde ne olmak istiyoruz diye düşünerek geçiren bizler- sizin adınıza çok mutluyuz. Gerçekten. Sizin yanımızdan süzülerek geçişinizi izlerken arada sırada yaşadığımız öfke ve umutsuzluk dalgaları sadece hormonal bozukluklardır. Ama kendinizi Lori gibi hissettiğinizi hayal edemiyorsanız -Bağlantı Soruları testine cevap vermek sizi yıllardır çileden çıkaran bastırılmışlıkları, hayal kırıklıklarını ve pişmanlıkları coşturmaktan başka bir şeye yaramadıysa- okumaya devam edin. Her şey çok daha iyiye gidecek.

2

TEKRAR BAĞLANTI KURMA: ÖZ-BENLİĞİNİZ NASIL "HAYIR" DER

Anne'in iş arayışı iyi gitmiyordu. Onunla tanıştığımda, büyük şirketlerde gerçekleştirdiği iş görüşmeleri başarısız geçmişti. Her zaman aynı şey oluyordu: Anne görüşmeye Miss Amerika gibi gülümseyerek ve sıcakkanlı bir şekilde girip ilk aşamayı tam bir başarıyla geçiyordu. Sonraki aşamalara geldiğinde, Anne kendini biraz hırçın hissetmeye başlıyordu. Bu suratsızlık seviyeler yükseldikçe daha da kötüleşiyor, Anne kendini en basit sorulara avaz avaz bağırarak uygunsuz cevaplar verirken buluyordu.

"Son görüşmemde," dedi bana, "başkan yardımcısı niçin bankacılık yapmak istediğimi sordu, ben de şöyle dedim, 'İstemiyorum.' Aynen şöyle –'İstemiyorum!' Bu, bir geğirti gibi ağzımdan çıkevermişti. Hayatında hiç bu kadar aptalca bir şey duydun mu?"

"Duruma bağlı," dedim. "Bir bankada çalışmak istiyor musun?"

Anne sanki ona bir yılan atmışım gibi, görünür bir şekilde irkildi. "Tabii ki istemiyorum," dedi. "Ama parası iyi."

Diğer bir deyişle, Anne'nin toplumsal benliği (akranlarından, anne ve babasından, öğretmenlerinden gelen bir yığın veriyle) öz-benliğinin nefret ettiği bir alanda çalışması gerektiğine karar vermişti. Bana kendi kendini "sabote ettiğini" söylemişti ve gerçekten de sabote ediyordu; görüşmelerde çuvallayarak değil de bir bankada iş bulmaya çalışarak. Ne zaman Şeytanla anlaşma aşamasına gelse, öz-benliği bağlarından kurtulmayı başarıyor ve günü kurtarıyordu. Öz-benliği görüşmelerini sabote ediyordu, *ama Anne'i sabote etmiyordu.*

Bu durum bana kendi kendini kronik olarak sabote ettiğini söyleyen çoğu kişide işleyen bir dinamiktir. James ne zaman kariyerini rayına oturtsa ve ebeveynleriyle ilişkisini düzeltse, "yorgunluktan çökerek" hayatını mahvettiğini anlattı. Onun örneği büro toplantılarına ya da ailesiyle gideceği sosyal etkinliklere geç kalmaya –ya da daha da kötüsü, gitmeyi tamamen unutmaya– başlamıştı. Dorrie'nin sorunu işinin önemli bir bölümü olan sunumları yapmak zorunda kaldığında zihninin "donup kalmasıydı." Kurt'ün küçük bir öfke kontrolü sorunu vardı: çok sayıda kişisel ve profesyonel ilişkisini önemsiz konular hakkında karşılıklı bağrışmalar yüzünden bozmuştu.

Bu insanlar hayatlarını incelediklerinde, hepsi de "kendi kendilerini sabote etmelerinin" temel arzularıyla gerçekten uyum içinde olduğunu gördüler. James'in annesiyle babası aşırı kontrolcüydü ve onu pek ilgilendirmeyen bir kariyerin peşinden gitmesi için onu ikna etmişlerdi. Dorrie son terfisiyle geldiği konumu istemiyordu; daha yalnız, analitik bir işi tercih ediyordu. Kurt'ün öfkesinin kökleri Almanya'da bir Türk olarak büyürken karşılaştığı önyargılardaydı. Kendi Kutupyıldızına giden rota günlük hayatından geri çekilmek, kaynağını bulana kadar bu öfkeyi takip etmek, etnik kimliğini kabul etmek ve kendini değerli bir insan gibi hissetmeyi öğrenmekti.

Toplumsal benlikleri tarafından seçilen yollarda ilerlerken, bu müşterilerin öz-benlikleri engeller koydu, işleyişleri durdurdu, köprüleri yaktı ve genelde bu hatalı yollarda yürümeyi mümkün olduğunca zorlaştırmak için ellerinden geleni yaptılar. Bu bölümde, kendi Kutupyıldızınızı bulmanız için size yardımcı olacak en basit yön bulma aletini öğreneceksiniz: kendi öz-benliğinizden gelen uyarı mesajlarını tanıma yeteneği. Tek başına bu yetenek sizi doğru rotanıza sokamaz. Onun yapacağı şey ise "kendi kendinizi sabote edebileceğiniz feci" bir durumda kalmadan önce rotanızı değiştirmenize yardımcı olmaktır.

ÖZ-BENLİĞİN DİLİ

Öz-benliğin iletişim kurmak için böyle aşırı önlemlere başvurmasının nedenlerinden biri onun konuşamıyor olmasıdır. En azından normal yoldan. Beyninizin dil merkezi, yani işleyen, analiz eden ve sözlü olarak iletişim kuran bölüm toplumsal benliğin ezici baskısı altındadır.

Bu, öz-benliğin hiçbir zaman kelime kullanmadığı anlamına gelmez. Kullanır. Ama o konuştuğunda, siz –bu sizin toplumsal benliğinizdir– genelde onun söylediğine şaşırırsınız. Yaratıcı yazarlar ve öz-benliklerini dille ifade eden diğer kişiler bu sürecin çoğunlukla kullanacakları kelimelerin tamamen bilincinde olmadıkları, bir tür rüya durumunda ortaya çıktığını söylerler. Toplumsal benlik bu sürece müdahale etmek için elinden geleni yapar. Şairin omzunun üstünden dikkatle bakıp "Hiç de Shakespeare'e benzemiyor, değil mi?" ya da "Annen ne diyecek?" ya da "'Karanlık görünür mü?' 'Karanlık görünür' de ne demek oluyor?" gibi yorumlar yapar. İşte bu yüzden birçok yazar içki içer.

Öz-benlik şair olmayanlarda bile görüşlerini ara sıra dile getirir. Klasik Freudyen dil sürçmesi iyi bir örnektir: Konuşan farkında bile olmadan söylemek istediğini söyler. (Bir arkadaşım geçenlerde bir internet açık artırmasında bir antika satın alıp sahte olduğunu fark etti. Satıcıya şikayet ettiğinde o da yapmacık bir özürle aldığı şeyi "hemen geri yollamamasını" istedi.) Dilsel ipuçları daha doğrudandır, mesela Anne'in görüşmesindeki "bir geğirti gibi ağzımdan çıkıverdi" yorumu gibi. Benzer bir şey Joe'nun da başına gelmiş, daha mutlu bir sonuçla. Rahat, ama muhteşem olmayan bir ilk randevudan sonra, Joe çıktığı kızın yanağına sade bir öpücük kondurmuş, sonra kendisinin şöyle dediğini duymuş: "Hoşça kal, Clare. Seni seviyorum." Kesinlikle dehşete düşmüş. "Müthiş bir utançtan *Hindenburg* gibi patlayacağımı sandım," dedi bana. "Onu daha doğru dürüst tanımıyordum bile!" Anlaşıldığı kadarıyla Joe'nun öz-benliği doğru yoldaydı, çünkü bunu yazarken o ve Clare'in beş yıldır süren mutlu bir evlilikleri var.

Bu olayların ilginç tarafı bilinçli, konuşan benlik tamamen hazırlıksız yakalanmış olsa da, birden ortaya çıkan bu sözler tam anlamıyla doğrudur. Siz kelimelerinizin sizi şaşırtıp şaşırtmadığına dikkat edin. Büyük ihtimalle ne beyninizde bir hasar ne de çoklu kişilik bozukluğunuz vardır: Tam tersine, sizi Kutupyıldızınıza doğru götürecek önemli bir bilgi alıyorsunuzdur.

Bununla beraber, en önemli kişisel yol gösterme bu kadar aleni olmaz. Çünkü toplumsal benliğinizi beyninizin mantıklı, konuşma bölümündeki komuta yerinden zorla çıkarmak için muazzam bir enerji gerekir, öz-benlik genelde varlığınızın bilinç kontrolünde olmayan parçalarından "konuşur." Bunlar beynin daha derin, daha ilkel tabakaları; soluma, uyuma ve uyanma ve cinsel arzu gibi basit beden fonksiyonları ve duygusal tepkileri idare eden bölümler tarafından yönetilir.

Doğru rotanızdan ayrılıp kendi Kutupyıldızınızdan uzaklaşmaya başladığınızda, öz-benliğiniz sizi durdurmak için yeteneklerinden ve aletlerinden birini ya da hepsini kullanacaktır. Eğer toplumsal benliğiniz küçük uyarılara önem vermezse, öz-benliğinizin gitgide daha etkili olması gerekecektir. Son çare olarak asıl benliğiniz davranışlarınızı yönlendirmek için kullandığınız kontrolleri gasp edecektir. Kendinizi bir iş yemeğinde ağlarken ya da oğlunuzun birinci sınıf öğretmenini yumruklarken bulana kadar da kendi memnuniyetsizliğinizden habersiz bir durumda, kaygısız olabilirsiniz. Neyse ki öz-benliğinizin sözel olmayan sözlüğündeki sadece bir "kelime"yi öğrenirseniz, hoş olmayan böylesi durumlardan kurtulabilirsiniz: HAYIR.

NASIL "HAYIR" DERSİNİZ?

Bunu büyük ihtimalle hatırlamıyorsunuz ama "hayır" çocukluğumuzun en harika keşiflerinden biridir. İki yaşındaki çocuklar bu kelimeye kesinlikle bayılırlar. Onu durmadan, yüksek sesle, coşkulu bir şekilde kullanırlar. Biz bu davranış evresine korkunç iki yaş dönemi deriz, çünkü bizim işimiz çocukları sosyalleştirmektir ve bireyler etrafta her zaman "hayır" diye bağırarak koştururken sosyalleşme olmaz. Hatta sosyalleşme temelde bütün kültürel taleplere isteseniz de istemeseniz de "evet" demekten oluşur. Kültür ne kadar konformist olursa "hayır" o kadar tabu halie gelir. (Mesela Japonca "hayır" *iie*'dir, ama bana bunu öğreten *sensei* onu asla kullanmamam gerektiğini çok kesin bir şekilde söyledi.

Onun *iie* kelimesi karşısında hissettikleri, annemim s...r kelimesine karşı hissettiklerinin aynısıymış gibiydi.)

Annelerden bahsetmişken, her aile ve kurumun kendi üyelerinin ne zaman "hayır" diyebileceklerine ve "hayır" demeye izinleri olup olmadığına dair yazılı olmayan kuralları vardır. Genel konuşursak erkeklerin bu kelimeyi kadınlardan daha sık söylemesine izin verilir, sadece erkeklerin her zaman "evet" demek zorunda oldukları fiziksel yaralanma ve ölüm riski olan durumlar buna dahil değildir. Toplumsal benlik açısından, kendinizin harpte harcanacak bir asker olarak kullanılmasına izin vermeniz, etrafınızdakiler tarafından aforoz edilmeye açık ara farkla tercih edilir.

Yaşınızı alın ve iki çıkarın. Bu öz-benliğiniz "hayır" demek isterken kendinizi "evet" demeye zorlayarak geçirdiğiniz yılların sayısıdır. Eğer ne hissettiğinizi önemseyen ve mutluluğunuza katkıda bulunmak isteyen insanlarla, gerçek ihtiyaçlarınıza uygun bir sosyal çevrede büyürseniz bu, görece daha nadir olur (ama yine de olur). Bununla beraber, çevreniz gerçek arzularınıza düşmansa, "hayır" demek isterken iç direncinizi bile hissedemeyecek hale gelene kadar üst üste "evet" demeye zorlandıysanız, toplumsal benliğiniz artık ne istediğinizi bilmez; sadece sizi çevreye uymanız için zorlamaya tamamıyla odaklanır. Ama öz-benliğinizi *bozamazlar.* O "hayır"ı çok iyi bilir ve sizi kendi Kutupyıldızınızdan uzaklaştıracak bir karar verdiğinizde, kapana sıkışmış bir kaplan (ya da kapana sıkışmış iki yaşındaki bir çocuk) gibi sizinle savaşacaktır.

Öz-benliğiniz "hayır" dediğinde toplumsal benliğinize onu dinlemesini öğretmek kişiliğinizin iki yönünün bağlantısını tekrar kurmanın en basit yoludur. Bunu yaparak, sizi doğru hayatınıza götürecek yön bulma cihazlarını yeniden kurmaya başlarsınız. Bu konu üzerinde fazla durmadan, "kuzeye" gitmediğinizi bileceksiniz. Aşağıda, insanların özbenliklerinin "hayır" sinyali yollama yollarının en yaygınları var. Bu "belirtilere" sahip olduğunuz zamanları hatırlamanızı ve onları yazmanızı istiyorum. Bir kalem kapın ve deneyin, bu çok değerli bilgiyi bu kitap boyunca kullanacağız.

1. *Enerji Krizi*

Müşterilerim işlerine, derslerine, doktora ya da katılmak *zorunda* olduklarını sandıkları sosyal görevlere giderken yorgunluktan bittiklerini devamlı bana anlatırlar. Bu korkunç olaylara hem zaman hem de mekân bakımından yaklaştıkça güçlerinin daha da azaldığını hissederler. Eğer bütün hayatınız katı toplumsal benlik gereksinmeleri tarafından kontrol ediliyorsa, kendinizi her zaman morali bozuk ve bitkin hissedebilirsiniz. Eğer negatif aktivite daha kısıtlıysa (işinizden nefret ediyorsunuz, ama onu gerçekten büroda bırakıyorsanız), enerji seviyenizin, o an ne yaptığınıza bağlı olarak, çeşitlilik gösterdiğini fark edebilirsiniz.

Hayatımda bir dönem bilinmeyen bir hastalıktan, büyük ihtimalle bipolar duygudurum bozukluğundan öleceğimden çok emindim; bu da enerjimin çılgın bir fırtına dalgası gibi artıp azalmasına neden oldu. Bir gün kendimi harika, enerji ve coşku dolu hissettim. Ertesi gün o kadar bitkin kalktım ki tek istediğim şey güzel bir mezar bulmak, içine yatıp sonun gelmesini beklemekti.

Tam psikiyatrik tedavi taahhüt belgelerini imzalamaya hazırlanıyordum ki bitkin günlerimin her zaman için ders verdiğim üniversitede akademik iş yaparak geçirdiklerimle, canlı günlerimin de kampüsten uzak kaldıklarımla ilintili olduğunu fark ettim. Bunu fark ettikten kısa bir süre sonra işimden ayrıldım. Toplumsal benliğim dehşete düştü, –ne de olsa artık işsizdim– ama bunun enerji seviyeme etkisi inanılmazdı. Sanki ağır bir metal zırhı üstümden çıkarmışım gibi kendimi fiziksel bir yükten kurtulmuş hissettim. Dik durmaya, hızlı yürümeye başladım, zihnimin daha fazla açıldığını ve dikkatimin arttığını hissettim. Aynı şeyin birçok müşterimin başına geldiğini gördüm. Öz-benliğiniz Kutupyıldızınızdan uzaklaştığını anladığı anda, kendini çok ağırlaştırabilir.

ALIŞTIRMA

Gitmek zorunda olduğunuz, ama kendinizi isteksiz ve düşük enerjili hissettiğiniz üç farklı etkinlik ya da etkinlik tipi (diş doktoru randevusu, işler, dersler, sosyal görevler vb) hatırlamaya çalışın.

Etkinlik 1: ....

....

Etkinlik 2: ....

....

Etkinlik 3: ....

....

Şimdi, size *en* negatif gelen cevapları daire içine alın.

2. *Hasta, Hasta, Hasta*

Bir üniversitenin sağlık kliniğinde çalışan bir doktor bana her sınav döneminde eleman kadrosunun küçük bir salgın hastalık furyası için hazırlandığını söylemişti. "Sınavdan kurtulmak için hasta numarası yapmaktan bahsetmiyorum," demişti. "Bu öğrenciler gerçekten hastalar." Birçok araştırmada, stres ve bağışıklık tepkisi arasındaki ilişkiye dair tıbbi kanıt çokluğu üniversite öğrencilerinin üzerindeki "sınav etkisini" gösterir. Sonuç: Stres bağışıklık tepkilerinizi azaltıp sizi her tür ilginç hastalık karşısında korunmasız bırakır.

Fazla gelişmiş toplumsal benlikleri olan birçok insan bu tür stresi fark bile etmeden, bazen yıllarca yaşayabilir. Hayatlarından (ya da en azından hayatlarının bir kısmından) nefret ettikleri düşüncesini bilinçli bir şekilde asla dile getirmezler, ama öz-benlik bu konuda çok açıktır ve bunun bağışıklık sistemi üzerindeki etkisi korkunçtur. Yaşamınızda yirmi mil çapında küçük bir daire içindeki bütün griplere yakalandığınızı ya da herkes bir virüsü birkaç saat içinde atlatırken sizin atlatamadığınızı hatırlayabilirsiniz. Eğer öyleyse, büyük ihtimalle Kutupyıldızınızdan uzaklaşıyordunuz.

Bir sürü müşterim kansere yakalandıktan sonra yaşamlarında ciddi değişiklikler yaptı. Her ne kadar kanserin birçok nedeni varsa da çoğu kesinlikle biyolojiktir, bütün bu müşterilerim hastalıklarının nedeninin gerçekten onlara uymayan bir yaşamda mutlu olmak için kendilerini zorlamalarının sonucunda oluşan stres olduğunu düşünüyor. Carol yaşadığı zor ilişkiyi sonlandırmazsa kanserinin tekrar ortaya çıkacağından emin olduğunu söyledi. "Çılgınca konuşuyormuşum gibi gelebilir," dedi Carol, "ama ilk kez hastalandığımda kendimi nasıl hissettiğimi biliyorum ve şu anda da öyle hissediyorum." Bu inanç göz önüne alındığında, Carol için yaşamsal değişiklikler yapmanın ne kadar zor olduğunu görmek inanılmaz bir şey. Çoğu toplumsal benlik gibi, Carol da erkek arkadaşının duygularını incitme konusunda inanılmaz derecede isteksiz ve özenliydi. Öz-benliği bu değişimi zorluktan çıkarıp daha çekici bir hale getirmek için bazı büyük kozları ortaya sürmek zorunda kalmıştı.

ALIŞTIRMA

Sağlığınızın ortalamanın altında olduğu üç dönem hatırlamaya çalışın. Bu üç dönem boyunca hayatınızda neler oluyordu? Bu üç durumu, sizde ortaya çıkan fiziksel belirtileriyle birlikte sıralayınız lütfen. Bu durumlar son bölümde ortaya çıkanlarla aynı olursa ya da üçü de aynı belirtilerden kaynaklanmışsa önemli değil. Bu oyunda tekrar iyi bir sonuçtur.

1. Durum: .... Belirtiler: ....
2. Durum: .... Belirtiler: ....
3. Durum: .... Belirtiler: ....

En kötü belirtileri daire içine alın.

3. *Unutma*

Kızım Katie üç yaşındayken "yolun karşısındaki ihtiyar ve tatlı şişman hanım" dediği bir komşuyu ziyaretten geldi. Kimden bahsettiğini anladığımı, ama bundan sonra bu ihtiyar tatlı şişman hanımdan her zaman "Bayan Stephens" diye bahsetmesini ona söylemeye çalıştım.

Katie düşünceli bir şekilde baktı. "Ya unutursam?" diye sordu.

"O zaman, sana hatırlatırım tatlım."

Başıyla yavaşça onayladı, sonra "Ya bunu reddedersem?" dedi.

Bu sorunun cevabı tabii ki eğer ayak diretirse, Katie'yi nazik bir şekilde hitap etmeye zorlayacak hiçbir şeyin olmadığıdır. Öz-benlik her zaman bu ilkeyle iş görür. Onu Kutupyıldızınızdan çekip uzaklaştırabilirsiniz, ama onun düşünmesini sağlayamazsınız. Hoşuna gitmeyen bir yönde ilerlemenize yardımcı olacak şeyleri rahatlıkla unutacak ve toplumsal benliğiniz ne yaptığınızı hatırlamaya çalışırsa, beyin bu bilgiyi hatırlamayı reddedecektir.

Bu benim başıma Çince karakterleri öğrenirken (ya da öğrenmeye çalışırken) geldi. Büyük ihtimalle sizin de benzer deneyimleriniz olmuştur. Eğitiminizin bir noktasında, müthiş bir odaklanmayla Fransız romancılarının biçimsel esprilerini, Magna Carta'nın detaylarını ya da yararlı pek çok diferansiyel ve integral formülü ezberleyerek saatler geçirmiş olabilirsiniz. Hoşunuza giden kurslardaki bir yığın şeyi büyük ihtimalle hatırlarsınız. Ama lisedeki en az sevdiğiniz dersten *herhangi bir şey* hatırlıyor musunuz? Tabii ki hatırlıyorsunuz. O öğretmeni hatırlıyorsunuz, Bay Spackle'ın burun kemerinin üzeride üç uzun siyah kıl vardı. *Ve bütün hatırladığınız bu.*

Bunun nedeni kötü bir hafızanız olması değil. *Yıldız Savaşları*'nın bütün örgüsünü –buna tuhaf yaratık isimleri, robot modellerinin numaraları ve kelimesi kelimesine bazı alıntılar da dahildir– hatırlarsınız; yirmi yıl önce görmüş olsanız ve hiçbir şeyi ezberleme girişiminde bulunmamış olsanız bile hatırlarsınız. Tabii ki bu sadece öz-benliğiniz *Yıldız Savaşları*'nı seviyorsa doğrudur. Eğer sevmiyorsa, neden bahsettiğimi bilmiyorsunuzdur bile.

Öz-benliğiniz kontrolü, uzun vadeli hafızayla sınırlamaz. Mesela çok korktuğunuz, Kutupyıldızınıza ters bir görüşmeye gidiyorsanız oldukça muazzam bir unutkanlık seviyesine ulaşabilirsiniz. Görüşmenin nerede olduğunu, arabanızın anahtarlarını nereye koyduğunuzu, nasıl araba kullanacağınızı, görüşeceğiniz kişiyi ve kendi adınızı unutacaksınız.

Bir işletme danışmanı olan işkolik arkadaşım Mark'a büyük bir şirket müşteri olarak verildiğinde hayatı karardı. Bu müşteriyle görüşmek için ne zaman yola çıksa uçak biletlerini, pasaportunu, valizini, hazırlamak için saatler harcadığı sunumu unuttu. Bu o kadar kötüye gitti ki en sonunda Mark bu görevden çekildi (bu yirmi senelik danışmalığı süresince hiç yapmadığı bir şeydi). Birkaç ay sonra, bu şirket bir FBI incelemesine hedef oldu. Mark'ın bu şirketle görüştüğü süre boyunca karşılaştığı insanların çoğu ahlaksızlık ve dolandırıcılıkla suçlandılar. Öz-benliğin yaptığı aleni bir "sabotaj"ın akıllıca bir hareket olduğu bir kez daha ortaya çıktı.

ALIŞTIRMA

Hatırlamakta zorlandığınızı fark ettiğiniz üç tip bilgiyi yazın. (Mesela "insan isimleri," "çocuklarımın okul programı," "önemli kağıtlarımı koyduğum yer.")

Bilgi tipi 1: ....
Bilgi tipi 2: ....
Bilgi tipi 3: ....

En sık unuttuğunuz bilgi tipini daire içine alın.

4. *Gaflar Demeti*

Gerçek erkeklerin hâlâ müstehcen dövmelerinin olduğu ve evcil hayvan olarak çıngıraklıyılan beslediği Vahşi Batı Phoenix'te, biz son zamanlarda bir dizi yüzsüz ev soygunu yaşadık. Hırsızlar bulabildikleri bütün mücevher, gümüş takım ve elektronik malzemeleri çalmak için boş evlere giriyorlardı. Bir evde, ganimetlerinin arasında pahalı bir kamera varmış. Hırsızlar çaldıkları eşyaları aynı hafta bir bitpazarında satmışlardı, hem de kimliklerini açıklayacak hiçbir ipucu bırakmadan, tabii bir şey hariç: evi soyarken birbirlerinin fotoğrafını çekmiş, sonra da kamerayı satarken filmi içinde unutmuşlardı. Polisin elinde onları bulmaya ve bütün çeteyi mahkûm etmeye yardım edecek kadar çok fotoğraf delili olmuş.

Birçok suçlu bunun gibi inanılmaz aptalca şeyler yapar, çünkü aslında kanunları çiğnemekle çiğnememek arasında çok büyük çelişki yaşarlar. Başka insanların kendi eşyalarını çalmasını harika bir şey olarak gören bir ev hırsızıyla karşılaşmak çok nadir bir durumdur; iş o noktaya geldiğinde, en derinde yatan benliği, çalmanın ahlaksızlık olduğunu bilir. Ne zaman kendi değerlerinizi ihlal ederseniz, öz-benliğiniz "aptalca" gaflarla sizinle savaşacaktır. Kanunları çiğnerken çok namuslu olmaya çalışma olasılığınız yüksektir. Ne zaman kayınvalideniz sizi İncil okuma gruplarına götürmek için gelse, sizi arka avludaki jakuzide çırılçıplak halde blues söyleyip kamışla Kahlua içerken bulmasının bir kaza olduğunu mu sanıyorsunuz? Bence değil. Size ölçüsüz bir aptallık gibi gözüken şey, büyük ihtimalle öz-benliğinizin sizi Kutupyıldızınıza doğru çevirmeye çalışmasıdır.

ALIŞTIRMA

Yaptığınızı hatırladığınız aptalca üç hatayı yazınız.

Hata 1: ....

Hata 2: ....

Hata 3: ....

En korkunç hatayı daire içine alın.

5. *Toplumsal İntihar*

Etrafınızda düzenli olarak beyninin bir kısmı çıkarılmış bir şempanze gibi davranan birisiyle hiç karşılaştınız mı? Belli durumlarda umutsuzca heveslendiğiniz güler yüzlü, zeki, hoş imajı takınmayı beceremediğinizi fark ettiniz mi? Kaderi suçlamayın, öz-benliğinizi suçlayın. Özünüzü zehirleyen bir durumda olduğunuz zaman, pürüzsüz sosyal davranışları yaratan, incelikli tüm mekanizmalar bozulur. Kekelersiniz, ayağınız takılır ve narsist bir budala gibi görünmenizi sağlayacak zamansız espriler yaparsınız. Sonra durumu kurtarmaya çalışır ve o kadar çok utanırsınız ki bazı insanlar hayatınızın sonuna kadar sizinle karşılaşmamak için yolun karşısına geçerler.

Bir müşterim vardı, ona Gretta diyeceğim. Asla saptayamadığım bazı nedenlerden dolayı beni inanılmaz derecede huzursuz ediyordu. Düzenli olarak Gretta'nın randevularını unutuyor ve geldiğinde genelde ya büromu boyuyor ya da hazırlıksız bir parti veriyor oluyordum, bu yüzden durumu ne kadar kötüleştirdiğimi alenen görebiliyordu. Gretta aşırı Avrupalıydı ve büroma girerken ya da çıkarken her seferinde beni yanaklarımdan öpmek istiyordu. Bundan rahatsızdım ve bunu ona söylemem gerekiyordu, ama söylemedim. Onun yerine, Gretta'yla tuhaf bir selamlaşma dansına başladık. O benim kafama doğru atılırken ben eşzamanlı bir şekilde geri çekilip havaya nazik bir öpücük konduruyordum. Genelde kendi başının çaresine bakan ellerim, kur yapan, dengesi bozulmuş bir su kuşu gibi beceriksizce etrafta çırpınmaya başlıyordu. Hatta bir keresinde yere düştüm. Keşke şaka yapıyor olsaydım.

Toplumsal benliğin bakış açısından, bu tür şeyler Lanetlilerin çektiği Azaptı. Ama öz-benlik bunu bayağı bilerek yaratıyordu. Sizin bir insanın yanında bu kadar rahat olmanızı istemez. Hayat kısa ve birçok insan zamanınızı çalmak ister. Belli durumlar ya da insanlar düzenli olarak utandırıcı iğrenç sosyal davranış spazmlarını tetikliyorlarsa, öz-benliğinizin onlardan hoşnut olmadığından emin olabilirsiniz. İnsanın sosyal dinamikleri doğrusal ve mantıklı olan toplumsal benlik için oldukça inceliklidir. Öz-benlik sizin bunu yapabilecek tek gerçek parçanızdır ve bunun ne zaman olacağına siz değil, o karar verir.

ALIŞTIRMA

En kötü sosyal davranışınızı ortaya çıkaran üç kişi seçin. Hayatınızın en utanç verici anlarını gözden geçirmeniz buna yardımcı olabilir; bu ikisi çoğunlukla bağlantılıdır.

Birinci Kişi: ....

İkinci Kişi: ....

Üçüncü Kişi: ....

Lütfen bu üç ismi de daire içine alın.

6. *Savaş ya da Kaç*

Savaş ya da kaç mekanizmasını hepinizin bildiğinden eminim. Öz-benliğin komutasında olan en güçlü araçlardan biridir. Kutupyıldızı süreciniz durduğunda ya da yanlış yolda ilerlediğinde, bedeniniz tehdit edilmiş iki ayaklı bir memeliymiş gibi tepki verir. Sizi adrenalinle doldurur, kalp atışlarınızı hızlandırıp küçük, sert patlamalar halinde solumanızı sağlar ve makinelerinizin devrini birçok başka şekilde artırıp bedeninizi savaşmaya ya da kaçmaya hazırlar.

Savaş ya da kaç mekanizması tetiklendiğinde, toplumsal benliğimiz sakin bir dış görünüş yaratılması için bütün gücünü toplamak zorundadır. Eğer daha önce tam bir panik atağa denk geldiyseniz, bu kaçıp saklanma dürtüsünün gerçekten çok yoğun olabileceğini bilirsiniz. Bir kişi ve bir şeye öfkeyle saldırma arzusu da öyle olabilir. Ona göre davranmak yerine bütün o enerjiyi içeride tutmak, uygun bir sosyal tavırda devam etmeye çalışmak, bora şiddetindeki bir rüzgârda çırılçıplak ayakta durmak gibidir. Bu, uyanmakta olan yaşamınızı berbat ederken uykunuzu da tamamıyla kaçırır.

Ne zaman öz-benliğiniz sizi Kutupyıldızınızdan uzak tutan bir durumda sıkışıp kaldığınızı hissetse, arka arkaya her gece uykusuz kalıp öfke ve endişeyle altüst olabilir veya günde on beş saat uyuyup kendinizi dinlenmiş hissetmeyebilirsiniz. İlerideki bölümlerde bu tip şeylerle nasıl başa çıkacağımızı göreceğiz. Şimdilik, savaş ya da kaç taktiğinin özbenliğinizin korkusuz bir güçle kullandığı pek çok aletten biri olduğunu söylemekle yetiniyoruz.

ALIŞTIRMA

Uyuyamadığınız, az uyuduğunuz ya da çok uyuyup kendinizi sersem gibi ve sefil hissettiğiniz zamanların listesini yapın. Yaşamınızdaki uyku bozukluğuna yol açan sorun neydi?

Birinci Sorun: ....

İkinci Sorun: ....

Üçüncü Sorun: ....

Uykunuzu en çok etkileyen sorunu daire içine alın.

7. *Bağımlılık*

Ne zaman Kutupyıldızınızdan uzaklaşsanız, öz-benliğiniz sürekli hasret dolu bir boşluk duygusu hisseder. Bu duyguyu donuklaştıran bir aktivite ya da maddeye rastlarsanız (yemek yemek, seks, uyuşturucu, alışveriş ya da kumar gibi) öz-benliğiniz Kutupyıldızınıza gitmenizi sağlayacak bu ruh hali değiştirici metodu yanlış anlayabilir. Bunun sonucu çoğunlukla bağımlılıktır. Bir kere bağlandınız mı, öz-benliğiniz önlenemez bir şekilde ortaya çıkar, aynı Dr. Jekyll'ı geri plana iten Bay Hyde gibi ve hayatınızı mahvedecek, alışkanlık yapan taşkınlıklara başlar.

Yıllar önce, bağımlılıklar üzerine araştırma yaparken aşırı sorumlu, mükemmeliyetçi insanlar arasında isyankâr, sorumsuz suçlular arasında rastlandığı kadar çok bağımlıyla karşılaştım. İki tip de kendi "Dr. Jekyll ve Bay Hyde" kişiliklerinden bahsediyordu. Hepsi de öz-benliklerini kontrol ederek ya da yok ederek bu kompulsif davranışı durdurmaya çalışıyordu. Bu yapabilecekleri en zarar verici şeydi. Bağımlılıkta sevilecek hiçbir şey yok, *ama bağımlılar* öz-benlik*lerine karşı sevgiyle yaklaşmayı öğrenene kadar bu alışkanlığın elinden kurtulamazlar.* Gerçek benlik sadece olanlara katlanamadığı zaman yıkıcı olur; aç kaldığında, işkence gördüğünde ve Kutupyıldızından zorla uzaklaştırıldığında. En büyük hedefinizle yaşantınızı bir hizaya koymak iyileşme yolunda en önemli adımlardan biridir.

Mesela Allen beklenenden daha başarılı birisiydi, ama bu sadece Dr. Jekyll'dı. Birkaç haftada bir, Allen büyük bir içki âlemine dalıyordu. Genelde bu içki olaylarının ardından yeni bir yerde, yeni bir kadınla uyanıyordu. Bundan aşırı utanıyor ve zamanının çoğunu kendini küçümsemekle geçiriyordu.

Biz beraber çalışmaya başlamadan bir süre önce, Allen alkolle mücadele derneği toplantılarına gitmeye başladı. Danışmanı, Allen'ın onu içki ve sekse yönelten tarafını ne mazur gördü ne de destekledi, ama ona hakaret de etmedi. Allen kendinden nefret eden tiratlarından birini daha vermeye başladığında danışmanı, "Sen kötü değilsin," dedi. "Sen sadece acı içindesin." Allen yavaş yavaş bu boş suçlamayla kendini kamçılamayı kesti ve iç deneyimine daha dikkatli bir ilgi göstermeye başladı. Bu, Allen'ın öz-benliğinin artık kendisini daha iyi hissetmesi için bu tutumunu ele geçirmek zorunda kalmadığı anlamına geliyordu; Allen onun gerçekten ne istediğini bulabildi ve ona nazik bir şekilde davranabildi. Allen'ın öz-benliği toplumsal benliğinin onu dinlediğinden emin olur olmaz bu tutkuları azaldı.

Tabii ki bu, Allen'ın toplumsal benliğinin bütün kişisel ihtiyaçlarını ve arzularını görmezden gelmek üzere eğitildiği ailesi içindeki rolünü tekrar düşünmeye başladığı anlamına geliyordu. Allen bu yolu değiştirdiğinde annesi ve kardeşleri çılgına döndüler. Danışmanlarını ve iş arkadaşlarını kızdıracak şekilde, kariyer yolunu tekrar gözden geçirmeye de başladı. Beni görmeye geldiği zaman, dışarıdan bakıldığında Allen'ın hayatında kıyamet kopmuş gibi görünüyordu. Ama içeride Allen sefil, öldürücü bir savaşı sona erdirmişti. Toplumsal benliği ve öz-benliği en sonunda aynı yolda, onun için doğru olan yolda ilerliyordu ve onu içmeye yönelten acı yavaş yavaş ortadan kayboluyordu.

ALIŞTIRMA

Yok edemediğiniz, kötü bir alışkanlık ya da saplantılı bir düşünce kalıbı bulun:

....

....

Şimdi, bu alışkanlığa tekrar başladığınız son üç seferde onu neyin tetiklediğini hatırlayın (Mesela "Annemle tartıştım," "bir aydır gece gündüz çalışıyordum," "bir performans değerlendirmesiyle karşı karşıyaydım.")

Alışkanlık tetikleyici bir: ....

Alışkanlık tetikleyici iki: ....

Alışkanlık tetikleyici üç: ....

Alışkanlık ya da bağımlılığınıza büyük olasılıkla geri dönmenizi sağlayacak "tetikleyici" yi daire içine alın.

8. *Huysuz Bunalım*

Ruhsal durum kontrolü öz-benliğin birçok yeteneğinden bir diğeridir. Cenazede üzgün ya da düğünde mutlu olmanızı sağlayan şey budur; toplumsal benliğe mantıklı gelir. Ama sıradan bir iş gününün ortasında aniden hüngür hüngür ağladığınız, ciddi bir personel toplantısında kahkahalarla gülmeye başladığınız, yavaş ilerleyen trafikte öfkeden köpürdüğünüz ya da can sıkıntınız dışında hiçbir şey hissetmediğiniz sürpriz bir partide insanları yararak ilerlediğiniz zamanlar ne olacak?

Eğer açıklayamadığınız ruh halleri yaşıyorsanız ya da duygusal tepkilerinizin "uygunsuz" olduğunu düşünüyorsanız, toplumsal benliğinizle öz-benliğiniz arasındaki bağlantının ciddi bir şekilde koptuğundan emin olabilirsiniz. (Bu arada, *uygun* ve *uygunsuz* toplumsal benliğinizin en sevdiği kelimelerdir.) Açıklanmamış kötü ruh hallerinizle savaşmak yerine, onlara dikkat edin. Onlar Kutupyıldızınızı kaybettiğinizin ve öz-benliğinizin onu nerede bulacağınızı söylemeye çalıştığının açık bir işaretidir.

Yirmi sekiz yaşındaki yeni evli Michelle kendini donuk, sıkıcı ve aseksüel hissediyordu. Kocasıyla birlikte aşklarını gösterişli akşam yemekleri ve tatillerle alevlendirmeye çalıştılar, ama Michelle sevinçten uçması gerektiğini ne kadar çok düşünürse kendisini o kadar çok, kötü günündeki Edgar Allan Poe gibi hissediyordu. Öz-benliğinden geldiğini hissettiği mesajları gerçekten duyacak diye ödü patlıyor, evliliğinin ölmüş olduğunu anlamaktan korkuyordu. En sonunda, durum o kadar kötüleşti ki öz-benliğinin ona ne söylemeye çalıştığını bulmak için benimle çalışmaya razı oldu.

Sonuçlar sevindirici bir şekilde sinir bozucuydu. Sorunun kocasına karşı duygular değil de, Michelle'nin evlilikle ilgili inançları olduğu ortaya çıktı. Michelle'in toplumsal benliğine kadınların "evet" dediği andan itibaren sessiz, iradesiz, evine bağlı bir hizmetkâr olması gerektiği öğretilmişti. Öz-benliği hiçbir şekilde öyle olmayacaktı, pozitif tüm ruh hallerini ve seksüel tepki düğmelerinin hepsini kapatmıştı; ta ki sosyal inançlarını etraflıca tekrar düşünmeyi kabul edene kadar.

ALIŞTIRMA

Gerçekten kötü bir ruh halinde olduğunuz ya da anlaşılamayan, yersiz ya da aşırı görünen bir ruh hali yaşadığınız son üç zamanı bulun. Yine, bu durumlarla karşılaştığınızda yaşamınızda olup bitenleri yazın.

Kötü ruh hali atmosferi 1:...

....

Kötü ruh hali atmosferi 2: ....

....

Kötü ruh hali atmosferi 3: ....

....

En kötü ruh halinizi ortaya çıkaran durumu daire içine alın.

ÖZET: "HAYIR" DEMEYE GELİŞ

Umarım bu bölüm çok sevimsiz olan bazı hatıralarınızı canlandırmıştır. Herkesin öz-benliği kendine has bir şekilde "hayır" der, ama çoğu insanın olumsuz tepkisi biraz önce bahsettiğim belirtilerden en az bir kısmını içerir. Şimdi, *siz* Kutupyıldızınızdan uzaklaşırken oluşan, size özel "hayır" tepkisinin net bir görüntüsünü yaratmak için tepkilerinizle oynayacağız. Bu alıştırma çok karışıktır, ama zamanınızı harcadığınıza değer.

Birinci Aşama

Öz-benliğinizin sizinle "konuşması" için, önce en çok nefret ettiğiniz şeylerin hepsini bir araya toplamamız gerekiyor. Aşağıdaki boşluklara, bu bölümdeki alıştırmalarda daire içine aldığınız cevapları yazın. Eğer ihtiyacınız olursa, dönüp cevaplarınıza bakın.

Aşağıdakileri yazın:

A. Enerji seviyenizin en düşük olduğu durum: ....
....

B. En kötü sosyal davranışınıza neden olan üç kişi:

1. ....
2. ....
3. ....

C. En kötü tıbbi belirti: ....
....

Ç. En kolay unutulabilir bilgi tipi: ....
....

D. En aptalca hata: ....
....

E. Uykunuzu en çok rahatsız eden sorun: ....
....

F. En kötü zararlı alışkanlık "tetikleyicisi:" ....
....

G. En kötü ruh halinizin olduğu ortam: ....
....

İkinci Aşama

Şimdi, beraber küçük bir senaryo yaratacağız, sinirlerinizi bozacak bir senaryo. Birinci Aşamadaki listeye yazdıklarınızla aşağıdaki öykünün boşluklarını doldurun. Mesela Birinci Aşamada "A" harfinin yanına "diş hekimi randevusu" yazdıysanız, aşağıdaki "A"nın yanındaki boşluğa "diş hekimi randevusu yazacaksınız.

KENDİ EN KÖTÜ DURUM SENARYONUZ

Bir an için (A: enerji seviyenizin en düşük olduğu durum) .... da(de) olduğunuzu düşünün.

Etrafınızda (B: listenizdeki üç *isim*) .... var.

Kendinizi iyi hissetmiyorsunuz, hatta (C: en kötü tıbbi belirti)........................... sizi bugüne kadar hiç olmadığı oranda rahatsız ediyor.

Size bütün hayatınız boyunca (Ç: en unutulabilir bilgi) .... çalışmayı içeren bir iş verilmiş.

Odadaki bütün insanlara sizi sürekli izleme, performansınızı eleştirme ve hata yaparsanız sizi cezalandırma yetkisi verilmiş.

Hatalardan bahsetmişken, şu anda (D: en aptalca hatanız) .... yaptınız ve bu üç süpervizörünüz tarafından da dikkate alındı. Şu anda hayatınız genel olarak oldukça zor, özellikle (E: uykunuzu en çok rahatsız eden sorun) .... şu anda tekrar oluyor.

Aynı zamanda (F: en kötü zararlı alışkanlık tetikleyici) .... ile de başa çıkmaya çalışıyorsunuz.

Bütün bunların üstüne (G: kötü ruh hali durumu) .... daha önce olmadığı kadar yoğun.

Tam her şey en kötü durumda giderken, (B-1: sizi en çok rahatsız eden kişi) .... yaklaşıyor. Size nazik bir şekilde dik oturmanızı, hem mütevazı hem de saygın bir şekilde gülümsemenizi ve içerideki herkese şunu söylemenizi emrediyor: "Size çok hayranım. Burada olmama izin verdiğiniz için size çok çok teşekkür ederim. Çok harika insanlarsınız ve ben de bunu hak ediyorum. Hayatımın sonuna kadar böyle yaşamak istiyorum."

Üçüncü Aşama

Boşlukları doldurduktan sonra bu senaryoyu bir kez daha baştan aşağı okuyun. Kendinizi yazdıklarınıza iyice verin. Sonra kendi tepkilerinize dikkat edin. Kendinizi nasıl hissediyorsunuz? Bu korkunç durumu canlı bir şekilde hayal ediyorsanız, kendinize has bir öfke, ümitsizlik, hastalık ve endişe karışımı yaşayacaksınız. Bu, en çok nefret ettiğiniz kişinin karşısında olduğunuzu hayal ettiğinizde ve bir şey değiştirmek için bütün gücünüzü topladığınızda zirveye erişmelidir. *O anda ne hissediyorsanız* öz-benliğinizin "HAYIR!" dediği duygu budur. Bu duygudan hemen kaçmayın. Odaklanın ve etrafında debelenin. Özel şeklini, dokusunu ve büyüklüğünü araştırın. Diğer negatif duygulardan nasıl ayrıldığını fark edin. Doğru rotanız sizi korkutucu zorlu işlerden, üzücü ayrılıklardan, öfkeli direnmelerden ve bir yığın aşırı sevimsiz deneyimden geçirecektir. Ama Kutupyıldızınıza giderken yaşadığınız acı öz-benliğiniz için temiz, gerekli ve doğru olan duygudur. Bu biraz önce yarattığımız senaryoda hissedeceğiniz yoğun tiksintiden çok farklıdır. *Hiçbir zaman öyle hissetmeniz gerekmiyor.*

O boğucu düşmanlık veya hissiz depresyon ya da kusturacak kadar çaresizlik Kutupyıldızınızdan uzaklaştığınızın, hem de *size ait olmayan* bir hayata doğru gittiğinizin kesin bir belirtisidir. *Bu duyguyu hissettiğinizde rotanızı değiştirmelisiniz.* Etrafınızdaki insanlara öz-benliğinizin içeriden söylediği şeyi söylemelisiniz: "Hayır. Oraya gitmeyeceğim. Bunu yapmayacağım. Özür dilerim, ama cevap hayır."

Müşterilerimin çoğu önce bu teoriyi reddeder. "Kendinizi öz-benliğe böylece bırakamazsınız," derler. "Ne zaman nahoş bir şeyle karşılaşsanız 'hayır' diyemezsiniz. İnsanlar yapmaları gerekeni yapmalıdırlar." Bu tabii ki toplumsal benliğin savaş narasıdır. Tiksindirici durumlarda "evet" demeyi öğrendi, çünkü buradan çıkış yolu olmadığına inanıyor. Bunu sizin çevrenizdeki insanlardan öğrendi, bu insanlar, her nedense, asıl doğanıza düşmanca şeyler yapmanızı istiyorlar. Etrafınızdaki insanlardan gelen "hayır"lara itaat etmeyi bırakırsanız ve içinizden gelen "hayır"ları dinlemeye başlarsanız, bu kişilerin çoğu –büyük ihtimalle buna en çok sevdikleriniz de dahil olmak üzere– şaşıracak ve direneceklerdir. Gireceğiniz değişimlerde bazı kayıplar olacaktır.

Eğer bu geri dönmek, Kutupyıldızınıza gidiş maceranızı terk etmek için bir nedenmiş gibi görünüyorsa, en kötü durum senaryonuza benzeyen bir durumda yaşantınızı geçirerek kesinlikle kaybedeceğiniz şeyleri düşünün. İsa'nın dediği gibi, "Ruhunu kaybettikten sonra dünya senin olsa neye yarar?" Biraz önce bunun tadını biraz aldınız. Eğer öz-benliğinizin *"Hayır!"* diye bağıracağı bir durumda kalmak istiyorsanız bu sizin hakkınızdır. Diğer taraftan, eğer ruhunuzu geri almak istiyorsanız –büyük ihtimalle bütün dünyayı kaybetmek pahasına gibi görünen bir bedele– okumaya devam edin. Artık "kuzey değil" hissinin ne olduğunu biliyorsunuz, şimdi öz-benliğinizin *doğru* yönde ilerlediğinizi size nasıl söylediğini bulacağız.

3

EVET DEMEYE GELİŞ

Üniversitenin ilk yılında kaldığım yurttan üç sokak ötede bulunan bir kitapçıda oturmuş, ana branşıma karar vermeye çalışıyordum. Zorlu bir yıl geçmişti –o güne kadarki hayatımın en stresli yılı– ve geleceğimde çok ciddi bir etkisi olabilecek kararı bir kenara bırakın, kendimi en önemsiz kararı bile veremeyecek kadar yorgun hissediyordum. Kasvetli bir şekilde, kayıt memurundan aldığım *Odaklanma Alanları* kitabının sayfalarını karıştırdım. İngiliz Edebiyatına mı odaklanmalıydım? Hmm, belki; okumayı severdim. Felsefe? Hayır, çok gösterişli. Tarih? Bu da bir olasılık. Görsel sanatlar?

Aklıma bu düşünce geldiğinde, çok tuhaf bir duygu bedenime yayıldı. Sanki hücrelerim aniden neşelendiler. Baş döndürücü bir an için, neredeyse yerden havaya yükseldiğime inandım. Bir anı panoraması zihnimde canlandı: sanat saplantılı bir çocuk ve ergen olarak, çizerek geçirdiğim binlerce saat; renkli kalemlerin, kâğıdın, boyaların ve neft yağının kokusu; her resim yaptığımda yaşadığım anlatılamaz büyü. Bu his o kadar şaşırtıcı ve sevimliydi ki kahkahalarla gülmeye başladım.

Bunun ne kadar değişik olduğunu size anlatamam. Korkulu, şaşırtıcı ve yalnız geçen birkaç aydır bir kimlik fotoğrafı dışında doğru dürüst gülümsememiştim. O an kendimi ruhumun kömür madenindeki kanaryayı keşfetmiş gibi hissettim, tonlarca kayanın altında hâlâ ötüyordu. Emily Dickinson'un "Ümit, kanatlı bir şeydir," cümlesi aklıma geldi birden ve ilk kez, ne demek istediğini anladım. Aynı anda Emily'nin bir zamanlar söylediği başka bir şeyi de anladım: güzel bir şiir okuduğunda kendisini kafasının üstü açılmış gibi hissetmesini. Ben her zaman için bunun münzevi şairin eğlenceye ne kadar aç olduğunu anlatan hazin bir yorum olduğunu sanmıştım, ama Emily'nin ben ana branş olarak sanatı düşündüğümde hissettiğim bu tuhaf rahatlığa benzer bir şeyden bahsetmiş olması gerektiğini fark ettim.

Bunu ya da benzeri bir duyguyu hissettiğinize iddiaya girerim. Herkes bunu biraz farklı bir şekilde yaşar, ama her bireyde, bu zaman içinde daha kalıcı olmaya eğilimlidir. Bu sizin öz-benliğinizin *"Evet! Kutupyıldızınızın yolu bu!"* dediği duygudur.

Tabii ki, bu benim başıma kitapçıda geldiğinde, onu dinlemedim. Otuz saniye içinde, toplumsal benliğim saldırdı. Birkaç hafta önce birinci sınıflar yemekhanesinde kulak misafiri olduğum bir konuşma aklıma geldi. Yaşıtlarımdan oluşan bir grup, yarım saatlerini görsel sanatları ana branş olarak almakla dalga geçti, bunu yapanları gelecekleri olmayan, Avrupalı özentisi ve boş kafalı olarak görüyorlardı. Sanat bölümü mezunu olmak, bütün arkadaşlarım hem fikirdi bu konuda, işe yaramazlıktan daha kötüydü. Bedenim iskemleye çöktü ve ruh halim karanlık dehşetine geri döndü.

Sonraki on yıl boyunca, rotamı akademik "güvenli" bir kariyerde çizerken, arada sırada o kitapçıdaki deneyimimi düşünüp taşıdım. Kendimi bir Çince dersten diğerine zorla götürürken, bu branşla aramda ortak tiksindirici güç alanları olduğunu hissedip bunu düşündüm. Üniversitede ve yüksek lisans yaptığım sürece çalışarak kazandığım gelirin tamamını topladığımda bunu düşündüm ve öğretmenlikle ve resim satarak diğer her şeyden daha çok para kazandığımı fark ettim. Ne kadar aksamayla bağışık bir kariyer gibi görünse de sonunda bir sosyoloji profesörü olmaya uygun olmadığımı anlayıp akademik işimi terk ettiğim gün bunu düşündüm.

Benim için ana branşımı seçmeye çalıştığında öz-benliğimi dinleseydim ne olacağını asla bilemeyeceğim. Profesyonel bir sanatçı olabileceğimi sanmıyorum; algıladığım kadarıyla bu konuda eğitim görmek doğru rotamdı, ama ulaşacağım son yer değildi. Eğer sanatı ana branş olarak seçseydim, sonraki birkaç yılın çok daha hoş, çok daha doyurucu ve kolay olacağına inanıyorum. Sanırım o yılları uzunluğuna olduğu kadar genişliğine de yaşayabilirdim. Bu tahmini o zamandan beri yaşadığım deneyimlere göre kuruyorum: "*Evet!*" diye bağırdığında öz-benliğimi hem dinlediğim hem de dinlemediğim dönemleri. Bir taraftan da elimde, öz-benliklerini dinlemeyi alışkanlık haline getirmiş ve bunu gösteren olağanüstü hayatları olan zengin insanlardan aldığım bir yığın doğrulayıcı veri var. Umarım bu bölümü okuduktan sonra, onlardan biri olmak isteyeceksiniz.

ÖZ-BENLİĞİNİZ NASIL "EVET" DER

Eğer bir gün, susuz kalmış begonya gibi boynunu bükmüş insanlarla dolu bir oda görmek isterseniz, son bölümdeki "en kötü durum senaryosunu" bir seminer grubuna uygulamayı deneyin. Bu alıştırmayı bitirdiğimde, katılımcıların hepsi oturdukları yere yıkılmış ve kaskatıydı, ıstıraptan betleri benizleri atmıştı, nefes alışları dökülmüş petrolden kurtarılmayı bekleyen deniz memelileri gibi yavaşlamış ve isteksizdi. Sonra ikinci kısma geçtik, bu bölümde işleyeceğimiz konuya. Büyü yapılmış gibiydi: Beş dakika içinde, katılımcıların çoğu, görünür bir şekilde daha neşeli ve canlı hale geldiler. Öz-benliklerini zehirleyen hatıralardan kopup onları besleyen hatıralara geçtiler. Neredeyse herkes gülümsemeye, espriler yapmaya, arkadaş olmaya başladı. Bu bölümü okuyunca, dikkatinizi pozitif anılara odaklayarak ruh halinizi bu yönde değiştirme şansınız yüksektir. (Ama sırada bir "uyarı" var, aşağıya bakın.)

UYARI

Şimdiye kadarki her müşterim bir "en kötü durum senaryosu" yapabilmişti, ama ancak yirmide biri bu bölümdeki "en iyi durum senaryosu" alıştırmasını yapabildi. Bu alıştırmalar öz-benliğinizin geçmişte "*Evet!*" dediği yerlere bakmanız için gereklidir. Bazı insanlar bu deneyimleri gerçekten hatırlayamazlar. Diğerleri hatırlayabilir, ama hatırlamak istemezler. Neden mi? Çünkü özellikle neşeli olmadığınız bir anda neşeyi düşünürseniz kendinizi bir oyuncakçı dükkânının vitrinine bakan fakir ve öksüz bir çocuk gibi hissedersiniz. Hiç de ideal olmayan bir hayatın yol açtığı yaralara tuz basmak gibidir bu.

Aşağıdaki alıştırmaları yapmak size acı veriyorsa, kesinlikle yanlış bir hayatı yaşıyorsunuzdur. Eninde sonunda ya mutluluktan vazgeçmeniz gerekecek ya da neşe deneyimiyle tekrar bağlantı kuracaksınız, ama *kendinizi zorlamayın.* Bu bölümü sadece bir varsayım olarak okuyun, sadece Kutupyıldızını bulan insanların doğal olarak hissettiği deneyimi bir gün sizin de yaşayabilme ihtimaline yer açmasına izin verin. Bırakın da size o kanatlı şeyi sunsun.

MUTLU SOHBET: ÖZ-BENLİĞİNİZ NASIL "EVET" DER

Öz-benliğinizin nasıl iletişim kurduğundan daha önce bahsettik. Kutupyıldızınızdan uzaklaştığınız zamanlarda toplumsal benliğinizi devre dışı bırakmak ya da sabote etmek için kullandığı mekanizmalar "*Evet!*" demek için kullandıklarıyla aynıdır. Son bölümdekine benzer tipte (ama içerik olarak ters) bir "belirti" listesi yapacağız. Aşağıdaki olayları yaşadığınız zamanları hatırlamaya çalışın ve onları boşluklara yazın.

1. *Nükleer Enerji*

David bir vergi hukuku firmasında avukattı. Bu iyi bir işti; tek sorun David'in bunun için enerjisinin olmamasıydı. Onunla tanıştığımda, o kadar cansızdı ki ona verilen işlerin sadece üçte birini bitiriyor ve çalışmadığı zamanların çoğunu kanepesine uzanıp televizyon seyrederek geçiriyordu. David hukuk kariyerine son vermeye karar vermişti, –sanırım bana sadece işten ayrılmak için izin almak üzere gelmişti– ama avukatlık yerine ne yapabileceği hakkında fikir vermekte zorlanıyordum. Ona kronik yorgunluk sendromunu inceleyen bir araştırmada denek olmak gibi, neredeyse bütün zamanını uyuklayarak geçirmesine izin verecek bir kariyer düşünmeye çalışıyordum.

Ama David işinden en sonunda istifa ettiği gün ne yaptı biliyor musunuz? Koşmaya, engebeli arazilerde yürüyüş, nehirlerde rafting yapmaya, dağlara tırmanmaya ve genelde etrafta manyak gibi koşuşturmaya başladı. David'in doğa maceralarına olan açlığını uzun zamandır biliyordum, ama bunun kitaplar, filmler ve dergilerle takip etmesi gereken bir tutku olduğunu düşünmüştüm. Ama hukuk bürosundan çıkıp vahşi doğaya girince enerjisinin tavana vuracağı hiç aklıma gelmemişti.

Bir gün, David kendisi için doğru olan yaşamın ondan istediği şeyi yapmak için çok fazla enerjisi olduğuna onu ikna eden bir deneyimi bana anlattı. Bir önceki hafta sonu, arkadaşı Ben'le doğa yürüyüşü yaparken müthiş bir fırtına başlayıp dağın zirvesine yakın bir yerde onları mahsur bırakmış. Etraflarındaki kırmızı toprakta o kadar çok demir varmış ki yıldırımları bir anten gibi çekiyormuş, özellikle o bölgeye Birleşik Devletler'deki bütün yerlerden daha çok yıldırım düştüğü saptanmış. Şiddetli, sağır edici şimşekler David ve Ben'in o kadar yakınına düşüyormuş ki elektriğin ısısını bile hissediyorlarmış. Kayalar yağmurdan kayganlaşmaya başlamış, sıcaklık hızla düşmüş ve iki yürüyüşçünün dik dağdan düşme, hipotermiden ölme ya da yıldırım çarpmasında kömür olma olasılıkları rahatsızlık verecek seviyede yüksek görünmeye başlamış. David ciddi bir tehlikede olduklarını bilse de, bu sahneyi o kadar vahşi ve güzel bulmuş ki korkmamış.

"İçimde bir şeyin kımıldandığını hissettim," dedi David. "Sanki bedenimin her parçası mükemmel bir şekilde düzenlenmiş gibiydi. Birden, inanılmaz derecede hızlı hareket ettiğimi fark ettim. Çaba sarf ettiğimin farkında değildim, kayaların üstünden kayıyormuş gibiydim. Arkadaşım Ben, benden çok daha güçlü bir yürüyüşçüydü, ama ben uçurumdan aşağı inen en iyi yolu bulduğumda o çok geride kalmıştı. Kesinlikle sakindim. Yanlış bir adım atmayacağımı ve bu hızda yorulmadan ilerlemeye devam edebileceğimi biliyordum. Daha önce hiç böyle bir şey hissetmedim."

David'in yürüyüş deneyimi siz ve gerçek benliğiniz aynı yönde ilerlerse ne olacağının dramatik bir örneğidir. Onu harekete geçiren sadece korku adrenalini değildi, bu iyi bir arkadaşıyla, sevdiği bir şeyi yaparken en sevdiği yerde olmasının coşkusuydu. David daha önce de zor durumlarda kalmıştı, ama daha önce hiç içindeki her şeyi "düzenlenmiş" gibi hissetmemişti. David artık öz-benliğine daha duyarlı, "yapmadan yapma"nın çaba gerektirmeyen yüksek enerjisini daha çok yerde ve gitgide artan seviyelerde kullanıyor.

Berbat durumlara son verecek cesareti olan müşterilerimde hayret verici enerji artışları beklemeyi öğrendim. Bunu küçük şekillerde, her gün deneyimleyebilirsiniz. Saat dörtte, o kadar bitkin olursunuz ki çalışma masanızda dik oturmakta zorlanırsınız, ama eve erken gitme kararı verdiğinizde, enerji seviyeniz kokain almış bir balerininki gibi yükselir. En yakın arkadaşınızla son sağlık sorunu hakkında konuşurken uyuşmuş derecede yorgunsunuzdur, ama sonra o gizlice âşık olduğunuz kişiden bahseder ve anında pür dikkat kesilirsiniz. Akşam yemeğinden sonra kayınbiraderlerinizle sohbet ederken neredeyse komaya girmek üzeresinizdir, çünkü aslında yeni polisiye romanı sabaha kadar okumak istiyorsunuzdur.

Ne tür aktiviteler enerji seviyelerinizi yükseltir? Belli insanlarla olmak sizi canlandırır mı? Ya yerlere ne diyorsunuz; deniz kenarında mı, sinemada mı yoksa süpermarkette dolaşırken mi kendinizi enerjik ve canlı hissediyorsunuz? Dikkate değer canlılıklar hatırlayabilecek misiniz diye, hem yakın hem uzak geçmişinize tekrar bir göz atın.

ALIŞTIRMA

Sizi her zaman harekete geçiren üç şeyin sıralamasını yapın. (Mesela "Yeni Yıl aile partisi," "Sokak basketbolu oynamak," "Dağlara çıkmak.")

Enerji artıran kişi, yer ya da şey 1: ....
....
Enerji artıran kişi, yer ya da şey 2: ....
....
Enerji artıran kişi, yer ya da şey 3: ....
....

Bu listeye bakın ve kendinizi *en coşkulu* hissetmenizi sağlayanı daire içine alın.

2. *Sağlığınıza*

Unutmayın, öz-benliğiniz bağışıklık sisteminiz üzerinde oldukça etkili bir söz sahibidir ve mutlu olmadığında hastalıklara karşı dayanıklılığınızı düşürebilir. Diğer yandan, Kutupyıldızınıza doğru yöneldiğinizde öz-benliğinizin bağışıklık tepkilerinizi gerçekten *güçlendirdiğine* inanıyorum.

Katherine yıllarını toplumsal kurallara göre oynayarak geçirmişti. Çocuklarını büyüttükten sonra boşandığı soğuk, aşırı eleştirel bir adamla boş bir evliliğe katlanmıştı. Katherine yalnız olduğu bütün bu süre içinde büyük acılara dayanmıştı. Boşanmasının üzerinden çok fazla zaman geçmeden, Katherine'e yumurtalık kanseri teşhisi konmuştu. Özellikle öldürücü türde bir habisti ve Katherine'inki oldukça ilerlemişti. Cerrahlar karnından on kiloluk bir ur almışlardı. Habis her tarafa yayılmıştı. Katherine'in yakında olduğunu fark etmeyen doktorun başka bir doktora söylediklerine kulak misafiri olmuştu Katherine. "Kurtuluşu yok." Katherine ameliyat, kemoterapi ve radyasyona rağmen ölümünün her an gerçekleşebileceğini biliyordu.

Kaybedecek çok fazla şeyi olmadığını ve her zaman hayal ettiği şeyleri yapacak zamanının da azaldığını anlayan Katherine aniden bütün hayatını değiştirdi. Çok değer verdiği birkaç şey hariç her şeyini ya sattı ya attı ya da birilerine verdi ve New York'tan California'daki küçük bir kasabaya taşındı. Burayı sadece manzarası şaşırtıcı derecede güzel olduğu için ve "burası doğru yermiş gibi geldiği" için seçti. Bir iş bulacağı ve yakın arkadaşlar edineceği başlangıçta Katherine'in aklına gelmedi; kanserin tekrar nüksetmesi olasılığı o kadar yüksekti ki o kadar uzun süre yaşamayı beklemiyordu. Aynı kasaba gibi, öz-benliğine "doğru gelen" insanlarla ilişki kurmaya başlayınca biraz şaşırdı.

Bu on yıl önceydi. Bugün Katherine güzel, hayat dolu ve sağlıklı bir kadın. Kansere karşı verdiği mücadeleyi ona hatırlatan tek şey radyasyon tedavisinin omuriliğine verdiği zarardan kaynaklanan, ayak parmaklarındaki uyuşukluk. Tabii ki eğer Katherine New York'ta, kocasının yanında, bu hastalığın köklerini saldığı hayatta kalsaydı ne oldurdu bilemeyiz. Ama bağışıklık sistemi ve stresin birbirine bu derece bağlı olduğu gerçeği, bu "kurtuluşu olmayan" kadının bugün bu kadar sağlıklı olmasını açıklayabilir. Gerçekte, hastalanmasından itibaren Katherine'in verdiği bütün kararlar, onu California'ya getiren "kendisine doğru gelen" bir hisle yönlendirildi, bu his öz-benliğinin "*Evet!*" demesiydi.

Onu bırakana kadar bir şeyden hoşlanmadığınızı bilmeyebilir ve sağlığınızın aniden iyi gittiğini görebilirsiniz. Fiziksel güçlerini kurutan bir şeye –bir işe, bir ilişkiye, bir hayat tarzına– sarılmış olan birçok müşterim vardı. Mesela Lenny küçük şirketinin başındaki pozisyonun, hayatına anlam veren ve ona değer katan tek şey olduğuna ikna olmuştu. Şirketi daha büyük bir şirket tarafından devralınıp işi yok olduğunda, Lenny bütün dünyasının yıkıldığını sanmıştı. Astım, güçlü alerjiler ve sürekli solunum yolları iltihapları da dahil olmak üzere kötü sağlığı iyileştiğinde Lenny hayretler içinde kalmıştı. "Sanırım, diğer insanların ne düşündüğüne o kadar saplanmıştım ki o işin nefes almama izin vermediğini fark etmedim," dedi.

Eğer zaten sağlıklı biriyseniz, öz-benliğinizin "evet" ve "hayır" dediği zamanlar arasındaki büyük farkı algılayamayabilirsiniz. Bununla birlikte kendinizi hastalanmaksızın çok zorlayabildiğiniz durumların olduğu yerleri (mesela siyasi bir kampanyada aralıksız çalışmak), acıya dayanıklı olduğunuz zamanları (bir rugby maçı boyunca açık kalan derin bir yarayı neredeyse hissetmemek) ya da bürodaki diğer herkesi harap eden bir virüsten etkilenmediğiniz zamanları düşünebilirsiniz. Bunların benzeri üç şeyi aşağıya yazınız.

ALIŞTIRMA

Sağlığınızın normalden daha iyiymiş gibi göründüğü üç zamanı hatırlamaya çalışın. O zamanlar hayatınızda neler oluyordu?

Durum 1: ....

....

Durum 2: ....

....

Durum 3: ....

....

Şu anda sizinle *en pozitif* bağlantısı olan durumu daire içine alın.

3. *Anılar, Zihnin Aydınlık Köşeleri...*

Kutupyıldızınızdan uzaklaştığınızda anıları engelleyen öz-benliğin, doğru rotada olduğunuzda inanılmaz derecede güçlü bir bellek ziyafeti verme yetisi vardır. Her müşterimin en azından bir bilgi kategorisinde tutkulu bir öz-benlik ilgisi olduğunu buldum. Telefon numaranızı, annenizin doğum gününü ve okulda öğrendiğiniz her şeyi unutabilirsiniz, ama bu tek alanda, hafızanız bir dâhidir.

Rosie'nin, reklam müziklerinden Broadway müzikallerine kadar duyduğu bütün şarkıları hatırlama yeteneğinden dolayı buna Rosie O'Donnel sendromu derim. Bir grup arkadaşla toplanıp onların O'Donnel eğilimlerinin nerelerde olduğunu bulmak eğlenceli olur. İşte size bazı arkadaşlarımın süper hafıza kategorileri: Sadie dünyada varolan bütün yiyecek maddelerinin kalori ve yağ-gram değerlerini hatırlar; Bill mahallesinin üstünden geçen bütün uçaklara bir göz atıp uçağın modelini, havayolu şirketini, nereden gelip nereye gittiğini size söyleyebilir; Mary televizyon dizilerindeki her oyuncuyu eşinin, çocuklarının ve tropik balıklarının adlarıyla bilir. Down sendromu olan ve pek fazla bir şey hatırlaması beklenemeyen oğlum Adam'ın Bugs Bunny çizgi filmleri hakkında ansiklopedik bilgisi vardır. Üç yaşından beri, her bölümdeki bütün rolleri hatasız bir doğrulukla canlandırabiliyor.

Bu süper hafıza fenomeni sadece öğrenme kategorileriyle ilgili değildir. Öz-benliğinizin bir ortamda unuttuğu bir şey tam da diğerini ortaya çıkaran şeydir. Ben Çokuluslu İş İdaresi başlıklı bir ders verirken, konuları hatırlamakta çok zorlanmış ve öğrencilerimin isimlerini bir türlü öğrenememiştim. Ama kariyer geliştirme üzerine bir ders planladığımda, seksen beş öğrencimin isimlerini sadece birer kez duyduktan sonra, bilinçli hiçbir çaba sarf etmeden hepsini hatırladığımı gördüğümde afallamıştım. Alınacak ders: Yaşam koçluğu öz-benliğimin sevdiği bir şey ve onunla uğraştığımda bana bedava hafıza girişi sağlıyor.

Çoğu insanın kendi süper-hafızasından etkilenmediğini fark ettim. Çünkü bir konuyu öğrenmek onlar için kolay olunca, bunun etkileyici ya da kullanışlı olmadığına karar verirler. Mary aslında meşhurları ve onların maceraları hakkında her şeyi hatırlama yeteneğinden utanır; yere bakan gözler ve kıpkırmızı bir suratla bunu kabul etti. Tanıtım, pazarlama ve eğlence dünyası gibi alanlarda, yeteneğinin ne kadar faydalı olabileceğini fark etmedi. Bütün süper hafızaların üretici bir uğraşta kullanılabileceğine inanıyorum. Şimdi, bakalım Adam'ın Bugs Bunny'ye düşkünlüğünü nasıl bir kariyere çevirebileceğini bulabilecek miyim.

ALIŞTIRMA

Sizin süper-hafızanız nerede? Eğer bir şey düşünemiyorsanız, büyük ihtimalle ortada olan şeyi görmüyorsunuzdur. Arkadaşlarınıza ve sevdiklerinize fark ettikleri kadarıyla hangi bilgi alanlarında yetenekli olduğunuzu düşündüklerini sorun. Bu kategorileri aşağıya yazınız.

Bilgi tipi 1: ....

....

Bilgi tipi 2: ....

....

Bilgi tipi 3: ....

....

Sizi en çok ilgilendiren bilgi tipini daire içine alın. Dürüst olun, hoşunuza giden hiçbir şey aptalca ya da boş değildir.

4. *Zaman Sıçraması*

İlk müşterimin yarım saat içinde gelmesi gerekiyor. Bunu bana hatırlatmak için üç farklı alarm sistemim var: bilgisayarımdaki saat, kol saatim (unutmamam için klavyemin üstünde duruyor) ve randevu saatinden beş dakika önceye kurulmuş olan fırın saatim. Bu kadar çok sisteme ihtiyacım var, çünkü yazmaya başlayınca, saatler tuhaf bir şekilde, neredeyse korkutucu bir hızla geçiyor. Günlük programımı kontrol edip yazmak üzere sadece birkaç dakikalığına oturup da akşam olduğunu aniden fark ettiğim kaç sefer olduğunu size söyleyemem. Çocuklarım anneleri "yazma dünyasındayken" her beş ya da on dakikada bir müzik derslerini ve oyun saatlerini bana hatırlatmaları gerektiğini öğrendiler.

Ama lütfen unutmayın, bu sadece ben bir konuyla samimi bir şekilde ilgilenirsem oluyor. Mesela doktora tezimi yazarken dakikalar aylarmış gibi geçiyordu. En fazla yarım saat odaklanabiliyordum. Öz-benliğimin sıkıcı, korkutucu ve genelde iğrenç bulduğu o sonsuz belgeyi yazmak için zorlarken kendimi erken bunamaya girmiş gibi hissedebiliyordum.

Yaşamınızda harika bir şey olurken zamanın ne kadar farklı geçtiğini düşünün. Çocukluğunuz sırasında, anneniz akşam yemeği için sizi çağırana kadar zamanı unutup bir oyuna kapıldınız mı hiç? Kafa dengine benzeyen birisiyle sohbete dalıp sonra aniden saatlerin geçtiğini fark ettiniz mi peki? Şu anda yaparken zaman kavramınızı yok edip sadece anı yaşamanıza izin veren şeyler var mı? Eğer varsa, bunların listesini yapın.

ALIŞTIRMA

Size zamanı unutturan üç aktivite tipini yazın.

Aktivite 1: ....

....

Aktivite 2: ....

....

Aktivite 3: ....

....

En ilgi çekici aktiviteyi daire içine alın.

5. *Duygusal Zekâ*

Öz-benliğiniz sizi kötü ilişkilerden çıkarmak için sadece sosyal yeteneklerinizi devre dışı bırakmaz, doğru yolda ilerlerseniz bu yetenekleri geliştirebilir de. Doğru rotanızın parçası olan birisiyle karşılaştığınızda, bütün bu sosyal etkileşim oyununun iyi bir şekilde gelişmesine şaşırıp buna mutlu olabilirsiniz. Sadece doğru zamanlarda, sadece doğru şeyleri söyleyeceksinizdir bu durumda. Şakalarınız samimi bir şekilde komik olacak, hatta komik olmasa bile insanlar onların öyle olduklarını düşünüyormuş gibi görüneceklerdir. Size doğru gelen, pozitif dikkat dalgalarını hissedeceksinizdir. Toplumsal benliğiniz her şeyin niçin bu denli uyum içinde olduğunu hiç anlamayacak; öz-benlik kişilerarası enerjiden faydalanıp onu geri yollarken şaşkın bir keyif içinde sadece olayların gidişatına dahil olacaktır.

Öz-benliğinizin bir kişiden hoşlandığının iki kesin işareti *rahatlık* ve *empati*dir. Sadece kendinizden memnun olmakla kalmazsınız, aynı zamanda bundan endişe duymayı bırakıp karşınızdaki kişinin yerini doldurduğunuzu da görürsünüz. Yanınızdaki kişiyi anlarsınız ve onun tarafından da anlaşıldığınızı hissedersiniz. Daha yeni tanışmış olsanız da ezelden beri birbirinizi tanıdığınızı hissedebilirsiniz.

Tamara buluştuğu kişi tarafından tecavüze uğradıktan sonra doğal dikkati neredeyse fobi derecesine ulaşmış güzel ve zeki bir kadındır. Tekrar bir adamla çıkacak kadar cesarete sahip olması yıllarını almıştı ve çıktığında, sohbet her zaman yapmacık ve gergin oluyordu. Tamara Ron'la tanıştığında, onun nazik ve dürüst bir kişi olduğunu anladı. Ondan çok hoşlandı. Bilinçli zihnine, toplumsal benliğine göre Ron Tamara'nın çıktığı diğer erkeklerin çoğuna benziyordu. Ama Ron'la dördüncü randevularında, Tamara onu ilk kez evine davet etti. Tamara'nın öz-benliği dudak uçuklatan bir şey yaptı. Tamara Ron'u öptü, kendisine sarılmasına izin verdi ve hemen huzurlu bir uykuya daldı.

"Bunun güzel bir şey değilmiş gibi göründüğünü biliyorum," dedi bana Tamara. "Ama benim için harikaydı. Tecavüzden beri uyku sorunu yaşıyordum ve bir erkekle yalnız kaldığımda korkunç derecede sinirli oluyordum. Ama bir tarafım Ron'a sanki tamamen güvenmişti. Sanki yaralı tarafım en sonunda eve dönmüş ve güvendeymiş gibiydi."

Ron'un Tamara'nın hiç de tutkulu olmayan tepkisinden dolayı kendine hakaret edilmiş gibi hissetmeyip bunu anlamış olması onunla empati kurduğunun kesin bir işaretiydi. Aralarında bir uygunsuzluk hissi ya da gerginlik olmadı; birbirlerine mükemmel bir dansçı çift gibi tepki verdiler. Ron ve Tamara en sonunda beraber yaşamaya başladılar ve üç yıldır mutlu bir çiftler.

ALIŞTIRMA

Sosyal olarak kendinizi yanında uygun ve güvenli hissettiğiniz, sizi anlıyormuş gibi görünen ve sizinle zaman geçirmekten hoşlanan üç kişi bulunuz.

Birinci Kişi: ....
....

İkinci Kişi: ....
....

Üçüncü Kişi: ....
....

Yanında kendinizi en rahat ve huzurlu hissettiğiniz kişinin adını daire içine alın.

6. *Manyetik Çekim*

En mutlu romantik ilişkilerini anlatan müşterilerimin bunu Tamara ve Ron'un yan yanayken birbirlerine karşı hissettikleri olgun rahatlama tarzında temellendirdiklerini keşfettim. Bu, öz-benliğin Kutupyıldızınıza yaklaşmanızı istediğinde yaratabileceği diğer tepkiden oldukça farklıdır. Bu duyguya Birleşme Hevesi diyorum. Bu birdenbire ortaya çıkan, neredeyse kimyasal, yoğun bir tepkidir ve bir kişi, bir yer ya da bir şeyi sizin için o kadar çekici yapar ki bir süre başka hiçbir şey düşünemezsiniz.

Birleşme Hevesinin savaş ya da kaç tepkisinin psikolojik bir karşıtı olduğunu düşünüyorum. Bu heves savaş ya da kaç tepkisi gibi, bilinçli kontrolümüz altında olmayan, bir yığın fiziksel durum yaratır. Mesela size oldukça çekici gelen bir şeye baktığınızda, gözleriniz sanki karşınızdaki şeyi daha iyi görmeye çalışıyormuş gibi, gözbebekleriniz büyür ve göz kırpış oranınız azalır. Nabzınız hızlanır, ama panik yerine coşku ve arzuyla dolarsınız. Bu bedeninizin Birleşme Hevesinin en güçlü belirtilerinden biri olan doğrudan doğruya şehvete nasıl tepki verdiğini zaten bildiğinizden eminim.

Tabii ki bu çoğu film ve romanın "âşık olmak" diye tanımladığı duygudur. Birleşme Hevesi iki âşığı birbirine çeken ilk dürtü olabilir. Ama bu duygu, gerçek bir ilişkinin aynısı değildir; sizi alev alev yakar, ama uzun sürmez. Sizi doğru rotanıza girmenizde size yardımcı olacak birisine doğru çekecek, sonra ortadan kaybolup uzun süreli insan etkileşiminin daha az sarhoş edici görevini yapma aşamasında sizi yalnız bırakacaktır. Bu sizi sevgili olarak hiç uygun olmayan, pek iyi tanımadığınız kişilere de yönlendirebilir.

Mesela Malcolm depresyon sonrası uzun süren bir iyileşme süreci sırasında, gönüllü itfaiyecilik yapmaya başlayan, bir büro malzemeleri satıcısıydı. İlk haftası sırasında, itfaiye şefinin peşine ona tapan bir velet gibi takılmak istediğini fark ettiğinde dehşete düştü. Psikolojisi mi bozulmuştu? Obsesif kompulsif miydi? Eşcinsel miydi? Cevap: Yukarıdakilerden hiçbiriydi. Malcolm sadece kibar, hırssız babasını ticarette izlemeye karar verdiğinde gömdüğü bir parçasını geri kazanıyordu. Artık yeni bir baba figürü, içindeki maceracı kahramana öğretmenlik edecek birisini bulmuştu. Kişiliğinin bu parçasıyla tekrar ilişkiye geçince, Malcolm'un itfaiye şefine olan hayranlığı kayboldu, ama günümüzde ikisi hâlâ arkadaşlar.

Birleşme Hevesi tepkileri insanlara çekim gibi aktivitelere, kendi esrarengiz tarifelerine göre gelip giderler. Büyük ihtimalle bir değişim noktasına geldiğinizde, siz de bu hisleri yaşayacaksınız. Kriz, kayıp, değişim ve büyüme; bütün bunlar öz-benliğin pençesini gevşetmeye eğilimlidirler ve öz-benlik adına bazı çabuk kararlar verilmesini isterler. Kendisini mantıksal olarak açıklayamadığından, öz-benlik bir kanca atıp sizi doğru rotanıza çekebilecek bir şeyi ya da birini yakalar.

Ne zaman bir kişi ya da aktivite sizi "deli etti"? Yamaçlardaki ilk gününüzün ardından bir kaya tutkununa mı dönüştünüz? Bir film ya da televizyon dizisinden aşırı etkilendiğiniz oldu mu hiç? Tamamen geçici olduğu ortaya çıkan, utandırıcı bir aşk yaşadınız mı? Birleşme Hevesi anılarınızı aşağıya not edin.

ALIŞTIRMA

Bir kişi, yer ya da şeye doğru tuhaf bir şekilde çekildiğinizi hissettiğiniz zamanların listesini yapın. Geçici olarak başka bir şeye odaklanamayabilirsiniz. Arzunuzun hedefi neydi?

Birinci şey: ....

....

İkinci şey: ....

....

Üçüncü şey: ....

....

En pozitif duyguları ortaya çıkaranı daire içine alın.

7. *Doğal Bir Uçuş*

Doğrudan Kutupyıldızınıza giden bir rota izliyorsanız, toplumsal benliğinize göre ürkütücü ve sıkıntı verici olan kararlar vermeniz kaçınılmazdır. Bu durumdan çıktığı kesinmiş gibi görünen korku ya da üzüntüyü hissetmediğinizde şaşırabilirsiniz. Onun yerine, hayaletler onunla alakayı kestikten sonraki Ebenezer Scrooge[1] gibi, etrafta atlayıp zıplayacaksınızdır: yabancılara gülümseyecek, çocuklara ve akıl hastalarına sınırsız sabır gösterecek, kediler ve kaplumbağalar yolun karşısına geçsin diye trafiği yavaşlatacaksınız. Acı, mutsuz insanlar sizi tokatlamak isteyecek, ama siz onları yine de seveceksiniz.

Bu çıldırtırcasına iyi ruh hali doğru rotalarının bir kısmını bulan ya da kendi Kutupyıldızlarına ulaşmalarını engelleyen yüklerinden kurtulan insanların başına sık sık gelir. Çoğu insan işinden istifa etmesiyle eşzamanlı olarak kariyer da-

---

1 Ebenezer Scrooge: Charles Dickens'ın *Bir Noel Şarkısı* kitabındaki ana-karakter. Romanın başlarında pek de sıcakkanlı olmayan Ebenezer roman ilerledikçe sempatikleşir.

nışmanı aradığı için, işinden ayrılan birçok kişi gördüm ve insanları daha iyi bir ruh haline sokabilen bir aktivite bulmadan önce çok aramanız gerekeceğini biliyorum. İşten ayrılmanın en azından peyote[1] içmek gibi güçlü bir ruh hali değiştirici olduğunu düşünmeye başladım.

Celia kolalı, yüksek yakası olan bir takım elbise içinde inanılmaz derecede kötü bir ruh haliyle büroma gelen, sinirli, ufak tefek, evde kalmış gibi görünen bir kadındı. Neredeyse bir saat boyunca, hiçbir şey söylemedim. Celia iş yerinin ne kadar korkunç bir yer olduğuna dair kinini bir saniye bile durmaksızın kustu. O kadar zehirli konuştu ki benim aşırı bağımlı tazım Cookie, bunun kendi hatasından kaynaklandığına karar verip halımın üzerine gözyaşlarını dökmeye başladı.

Elli dakikalık seansımızın sonunda, Celia en sonunda fikrimi söylememe yetecek bir süre atıp tutmayı kesti. Şöyle, derin ve bilgece bir şey söyledim: "Vay canına. İşinden ayrılmayı düşündün mü hiç?" Celia küçük gözleriyle bana öfkeli bir bakış attı ve kapıdan çıkıp bir daha hiç dönmedi. Cookie ve benim toparlanmamız birkaç dakika sürdü.

Altı ay sonra, büromdan yarım kıta uzaklıkta bir kitapçı olan Barnes&Noble'da kitap imzalıyordum. Parlak pembe ve mavi bir ipek elbise giymiş, hoş bir kadın Oz Büyücüsü'ndeki Güneyin Cadısı Glinda gibi, havada süzülür gibi bana doğru geldi, yüzünde insanı mutlu eden bir gülümseme vardı. "Martha!" diye bağırdı, bana sıkı sıkı sarılarak. "Nasılsın?"

"Hey, merhaba," dedim, bu da kim diye merak ederek.

"Tavsiyeni tuttum," dedi. "İşimden ayrıldım. Kendi işimi kurdum."

"Tavsiyemi mi?" dedim cılız bir sesle.

---

[1] Sanrı yaratan meskalin maddesinin çıkarıldığı kaktüs türü.

"Yapacak çok şey var, ama her şey eski şirketimden çok daha iyi," dedi kadın. "Tanrım, oradan nefret ediyordum." Ürperdi ve suratını buruşturdu. İşte o anda altı ay önce köpeğimi neredeyse korkudan öldüren, o asık suratlı, edepsiz yaratığı gördüm. Celia kendi Kutupyıldızına doğru yola çıktığında tamamen farklı bir insandı. Öz-benliğinin tamamen geri çekildiği eski işinde, ruh hali o kadar karanlıktı ki tek yapabildiği şey insanları tekmelememekti. Özgürlük coşkusu –özgür olmak için verdiği zorlu çaba bile– onu öyle iyi bir ruh haline soktu ki artık tanıştığı herkese moral veriyor.

Tabii ki ruh haliniz yeni bir işe –o iş Kutupyıldızınıza giden rotadaysa– girmeye, eski işinizden ayrılmaya verdiği gibi bir tepki verebilir. Bir sokak kedisini eve almak, yeni bir yere taşınmak, bir arazi motosikletliler kulübüne girmek ya da kiraz yemek konularında da kendinizi esrarlı bir şekilde neşeli bulabilirsiniz. Kutupyıldızınıza giderken hiçbir şey sizin için çok büyük ya da çok küçük değildir. Bu iyi ruh hallerini fark ederek ve onları üreten aktiviteleri sürdürerek, doğru rotanıza girmenizi sağlayacak yön bulma aletleriyle tekrar bağlantı kurarsınız.

ALIŞTIRMA

Yaşadığınız harika ruh hallerinden son üçünü yazın, özellikle bu iyi ruh haliniz tuhaf bir zamanda ortaya çıktıysa ya da diğer kişilerin eleştirdiği bir eylemden kaynaklandıysa.

İyi ruh hali ortamı 1: ....

....

İyi ruh hali ortamı 2: ....

....

İyi ruh hali ortamı 3: ....

....

Sizi en mutlu yapan ortamı daire içine alın.

ÖZET

Çoğu müşterim yukarıdaki listeyi inceledikten sonra Californialıların "gerçekten çok iyi bir ortam" dedikleri yerde olurlar. Toplumsal benliğinizin öz-benliğinizin sevdiği şeylere biraz ilgi göstermesi bütünlük duygunuzun gelişmesi için yeterlidir.

Diğer yandan, şu anda kendinizi inanılmaz derecede hüzünlü ya da kızgın hissediyor olabilirsiniz. İnsanlardan hayatlarındaki mutlu zamanları hatırlamalarını istediğimde, çoğunlukla agresifleşirler. "Bana işimden ayrılmamı mı söylüyorsunuz?" diye sorar ya da "Yanlış bir ilişkide olduğumu mu söylüyorsunuz?" derler. Ben onlara öyle bir şey söylemedim, bir müşteriyi tanımaya çalışırken genelde bu hatıra sondajlarını yaparım. Ama samimi pozitif duygularla tekrar bağlantı kurar kurmaz, bu insanların öz-benlikleri yaşamlarında büyük yeniden-yapılanmalar önermeye başlar. Bu çok korkutucu olabilir. Eğer başınıza bu gelirse, canınızı sıkmayın. Şu anda öz-benliğiniz ve *toplumsal benliğinizle tekrar bağlantı kurmak dışında tek bir şey bile yapmanız gerekmiyor.* Devrim siz hadi diyene kadar başlamayacaktır, siz de tamamen hazır ve iyi olduğunuzda bu komutu vereceksiniz.

İyi zamanları hatırlamaya çalıştığınızda kendinizi umutsuz ya da kızgın hissederseniz, kendinize karşı nazik olun. Hiçbir şeyi zorlamaya kalkmayın. Her şeyi oluruna bırakın ve öfke ya da umutsuzluğunuzu yaşayın; bana güvenin, siz onları kazandınız. Bu bölümün sonundaki, gerçek bir *"Evet!"* almayı deneyeceğimiz bölümü atlamak ya da hızla geçmek isteyebilirsiniz. Hiç durmadan toplumsal benliğinizin çıldırmasına ya da sıkışmasına neden olabilecek faktörleri inceleyen, en hassas psikolojik bölgelerinize acı dolu bir darbe daha indirecek 4. Bölüme gidin. Ama yukarıdaki boşlukları dolduracak bazı mutlu hatıralar bulabiliyorsanız, gelin 2. Bölümde yaptığımıza benzer bir senaryo yaratalım.

Birinci Aşama

Bu bölümdeki alıştırmalarda daire içine aldığınız cevapları aşağıdaki boşluklara yerleştirin, gerekirse önceki sayfalara bakabilirsiniz.

A. En çok enerji veren aktivite: ....
....
B. Sizi en çok rahatlatan kişi: ....
....
C: En iyi sağlık durumu: ....
....
Ç: En kolay hatırladığınız bilgi: ....
....
D: Size zamanı büyük olasılıkla unutturacak aktivite: ....
....
E: En güçlü Birleşme Hevesini yaratan şey: ....
....
F: En iyi ruh hali ortamı: ....
....

İkinci Aşama

Boşlukları uygun karşılıklarla doldurun.

EN İYİ DURUM SENARYONUZ

İnanılmaz derecede güzel bir gün. Hava berrak, manzara göz kamaştırıcı ve (A: en çok enerji veren aktivitenize) .... (B: en sevdiğiniz kişiyle) ..

.... başlayacaksınız.

Başka bir sorumluluğunuz yok, yetiştirilmesi gereken bir işiniz yok ve üzerinizde ağırlık yaratan büyük bir sorununuz yok. Kendinizi harika, (C: sağlığınızın en iyi olduğu durumdan)........................ daha iyi hissediyorsunuz.

Hatta, hayatınızdaki en iyi fiziksel durumdasınız: güçlü, sırım gibi, dinç ve enerji dolu. (Ç: en kolay hatırladığınız konu hakkında) .... sohbet ederken size bir mesaj geliyor. Cumhurbaşkanından bir mektup bu, (D: size zamanı unutturan aktivite) .... yapmanız için hayat boyu finansal destek almak üzere seçildiğinizi söylüyor.

Bu sizin (E: sizde Birleşme Hevesi yaratan kişi ya da durumla) .... bol bol zaman geçirmenizi sağlayacak.

Kendinizi (F: en iyi ruh hali ortamında) .... hissettiğinizden daha iyi hissediyorsunuz. Bir dakika sırt üstü yatın, manzarayı seyredin ve hayatınızın geri kalanını temelde böyle geçireceğinizi bilerek keyfini çıkarın.

Üçüncü Aşama

"En kötü durum senaryosunda" yaptığınız gibi, "en iyi durum senaryonuzu" dikkatlice tekrar okuyun. Görüntüleri elinizden geldiği kadar, gözünüzde canlandırın ve *kendinizi nasıl hissettiğinizi fark edin.* Sadece bu sahneyi gözünüzde canlandırmanız buna benzer bir şeyi gelecekte yaşama olasılığınızı büyük ölçüde arttıracağının delilidir. Hatta ne kadar inanılmaz derecede harikulade görünse de, yukarıdaki senaryo Kutupyıldızınıza giden rotada bulacağınız görkemli gerçeklerin sadece soluk bir gölgesidir.

Öz-benliğinizin "*Evet! İşte Kuzey!*" deyişi sizde nasıl bir his oluşturuyor? Bu hissi nasıl tanımlarsınız ya da bu hakikaten bir duygu mu? Çoğu kişi doğru rotalarında ilerleyişlerini başlarına gelen bir şey gibi değil de, eşzamanlı bir kişilik kaybı ve evrenle tam bir bağlantı olarak yaşar. Öz-benlik gerçekten kendine uygun şartlardaysa, elinizdeki işe, etrafınızdaki insanlara ve öğrendiğiniz şeylere öyle dalabilirsiniz ki kendinizi onlarla bir bütünmüş gibi hissedersiniz. Bu durum hem Batı'nın hem de Doğu'nun dini geleneğinde birçok mistik yöntemin hedefidir. Psikolog Mihaly Csikszentmihalyi tarafından "akış," antropolog Joseph Campbell tarafından "saadetinizi takip etmek" olarak tanımlanmıştır. Siz nasıl adlandırıyorsunuz?

Ben küçük bir çocukken ona "gözlerimi tahrik etmek" derdim. Ne zaman çizim yapsam öyle olurdu; dünya aniden sersemletici derecede güzel gözükürdü ve kendimi görüşümle onun arasında bağlantı kurmuş gibi hissederdim. Bu, öz-benliğimin önerdiği gibi asıl branş olarak sanatı seçecek kadar kendime inansaydım büyük ihtimalle üniversite kariyerimde olacaktı. İçsel pusulamı takip edemeyecek kadar kopmuş olsam da kendimi aniden uçmayı öğrenmişim gibi hissettiğim, kitapçıdaki o harika otuz saniye boyunca bunu yaşadım. Kısacık da olsa o an, beni doğru rotama götürecek yolu aramamda bana birçok kez yardımcı oldu.

Ya siz? Öz-benliğiniz "*Evet!*" dediğinde onu her zaman dinlediniz mi yoksa size küçümseyerek, şüpheyle bakarak, korkarak, haklı bir gazap ya da ümitsizlikle onu bastırmak mı öğretildi? Çekici bir numaradan başka bir şey olmayan bu itirazları bir kenara atın ve bu "*Evet!*" duygusuna yerleşin. İster inanın, ister inanmayın, bu his –acı değil, kendini feda etme değil, acıya dayanıklı bir duygusuzluk değil– sizi tatminkâr ilişkilere, üretken bir kariyere ve bu dünyada yaratabileceğiniz olası, en iyi etkiye götürecek rotada olduğunuzun en belirgin göstergesidir. Elinizden geldiği kadar onun doğrultusunda ilerlerseniz sonunda kendinizi kuzeye giderken bulacaksınız.

4

PARANOYAK OLMANIZ DIŞARIDAKİ HERKESİN SİZİN PEŞİNİZDE OLMADIĞI ANLAMINA GELMEZ

Şimdi etrafa bakmayın, ama çok güçlü pek çok kişi Kutupyıldızınıza ulaşmamanız için sizi durdurmaya çalışıyor. Onların hakkından gelmezsek bütün yolculuğu iptal edebilirsiniz. Size karşı sıralanan komplocular aslında öz-benliğinizi sürgüne gönderen, hayatınızın bütün komutasını fazla büyümüş toplumsal benliğinize veren kişilerdir. Tam şu anda, olumlu değişiklikler yapmanızı engellemek için toplanıyorlar. Onlar kimler mi? *Herkes. Genelde insanlar. Daha geniş çerçevede toplum.* İnsan ırkı dediğimiz altı milyar üyesi olan takım ve cemaatin hepsi.

Bu size birazcık paranoyakmış gibi mi geliyor? Bunu kendi kafamdan uydurmadım. Bilgi sahibi birçok kaynağım var. Müşterilerim Herkesin ne düşündüğünü oldukça iyi kavramışlar ve bu bilgiyi benimle neredeyse her gün paylaşıyorlar. Şöyle şeyler söylüyorlar:

> "Eğer işimden ayrılırsam / eğer çocuğum olursa / eğer sekreterimle evlenirsem *herkesin* bana olan saygısı yok olacak."
>
> "Küçük bir dairede / geodezik bir kubbede / mermer bir konakta yaşayamam! İnsanlar hakkımda hep yanlış şeyler düşünecek!"

"*Toplum* benim gibi sanatçı eğilimleri / eski moda değer yargıları / gelecekle ilgili felsefi fikirleri olan birisini kabul edemez işte."

"Rolex saat takmalıyım / Birkenstock giymeliyim / şalvar gibi yere kadar sarkan, geniş pantolon giymeliyim yoksa *herkes* benim zavallı olduğumu düşünecek."

Evet. Göründüğü kadarıyla Herkes Herkesin ne düşündüğünü biliyormuş gibi görünüyor. Bir grup insanı bir araya toplayıp onlara Herkesi sormak çok ilginç olur, çünkü her birey kendisinin evrensel *Zeitgeist*'ın etkisinde bir parmağı olduğuna emin olsa da; sonuçta her bir kişinin Herkesinin büyük insanoğlu pastasının sadece çok küçük bir parçası olduğu ortaya çıkar. Sizin Herkes görüşünüz benim Herkes görüşümden tamamen farklıdır, benimki de mesela Saddam Hüseyin'in görüşünden farklıdır.

GENELLEŞTİRİLMİŞ ÖTEKİ

Aslında herkesin Herkesi sadece birkaç anahtar kişiden oluşur. Toplumsal doğamız bizi daha büyük bir gruba uymak ister hale getirir, ama beş ya da altı bireyden daha fazlasının zevklerini ve fikirlerini akılda tutmak zordur. Bu yüzden işini bilen toplumsal benlik bir tür kısa yol yaratır: birkaç kişinin tavırlarını alır, onları beyninizde yüceltir ve bu görüntüden bilinen bütün evreni kaplayacak kadar anlam çıkarır. Herkes dediğiniz belirsiz insan derlemesi psikologların deyimiyle "genelleştirilmiş ötekidir."

Öz-benliğiniz gerçek aşkı, gerçek görevi, yaşamın gerçek anlamını bulmak için ne kadar özlem duyarsa duysun Herkes onaylamadığı sürece, toplumsal benliğiniz bu şeyleri bağrınıza basmanıza *izin vermez*. Toplumsal benliğiniz aslında Kutupyıldızınıza ulaşmanıza karşı değildir, sadece Herkesin iznini alana kadar ona doğru ilerlemenize izin vermez. Aslında toplumsal benlik, Herkes diz çöküp onu yapmanız için *yalvarana* kadar hiç ama hiçbir şey yapmamanızı tercih eder.

Müşterilerim son iki bölümdeki alıştırmaları yaparken, toplumsal benlikleriyle öz-benlikleri arasındaki bağlantıyı yeniden kurduklarında en sık rastlanan tepki neşeli bir birleşme değil, korku ve direnmedir. Bu alıştırmaları yaptıysanız, siz de benzer bir şey yaşamış olabilirsiniz. Öz-benliğinizi dinlemeye başladığınızda, toplumsal benlik dehşete düşer, çünkü sonrasında Herkesin hoşlanmayabileceği şeyler yaptığınızı söylemeye başlar.

ÖZ-BENLİK: Bu işten nefret ediyorum.

TOPLUMSAL BENLİK: Ayrılmaya cüret etme! Bunun özgeçmişinde nasıl gözükeceğini biliyor musun? Herkes senin tam anlamıyla başarısız bir insan olduğunu düşünecek!

ÖZ-BENLİK: San Diago'da daha mutluydum.

TOPLUMSAL BENLİK: Demek San Diago'ya süklüm püklüm geri döneceksin? Nasıl allak bullak olduğunu herkesin görmesine izin mi vereceksin? Ölürüm de olmaz!

ÖZ-BENLİK: Ah, bu mor çoraplara bayılıyorum!

TOPLUMSAL BENLİK: Öyle tabii. Peki. Onlarla etrafta dolaşırsan gözü gören biriyle bir daha asla çıkamayacaksın.

Unutmayın, toplumsal benliğiniz sadece sizin incinmenizi engellemeye çalışır. Onun söylediklerinin hepsi bir dereceye kadar doğrudur. Eğer işinizi bırakıp San Diago'ya taşınır ve mor çoraplar giyerseniz bazı insanlar sizi başarısız bir kişi olarak görebilir. Toplumsal benliğinizin bilmediği şey, 1) sadece oldukça az sayıda insanın böyle düşündüğü; 2) bu kişilerin sizin ideal yaşamınız hakkındaki en iyi bilgi kaynağı olma ihtimallerinin pek olmadığı; 3) tam da öz-benliğinize en doğru gelen şeyi yaptığınız için sizi gerçekten övüp kabul edecek bir yığın başka insanın olduğudur. Toplumsal benliğiniz Herkes tanımınız olarak aşırı eleştirel bir grubu kabul ederek, Kutupyıldızınıza giden maceranızda sizi alkışlayıp destekleyecek Herkesten uzak tutabilir.

Bu sorunu çözmenin yolu toplumsal benliğinizi reddetmek ya da suçlamak değildir, o iyi niyetiyle elinden gelenin en iyisini yapıyordur. Biz toplumsal benliğe tam istediğini sağlayacağız –Herkesin onayını–, bu arada da yönünüzü öz-benliğinizin belirlemesine izin vereceğiz. Bu, Kutupyıldızınızı bulmanın tek yoludur, ama bu konuyu ele alma biçimimizden hoşlanmayabilirsiniz. Bakın, şu anda sahip olduğunuz Herkesin, etkileri sizi şu anki yaşamınıza sokan insanların, öz-benliğinizi onaylamasını istiyorsunuz. Bu Cehennem Olimpiyatlarının resmi buz pateni pisti olmasından hemen sonra olacaktır ve belki sizin o kadar zamanınız vardır, ama benim yok. Ben şu anki genelleştirilmiş ötekiyi tamamen yeni bir Herkesle *değiştirerek* çabuk sonuç veren yaklaşımı tercih ediyorum.

Yaşamınızı ne kadar değiştirebileceği göz önüne alındığında, bu süreç oldukça basittir. İnsan psikolojisinin her zaman tarafsız bir gerçeklikle çok az ilgisi olan, genelleştirilmiş bir bilinçaltı ötekisi yaratacağını bildiğimize göre, biz sadece sizin özel kuruntular dizinizin rastgele edinilmek yerine bilinçlice seçilmesini ve yaralayıcı değil, yardımcı olmasını sağlayacağız. Bu bölüm sizin gerçek Herkesinizin kim olduğunu ve siz Kutupyıldızınızı ararken onun sizi destekleyip desteklemediğini bulmanıza yardımcı olacak. Bu, Herkesinizi parçalara ayırmak, işe yarar öğelerini tutup size zarar verenleri atmak için ortam oluşturacak. Son olarak da, yolculuğunuzu destekleyen ve sizi yolunuzdan çıkartan yıkıcı öğeler her neyse, sizi onlardan koruyacak bir Herkesi kurmayı öğrenecek.

HERKESİNİZLE TANIŞMAK

Herkeslerimizin gerçekte ne kadar kısıtlı olduğu beni her zaman şaşırtmıştır. Sosyolog olarak eğitim aldığımda öğrendiğim ilk şeylerden biri yanlış genellemelerden kaçınmaktı, ama hâlâ neredeyse her gün bunu yaparım. Bana ne zaman bir seçenek sunulsa, refleks olarak, düşüncemin potansiyel sonuçları hakkında insanların ne düşüneceklerini yoklarım. Durup bu "insanların" kim olduklarını saptamaya çalıştığımda, aklıma çok nadiren üç kişiden fazlası gelir. Genelde, bu küçük grup kültürümüzdeki istatistiksel çoğunluğa hiç benzemez, ama sosyoloji geçmişime rağmen bu, toplumsal benliğim için önemli değildir.

Sosyolojiden bahsetmişken, bir zamanlar, doktora tezimde kullandığım bazı teoriler üzerine kurulu, kadın sorunları üzerine bir kitap yazmıştım. O zamanlar küçük bir yazar grubundaydım, umutlu diğer üç yazarla iki haftada bir toplanıp yazdığımız son sayfaları birbirimize veriyor ve son çalışmalarımızı eleştiriyorduk. Grubun kitabımın ilk bölümüne tepkisi hiç de övgü dolu değildi. "Bu ağdalı kelimeler niçin?" diye sordu arkadaşlarımdan biri. "Niçin konuştuğun gibi yazmıyorsun?" Diğerleri ona tamamıyla hak verip sosyal bilimler jargonundan vazgeçmemi, akademik "edebiyat eleştiri yazılarını" kesmemi ve her şeye dipnot koymaktan vazgeçmemi söylediler.

Şey, kötü asit almış bir Chihuahua gibi aşırı heyecanlandım. Eğer yazar grubumun istediğini yapsaydım –kitabımı okurlara uygun ve anlaşılabilir hale getirseydim– yayınlandığı günün şafağında çarmıha gerilen bedenimin en yakın elektrik direğinde bulunacağından emindim. İnsanlar beni *yok edeceklerdi.* "İnsanlar" derken, tabii ki mezun olduğum okuldaki sosyoloji profesörlerinden bahsediyorum. Bu âlimlerden birkaçı eserimi çok sert bir şekilde eleştirdi, ne de olsa bu onların işiydi. Onların taleplerini karşılamak için koşuştururken ne yazarsam yazayım, her zaman, akademik dergileri karakterize eden sahte-bilmiş, ukalaca bir stil kullanacağıma dair büyük bir yemin ettim (bilinçaltından). Bunun aklıma iyice yatmasının bir nedeni, babamın diğer öğretmenlerden oluşturduğum Herkesi destekleyen, tanınmış bir akademisyen olmasıydı. Herkesin üniversite profesörü olmadığını fark etmem çok ama çok uzun zaman aldı.

Bu oldukça tipik bir öyküdür, sizinki de büyük ihtimalle aynı konunun farklı bir uyarlamasıdır. Çoğu insanın onları büyüten kişilerden oluşturduğu bir Herkesi vardır, bunun dışında bir de yaşamlarındaki önemli gelişim aşamalarında onlar için önem kazanan birkaç kişi daha vardır. Celia'nın Herkesi kısaca annesiyle babası, ablası ve bir Budist sığınağında tanıştığı üç arkadaşından oluşur. Don, Herkesin, kendi annesiyle, iş yerindeki danışmanıyla ve sunucu Howard Stern'le aynı bakış açısına sahip olduğunu düşünür. Jane Herkesinde annesi ve babasıyla, çalıştığı şirketteki iş arkadaşlarıyla, eski bir sevgilisiyle ve kocasıyla olan anılarına gider. Kendi bilinçaltı Herkesinizle resmen tanışmak için, aşağıdaki alıştırmayı deneyin.

HERKES GEMİDE

Birinci Aşama: Aşağıdaki cümleleri, size ne kadar aptalca gelirse gelsin içinizden geldiği gibi tamamlayın.

1. İnsanlar beni .... dolayı yargılar.
2. Ben .... yaptığımda herkesin hoşuna gider.
3. Ben iyi olduğumda, insanlar .... diye düşünür.
4. Hiç kimse .... yapmama izin vermez.
5. Herkes bana her zaman .... der.
6. İnsanlar benim .... kabul edemezler.
7. Başarısız olduğumda, herkes .... düşünür.
8. Ben .... (yaptığımda) hiç kimse umursamaz.
9. Toplum bana .... gerektiğini söyler.
10. Herkes benim .... (yapmamı) bekler.

İkinci Aşama: Yukarıdaki her açıklama için, Herkese atfettiğiniz görüşlere gerçekten sahip olan altı kişinin adını yazınız. Eğer karşınıza çıkarsa, her soruda aynı ismi kullanabilirsiniz.

	Kişi 1	Kişi 2	Kişi 3	Kişi 4	Kişi 5	Kişi 6
1.						
2.						
3.						
4.						
5.						

6. ....

7. ....

8. ....

9. ....

10. ....

Eğer çoğu insana benziyorsanız, Herkesten geldiğini sandığınız çeşitli beklenti ve yargılara gerçekten sahip olan altı kişinin adını bulmakta zorlanacaksınız. Müşterilerimin çoğu kendi Herkeslerinin sağlam birkaç temsilcisini söyleyebilir, ama genelde bir ya da iki kişiyi. Altıya ulaşmak için, genelde genelleme ya da "işteki herkes" ya da "Cumhuriyetçi Parti" gibi o kadar iyi bilmedikleri insanları adlandırmaya başlamaları gerekir. O kişilerin isimlerini gerçekten bulabilseler bile listesini yaptıkları insanların çoğu aslında müşterilerimin onlara atfettikleri görüşlere sahip değildir.

Leo ne zaman "insanların" onun hakkında ne düşündüğünden bahsetmeye başlasa, üç abisini düşündüğünden emin olabilirsiniz. Onlar çocukluğu boyunca Leo'yla acımasızca alay etmiş, ona oyunlarına katılamayacak zavallı bir bebek olduğunu ve asla büyümeyeceğini söylemişler. Leo'nun hayattaki tek hedefi, kariyer oyununda ağabeylerine yetişerek ya da onları geçerek değerini Herkese ispatlamaktı. Aynı onlar gibi, yatırım bankacılığına girmişti, bu konu onu hiç ilgilendirmese bile. Başarısız olması tabii ki şaşırtıcı değildi. Leo açıkça görünür bir şekilde öfke ve endişeyle doluydu: Herkes onu aşağı görüyordu ve Herkes *haklıydı.*

Leo hayatını biçimlendirmesi konusunda ne düşündüklerini ağabeyleriyle konuşmaya başlayınca büyük bir dönüm noktasına geldi. Hepsi de ergenlik dönemindeki alaylarının Leo üzerinde bu derece etkili olacağından habersizdi. İçlerinden biri kısa ve öz bir biçimde şöyle açıkladı: "Bize neden kulak verdin ki? Biz tam anlamıyla bir aptal grubuyduk o zaman." Leo'nun Herkesi sadece gerçek ağabeyleri değil, aynı zamanda hafızası ve hayal gücünün üç ergen parçasıydı.

Herkes listenizle ilgili önemli bir nokta, onun büyük ihtimalle kısmen sevdiklerinizden *kısmen de nefret ettiklerinden* oluşuyor olmasıdır. Evet, bu doğrudur. Her gün, hayatınızın kontrolünü tam da en hoşlanmadığınız kişilere verirsiniz. Bu ironi neredeyse evrenseldir. Özellikle yeni bir yöne giderken, kendinizi biraz korkmuş ve korumasız hissederken, Herkesin sesi bildiğiniz en talepkâr, katı, bağnaz ve hatta, en aptal kişilermiş gibi gelmeye başlar. Neden mi? Çünkü toplumsal benlik *tehlikeden kaçınmak* için programlanmıştır ve iğrenç insanlar evreninizdeki sevecen, sizi kabullenen insanlardan çok daha tehlikelidirler. Eğer on adet sevimli, zararsız köpek yavrusu ve ölümcül, büyük bir kral kobrayla birlikte bir odadaysanız, yılanı görmezden gelip yavrularla oynamaya dalmazsınız, değil mi?

Doğru. Gördüğünüz gibi, Herkes komitenizin bir kısmını her zaman sizi hor gören, en güvensiz, kindar ahmaklarla doldurursunuz. Hatta toplumsal benliğiniz bu keyifli ayak takımına o kadar bağlıdır ki, siz daha bir şey yapmadan onların sizin seçimlerinize nasıl tepki vereceğini *hayal ederek* size önceden, duygusal bir dayak atmaya çalışır.

Eğer tamamen saldırgan insanlarla çevriliyseniz bu, faydalı, hatta akıllıca bir tepkidir. Birçok müşterimin Kuzeyyıldızını bulmak için yaptıkları her girişimi devamlı yok eden, büyük, güçlü yetişkinlerin bulunduğu, duygusal olarak (ve bazen fiziksel olarak) tehlikeli durumlarda büyüdüklerini gördüm. Çocuk olarak, toplumsal benlikler kesin bir şekilde bu durumu değerlendirir, sonra daha fazla zarar görmemek için öz-benliklerini devre dışı bırakırlar. Bu sağlıklı bir savunma mekanizmasıdır. İnsanlar tehlikeli bir ortamı bırakır, ama Herkesin onları inciten kişilerin bir devamı olduğuna inanmaya devam ederlerse bu sağlıksız bir hale gelir. Gerçekten yaralı ve korkmuş bir toplumsal benlik, sizin Herkes görüşünüzü betona gömerek sağlamlaştırıp beklentilerinizden farklı olan insanlar hakkında tarafsız bilgi algılamayı reddeder. Bu da dolayısıyla beklentilerinizi destekleyen, ulaşmayı beklediğiniz olumsuz davranışların hepsini gerçekten görecek şekilde tepki vermenizi sağlar ve bu böyle devam eder gider. Kısa bir süre sonra, o zor durum içinde saldırgan bir daire çizip durursunuz.

Pam şimdiye kadar gördüğüm en kötü iki sarhoş tarafından büyütülmüştü. Musevi olmasına rağmen Katolik okuluna gitmişti (uzun bir hikâye, bunu dinlemek istemezsiniz) ve bu yüzden hem ebeveynleri hem de öğretmenlerinin yargıları için kolay bir hedefti. Pam daha sonra kompulsif bir kumarbazla evlendi, davranışını ne zaman bir şekilde sorgulasa adam aşırı kızan birisine dönüştü. En sonunda, kocası çiftin kötü gün için bir kenara ayırdıkları paraların dibine darı ekip ortadan kayboldu. Otuzlarının ortasına geldiğinde, Pam oldukça korkunç bir Herkes tarafından kuşatılmıştı. Onun genelleştirilmiş ötekisi zalim ve hilekâr bağımlılarla en sevdikleri egzersiz, cetvelle küçük çocukları dövmek olan rahibelerden oluşan bir birleşimdi.

Kocası onu terk edip de Pam işe girmek zorunda kalınca, Herkesin onun profiline uyduğu bir dünyada tam da sağlıklı bir insanın yapacağı gibi davrandı. Kendini şüpheci, kuşatılmış ve eziyet görmüş gibi hissetti. Ve davranışları sinen bir itaat ve çelişen bir hiddet arasında gidip geldi. Daha da önemlisi, *Pam bir taraftan nazik, hoşgörülü, anlayışlı insanla-*

ra ve ortamlara gözlerini kapatırken, onun Herkes görüşünü destekleyen insanları öğrendi. Geçmişindeki birkaç insandan gelen korkusu, kelimesi kelimesine etrafındaki çok daha fazla insandan gelen iyilik ve onayları tam anlamıyla saf dışı bırakarak Pam'i sadece sadist ve iblislerle dolu bir dünyada karaya oturttu.

Doğal olarak, Pam'in etkileşim stili ona Bayan Sempatik ödülünü kazandırmadı. İnsanlar onunla çalışmaktan hiç hoşlanmadılar ve Herkesin onun peşinde olduğu inancını destekleyip açıkça belli olmayan nedenlerle birçok işten ayrıldı. Bu Pam'in Herkes görüşünü cesur bir şekilde inceleyip Herkesin ondan nefret etmediğine inanarak büyük bir risk almasına kadar sürdü ve diğer insanların iyi niyetli olduğunu fark etmeye başladığında, o güzel öz-benlik karakteri ortaya çıkmaya başladı.

Sizin öykünüz büyük ihtimalle Pam'inki kadar korkunç olmasa da mor çoraplarıma iddiaya girerim ki sizin Herkesiniz de insan ırkını temsil etmiyordur. Etrafınızdaki insanların göstermesini umduğunuz birçok tepkiyi de sizin yarattığınıza iddiaya girerim. Eğer öyleyse, o zaman sizin Herkesinize yakından bakmak (eğer gerekirse onu paramparça etmek) Kutupyıldızınıza giden yolda yok edici şablonları kırmaya, destek bulmaya ve cesaretlendirmeye atılan ilk adımdır.

GRUP HERKESLERİ

Çocukken birisine dayılık yapan bir grup çocukla beraber güldünüz mü, hem de sadece grubun size saldırmasını istemediğiniz için? Benzer bir şeyi geçen sene, mesela bir kokteylde yaptınız mı? İnsanın psikolojik yapısı bu tür "onaylama" davranışlarına karşı koymayı zorlaştırır. Psikolojik deney sonuçları bir grup insan güçlü bir ortak görüş belirttiğinde, o gruba katılan bireyin kendi algısını grubun geri kalanına uymak için değiştireceğini gösterir; o kişi gerçekten de farklı görüp duyacaktır. Bu olmasa bile en azından, insanların bizimle aynı görüşü paylaşmayabileceğini düşündüğümüzde sessiz kalmaya eğilimliyizdir.

Bu durum çoğu grubun, sonunda birkaç gerçek üye ve kalabalık bir sessiz çoğunlukla kalacağı anlamına gelir. Biz bu sessizliğin grubun tamamıyla birleştiği ve aynı inancı paylaştığı anlamına geldiğini sanmaya eğilimliyiz. Ama genelde yanılırız. Bu hatayı ben yakın zamanda, bir radyo röportajı sırasında yaptım. Katolik Kilisesinin mistik Doğu dinlerinden daha kısıtlayıcı olduğuna dair bir yorum yaptığımda, muhabir nazik bir şekilde alışılmışın çok dışında dünya görüşlü bir mistik Katolik olduğunu ve onu bütün Katolikleri aynı torbaya koymadan önce iyice düşünmem gerektiğini söyledi.

Şimdi, şunu bilmem gerekiyordu. Donald Trumps'tan daha kapitalistmiş gibi davranan ve konuşan Çinli Komünistlerle, kendilerini kesinlikle pasif direnişe adamış ABD Deniz Piyadeleriyle ve eşcinsel hakları için lobi yapan dindar Mormonlarla tanıştım. Tabii ki onlar kaide değildi, ama eğer o genel görüşü olduğu gibi kabul etseydim, onlar var olabileceğini hayal edemeyeceğim istisnalar olmazlardı. Kutupyıldızınıza ulaşmak için önemli adımlardan biri, bir grup ya da kategorideki herkesin size karşı birleştiğine dair varsayımınızı tekrar düşünmektir. Bir diğeri, hangi grupların insanların Herkesinde en sık rastlanan faktör olduğunu öğrenmektir. Bunu yaptığınızda, öngörülebilir –ve daha önemlisi, değişebilir– şablonları takip ettiğinizi fark edersiniz. Aşağıda insanların Herkeslerini oluşturduğu, en çok rastlanan grupları göreceksiniz.

1. *Aile*

Müşterilerimden kaç tanesinin Herkesinin, tam olarak ailesi gibi olduğuna ikna olduğunu size anlatamam. Aileleri ne kadar tuhaf ve sıradışı olursa, buna o kadar güçlü bir şekilde inanırlar. Dale, ailesinin Wyoming'teki organik çiftliğinde büyümüş. Orada ona bankacılığın parayla uğraşmak için en dengesiz ve temelde kötü yol olduğu öğretilmiş. Bugün, Dale tasarruf hesabı olduğu için Herkesin onu hor görmesinden endişeli. Ciddi bir feminist anne tarafından yetiştirilen Alice dairesinin dekorasyonunu yaparsa –bu yapmayı çok istediği bir şeydi– "aptal aptal sırıtan bir ev kadınına" dönüşeceği için Herkesin onunla alay edeceğine ikna olmuştu. Zack'in aslında tipik kenar mahalle ebeveynlerinden olan annesiyle babası, aile yemeklerine sık sık tamamıyla çıplak halde katılırlarmış. Zack bu aile geleneğini sürdürmek istemezse Herkesin (ben de dahil olmak üzere) onu tutucu olarak ayıplayacağını düşünüyordu.

Bazı bakımlardan, bozuk bir aile düzenine sahip olmak onları Herkes olarak görme eğiliminizden kurtulmanıza yardımcı olabilir. Annesiyle babası gerçekten çocuk tacizinden tutuklanan bir müşterim olmuştu. Bu olay ailesinin anormal olduğunu ve evin dışında, çok daha destek verici bir atmosfer bulmayı umabileceğini açık bir şekilde anlamasını sağladı. Ne kadar üzücü olsa da kanunların onun aile Herkesini parçalaması, ona çok daha iyiliksever bir genelleştirilmiş öteki oluşturmaya, mutlu ve doyurucu bir yaşam yaratmaya başlama şansı verdi.

Diğer taraftan, en "işlevsel" ve en iyi niyetli aileler bile zarar verici bir Herkes yaratabilirler. Sizi delicesine sevseler bile sizi larvalıktan büyüten insanlar, önlüğünüze akan salyalı halinizi ya da komşunun köpeğini öpmeye çalışırken çitin kazıklarına sıkışan kafanızı çıkarmaya çalışırkenki görüntünüzü asla tamamen unutamazlar. Sonuç olarak, onlar gazeteci olabileceğinize ya da düzgün bir evlilik yaşayacağınıza ya da ticari bir imparatorluğu yöneteceğinize inanmakta gerçekten zorluk çekerler. Sırf sizi korumak amacıyla, aileniz büyük ihtimalle öz-benliğinizin hırslı yelkenlerindeki rüzgârı bir nefeste içine çeker. Bu cümlelerden size tanıdık gelen var mı?

> "Tatlım, yemek yapmayı / politikayı / tarihi romanları sevdiğini biliyoruz, ama ne dersin, zamanını para kazanacak bir şeyle geçirmen gerekmiyor mu?"
>
> "Sen kendini ne sanıyorsun genç adam / hanım? Ben şoförlük öğreterek / reklam metni yazarak / anüs termometreleri satarak ekmek paramızı bol bol kazandım. Bu iş bana yetiyorsa sana da yeter."
>
> "Nasıl olur da kendi internet sayfamı oluşturabilirim / deniz komandosu olabilirim / bir haber sunucusuyla çıkabilirim diye düşünebilirsin? Sen on iki yaşına kadar yatağını ıslatıyordun?"

Dikkatlice dinleyin: *Aile kökenleriniz sizi Kutupyıldızınıza nasıl götüreceklerini bilmezler. Siz küçükken de götürmediler, bilmiyorlar ve hiçbir zaman da bilmeyecekler. Bu, onların işi değil.*

Aileniz size iyi de davransa kötü de davransa, bunu kabul etmesi zordur. Aileleri kabullenici ve destekçi olan insanlar aile sevgisinin onları doğru yaşantılarına kadar götüremeyeceğiyle yüzleşmek zorundadırlar. Ve eğer aile üyeleriniz size çok kötü şeyler, öz-benliğinizi Sibirya'ya yollayacak şeyler yaptıysa, sizi doğru rotanıza geri döndüremezler. Bunu sadece siz yapabilirsiniz. Bunun adil olmadığını biliyorum, ama doğrudur. Eğer annenizle babanız sizi Land Crusier'la bile bile ezseler, kesinlikle suçlu ve hatalı olurlar. Ama kemikleriniz ve kaslarınızın tekrar çalışabilmesi için fizik tedavi görmeniz gerekir. Aynı şey psikolojik yaralar için de geçerlidir.

Eğer tarafsız bir incelemenin ardından, ailenizin Evrendeki Herkes gibi olduğunu düşünmeye devam etmeye karar verirseniz, ne âlâ. Kişisel olarak bunu tavsiye etmem. Aileniz kaderin sizin adınıza bir değerlendirme yapmadan, zorla verdiği genelleştirilmiş ötekidir. Eğer doğru rotanızı bulmaları, dikkatli bir harita çizmeleri, yemeğinizi hazırlamaları ve sizi Kutupyıldızınıza götürmeleri için onları beklemeyi planlıyorsanız, gergef işlemeye başlamanızı tavsiye ederim. Dikiş dikerek iyi zaman geçirildiğini duydum.

2. *Medya Kültürü*

Medya kaynakları Herkes komitesinin inanılmaz derecede güçlü üyeleridir, çünkü onlar bütün kültürlerin temsilcileriymiş gibi kasten rol yaparlar. Ne zaman bir süpermarket kasasından geçseniz ya da bir akşam televizyon seyretmek için otursanız ya da bir ilan panosuna göz atsanız, Herkesin nasıl davranmanız, nasıl düşünmeniz, nasıl giyinmeniz, nasıl konuşmanız ve bakmanız gerektiğini düşündüğü hakkında güçlü bir doz alırsınız.

Mesela çıkık elmacık kemikleriniz, büyük gözleriniz, köşeli bir çeneniz, mükemmel bir teniniz ve gür saçlarınız yoksa Medya Herkesi size Cumartesi akşamı birisiyle buluşmaya çalışmak yerine intihar etmeyi düşünmenizi tavsiye eder. Aynı zamanda zayıf, uzun boylu, kaliteli ve genç olmanız da gerekir. Bu özelliklere mükemmel bir şekilde sahip olduğunuzda da zeki, zengin ve şık olmaya geçebilirsiniz. Tabii ki her mevsim yeni bir gardırop ve her yıl yeni bir araba almanız gerekir. Ve tanrı aşkına, (Medya Herkesinin açıkça ima edeceği gibi), *lütfen* Beyaz ırktan olmaya çalışın.

Ben bile aşağıdaki müthiş gerçekleri fark ettiğimde arada sırada sağduyulu anlar yaşıyorum: 1. Dergi ve filmlerde gördüğüm insanlar ve imajlar Herkes olmaktan çok uzak, hatta *tamamen olağandışılar.* 2. Herkes medya ideallerinin belirlediği kıstaslara uymamı beklemiyor; tek bir kıstasa uymasam bile beni seven insanlar olduğuna dair kaydedilmiş olaylar var. 3. Sadece medya temelli mükemmelliği başaramadım diye beni reddedecek birkaç kişi (bunu saygılı bir şekilde söylüyorum) sığ ve ruhsuz bir aptaldır. Ben onları beğenmediğimi zaten bilirken, onların beni beğenmesini neden isteyeyim ki?

Bu gerçek hazineleri üzerine derin derin düşünmek beni, bazen on beş dakika kadar süren, Zen benzeri bir kopma haline sokabilir. Sonra yıllık sağlık kontrolüm için doktora giderim; bekleme odasında *Vogue* ve *GQ* dışında okuyacak hiçbir şey yoktur, ardından hemşire beni tartmak için ısrar eder ve sonunda kendimi plastik cerrahiyle bedenimin her parçasının yenilenmesinin kaça patlayacağını sorarken bulurum. Medya ideal insan görüntülerini yığmaya devam ettiği sürece, toplumsal benliğim Herkesi memnun etmeye olan acınacak, aşağılık özlem geleneğini gururla sürdürür.

3. *İdeolojik Gruplar*

Politik ya da dinsel, müşterilerimin ilk ideolojik eğitimlerinin uzandığı yerlerin onların Herkesin ne düşündüğüne dair bakış açılarını nasıl belirlediği beni her zaman şaşırtmıştır.

Bu, onlara çocuklukta öğretilen ahlak kurallarını çok uzun süre önce terk etmiş olan insanlar için bile doğrudur. Burada herhangi bir otoritenin kötü tarafına bulaşmak istemiyorum, ama yoksulluk, acı çekme ve evliliğe yönelik politik ya da dinsel bağlılıkla büyüyen müşterilerimin daha sonra servet, mutluluk ve aşk istemeye karar verdiklerinde Herkesten çok daha fazla direnç hissetmeye eğilimli olduklarını fark ettim.

Evan sofu bir Protestan ailede büyümüştü. Her Pazar ve Çarşamba kiliseye gitmiş; anaokulundan üniversiteye kadar ebeveynlerinden ve kilisenin diğer üyelerinden evde de eğitim almıştı. Bu iyi bir eğitimdi; Evan bir tanesi işletme olmak üzere çeşitli yüksek lisanslar yaparak eğitimine devam etmişti. Bununla beraber eğitiminin karşılığını veren bir iş teklifi almamıştı hiç. Herkes Evan'ı işe almak istiyordu, ama hiç kimse ona hak ettiği parayı vermek istemiyordu. Evan'a basit bir ev ödevi verdim: "Yılda seksen bin dolar kazanıyorum" cümlesini bir hafta boyunca günde yirmi beş kez tekrar etmesi gerekiyordu.

Bir hafta sonra, Evan döndüğünde, bana ev ödevini içtenlikle yaptığını söyledi, tek bir kusurla. İfadesini bir hafta boyunca söyledikten sonra, Evan bir an bilinçsizce "Yılda *otuz bin* dolar kazanıyorum"a geçtiğini fark etmişti. Bu kendi kendini yok eden küçük davranış karşısında aval aval bakmayı bıraktıktan sonra, Evan asıl yazdığımız cümleyi söylemeye çalıştı. Hemen ciddi bir endişe tepkisi verdiğinde aklıma yüzüne bir kese kâğıdı geçirmek geldi. Aniden, tekrar kilisedeydi, vaizi para aşkı ("tüm kötülüklerin anası"na bakınız) üzerine ateşli bir vaaz verirken dinlediğini kabul etti. Ne zaman "seksen bin dolar" kelimeleri dudaklarının arasından geçse, Evan'ın zihninde bu yorumdaki Herkes beliriyordu.

Şimdi, eğer çok dindarsanız ve seçimlerinizden memnunsanız, sizi caydırmamam için benden uzak durun. Siz Tanrının kucağında oturmuş, ben aşağıdaki daha sıcak yerlerde sülfür küreklerken bana melek gibi böbürlenebilirsiniz. Ama artık bilinçli olarak kabul etmediğiniz inançlarla büyümüşseniz ve hayatınızı düzene koymakta sorun yaşıyorsanız, önceki dersleri tekrar inceleseniz iyi olur. Zihninizdeki Herkes yorumunuz büyük ihtimalle yeni bir fanila dikmek, beyninizin duvarlarının tamamına sprey boyayla "Kapitalistlere Ölüm!" yazmak ve bakire öleceğinize dair tutkulu yemininizi yenilemekle meşguldür.

4. *Okul*

Eğitim sistemi çok güçlü bir Herkestir. Ne de olsa, her çocuk yasalara bağlı kalmak için onun taleplerine cevap vermek zorundadır. Körpe yıllarınızın çoğunu devasa, köklü bir sistemde geçirirsiniz. Bu ne yapmanız, ne olmanız gerektiği hakkında pırıl pırıl net öncelikleri olan bir sistemdir. Okulda, akıllı olmanın dünyadaki en önemli şey olduğunu öğrenirsiniz. Bunun hemen arkasından çok çalışmak, sessiz olmak, eşyalarınızı düzenli tutmak ve sorun yaratmamak gelir. Mutlu olmak, akademik değer grafiğine büyük ihtimalle hiç giremez. Sizin mutsuz olmanızı *isteyen* okul sistemi değildir, ama akıllı, çalışkan, sessiz ve tertipli olduğunuz sürece, hiç kimse sizin duygusal durumunuza ilgi göstermez.

Akademideki yıllarım sırasında, eğitim sisteminin toplumsal normları bütün diğer Herkes verilerini dışarıda bırakacak kadar özümseyen bir yığın insanla karşılaştım. Bu insanlar herkesin akademi dergilerinde yayımlanan makalelerinden ya da onlara çeşitli bölümlerde "kürsü" verilmesinden etkilenmediklerini gerçekten fark etmediler. Diğer ortamlarda asla iş aramadılar, çünkü okul onların toplumsal benliklerine beş yaşlarından beri hükmediyordu.

Diğer yandan yetenekleri akademik gereksinimlere bir noktada mükemmel bir şekilde uymadığı için kendilerini aptal sanan zeki, işinin ehli bir yığın müşterim de oldu. Bir keresinde iki katılımcının disleksi olduğu bir seminer verdim. Birkaç gün süren kurs süresince, bütün hayatları boyunca her okul gününde hissettikleri yoğun utanç, kendinden nefret ve ümitsizlik konularında gitgide daha çok açıldılar. Okulun ortama uymayanlar için ne kadar korkunç bir yer olabileceğini anladığımızda, seminerdeki hiç kimse gözyaşlarını tutamadı.

5. *Akranlar*

Okul aynı zamanda akranlarımızla yakın etkileşim içine girdiğimiz yerdir ve bu, öz-benlik için zehir gibi bir yaşam olabilir. Kişisel arkadaşlarınızın, Herkesinize katkı tarzı kendi yaşıtınız olan sürününkinden çok az farklıdır. Bebekliğinizden yaşlılığınıza kadar geçen sürede çok farklı grupların içinde olabilirsiniz, ama insanların ailelerinden bağımsız bir kimlik oluşturmaya çalıştığı, ergenlik ve yetişkinliğin başlarında onların etkisi en güçlü seviyeye ulaşır.

Yaşamında ne yapmak istediğine karar vermekte aşırı zorluk çeken müşterim Christopher, güçlü kimliğinin olmamasının izlerini bir mahalle çetesinde yaşadığı deneyimlere kadar sürdü. "Her gün korkuyordum" dedi bana. "Hem de her gün! Hah hah!" Christopher bunu çok komik bulmuş gibi güldü. Korkularını itiraf ederken bile korkmamış gibi görünmeyi çok önceden öğrendiği ortadaydı. "Hiç çok kötü dayak yemedim," dedi, "çünkü uyum sağlamayı öğrenmiştim. İçinde olduğum grup gibi olup ortamda göze batmıyordum. Bütün hayatım kamuflaj olmaktı."

Bilgili ve sezgili toplumsal benliği olmadan, Christopher "ortadan kaybolmayı" öğrenemez ve o zaman Orta-Güney Los Angeles'ta çok önemli birkaç organını kaybedebilirdi. Ama otuz beşinde, hâlâ nasıl ortamdan kaybolunmayacağını bilmiyordu. Gençliğindeki berbat akranları onun zihnindeki Herkesi hâlâ oluşturuyor ve toplumsal benliği hâlâ kendine has doğasını yansıtması için öz-benliğini serbest bırakmayı reddediyordu.

Yıllarını onlarla çıkmayan ponpon kızları, kıyafet zevkini beğenmeyen üniversite arkadaşlarını, onları öğlen yemeğine asla çağırmayan iş yerindeki "sıkı" gruptakileri etkilemekle geçiren birçok yetişkinle karşılaştım. Sürekli, olmayan iblislerle çılgınca savaşmakla meşgul, kendine güvensiz, hazır-akıllı Herkesin kölesi olmayı gerçekten istiyorsanız bu, hayatınızı sürdürmek için harika bir yoldur.

6. *Kurumlar*

Kurumların o kadar güçlü kültürleri vardır ki neredeyse her durumda oradakilerin Herkesinin bir parçası olurlar. Eğer bir kurumu, içinde sadece bir gözlemci olduğunuz, yabancı bir güç olarak görürseniz bile düzenli bağlantıya girdiğiniz bütün gruplar toplumsal benliğinizi etkiler. Eğer bu kurum kültürü sizin asıl mizacınıza yaklaşırsa, bu heyecanlandırıcı ve izin verici olur; siz Herkesin sizi sevdiğini düşünürsünüz. Bununla beraber, eğer kurumla birbirinize ters düşerseniz, öz-benliğinizi terk edip genele uyum sağlamakla yükümlüsünüzdür. Bu, zayıf olduğunuz anlamına gelmez, sadece grup dinamiklerinin inanılmaz derecede güçlü olduğu anlamına gelir.

Herkesleri Fortune 100 şirketlerinden, ordudan, üniversitelerden, spor takımlarından ve başka kurumlardan gelen müşterilerim vardı. Müşterilerim uzun zamandır bu kurumlardan kopuk olsalar da Herkesin hâlâ kurum düzleminde düşündüğüne inanıyorlardı.

Matt'in Barış Gönüllülerinde büyük bir rolü vardı, Afrika'daki bir köye tatlı su getirmekle uğraşıyordu. Kalıcı arkadaşlıklarının çoğunu Gönüllülerdeyken oluşturmuştu ve dönüşünden yıllar sonra, onlar hâlâ kendini en rahat hissettiği insanlardı. Matt eski bir Barış Gönüllüsü olan Angela'yla evlenmişti. Beraberce ABD ve yurtdışında, yoksul ve ezilmişlerin hakları için savaşmaya başlamışlardı. Eve temizliğe giderek ve tuhaf işler yaparak az para kazanırken, basit yaşayıp zamanların çoğunu eylemciliğe ayırmışlardı.

İlk çocuklarını beklerken Matt ve Angela arasında ciddi bir uyuşmazlık ortaya çıkmıştı. Angela sağlık sigortası olmadan bırakın büyütmeyi çocuk sahibi olma konusunda bile gergindi. Ucuz bir dairede yaşamak yerine bir ev almak istemişti. Bir şirkette iş istemiş; bunu duyunca Matt'in tüyleri ürpermişti. En sonunda, Angela gidip bir iş bulmuştu.

Bu Matt ve Angela'nın ilişkisinde taviz verilemeyecek bir noktaydı. Matt'in dünyasında, Herkes "kurumlara" ateşli bir şekilde karşıydı ve yan ödemeleri olan düzenli bir iş kesinlikle bu başlığın altına giriyordu. Matt, Angela'nın ikisini de utandırdığını düşündü. Onlardan en son haber aldığımda, ayrılmışlardı.

Kurumlardaki deneyimler birebir ilişkilerdeki gibi travmatik de olabilir, iyileştirici de. Yürekleri ve ruhları şirket kültüründen dolayı mahvolmuş, zamanları bu ya da şu dine karşı verdikleri mücadelede heba olmuş, okul aile birliğine uyma ihtiyaçlarından dolayı yaşamları boyunduruk altına girmiş müşterilerim oldu. Bütün bu kurumlar kaçınılmaz bir şekilde sahte bir oy birliği görüntüsü yansıtır ve grup psikolojisinin gücü onları her bir üyenin zihninde baskın Herkeslere dönüştürür.

GERÇEKLE YÜZLEŞMEK

Sevdiğiniz ya da nefret ettiğiniz bireylerin ve hayatınıza temas eden kurum ya da kuruluşlardan hiçbirinin seçimlerinizi kontrol etme yeteneği yok. Bu güç, beyninizdeki genelleştirilmiş ötekinizin bulunduğu bölümde vardır. Onun Herkesin ne istediği hakkındaki düşüncesine göre, toplumsal benliğiniz Kutupyıldızınıza ulaşmanızı ya imkânsız ya da kaçınılmaz hale sokar. Hangi yöne gittiğinizi görmek için, aşağıdaki ifadelere inanıp inanmadığınızı belirtin. Beyninizin "doğru" olarak ne düşündüğüne göre değil, *içinizde ne hissettiğinize* göre cevap verin. Unutmayın, bunu kendi doğru yolunuzu bulmak için yapıyorsunuz, Herkesi memnun etmek için değil.

KİŞİSEL ALGI ALIŞTIRMASI

Lütfen, aşağıdaki ifadelerin hepsine inanıp inanmadığınızı belirtin.

İnanıyorum	İnanmıyorum	
....	....	1. Ben doğuştan başarılıyım; her zaman öyle oldum ve her zaman öyle olacağım.
....	....	2. Dünya benim arkadaşım olmak isteyen insanlarla dolu.
....	....	3. Her zaman çok param olacak.
....	....	4. Neşe ve memnuniyet dolu bir yaşamı hak ediyorum.

.... 5. Fiziksel olarak güzeldim ve hep öyle olacağım.

.... 6. Seçtiğim kariyerimde aşırı başarılı olabileceğim.

.... 7. İnanılmaz derecede becerikli bir beynim var.

.... 8. Bu halimle mükemmel derecede sevimliyim.

.... 9. Doğal olarak çok yaratıcıyım.

.... 10. Hayallerim gerçekleşme sürecinde.

Ben bu on ifadenin bu gezegendeki her bir kişi için doğru olabileceğine ve olması gerektiğine inanıyorum, bu yüzden açık sözlü olacağım: eğer bu kişisel imaj ifadelerinin herhangi birine "inanmıyorum" dediyseniz, genelleştirilmiş ötekiniz yalan söylüyor.

Ben böyle söylediğimde müşterilerimden bazıları biraz sinirlenir. Gırtlaklarının kasıldığını, dişlerini sıktıklarını, sırtlarının gerildiğini görürüm. Aslında beyni alınmış bir Polyanna gibi konuştuğumu düşünmezler; kendilerini tehdit edilmiş gibi hissederler. Müthiş kızgın ya da utanç dolu ya da morali bozulmuş olmanın bütün izlerini gösterirler. Şimdi, hiç kimsenin bu kadar açıkça yanlış olan bir fikri reddetmesi için bu kadar güçlü savaşmaması lazım. Eğer müşterilere Jersey inekleri olduklarını söylesem, sinirli bir şekilde gülümser ve çekip giderler. Onlara tam tanımlarını verdiğimde (güzel, yaratıcı, zeki ve başarılı kişiler olduklarına dair) korkuya kapılmalarının nedeni *birisi bunların yıkıcı yalanlar olduğunu öğretene kadar, bunların hepsine inanmış* olmaları*dır.*

Bebekler gerçeği bilerek ortaya çıkarlar: Her biri tam anlamıyla sevimli, güzel bir yaratıktır; hepsinin yaşamda kendine has bir görevi vardır ve bu görevi yapacak bütün gereçlerle donanmışlardır. Eğer etraflarındaki insanlar onların özbenliklerini destekleyip beslerlerse, toplumsal benlikleri bir sosyal gruba hizmet etmek için bu gerçeklikten kopmak zorunda kalmaz. Bu, herkes için doğru olabilir, hatta başlarına birçok şey geliyormuş gibi görünen insanlar için bile.

Mesela "Life Goes On" ve "Touched by an Angels" dizilerinde düzenli bir şekilde oynayan aktör ve aynı zamanda Down sendromu olan Chris Burke'ün annesiyle öğlen yemeği yiyecek kadar şanslıydım. Daha önce söylediğim gibi, benim de Down sendromu olan bir oğlum var ve Chris'in başarısı benim ailemde uzun zamandır bir umut ve mutluluk kaynağı. Annesi çok nazik, komik ve sevecen bir kadındı. Yemekte, bana Chris'in kariyerinden bahsetti: oyunculuk işleri ve konuşmalar için iki yıl önceden dolmuş durumdaymış, sözleşmelerini sürdürmek için sürekli seyahat ediyormuş, nereye gitse çevresi geçmiş olsun diyenler ve imzalı fotoğraf isteyenlerle sarılıyormuş.

Doğal olarak, bunu duymak hayranlıkla coşmama neden oldu. "Doktorlar gelip Chris'in Down sendromu olduğunu söyledikleri anda onun meşhur bir televizyon yıldızı olacağını hiç hayal ettiniz mi?" diye Bayan Burke'e sordum. Bu sorunun belagatli olduğunu düşündüm; doğal olarak, zavallı özürlü bebeğinin başarılı olabileceğine inanması hiçbir şekilde mümkün değildi. Ama Bayan Burke hiç bozuntuya vermedi.

"Tabii ki" dedi, biraz muzip bir şekilde. "Niçin etmeyeyim ki?"

Bunun uydurma bir hikâye olmadığını görebiliyordum. Doğduğu andan itibaren, ailesi gerçekten Chris Burke'ün yeteneğini ve potansiyelini görmüştü. Genelleştirilmiş ötekisinin bu sınırsız, iyimser ve açık sevgi temelli olduğuna hiç şüphem yok. Bu Chris'in başarısızlıklar, hayal kırıklıkları ya da aşağılanmalar yaşamadığı anlamına mı geliyor? Tabii ki hayır. Gerçekten herkesin onu sevdiği ve hayran olduğu anlamına mı geliyor? Yine hayır; birçok kişi acınası, küçük yaşantılarını sürdürürken Chris gibi insanları taşa tutup hakaret eder. Ama onun iyiliksever Herkesi, Chris Burke'ün kendine müthiş bir inancı olup diğer insanları tamamen kabullendiği ve bunu yansıttığını söyler. Bu, eleştirilerle düşünceli ve iyi bir şekilde başa çıkıyor anlamına gelir. Ve gerçekten milyonlarca insandan gelen pozitif bir sanal geribildirim denizinde yaşadığı anlamına gelir. Chris yukarıdaki olumlu ifadelerin her birinin ona uyduğuna ve Herkesin bunun doğru olduğunu görebildiğine, sağlam bir şekilde inanır.

Bayan Burke'ün Chris'i gördüğü gibi benim de müşterilerimi görebilmemin bir nedeni, yaşam tasarımı yaparken benim öz-benliğimin ortaya çıkmaya eğilimli olmasıdır. Bu oluştuğunda, karşımda oturan kişinin sahte, sosyal-kişi modelini görmem imkânsızlaşır. Öz-benliğinizle ne kadar bütünleşirseniz, hem kendinizi hem de diğerlerini bu yolla daha iyi algılarsınız. Sosyal yargılama perdesi kalktığında, ortaya en harika güzelliği çıkarır.

Bu olguyla ilk kez üniversite öğrencisiyken karşılaştım. Birkaç haftada bir, bazı ressam gruplarına katılıyordum; aramızda bir stüdyo kiralamak ve bir model tutmak için birkaç dolar topluyorduk. Bize poz verenlerin çoğu sosyal ideale uygun (ince uzun, sağlıklı, mükemmel orantılı) bedenleri olan üniversite öğrencileriydi. (Ne de olsa, başka kim yabancılarla dolu bir odada çıplak durma riskini göze alırdı ki?) Ve sonra bir gün, tamamen farklı birini tuttuk.

Kadın altmışını çoktan geçmiş gibi görünüyordu; derin yüz hatları ve doktorların beğeneceğinden en az yirmi beş kilo daha ağır bir bedeni vardı. Yara izlerinden anlaşıldığı kadarıyla da birkaç doktor görmüştü. Sezaryen bölgesinde parlayan mor şerit ve kat kat göbek yağlarının içinde diz ameliyatına benzer derin bir yarık. Bir başka yara izi, sol memesinin bir zamanlar olduğu yerde göğsünün bir kısmını kesiyordu. Ona o kadar acıdım ve ondan öylesine rahatsız oldum ki gerçekten geriledim. Ama onu çizmek için oradaydık, bu yüzden kurşun kalemi aldım.

Çizmenin önemli tarafı toplumsal benliğinizle beraber bu işi iyi yapamamanızdır. Sosyal kalıplar hakkında hiçbir şey bilmeyen öz-benliğinizi ortaya çıkarmanız gerekir. Böyle olunca, bu sakat yaşlı kadını çizmeye başlayınca, olabilecek en inanılmaz şey başıma geldi. Beş dakika içinde, o kesinlikle harika güzelliği olan bir kadına dönüştü. Süper model gibi görünmüyordu; buna ihtiyacı yoktu. Bedeni özünde, kıyıya vurmuş bir cilalanmış ağaç parçası ya da rüzgârın oyduğu bir kaya ya da bir şelaleydi. Öz-benliğim bu kadını film yıldızlarıyla kıyaslamam gerektiğini bilmiyordu, aynı Ant Dağlarını Iowa'daki bir mısır tarlasıyla kıyaslayarak değerlendirmemem gerektiğini bilmediği kadar. Kadını sadece olduğu gibi gördü: enfes bir heykelsi biçim olarak.

Bu algıdaki bu değişim olduğunda, o kadar şaşırdım ki çizmeyi bırakıp sadece gözlerimi dikerek baktım. Model sanki bunu fark etmiş gibiydi ve kafasını çevirmeden, gözlerimin içine baktı. Sonra yüzünde belli belirsiz bir gülümsemenin dolaştığını gördüm ve başka bir şey fark ettim: *Güzel olduğunu biliyordu.* Bunu biliyordu ve benim de onu gördüğümü fark etmişti. Belki de asıl bu yüzden çıplak poz vermeyi kabul etmişti. Bir oda dolusu ressamın onu görmeden –onu gerçekten görmeden– onu çizemeyeceğini bilerek, algımız hakkında bize nazik bir ders vermeye karar vermiş olabilirdi.

Eğer bunların hiçbiri sizin için yeni değilse; kişisel algı alıştırmasının sorularının hepsine kesin bir "evet" cevabı verdiyseniz ve sizi tamamen destekleyen bir Herkesiniz varsa, sonraki bölümü atlayabilirsiniz. Diğer taraftan, eğer kendinizi biraz yalnız kalmış ya da korkmuş hissediyorsanız ya da kendinize olan inancınız tam anlamıyla depreme dayanıklı değilse, Chris Burke ve Esrarengiz Model'in doğal olarak yapıyormuş gibi göründüğü şeyi yapmayı öğrenmelisiniz: aşırı kritikçi, sınırlayıcı, yalancı Herkesinizi sizi olduğunuz gibi gören bir Herkesle değiştirin. Yine, kendinize bir kalem bulun ve küçük bir ödev yapmaya hazırlanın. Herkes sizin yanınızdayken kendi Kutupyıldızınızı aramanın nasıl bir his olduğunu öğrenmek üzeresiniz.

5

HERKESİ KENDİ TARAFINIZA ÇEKMEK

Linda yıllarca çok büyük, sıcak ve ağır bir romantik meşale taşıdı ki bu meşale onun neredeyse bütün enerjisini bitirdi. Sevgisinin hedefi, ben onunla tanışmadan yıllar önce çıktığı, Roger adında bir adamdı. İlişkileri Roger uyuşturucudan kurtulmak üzere bir rehabilitasyon kliniğine gittiğinde bitmişti. Göründüğü kadarıyla, diye bana acı dolu bir sesle anlattı Linda, Roger uyuşturucudan kurtulduktan sonra kendisine olan ilgisini yitirmişti. Klinikten çıktıktan kısa bir süre sonra, Linda'ya soğuk bir şekilde sıradan bir hoşça kal demiş ve daha yeşil çayırlarda otlamaya gitmişti.

Linda'nın anlatışına göre, Roger öyle zeki, güçlü, karizmatik bir erkekti ki yerine başka birisi konamazdı. Onu yıllardır görmemiş olmasına rağmen Roger'ın zevkleri ve düşünceleri hâlâ Linda'nın seçimlerine hükmediyordu. Linda onun hoşuna gideceğini düşündüğü kıyafetler giyiyordu, onu etkileyeceğini sandığı bir yüksek lisans programına girmişti, diğer erkekleri bile Roger'ın standartlarına göre değerlendiriyordu (Roger'ın güleceği bir adama yakın olmak istemiyorum) demişti. Roger Linda'nın içselleştirdiği Herkesin çok büyük bir bölümünü oluşturmuştu. Linda İsa'yla takıldı sanırdınız.

Bir gün, Linda'yla birlikte bir lokantadan çıkarken Linda birden donup kaldı. İşlek bir caddenin karşısında Roger'ı görmüştü. Linda yere yığılmamaya çalışırken, şaşkın bir şekilde bakakaldım: Onun Roger'ı benim on yedi yaşımdan beri tanıdığım biri çıkmıştı. Üniversitedeyken, bana biraz fazla içmeye eğilimli ve J. R. R. Tolkien'in kurguları üzerine bitmez tükenmez nutuklar atan, biraz tuhaf, sıkıcı, hantal ahmağın biriymiş gibi görünürdü. On küsur yıl sonra, Roger hâlâ sıkıcı, hantal bir ahmağa benziyordu, ama saçları daha azdı. Bu tamamıyla sıradan olan adamın Linda'nın yıllardır taptığı tanrı olmasını aklım almadı. Roger'a olan saplantısını anlamaya başlayabilmemin tek nedeni hepimizin bazı bireylere asılsız güçler verme konusunda psikolojik bir eğilimimizin olduğunu bilmemdi.

Bu, toplumsal kişiliğin güçlü bir genelleştirilmiş öteki yaratmak için kullandığı numaralardan birisidir. En şahsiyetsiz kişiyi hayali bir sınırsız güce yükseltebilir, onları iç yaşamlarımızın ilahlarına çevirebilir. Genelde, kaç yaşında olursak olalım, kendi Herkes temsilcilerimizi bir çocuğun huşu dolu gözleriyle görür, onların büyük, güçlü ve bilgeymiş gibi görünmelerini sağlarız. (Alman psikolog Alice Miller Adolf Hitler'in militan bir Töton baba tipini nasıl temsil ettiğini ikna edici bir şekilde yazdı. Bundan dolayı Miller'ın hipotezine göre, Hitler'in tantanalı yapmacıklığı ve avaz avaz bağırdığı nutukları destekleyicilerinde huşu dolu bir bağlılık yaratırken karşılaştığı diğer kişilere kötü bıyığı olan, kaçık bir ucube olarak göründü.)

Eğer gerçek yolunuzu kaybettiyseniz ve hayatınızdan memnun değilseniz, çok büyük ihtimalle, Linda gibi aslında hak etmeyen birisine psikolojik saygı gösteriyorsunuz. Bu bölümde, sizi hiç de çekici gelmeyen bir Herkese köle eden hipnozu bozacağız. Toto'nun Büyücü'nün küçük perdesini kornişinden koparıp alması gibi, sizin genelleştirilmiş ötekinizin aslında sıradan, kararsız, kusurlu insanlar takımı olduğunu ortaya çıkaracağız. Sonra kendi Kutupyıldızınıza giden yolculuğunuzda sizi destekleyecek insanlardan oluşan, yeni bir Herkes yaratmayı öğreneceksiniz.

ALIŞTIRMA: ALTERNATİF SESLER

Son bölümde, Herkes komitenizdeki kişilerin bazılarını saptadınız. Şimdi, neden her ne olursa olsun, sizi doğru rotanızdan uzak tutmaya çalışan komite üyelerini, sizin tarafınızda olanlardan ayıracağız. Bu alıştırma en iyi şekilde yanınızda en az bir kişi daha olunca yapılır, *o kişinin sizin güvendiğiniz birisi olması kaydıyla*. Eğer mümkünse, size yardım etmeleri için dürüst ve düşünceli arkadaşlarınızdan oluşan küçük bir grubu bir araya toplayın. Bunun nedeni arkadaşlarınızın büyük ihtimalle sizi sizden daha iyi görmeleridir. Hafızanız inançlarınıza ters düşen delilleri dışarıda bırakacaktır, bu yüzden daha tarafsız görüşlerin son derece yararlı olabilir.

Ben bunu aşağıdaki alıştırmanın denemesini yaparken açık ve net bir şekilde gördüm. Bu bahaneyle küçük bir arkadaş grubu topladım. İçlerinden biri (ben ona Liz diyeceğim) çok ama çok çirkin olduğundan emindi, ama bir türlü bunu yeteri kadar vurgulayamıyordu. Bununla beraber, sıra onun çekici olmadığını söyleyen kişilerin isimlerini söylemeye geldiğinde, Liz hiç kimseyi söyleyemedi. Bu orada olanlar için hiç de şaşırtıcı değildi, çünkü Liz Julia Roberts'a çok benziyordu. Sonunda, Liz babası ve erkek kardeşlerinin bu listede olmaları gerektiğine karar verdi, ama bunun nedeni ona açıkça çirkin demiş olmaları değil, sadece bir zamanlar onu "Şavalak" diye çağırmış olmaları ve görünüşünü beğendiklerini hiçbir zaman söylememiş olmalarıydı. Bundan sonra sıra Liz'in ona güzel diyen kişiler listesini yapmaya geldi. Liz hemen bağırdı: "Bana bu güne kadar hiç kimse güzel demedi."

Liz'in yanında oturan kocası Hank afalladı. "Ya ben?" diye itiraz etti.

Liz ona ters ters baktı. "Sen sayılmazsın," dedi. "Sen önyargılısın."

"Ya biz?" diye sordu odadaki diğer herkes. "Biz senin güzel olduğunu düşünüyoruz."

Liz heyecanlanmış gibi göründü, ama çabucak bir açıklama buldu. "Siz sadece nazik olmaya çalışıyorsunuz."

"Peki, o zaman," dedi Hank, sakalını gergin bir şekilde çekerek, "ya öğrencilerine ne diyorsun?" Bize Liz'in öğretmenlik yaptığı yüksekokuldan, öğrencilerin yaptığı yıllık kaba ve izinsiz ödül töreninde Liz'in sürekli olarak "En seksi öğretmen" ödülünü almasından bahsetti. Tek tek öğrenciler ona o kadar aşırı tutkulu bir şekilde aşık oluyorlardı ki mesai saatlerinde katı sınırlamalar koymak zorunda kalmıştı. Ona şiirler yazıyor, aşk mektupları gönderiyor ve sonunda kalpleri kırık, Liz'in güzel yüzü, görme merkezlerine silinmez bir şekilde kazınmış olarak çekip gidiyorlardı. Hank bütün bunları anlattıktan sonra Liz ona şaşkın bir şekilde kaşlarını çatarak baktı.

"Ama bu cinsel taciz," dedi.

O anda, gruptaki diğer herkes Liz'e bağırmaya, gülmeye ve küçük nesneler atıp insanı kızdıracak kadar seçici Herkesini gevşetmeye çalıştı. Grup psikolojisinin her zaman başardığı gibi bu işe yaradı. Görünüşü hakkındaki önyargılarını alıştığı gibi utanç içinde saklayacağına, açıkça söyleyerek Liz içselleştirdiği Herkesini değiştirmeye başlamaya yetecek kadar insandan yeteri kadar açık geribildirim aldı. Grup dinamiğinin gücü onun komite üyelerinin bazılarını (özellikle medya imajlarını) onun beynindeki koltuklarından kaldırmaya, onların yerine ona gerçekçi geribildirim veren, daha yetkin kişilerle doldurmaya başladı.

Eğer Liz bu tarz davranışa devam ederse –algılarıyla savaşıp yeni kaynaklardan bilgi alırsa– kişisel görüntüsü kaçınılmaz olarak büyük bir değişime uğrayacaktır. İnançlarını değiştirmemek için savaşsa bile toplumsal kişiliğin Herkes mekanizması otomatikman Liz'in dış görünüşüne daha kabullenici bir tavır yaratacaktır. Bu toplumsal benliğinizin zayıf noktasıdır: Eğer onu Herkesin sizin doğru rotanızı onayladığınıza ikna edebilirseniz –ve unutmayın, toplumsal kişiliğin bu sonucu çıkarması için sadece üç ya da dört görüşe ihtiyacı vardır– sizi Kutupyıldızınızdan uzak tutan engelleri kaldırmaya otomatik olarak başlayacaktır.

KARŞILAŞTIRMA VE KONTRAST: HERKESİNİZİN KARŞIT GÜÇLERİ

Aşağıdaki boşluklarda, son bölümdeki kişisel-algı araştırmasındaki ifadeleri tekrar edeceğim. Eğer tamamen inandığınız bir ifadeye denk gelirseniz, onu geçin. Herkesinizin bu konuda daha fazla çalışmasına gerek yok. İnanmadığınız her ifade için, size bunun doğru olmadığını söyleyen on kadar isim yazın. Mesela "İnanılmaz derecede becerikli bir beyniniz olduğuna" inanmıyorsanız, size aptal diyenlerin listesini yapın. *Genelleme yapmanıza izin yoktur; bu kişilerin özel olması gerekiyor.*

Ondan sonra, ilk listenin tam karşısına bir liste daha yapmanızı istiyorum. Bu kolona, aynı konuda size olumlu geribildirim yapan on kadar kişinin ismini yazmanızı istiyorum, mesela size iyi bir kafanız olduğunu söyleyen ya da hızlı düşündüğünüz için size iltifat eden kişileri. Unutmayın, büyük ihtimalle önyargılarınıza uymayan anıları dışarıda bırakacaksınız. Müşterilerimin çoğu olumlu deneyimleri, hafızanın mutsuz deneyimleri tuttuğu bölümden çok daha farklı bir yerinde depolarmış gibi görünüyor. Sadece bir an için nerede başarılı olduklarını ya da övgü aldıklarını düşünebilirlerse, benzer bir deneyim seline kapılırlar. İşte burada, diğer kişilerin daha tarafsız anıları çok faydalı olabilir, bu yüzden lütfen, başka birisinin fikrini alın (eğer mümkünse birden daha fazla kişinin).

ALTERNATİF SESLER ALIŞTIRMASI

Mümkün olduğu kadar çok boşluk doldurun. Hepsini doldurmanız gerekmiyor ve farklı ifadelere vereceğiniz cevaplarda aynı ismin olmasında bir sorun yok. Sadece *inanmadığınız* ve hatırlamadığınız ifadelerle uğraşın: genelleme yok!

1. Ben doğuştan başarılıyım, her zaman öyle oldum ve her zaman öyle olacağım.

Doğuştan başarılı *olmadığınızı* söyleyen insanlar	Doğuştan başarılı *olduğunuzu* söyleyen insanlar
....	....
....	....

2. Dünya benim arkadaşım olmak isteyen insanlarla dolu.

Sizinle arkadaş olmak isteyen pek fazla insan *olmadığını* söyleyen insanlar	Sizinle arkadaş olmak isteyen pek çok insan *olduğunu* söyleyen insanlar
....	....
....	....

....

....

3. Her zaman çok param olacak.

Her zaman çok paranız *olmayacağını* söyleyen insanlar	Her zaman çok paranız *olacağını* söyleyen insanlar

....

....

....

....

4. Neşe ve memnuniyet dolu bir yaşamı hak ediyorum.

Neşe ve memnuniyet dolu bir yaşamı *hak etmediğinizi* söyleyen insanlar	Neşe ve memnuniyet dolu bir yaşamı *hak ettiğinizi* söyleyen insanlar

....

....

....

....

5. Fiziksel olarak güzeldim ve hep öyle olacağım.

Fiziksel olarak güzel *olmadığınızı* söyleyen insanlar	Fiziksel olarak güzel *olduğunuzu* söyleyen insanlar

....

....

....

....

6. Seçtiğim kariyerde çok başarılı olabileceğim.

....

....

....

....

Çok başarılı *olamayacağınızı* söyleyen insanlar	Çok başarılı *olacağınızı* söyleyen insanlar

....

....

....

....

7. İnanılmaz derecede becerikli bir beynim var.

Zekâ olarak yeterli *olmadığınızı* söyleyen insanlar	Zekâ olarak yeterli *olduğunuzu* söyleyen insanlar

....

....

....

....

8. Olduğum halimle tamamıyla sevimliyim.

Tamamıyla sevimli *olduğunuzu* söyleyen insanlar	Tamamıyla sevimli *olmadığınızı* söyleyen insanlar

....

....

....

....

9. Doğam gereği yaratıcıyım.

Doğanız gereği yaratıcı *olmadığınızı* söyleyen insanlar	Doğanız gereği yaratıcı *olduğunuzu* söyleyen insanlar

....

....

....

....

10. Hayallerim gerçekleşmek üzere.

Hayallerinizin *gerçekleşmeyeceğini* söyleyen insanlar	Hayallerinizin *gerçekleşeceğini* söyleyen insanlar

....

....

....

....

KARŞILAŞTIRMA VE KONTRAST: HERKESİ DEĞERLENDİRME

Listenizi tamamladınız mı? İyi. Şimdi, sizden sol kolondaki isimlere bakmanızı ve *bu insanları düşündüğünüzde ne hissettiğinizi fark etmenizi* istiyorum. 2. Bölümde yaptığımız "en kötü durum senaryosu"nu hatırlıyor musunuz? Sol kolondaki isimlerin benzer bir endişe ve içgüdüsel bir ıstırap çağrıştırdığına iddiaya girmeye varım. Şimdi, sağ kolondaki isimlere bakın. Onlar kendinizi nasıl hissetmenizi sağladı? Büyük ihtimalle 3. Bölümdeki "en iyi senaryo"ya benziyordur. Dikkat edin, listenizdeki kişilerin söylediği *görüşlere* tepkilerinizden bahsetmiyorum, ben sadece bu *bireylerin* sizde böyle duygular yaratmayı nasıl başardığını bilmek istiyorum. Buna açıklık getirmek için aşağıdaki soruları cevaplayın.

HERKES DEĞERLENDİRMESİ

Önceki alıştırmada yer alan kolonlara yazdığınız isimlere bakarak, aşağıdaki soruları cevaplayın lütfen.

1. Kimlerden daha çok hoşlanıyorsunuz?
   Soldaki kişilerden   Sağdaki kişilerden

2. Kimlere daha çok saygı duyuyorsunuz?
   Soldaki kişilere   Sağdaki kişilere

3. Kimlerin daha mutlu, daha tatmin edici bir yaşamı var?
   Soldaki kişilerin   Sağdaki kişilerin

4 Kimlerin daha düzenli, daha içten ilişkileri var?
   Soldaki kişilerin   Sağdaki kişilerin

5 Eğer çocuğunuz olsaydı ve onun başkaları tarafından büyütülmesi gerekseydi, kimleri seçerdiniz?
   Soldaki kişileri   Sağdaki kişileri

6 Hangi bireylerin görüşleri görmezden gelinmeyi, küçümsenmeyi ve dikkate alınmamayı daha çok hak ediyor?

Soldaki kişilerin Sağdaki kişilerin

7. Hangi amaca hizmet ederek soldaki kişilere inanıyorsunuz?

Soldaki kişilere Sağdaki kişilere

Çoğu insan soldaki kişilerin, kendi çok eleştirel Herkesinin pençesinde yaşadıklarını fark eder. Onlar çoğunlukla kişisel hayalleri suya düşmüş ya da kendilerini kurban gibi gören yahut hayattan çok korktukları için korkaklıklarını etraflarındaki herkese yansıtan kişilerdir. Sol taraftaki listeniz, gerçek insanların uygun bir kopyası olmaya bile nadiren zahmet eden, öz-benlikleri neredeyse yok olmuş ve geride kabuğu kalmış, gerçekten yok edici insanları içinde bulundurur.

Sağ taraftaki listede bulunan insanlar genelde daha sağlıklı ve mutludurlar. Bunun nedeni, diğer insanların temel kendine-saygı duygusunu zayıflatan, korkak, aşırı eleştirel ya da suçlayıcı insanların öz-benliklerine göre yaşamamalarıdır. Eğer yaşamış olsalardı, siz de dahil olmak üzere, diğer insanlardaki güzellik ve umudu görmemeleri imkânsız olurdu. Buda ve İsa gibi, kendini gerçekleştirmiş kişilerin diğer insanlara başarısız aptallar dediğini asla duymazsınız. Bu aydınlanmanın doğasına terstir. Buna karşılık, gerçeği temsil eden insanlar her zaman "başarısız aptalların" yaşamlarında ortaya çıkar ve onlara ne kadar paha biçilmez, sevilen kişiler olduklarını, asıl doğalarının ilahi olduğunu, kaderlerinde neşe ve memnuniyet olduğunu söylerler.

Tabii ki sol kolondaki kişilerin rol model olarak ilk tercihleriniz olmadığını düşünsel olarak bilmek sizin Herkes sorununuzu çözmez. Müşterilerimin çoğu bana aynı anda 1) anneleriyle babalarının (ya da eşlerinin, patronlarının, kardeşlerinin) tamamen deli olduklarını ve 2) bu deliler onları anlayıp destekleyene kadar, kendilerine asla inanamayacaklarını söyleyecekler. Zekâ ne derse desin, duygusal güç hâlâ düşman Herkesten yanadır. Eğer yukarıdaki alıştırma genelleştirilmiş ötekinizi gözden geçirme konusunda beyninizi ikna ettiyse, yüreğinizi de ikna etme zamanı geldi.

HERKESİNİZİ DEĞİŞTİRMEK İÇİN STRATEJİLER

Size uymayan bir çift ayakkabı aldığınızda, onu dükkâna geri verip uyanları alırsınız. Bu bir beladır ve başka bir şekilde değerlendirmek istediğiniz zamanı alır, ama eğer ayağınıza uyan ayakkabılar istiyorsanız, dükkâna gidersiniz. Herkesinizi değiştirmek de aynı şekilde monoton ve pragmatik bir iştir. Duygusal dinamitlerle dolu olduğu da doğrudur, ama basit angaryaları yaparsanız, kolay bir şekilde değişecektir. Bir gün uyandığınızda Herkesi yanınızda bulacak ve Kutupyıldızınızı açıkça göreceksiniz.

Toplumsal kişilik iki koşul atlında; korumasız kalma ve tekrarlama sağlanırsa herhangi bir kişiyi genelleştirilmiş ötekine dönüştürür. Bugünkü Herkesinize işte böyle sahip oldunuz. Bir noktada, sizin hakkınızda güçlü mesajlar yollayan insanların ve koşulların etkisinde korumasız kaldınız. Sonra bu mesajlar sürekli tekrarlandı. Bazen bu tekrarlanan mesajlar benliğin dışından gelir: Aileniz sizi günah keçisi yapmış olabilir, dadınız siz bıktırıncaya kadar eleştirmiş olabilir, akranlarınızla dolu sınıf farklı olduğunuz için sizinle alay etmiş olabilir. Bu gerçekleşmiş olsa da olmasa da, bir noktada toplumsal benliğiniz hakaret etme ve heves kırmayı tekrarlama görevini benimser. Herkes tarafından incitilmemeniz için, çaresizliğe kapılmış durumdaki toplumsal benliğiniz kötüleyici mantralar geliştirir. "Aptallaşma. Sen aptalın tekisin. Bu kadar aptal olduğuna inanamıyorum. Tanrım, bu çok aptalcaydı," gibi şeyler söyleyerek yıllarını geçirir; yıllar boyunca günün her anı buna devam eder.

Bu tekrarlama beyninizde derin izler bırakır, böylece bütün Mensa üyeleri, size ne kadar zekiymişsiniz demek için sıraya girmiş olsa bile onların kelimeleri bilincinizden seker ve gizli bir zihinsel atık deposuna yollanır. Bu ısrarcı yalanlara karşı savaşmanın tek çaresi aklımıza, bilinçsiz kıvrımlarının izlemesi için yeni bir rota çizmek, farklı bir rutine girmektir.

Bunu başarmanızın birçok basit yolu vardır. Bunların bazılarını aşağıda sıraladım. Bütün bu süreçler zaman alır ve başlangıçta, seçtiğiniz bu yolda zihninizdeki eski rutine tekrar dönmeden düzgün bir şekilde ilerlemek çok zordur. Bu süreç sırasında bu gerçeği bilinçli ve aktif bir şekilde, zorla tekrar etmeniz gerekir. Toplumsal benliğiniz paniğe kapılıp düşman Herkesinize saygı göstermeyi size unutturacak olan özgüveninizi geliştirmenizi umutsuzca engellemeye çalışırken sık sık aksilikler yaşarsınız. Önemli değil. Eğer aşağıdaki adımları atarsanız, toplumsal benliğiniz sonunda size inanır ve diğer Herkesin de size inandığını söylemeye başlar. Zihniniz hâlâ bütün insanları her zaman mutlu edemeyeceğinizi bilir, ama yüreğiniz çok daha iyi niyetli bir evrende yaşar.

1. *Olumlu Geribildirim*

Diğer kişilerden ya da farklı durumlarda aldığınız her olumlu geribildirimi yazınız. Bu geribildirim listesinin kopyalarını her yere koyun ve sık sık okuyun.

Brad diş macunu reklamlarına uygun bir gülümsemesi, mutlu bir ailesi ve Büyük Para Sorunları olan, başarılı bir işadamıydı. Büyük Buhran Döneminden kalma ebeveynleri onu hayatın daima güvenli olması gerektiğine dair öyle bunaltıcı bir inançla yetiştirmişlerdi ki her anını kara günler için para kazanarak geçirmesi gerekiyordu. Brad zengin bir adamdı, ama yakın zamana kadar her gününü vahim bir yoksulluk korkusuyla geçirmişti. Daha fazla kazanıp daha fazla biriktirmek için kendini acımasızca zorlamıştı. Bütün bu süre içinde, çocuklarının, babalarını, faturaları ödeyen hayali bir figür olması haricinde, doğru dürüst tanımadan büyüdüğünün farkındaydı.

Brad'in annesi ve babası bir yıl arayla öldüler. Tuhaf bir şekilde, bu onların Brad'in davranışları üzerindeki etkisini daha da artırdı. Sesleri hâlâ kafasının içinde çınlıyor, yeteri kadar çok çalışmadığını, servetini kaybetmekte olduğunu söylüyordu. Eşi Brad'in yaşadığı hiçbir şeyin onların haklı olduğunu göstermediğini belirtti. Tam tersine, Brad ne kadar becerikli bir işadamı olduğuna, yeteneklerine her zaman ihtiyaç duyulacağına ve kazandığı parayı çok iyi idare ettiğine dair sayısız geribildirim almıştı. Hem akranlarının sözlü yorumları hem de her türlü ipucu Brad'in her zaman tonla parası olacağı düşüncesini destekliyordu.

Bir gün, Brad yoksul kalmaktan endişelenmemesi için gereken bütün nedenleri yazmaya karar verdi. Okuldaki işletme profesörlerinden, çeşitli patronlarından, ortaklardan, müşterilerden ve rakiplerinden, muhasebecisinden, borsacısından, eşinden ve birçok arkadaşından aldığı bütün övgüleri yazdı. Yazmaya başladığında, çocukluk çağının başına giden ticari yeteneğinin delillerini hatırladı. Alıştırmanın sonunda, Brad kendini o kadar sakin hissetti ki o günü işe gitmeyip çocuklarıyla geçirmeye karar verdi.

Evde kalıyorum demek için büroyu aradığı anda, Brad'in ebeveynleri sanki Hamlet'in babası gibi, mezardan çığlıklar atarak gelip finansal durumunun ve ailesinin büyük bir riskte olduğu konusunda onu uyardılar. Müthiş bir işkoliklik cinneti geçirip bürosuna koştu ve paniği geçiştirecek kadar hızlı bir şekilde oraya ulaştı. Ama birkaç saat sonra, krizi geçtiğinde, Brad güven telkin eden Olumlu Geribildirim Listesini buldu ve onu tekrar okuyacak soğukkanlılığa ulaştı. Beklenildiği gibi, ebeveyn cadıları geri çekilmişlerdi. Brad bürodan ayrıldı ve bir saatini çocuklarıyla geçirdi, sonrasında bir endişe seline daha kapıldı, ama o anda listesini tekrar okudu.

Hayat bir süre böyle devam etti, ama Brad ısrarcıydı. Yazılı geribildirimlere odaklanarak yavaş yavaş beyninde yeni rutinler yaratabilmeyi başardı. Artık Depresyon Şarkıları ne zaman beyninde çalmaya başlarsa, sadece listesine bir göz atmak, Brad'a annesiyle babasının korkularının kölesi olmasının gerekmediğini hatırlatmaya yetiyor. En sonunda haftada yüz saat çalıştığı işinden ayrıldı. Yatırımlarıyla yeteri kadar konforlu yaşayabilmesine rağmen, çocukları biraz büyüdüğünde kendi şirketini kurmayı planlıyor. Bu kez, keyif için çalışacak, ebeveynleri ve onların finansal iblisleri için değil.

ALIŞTIRMA

Brad'in örneğini, gerçek doğanızı ve başarılarınızı yazarak – ve okuyarak– takip etmenizi bütün kalbimle tavsiye ederim. Yukarıdaki sağ kolondaki kişilerin isimlerine bakıp onların size söylediği olumlu sözleri hatırlamaya çalışarak buna başlayabilirsiniz. Hepsini yazın, yüreğinizi göğsünüzde birazcık da olsa kıpırdatan en ufak şeyi bile yazın. Dile getirilen iltifatlardan yorulduğunuzda, ulaştığınız her başarıyla ilgili birkaç kelime ekleyin. Ne kadar küçük olursa olsun, her anı, eğer verdiğiniz değer doğrulandıysa ya da umutlarınız gerçekleştiyse yazın. Yine, iyi zamanları hatırlamanıza yardımcı olması için bir arkadaşa ihtiyacınız olabilir.

Bu övgü ve başarı listesini derlediğinizde, kopyalarını çıkarın ve onları sık sık görebileceğiniz yerlere koyun. Bir kopyasını kolayca çıkarıp okuyabileceğiniz, çalışma masanızın çekmecesine yerleştirin. Bir tanesini telefon fihristinizin üstüne yapıştırın. Doğanın çağrısına her uyduğunuzda görebilmeniz için bir tanesini çerçeveletip banyonun duvarına asın. Onları *her yere* koyun. Unutmayın, yıllarınızı negatif yorumları tekrar ederek geçirdiniz. Şimdi dengeyi kurmaya çalışıyorsunuz. Çok fazla tekrar yapmanız gerekecek.

2. *Hayran Kulübünüz*

Size inanan kişilerin fotoğraflarını ve hatıralarını sergileyin. Gerçek benliğinize saldıran kişilerin fotoğraflarını ve hatıralarını sergilemeyin.

Büromda, yıllar içinde bana destek ve cesaret veren insanların fotoğraflarından oluşan bir kolajım var. Bu insanların bazıları ailem ve arkadaşlarım, bazıları beni çoktan unutmuş olan eski öğretmenlerim, bazıları hiç tanışmadığım yazarlar, filozoflar ya da toplumsal reformcular. Hepsi bir noktada yüreğime doğrudan seslendiler. Toplumsal benliğimin Herkesinden derlediğim şüphelerimi ve kendimi suçlamalarımı durdurup benim için doğru olan yolda ilerlemem için öz-benliğimi serbest bıraktılar.

Tabii ki fotoğraf galerim insan nüfusunu pek temsil eden bir örnek değil. Benim bir aptal ya da pasaklı ya da günahkâr olduğumu düşünen insanların fotoğraflarını da oraya rahatça asabilirdim. Özellikle de günahkâr diye düşünenleri. Yirmili yaşlarımın sonlarında, inançlarımın çocukluk dinimle örtüşmediğini fark ettim ve bu dinden resmen ayrılmaya karar verdim. Memleketimde buna "dinden dönme" deniyor. Çok dindar bir cemaatte büyümüştüm ve davranışımın ailemle arkadaşlarımı dehşete düşüreceğini biliyordum, ama yapacağım şeye çok inandığım için ne olursa olsun vazgeçmedim. Birçok kişi bana açıkça Cehennemin en kötü yerine gidecek kayıp ruh, kötülük tohumu olduğumu söyledi. Birkaç nefret mektubu aldım, hatta bir tanesinin yazarı kilise üyeliğimi gerçekten "bedenimi parçalara ayırarak" sona erdirmem için bana yardım etmeyi önerdi: tam olarak şöyle, beni kamyonetine bağlayacak ve bedenimi belli bir bölümü diğerinden kopana kadar çekecekti.

Bildiğiniz gibi, toplumsal benliğinizi Herkesin sizden nefret ettiğine ikna edecek cemaat öfkesi ve isimsiz ölüm tehditlerinden daha iyi bir şey yoktur. Düşündüğümde, eski dinimin sadece birkaç üyesinin bana karşı kötü niyetleri olduğunu gördüm, onların geneli muhterem kişilerdi. Ama duygusal olarak, yaşadığım birkaç saldırı gelişip bir düşmanlık kabusuna dönüştü. Korkmuş ve kararsız bir şekilde dolaştım, ne zaman bir kamyonet geçse ürktüm. Bu tür genelleşmiş korku tam anlamıyla, nefret mektubu yollayan yazarların hissetmenizi istediği şeydir ve bunlar canımı o kadar çok sıktı ki hedeflerine ulaştılar.

O dönemde, bilge bir arkadaşım mektuplarımı kocamın gözden geçirmesini ve nefret mektuplarını ben daha okumadan atmasını önerdi. Mektuplar gelmeye devam etmesine rağmen onları hiç görmeyince beni o kadar rahatsız etmediklerini fark etmek beni şaşırttı. Bu strateji ruh halimde öyle sağlıklı bir etki yarattı ki hayatımdaki şeyleri ayıklamaya başlayıp dini kınamayla ilgili olan fotoğrafları ve objeleri ortadan kaldırdım. Birçok kişinin seçimlerimi onaylamadığı gerçeğini göz ardı etmedim, sadece yakın çevreme onları hatırlatacak bir şey koymadım.

Hâlâ da koymam. Onun yerine, benim ponpon kız duvarım var. Orada ailesinin, ilk kocasını boşadığı için sonsuza kadar yanacağını düşündüğü, aşırı şefkatli bir doktor olan arkadaşım Rebecca var. Beni olduğum gibi kabul eden ve hepimizin büyüdüğü, çoğunlukla acayip türde dindarlıkla ilgili komik öyküler anlatan, en sevdiğim kuzenlerim var. Resminin altında "Benim dinim iyiliktir" diye yazan Dalay Lama var. Kendimden şüphem olduğunda ve değersizlik hissine kapıldığımda, o duvara bakıp bu insanların ve diğerlerinin bana büromun duvarından gülümsediklerini görürüm. Espriler yaparlar, bağırarak destek verirler, ponponlarını sallarlar ve bir süre sonra Herkesin benden hoşlandığını hissetmeye başlarım.

ALIŞTIRMA

Evinizde dolaşıp olumsuz çağrışım yapan hatıraları kaldırın. Onları gömün. Gerçek benliğinizi destekleyen kişi ve durumları hatırlatan fotoğraf ve hatırlamaya değer şeyleri biriktirmeye başlayın.

3. *Hikâye Anlatmak*

Otobiyografinizin kahramanı olun, kurbanı değil.

Mary'nin hayatında hiçbir şey iyi gitmemişti. Çocukluğunu gizlenmiş duygular ve kötü iletişim içindeki bir ailede, endişe içinde geçirmişti. Sonuç olarak, ergenlikten beri, ilişki kurmakta zorlanmış, sadece birkaç gerçek dostu vardı. Tek ciddi aşk ilişkisi kendi kendini Duygusal Rahatsız ilan eden genç bir adamlaydı. Mary'nin özellikle hassas olduğu bir zamanda, tam üniversiteye başlarken ayrılmıştılar.

Mary yetişkin yaşamının finansal sorumluluklarına karşı tamamen hazırlıksızdı. Zar zor geçinmiş, ne para biriktirmeyi ne de çok istediği daireyi almayı başarabilmişti. Onunla tanıştığımda, çok stresli bir yüksek lisans programına yeni girmişti. Sömestrden sömestre zor bela geçiniyordu. Bana yaşamının zorluk ve kötü şansla dolu uzun bir dönem olduğunu söyledi.

Diğer taraftan, Lynn'in oldukça iyi bir yaşamı vardı. Ailesi çok varlıklıydı ve annesiyle babası kızlarının mutluluğuyla gerçekten ilgileniyordu. Lynn o kadar zekiydi ki akranlarını korkutuyordu, ama edindiği arkadaşlar ona tapan, harika insanlardı. Etkileyici, genç bir şairle olan kısa süreli ilişkisi, başka bir eyalete taşındığında bitmişti ve pek çok talibi vardı.

Lynn'in paradan yana şansı çoktu. Hiç iş aramamıştı, ne zaman bir işe ihtiyacı olduysa da, sanki birisi ortaya çıkıp ona ilginç bir iş teklif ediyormuş gibiydi. Bir keresinde, bir araba almak zorunda olduğunda, uzak akrabalarından biri ölmüş ve ona peşin alabileceği kadar para bırakmıştı. Üniversiteden sonra, Lynn onu büyüleyici bir kariyere götürecek, seçkin bir yüksek lisans programına kabul edilmişti.

Açıkça görüldüğü gibi, Lynn'in Mary'den çok daha iyi bir yaşamı vardı ya da olacaktı, çünkü Mary ve Lynn aynı kişiler. Mary Lynn benim ilk müşterilerimden biriydi. İlk görüşmemiz sırasında, hıçkıra hıçkıra o kadar acı dolu bir hayat anlattı ki içim burkuldu. Para konusundaki korkusu o kadar yoğundu ki daha iyi bir iş bulup ödeyebilene kadar onunla bedava görüşmemi istedi. Fındık büyüklüğünde bir beynim olduğu için, kabul ettim.

Aylar geçti ama Mary Lynn'in hayatında hiçbir şey değişmedi. Onu ne zaman görsem, bütün vaktimizi son görüşmemizden beri başına gelen şansızlıkları ilişkilendirerek geçirdik. Duygusal yaralarının hiçbiri iyileşmedi. İnsanların ona verdiği işlerden doğru dürüst para kazanamıyordu. Ona miras kalan para bitti. Annesiyle babası terapiye geldiler, ama Mary Lynn'in kendini daha iyi hissetmesini asla sağlayamadılar. Bir türlü rahat edemiyordu.

Bir süre sonra, Mary Lynn'e karşı bağımlı bir kızgınlık hissetmeye başladım. Bana hiçbir zaman ödeme yapmayacak olması, beni, hayat hikâyesi karşısında yaptığım karşılıksız her şeyi yazmış olması kadar çok sinirlendirmediğini yeni fark ettim. Kendini yukarıda tanımladığım Lynn olarak asla görmeyecekti, ama o hikâyenin gerçek içeriği, aynı Mary'nin bunaltıcı otobiyografisi gibi tamamı tamına doğruydu.

Klinik psikolojinin "anlatı terapisi" denilen bir branşı hepimizin her gün, etrafta dolaşıp kendi kendimize hayat hikâyelerimizi anlattığımızı savunur. (Ashleigh Brilliant'ın bir zamanlar dediği gibi, "Hayatımda harika karakterler var, sadece hikâyenin kurgusunu bulamadım.) Hiçbir öykücü, bir kahramanın başına gelen her şeyi tanımlayamaz; bizler otobiyografi yazarları olarak Wiliam James'in etrafımızdaki "hızla büyüyen, vızıltı karmaşası" diye tanımladığı şeyin öğelerini seçer ve çok sınırlı olarak seçilmiş bir olgular dağarcığından oluştururuz. Eklemeyi ya da çıkarmayı seçtiğimiz bilgiler yaşantımızı komedi mi, trajedi mi, aşk mı yoksa aksiyon macerası mı olarak gördüğümüzü belirler. Anlatı terapisi insanlara kendi hayat hikâyelerini yazmayı öğretir, böylece kendilerine sefil gerçek yerine mutlu gerçeği anlatırlar. Müşterilerimi gözlemlemem beni anlatı terapistleri grubuna soktu: Hayat hikâyenizi kaçınılmaz bir şekilde "çevireceksiniz," böyle olduğuna göre, neşeli bir yöne doğru çevirin.

Ben hayatınızdaki acı ve şansızlıkları inkâr etmeyi önermiyorum. Önemli olan şey kendinize anlattığınız yaşam hikâyenizdeki kahramanın (yani sizin) çaresiz bir kurban değil, bir sorun çözücü olmasıdır. Kaderiniz karşınıza ne çıkarırsa çıkarsın, bunu yapmak tamamen sizin elinizdedir. Mesela düşünün, James Bond kendi hayatıyla ilgili nasıl bir acıklı hikâye anlatabilirdi. Bir keskin nişancı saldırısı olmadan, bir kadınının kıskaç gibi bacakları arasında ezilmeden ya da ona öldürücü şapkalar atan adamlarla karşılaşmadan bir saati bile geçmiyor. Eğer kendini kurban olarak görmeye karar verirse, 007 sizin şansızlık hikâyelerinizi utandıracak bir acınma partisi düzenleyebilir. Ama insanlar bunun yerine oturup James Bond'un yerini aldıkları fanteziler kurarlar.

Şu anda, yedi yaşındaki kızıma her zaman Robin Hood'la takılmak isterdim dediğimde, onun gibi tepki veriyor olabilirsiniz: O bir kaşını kaldırıp "Anne: kurgu" demişti. Doğru, James Bond uydurulmuş bir öyküdeki hayali bir karakter. *Ama biz, hepimiz de öyleyiz.* Mary Lynn'e göre onun "gerçek" hikâyesi merhametsiz bir adaletsizlik ve mağduriyet öykülerinden biriydi. Benim bakış açıma göre o hikâye bir kurguydu ve "gerçek," Mary Lynn'in yaşamında çok şanslı olmasıydı, o bunun değerini nadiren bilse de. İki öykü de mutlak doğru değildir, bütün yaşamöykülerimiz seçim ve "çevirme" temellidir.

ALIŞTIRMA

Yaşamınızdaki önemli olayların kısa bir zaman çizelgesini yapın. Bu çizelgeyi okuyun ve bakın bakalım mutlu bir hikâye mi yazmışsınız hüzünlü bir hikâye mi. Şimdi bu çizelgeyi tekrar yazın, olayları sizi çaresiz bir kurban olarak gösterecek şekilde seçin ve anlatın (bu sadece onu içinizden atmanız için). Sonra bir kez daha kişisel tarih yazmayı deneyin, bu okuyucunuzu güldürmek üzerine tasarlanmış olsun. En son olarak da, hayat hikâyenizi becerikli bir kahraman olduğunuz, bir macera destanı gibi anlatın: modern bir Odysseus çok tehlikeli yolculuğunda bütün zorlukların üstesinden gelsin, bir Jeanne d›Arc neredeyse sonsuz derecede üstün güçleri yenip Fransızları zafere taşısın.

Kendinize böyle bakmayı öğrenmek psikolojik özgürlük, kişisel güç ve koşullarınızı kontrol altına almanız yolunda inanılmaz derecede etkili bir adımdır. Çoğu insan potansiyel başarısını gördüğünde ona inanacağını düşünür; işin doğrusu, ona inanmaya karar verdiğiniz anda onu göreceğinizdir. Eğer geçmişinizde mağduriyet dışında başka bir şey göremiyorsanız, Frank McCourt'un *Angela'nın Külleri,* Kathleen Redfield'in *Huzursuz Zihin*, Stephen Hawking'in *Zamanın Kısa Tarihi*'nin sunumunu ya da Mary Karr'ın *Yalancılar Kulübü* gibi anıları okumanızı öneririm. Bu yazarların hepsi de tamamıyla yıkıcı koşulların içinde sıkışıp kalmışlardır ve hepsi de kötü şanslarını dürüstlük, espriyle ve hiç mağduriyet izi olmadan tanımlarlar.

4. *Medya Saldırısı*

Öz-benliğinizi destekleyen medya ürünleri (kitaplar, filmler, televizyon dizileri, dergiler) arayın. Desteklemeyenlerden uzak durun.

Ben üniversitede toplumsal cinsiyet sosyolojisi dersi verdiğim zamanlarda, öğrencilerimin bazıları popüler dergileri içeren bir deney yarattılar. Bu öğrencilerin 1,85 boyunda, 41 kiloluk modellerin olduğu (meme başına 15 kilo ve 11 kilo da geri kalanına) kadın moda dergilerini inceleyen dişilerden oluşan bir denek grubu vardı. Bir grup erkek katılımcı grubuna da karın kasları görünen, pırıl pırıl parlayan, iri yarı seksi erkeklerin olduğu dergiler verildi. Hem erkek hem de dişilerden oluşan kontrol grupları *National Geographic* ve *Scientific American dergilerine* baktılar. Onlar dergilerle bir süre geçirdikten sonra, bütün katılımcılar kendi görünüşlerine güvenlerini ölçmek üzere tasarlanmış anketleri doldurdular.

Beklenildiği gibi, göz kamaştıran güzellerle dolu gösterişli dergileri okuyanlar kendilerini, "Deniz Hıyarları: Derinliklerin Dans Eden Sakinleri" gibi bilgi içeren makaleleri okuyanlardan çok daha az çekici hissettiler. Moda dergilerine bakan kadınlar, erkeklere oranla kendilerini modellerle daha fazla kıyaslayıp bu karşılaştırmadan dolayı daha fazla bunalıma girdiler. Bununla beraber, moda dergilerini okuyan erkekler ve kadınlar Herkesin onları çekici görmediğine inandılar.

Kendinizi kötü hissettiren medya ürünlerinden uzak durmak ve iyi hissettirenleri okumak arkadaşımın nefret mektuplarını okumama tavsiyesinin bir uzantısıdır. Sadece dergiler değil, televizyon, filmler, kitaplar ve radyo da dünyanın kötü ya da iyi yahut rahatlatıcı ya da tehdit edici olduğuna dair güçlü bir yanılsama yaratabilir. Dr. Laura Schlessinger[1], Howard Stern ya da Rush Limbaugh[2] dinledikten sonra sinir kasılması geçiren müşterilerim oldu. Aslında tiksindirici seviyede tahrik edici ve Herkesin tam anlamıyla onlar gibi düşünmesi gerektiğine dair kuruntulu bir inançları olduğu için radyoda çalışan bu medya ikonlarıyla zihinlerinde tartış-

---

1 Dr. Laura Schlessinger: Tutucu bir Amerikalı, bir radyo programı sunucusu.

2 Rush Limbaugh: Aşırı sağcı, bir radyo programı sunucusu.

malar yaparak epey bir zaman geçirdiler. Eğer böyle medya devlerinden gerçekten nefret ediyorsanız ya da moralinizi tamamen bozuyorlarsa, onlara en büyük hakareti edin: Onları dinlemeyin.

* * *

Bunalımlı hastalarına yerel haberleri dinlemeyi yasaklayan bir terapist tanıyorum. Gazetecilere eşeleyip bulabildikleri en sansasyonel ve korkutucu bilgicikleri haber yapmaları için maaş ödenir ve çoğunlukla çok derin eşelemek zorunda kalırlar. Şunu bir düşünün: çıldırıp bir tüfekle etrafa ateş açan her kişi karşısında, bir yabancıya yardım etmek için hayatını riske atacak yüzlerce kişi vardır muhtemelen. Bu insanlar haberlerde eşit sürelerde yer almazlar ve bu da sadece gerçekleşen tüm kötü şeylere yoğunlaşmaktır. Eğer kendinizi zaten keyifsiz hissediyorsanız, televizyon haberleri sizi korkunç bir kasvete ya da tam bir dehşete sokabilir. Birkaç gün haberleri atlayın. İnanın ki eğer gerçekten önemli bir şey olursa, bunu duyacaksınızdır.

Kendinizi sefil hissettiren medya ürünlerini görmezden gelmek, size öz-benliğinizi destekleyen kitaplar, dergiler, filmler ya da televizyon programlarıyla ilgilenmek için boş zaman kazandıracaktır. Bir yazı projesi üzerinde çalışırken, yatak odamı yazarlar ve "yazı yazma hayatı" üzerine kitap ve makalelerle doldururum. Bu koleksiyondan farklı kitaplara göz gezdirmek, bende yazı yazmanın keyfi, hayal kırıklıkları, lojistikleri ve stratejileri hakkında her zaman benimle konuşmaktan mutlu olan, emsal bir yazar grubum olduğuna dair bir yanılsama yaratır. Aslında çok az yazar tanımama rağmen, toplumsal benliğimi herkesin ekmek parası için yazı yazdığına ikna edebilirim. Ben sadece asıl işimle uğraşırken bu da bana hem arkadaşlık yapar hem de destek verir.

Bu yaklaşımın maraton koşmak, borsada servet yapmak, kendi karate salonlarını açmak ya da başka bir yığın özel aktivitede başarılı olmak isteyen insanlarda işe yaradığını gördüm. Belli ilgi alanlarında tutkulu olan insanları birkaç ay boyunca izleyip, okuyup, dinledikten sonra, bu kişilerin biraz tuhaf konuşmaya başladıkları doğrudur. Herkesin kendi dalga boylarında olmadığını unuturlar; Herkesin büyük yarış otomobili yarışçılarını ya da levrek balıkçılarının ya da lokantacıların ya da neyle ilgileniyorsanız o konudaki kişilerin isimlerini bildiklerini varsayarlar. Siz beynin insanların farklı dünya görüşleri olduğunu kabul eden bir bölümünü korumak isteyebilirken bu, tehlikesiz bir tür yanılgıdır. Bizi hayallerimizden uzak tutan Herkesler bizi destekleyenler kadar abartılıdır, ama onlar kadar faydalı değillerdir.

5. *Temizlik*

Kendi Herkesiniz hakkında herkesle konuşun.

Linda'yla onun tanrısal Roger'ını gördüğümüzde, dayanamayıp adam hakkındaki görüşlerimi ağzımdan kaçırdım. Roger'ın Linda'ya doğru dürüst davrandığını bilseydim, büyük ihtimalle görüşümü tekrar gözden geçirirdim, ama davranmamıştı, bu yüzden elimden geleni yaptım. Ona Roger'ın devamlı sarhoş olmasını, bitmez tükenmez J. R. R. Tolkien tartışmalarını, sosyal yeteneklerden yoksunluğunu anlattım. Onu gülünç bulan tek birinci sınıf öğrencisinin ben olmadığımdan bahsettim. Üniversiteden beri yaşantısına uyuşturucu bağımlılığı ve erkek tipi kellik dışında hiçbir şey eklememiş gibi göründüğünü belirttim. Linda'nın bir parçası benim saygısızlığım karşısında şaşırdı, ama diğer parçası, yemek masasından hapır hupur yemek yiyen bir köpek gibi suçlu bir hevesle hepsini kaptı.

Sizin Herkes paneliniz –ebeveynleriniz, patronunuz, sevgiliniz, Roger'ınız–hakkında üçüncü kişilere ne düşündüklerini sorarak Herkes komitenizin hastalıklı üyelerini gözden düşürebilir ve onların yerine daha değerli kişileri koyabilirsiniz. Wendy bahtsız kızına karşı aşırı saldırgan, öfkeli, ben merkeziyetçi bir şovenist olan babası Wendell'e yıllarca taptıktan sonra bunu öğrendi. Wendell spor ve eğlence dünyasından pek çok yıldızın tercih ettiği, çok başarılı bir doktordu. Wendy hepsi de ona babasının müthiş zeki ve hayran olunası birisi olduğunu söyleyen, oldukça etkili bu insanlar arasında büyümüştü.

Wendy on dört yaşında ve kronik bir huysuzken, babasının hastalarından biriyle –meşhur bir film yıldızı– bir lokantada karşılaşmış. Yıldız "Babanız çok muhteşem bir adam," demiş hayran bir şekilde. Ergen kışkırtmasına tamamıyla uygun bir şekilde karşılık vermiş Wendy: "Tuhaf, çünkü ben hep onun bir pislik olduğunu düşünmüşümdür." (Aslında söylediği kelime pislikten çok daha ağır bir kelimeydi, ama bu bir aile kitabı).

Film yıldızı afallamış, sonra kulaklarına kadar sırıtarak bağırmış: "Haklısın, ufaklık!" Sonunda görüldüğü gibi, Wendell'ın hastalarına uyguladığı, meşhur, yapmacık doktor tavrı pek kimseyi kandırmamıştı, ama birçok kişi sanki öyleymiş *gibi* yapıyordu. Wendy, babasına iltifat ederek onu mutlu edeceklerini sanan bir yığın insanın nazik kandırmacasının talihsiz hedefi olmuştu. Dürüst geribildirim aramaya başladığı andan itibaren, Wendell Wendy'nin toplumsal benliğinin gözündeki tanrılığını kaybetmeye başladı.

ALIŞTIRMA

Herkes Komitenizde öz-benliğinizi desteklemeyen biri varsa, üçüncü kişilere bu şahıs hakkında gerçekten ne düşündüklerini sormaya başlayın. Doğruyu istediğinizi bilmelerini sağlayın ve geribildirim olumsuzsa savunmaya geçmeyin, eve gidip üzerinde düşünün. Üç farklı kişi ya da gruptan fikir alın, tercihen birbiriyle pek fazla ilgisi olmayan insanlardan. Mümkün olduğu kadar farklı bakış açılarına ulaşmaya çalışın.

6. *Kabilenizle Takılın*

Gerçek benliğinizi destekleyen insanlarla mümkün olduğu kadar *çok zaman geçirin. Desteklemeyenlerle mümkün olduğu kadar az zaman geçirin.*

Gerçek kişiliğinize saldıran kişilerin fotoğraflarına bile bakmanızı tavsiye etmediğimden, onlardan tamamen uzak durmanızı istemem de şaşırtıcı olmamalı sanırım. Bu destekleyici bir ortamda büyümüş insanlar için kolaydır, ama hayat boyu düşman ve yıkıcı olan Herkesle büyümüş olanlar için değildir. Çekilmez bir sevgili, psikozlu bir patron ya da lafla taciz eden bir anneyle (bir psikolog öz-benliğinizin bütün ilişkilerin en yakını olan bu ilişkiden aldığı inanılmaz darbelere "anne dayağı" der) başa çıkmayı öğrenmek için yıllarınızı terapiyle geçirebilirsiniz. Bunun sonunda, duygusal zekâ üzerine siyah kuşak sahibi olacaksınızdır ve bu hoş bir şeydir. Ama neden aynı zamanda, sizi küçük düşürücü kimseler yerine destekçilerinizin arasında olmayasınız ki?

Bir müşterimin ebeveynleri kız kardeşinin cenazesinde ona kardeşinin intiharının onun suçu olduğunu söylemişler –sadece yeteri kadar iyi bir ağabey olamamış, o yüzden–.

Başka bir müşterinin erkek arkadaşı ona devamlı, başka hiç kimsenin onu istemeyeceği kadar çirkin olduğunu söylüyormuş. Birçok müdür kendisinden çok daha yetenekli astlarının zekâlarına hakaret eder. Gözdağı ve iftira size, değer verdiğiniz her tür öteki'den gelebilir. Bu tip durumlarda benim eylem planım şöyledir: *Kaçın!* Bir manastıra, bir psikiyatriste gidin, alkolikler grubuna katılın, bir Morris dansı dersi alın; insanların iyi niyetli olduğu yerlere gidin.

Kendi Herkesinizden kopmakta zorlanıyorsanız bunun akla uygun iki nedeni olabilir. Birincisi günlük aktivitelerinizin sizi belli insanlarla sık sık bir araya getirmesidir. Eğer bu, işte oluyorsa, konuşmaları terbiyelice, işlevsel bir şekilde minimumda tutmanız gerekir. Müşterilerimin çoğu bütün meslektaşlarıyla arkadaş olmaları gerekmediğini fark ettikleri zaman iş ilişkilerini büyük ölçüde geliştirdiler. Zıt idealleri olan insanların sorumluluk paylaştıkları alanlarda uyumlu bir şekilde çalışmaları mümkündür. (Bunu en iyi politikada görürsünüz, ama ne yazık ki çoğunluk böyle değildir.)

Eğer sizin düşman Herkesiniz bir aile üyesiyse, hatta eşinizse, toplumsal benliğin taleplerinden bunalmışsanız kibar bir şekilde izin isteyin ve yalnız kalmaya çalışın. Çok bağımlı ya da iç içe geçmiş bir ilişkide böyle bir davranış, diğer kişinin duygularını incitebilir. Bununla beraber, küçük bir anlaşmazlıktan kaçınmak için öz-benliğinize saldırmaya devam ederseniz, sonunda kendinizi aşırı öfke depolar ve ilişkinizi gerçekten bozmuş bir şekilde bulursunuz. Arada sırada birkaç dakika ya da saat yalnız kalmaya ihtiyacınız olduğunu söylediğinizde, sizi seven herkes bunu anlar; bu süre için bile olsa Herkesinizden kopmak, öz-benliğinizle tekrar bağlantı kurmak için yeterli olur. Eğer bunu "yapamayacağınızı" hissederseniz daha fazla zaman isteyin ya da bunu yaptığınızda kendinizi aşırı suçlu hissederseniz, o zaman psikologların "sınır problemleri" dediği şeyi yaşıyorsunuzdur. Bu, birkaç bölümde inceleyeceğimiz duygusal yaralanmadan kaynaklanır. Bu, özellikle, öfkeyle etkili bir şekilde başa çıkmaya karşı aşırı faal iç kurallarınız olduğu anlamına gelir. 244-255 sayfalarında bu konuyla başa çıkmak için bir grup kestirme çözüm göreceksiniz, ama bundan gerçekten kurtulmak terapisiz olmaz.

Kendinizi Herkes temsilcilerinizle etkileşime girmekten kaçınmaya isteksiz görmenizin başka bir nedeni, bu kişilerin dünyayı sizin tarzınızda görmeye, sizin yolunuzu tasvip etmeye ve sizi candan bir şekilde onaylamaya ikna edilmeleri *gerektiğine* ısrarla inanıyor olmanızdır. Onların sorunu merhametsizlikken sizinki de bağlantı kesme beceriksizliğinizdir. Bunun kaynağı kontrol edilemeyeni kontrol etmeye çalışan çocuksu bir gözü dönmüşlüktür. Ortaya çıktığında tanımak için bu şablonu öğrenin. Sonra toplumsal benliğinize hiç kimseye fikirlerini ve inançlarını değiştirmesi için baskı yapamayacağınızı tekrar tekrar ve nazik bir biçimde hatırlatın. Eğer Herkes komitenizin üyeleri ilk argümanlarınızla ikna olmazlarsa, bunu tekrarlamaya ya da kızıştırılmış bir tartışmaya teslim olmaları muhtemel değildir. Kendinizi kurtarmak, doğru rotanızı bulup sağlam ve güçlü bir kişi olmak sizi, onları etkileyip sonra beyhude kontrol çabalarıyla sürdürülen bir dansa bağlanıp kalmaktan çok daha iyi bir pozisyona getirir.

Destek vermeyen bir Herkesle zaman harcamaktan bir kere kurtulduğunuz mu, programınızda gerçek benliğinizi destekleyecek kişilere yer açılır. Bunu düzenli bir alıştırma haline getirirseniz sonunda bütün Herkes içindeki en iyileri bulduğunuzu görürsünüz: kendi kabilenizi. Bunlar öz-benliklerine göre yaşayan, sizin ilgi alanlarınızı paylaşan ve yeryüzünde bir eşinizin daha olmadığını düşünen insanlardır. Onları bulmak boş bir hayal değildir, ama bedavaya olmaz.

Size saldıran insanlardan uzak durmaya ilk başladığınızda, beyninizdeki Herkes iskemleleri bir süre boş kalabilir. Kendi Herkesinizden nefret etseniz bile bir Herkesinizin olmaması neredeyse dünyadaki en kötü histir. Beyninizde sosyal bir destek bulmaya çalışırsınız ve... hiç kimseyi bulamazsınız. Kendinizi korkmuş, yabancılaşmış ve yalnız hissedersiniz. Bu konuyu daha sonraki konularda göreceğiz; şimdilik, bu duygunun geçici olduğunu ve buna fazlasıyla değeceğini söylemek yeterli. Siz kabilenizi, öz-benliğinizi anlayan ve onu çok seven Herkesi bulduktan sonra, buna katlandığınız için sevinçten deliye döneceksiniz.

HERKES TEMİZLİĞİNE DEVAM

Siz doğru rotanızı bulmaya başlarken, eski, bayat Herkesinizin şahlanıp düzenli şekilde sözlü tacize başlamasını bekleyebilirsiniz. Bu bölümde açıklanan teknikler kaygı, utanç, kendinden şüphe ya da bitkinlik altında ezildiğiniz zamanlarda sizi kurtarmaya gelebilir. Bizim bireyci kültürümüzün hayallerimizi kendi küçük yalnızlığımızla kurabileceğimiz hakkındaki yalanına rağmen, asıl gerçek Kutupyıldızımızı bulmak kadar cüretli bir şey yapmak için sosyal destek almak zorunda oluşumuzdur. Yolculuğunuza çıkmadan önce ve bütün yol boyunca, Herkesi kendi tarafınıza alıp orada tutmak için acele etmeyin. Ona ihtiyacınız var ve onu hak ediyorsunuz. Herkes böyle düşünüyor.

6

HOLLY BEDENİNİ NASIL GERİ ALDI

Beden ruhun astronomisini ölçmek için bir usturlaptır.
–Mevlâna Celâleddin Rumî

Birkaç yıl öncesine kadar, Kaptan Ahab, Moby Dick hakkında ne hissediyorsa, ben de bedenim hakkında aynı şeyi hissediyordum. Bedenimi gereğinden büyük, soluk renkli, beni sürekli olarak devre dışı bırakan bir canavar olarak gördüm ve müthiş bir tutkuyla ondan nefret ettim. Eğer daha akıllı, daha az dik başlı ve paradoks mantığına daha aşina olsaydım, derin nefretimin hedefinin aslında gerçek rotama giden en doğrudan yol olduğu görebilirdim. Bu bölümün amacı benim yıllarca süren fiziksel acılarla bulduğum şeyi birkaç dakikada okuyarak öğrenmenize yardımcı olmaktır: Bedeninizi bulabileceğiniz en kolay ulaşılabilir ve güvenilir Kutupyıldızı yeri saptayıcılardan biri olarak nasıl kullanırsınız.

Bedenime karşı verdiğim bu savaş gençliğimde, ağır diyet yapıp günde birkaç kilometre koşup, mümkün olduğu kadar çok ders dışı aktiviteye katılırken, 10 almak için uykusuz kaldığım dönemde başladı. *Yeme bozukluğu* kelimeleri bu noktada kafanızın içinde çınlıyorsa, ani yargılar ve üstünkörü etiketlerin kötüleyici haksızlığında, ben sadece şu televizyon yıldız adaylarına (şu bel omurları ön taraflarından açıkça gözükenlere) katılabilirim. Evet, bir kız ne zaman şişmanlık kuruntusu, egzersiz saplantısı edinip ölümüne yemek yememeyi kafasını takmışken vücut ağırlığının yüzde otuzunu kaybederse, birden "anoreksik" olur. İnsanlar çok zalim olabilirler.

Yirmili yaşlara geldiğimde, durum kötüleşmeye başladı ve "durum" derken bedenimin parçalarından bahsediyorum. Kendimi her zaman hasta ya da yaralı yahut hem hasta hem de yaralıymışım gibi hissetmeye başladım. Ayakta durmamı, oturmamı, yürümemi ya da ellerimi kullanmamı eziyet haline getiren kronik bir ağrı ortaya çıktı. Çeşitli nedenlerle her altı ayda bir hastaneye kaldırıldım, çalışmayan organlarımı tedavi etmek için acil birkaç ameliyat oldum. Doktorlar bana birbirinden farklı birkaç teşhis koydular, hiçbirinin de çaresi yoktu, pek bilinmiyorlardı ve "bağışıklık sistemi bozukluğuyla ilişkisi oldukları sanılıyor"du. Bağışıklık sistemim bana düşman olmuştu. Şimdi geriye dönüp baktığımda, onu hiç de suçlayamam.

Bütün bunlara tepkim güçlü bir dayanıklılıktı. Çok çalışıp bedenimi tutumlu bir şekilde ödüllendirip hizmetlerini beni fiziksel olarak hırpalayacağını bildiğim konulara verip ondan intikam aldım. Mesela zorlayıcı bir doktora programıyla uğraşırken üç çocuğum vardı, bu benim anoreksik-ergen yaşam tarzımı parktaki piknikmiş gibi gösteren bir deneyimdi. O beş yıl boyunca köpeğimin dünkü uykusundan daha az uyudum.

Otuzlarıma yaklaştığımda, vücudumun garantisi artık bitmişti. Bedenimin fiziksel ihtiyaçlarıyla savaşamayacak kadar hastalandım. Nihayet, bedenime dikkat etmeye başladığımda, harika bir şey keşfettim: başından beri, bizim Moby Dick beni Kutupyıldızıma doğru götürmeye çalışıyormuş. Dahası, beynim toplumsal benlik talepleriyle şaşırıp sersemlediğinde bile bedenim çoğu zaman gerçek benliğimin ne istediğini biliyormuş. Yüreğimden gelen arzulara ters bir karar verdiğim anda –bunu bilinçli bir şekilde yaptığımı fark etmeden önce– bedenim beni devre dışı bırakmaya başlıyordu. Yaptığım şeyi bırakıp onun yerine öz-benliğimin iyi diye düşündüğü başka bir şeyi yapmaya başladığımda gerçekten iyileşiyordum.

Birkaç yıl içinde, tam bir balina sever olup çıktım. Bu kadar uzun zamandır nefret ettiğim bu beden, öz-benliğimin istemediği bir hayatta yaşamamı fiziksel olarak imkânsız hale getirmişti. Buna müteşekkirim. Beni aciz hale sokan hastalık olmasa, akademik kariyerimi bırakıp bugün yaptığım işi bulmayabilir ya da birlerce başka olumlu değişim yapamayabilirdim. Bugün, hayatım gençliğimdeki kişiliğimin önceden tahmin edebileceği her şeyden tamamen farklı ve bedenim – insanı çileden çıkaracak kadar kırılgan, yaygaracı bedenim– şaşılacak derecede sağlıklı.

Umarım sizin de bedeninizle benim bir zamanlar kendi vücudumla olduğu gibi düşmanca bir ilişkiniz yoktur. Umarım, doğru rotanızdan ne zaman çıksanız sancı ve utandırıcı isiliklerle karşılaşmıyorsunuzdur. Çoğu insanda bunlar olmaz. Müşterilerimin çoğunda, yaşam seçimlerine olan fiziksel tepkiler çok daha gizlidir, bazen neredeyse hiç fark edilmeyebilirler, ama çok azimlidirler. Bence bedeniniz, yaşamanız gereken hayat konusunda aklınızdan çok daha fazla şey bilir. Bu bölümde bu bilgiye ulaşabilmenize yardımcı olacak bazı alıştırmalar yapacaksınız.

KULLANIŞLI BASİT YALAN MAKİNESİ

Biraz önce, öz-benliğiniz çok kötü bir halde olduğunda bedeninizin neler hissettiğinin ve öz-benliğinizi besleyici bir ortama girdiğinizde nasıl farklı tepkiler verdiğinin örneklerini hafızanızın derinliklerinde aradınız. Eğer bir yalan makinesine bağlanırsanız, makine bu fiziksel tepkileri algılanması güç bir seviyede kaydeder. Kalp atış hızı, terleme, göz kırpma, kas gerginliği, kan basıncı; bütün bunlar, kişi herhangi bir seviyede doğru olmayan bir şey söylediğinde çoğu insanda değişir. Unutmayın, Kutupyıldızınız mutlak doğruluğun olduğu yerdir. Ne zaman konuşma ya da eylemle sizi bu gerçekten uzaklaştıracak *bir şey* yapsanız, bedeniniz büyük ihtimalle itiraz eder.

"Büyük ihtimalle" dememin nedeni, bazı insanların yalan söyleseler bile yalan makinesi testlerini geçebilmesidir. Bedenleri, psikolojik süreçlerini hiç yansıtmıyormuş gibi görünür. Benim gibi diğer insanlar en küçük düşünceyi bile "bedenselleştirme" denilen fiziksel bir belirtiye, bir sürece dönüştürür. Yüksek seviyede bedenselleştirici de olsanız, psikolojik sürecinizi kayda çok az geçiren vücutlu biri de olsanız, doğal eğilimlerinizi kendi yararınıza kullanabilirsiniz. Düşük seviyedeki bedenselleştiriciler yüksek seviyedeki bedenselleştiricilerden fiziksel açıdan genellikle daha sağlamdırlar, bu da onlara hedeflerine ulaşmakta bir yarar sağlar. Diğer taraftan, eğer bütün psikolojik kıpırtılar bedeninizi bir kukla gibi sallandırıyorsa, elinizde hassas bir Kutupyıldızı detektörü vardır. Tabii ki sinir bozucu fiziksel belirtilerden muzdarip olabilirsiniz, ama onun talimatlarına uymayı öğrenirseniz, sadık bedeniniz sizi hemen doğru rotanıza sokacaktır.

ALIŞTIRMA: EKİPMAN KONTROLÜ

İşte size bedeninizin, psikolojik durumunuzu ne kadar hassas bir şekilde yansıttığını anlamak için basit bir test. Eğer size yardımcı olacak bir arkadaş bulursanız bu testi yapmak daha kolay olur. 1) Yere paralel olacak şekilde bir kolunuzu ileriye doğru uzatın. 2) Siz paralel kolunuzu tutmaya çalışırken arkadaşınıza kolunuzu aşağı itmeye çalışmasını söyleyin. 3) Sonraki aşamada, siz "basurları çok severim" ya da "uzaylıların insanları kaçırması iyi bir şeydir, sağlam temizlik" gibi doğru olmadığını bildiğiniz bir şey söylerken arkadaşınıza kolunuzu aşağıya doğru tekrar ittirmesini söyleyin. Söylediklerinize duygusal olarak ne kadar inanmazsanız o kadar iyi. 4) Son olarak, ikinci ve üçüncü aşamaları tekrarlayın, bu kez doğru olduğuna tamamen inandığınız bir şey söyleyin ("tanga giymeyi tercih etmem" ya da "şerifi vurdum, ama yardımcısına ateş etmedim"). Eğer yüksek seviyeli bedenselleştiriciyseniz, doğru söylediğinizde kolunuz yalan söylediğiniz zamankinden çok ama çok daha güçlü olacaktır. Bunu siz de hissedeceksiniz, arkadaşınız da. Gücünüz ne kadar değişirse, öz-benliğinizi bedeninizle yansıtma olasılığınız o kadar yükselir.

Bu alıştırmayı yalnız da yapabilirsiniz; bir taraftan çeşitli yalanlar ve doğrular söyleyip koşarken, kondisyon bisikleti sürerken ya da bir kovayı kaldırırken. Yüksek seviyeli bedenselleştiriciler yalan söylerken aynı güç seviyesini korumakta çok zorlandıklarını göreceklerdir. Bu alıştırma siz ve arkadaşlarınız "aile toplantılarını çok severim," "eşim dışımda birisiyle yatmayı *bile* hiç düşünmedim" ya da "evet bir kez denedim, ama içime çekmedim" gibi ifadelerin doğruluklarını test ederken neşeli saatler geçirmenizi sağlayabilir.

HOLLY, FRANKENSTEIN'IN EŞİ

Sallana sallana büroma geldiği anda Holly'nin yüksek seviyeli bedenselleştirici olduğunu anlamıştım. Genç ve çok çekici bir kadındı, ama bir komite tarafından yönlendiriliyormuş gibiydi: bacaklar kaskatı, kollar iki yanında dümdüz uzanmıştı ve kafası tuhaf bir açıyla yana yatmıştı.

Holly sakar bedenini kanepeme park etti ve ona giriş niteliğinde birkaç soru sordum. Onlara coşkulu bir şekilde cevap verdi, o kadar coşkuluydu ki biraz şaşırdım. Bazı müşterilerle çalışmak zordur, çünkü hiçbir şeyle ilgilenmezmiş gibi görünürler. Holly bunun tam tersini ortaya koydu: *her şeyle* ilgileniyormuş gibiydi. Okuldaki bütün dersleri seviyor, her çeşit insanla çalışmaktan hoşlanıyor, her tür ortamın keyfini çıkarıyordu. En azından, o böyle olduğunu söyledi. Ama Holly'nin sesi neşeli ve keyifliyken, bedeni bana başka bir hikâye anlatıyordu. Orada, başı tuhaf bir açıyla eğilmiş, kasılmış ve kırılgan bir şekilde oturuyor, üzüntü ve endişe yansıtmak dışında hiçbir şey yapmıyordu.

"Sana karşı dürüst olmam gerekiyor," dedim Holly'e. "Niçin buraya geldiğinden emin değilim. Hayatından çok mutluymuş gibi görünüyorsun."

"Ah, mutluyum, mutluyum." Başıyla kaskatı bir şekilde onayladı beni. "Harika bir hayatım var!"

"O zaman neden..."

Holly'nin bedeni daha da gerildi. Rekor kıracak kaldırışına hazır bir halterciymiş gibi görünüyordu. "Şey," dedi, "kariyer yapmak için pek bir motivasyonum yok gibi. İşte pek başarılı değilim. Erkek arkadaşım bana belki yardım edebileceğini düşündü."

"Tamam," dedim, "nasıl bir motivasyondan bahsediyoruz burada? Ne iş yapıyorsun?"

Anında, Holly şevkli bir şekilde risk sermayesi alanındaki iş seçenekleri üzerine çapraşık bir "karar şeması" anlatmaya başladı. Bu etkileyici bir konuşmaydı, ama ben daha çok Holly'nin duruşuyla ilgileniyordum. O kadar gergindi ki kemiklerinin çatlama sesini duymayı bekledim bile diyebilirim.

En sonunda sustuğunda sordum: "Peki, o zaman hangisinin duygularına göre en iyi karar olduğunu *hissediyorsun*?"

"Şey, sanırım," diye başladı.

"Hayır," diye elimden geldiği kadar nazik bir şekilde sözünü kestim, "şu an ne sandığını bilmek istemiyorum. *Duygularına göre* en iyisini sordum."

"Duygularıma göre mi?" Holly kafası karışmış bir şekilde, şaşkın şaşkın baktı bana. Yüzündeki neşeli ifade kaybolmuştu. Kaybolmuş gibiydi. "Bunu bildiğimden emin değilim."

"Ne hissettiğini bilmiyor musun?"

"Aslında" dedi, "hiçbir şeyi gerçekten hissetmiyorum. Uzun süredir hissetmedim."

Ona bakınca, Holly'nin aslında yoğun olarak hissettiğinin ortada olduğunu gördüm. Yine de gerçeği, yaşadığı şekilde, bana söylediğini biliyordum. Bununla beraber, hayatının her dakikasında her tür hissi yaşıyordu, sadece çok uzun zamandır bu hislerin *farkında* olmamıştı. Bir noktada, çoğu müşterim gibi, Holly bilinçli aklı ve duyguları arasındaki kapıyı sertçe kapatıp kilitlemişti. O anda da bu kapıyı kapalı tutmak için bütün gücüyle savaşıyordu.

Bu fiziksel bir süreçtir. Holly hisleri kendisinden uzak tutmak için bedenini gerçekten kullanıyordu. Kas sıkışması, sığ nefes alıp verme ve savaş ya da kaç bağlantılı hormonların kimyasal üretimi gibi bilinçsiz stratejileri duygularını bilincinden uzak tutmak için kullanıyordu. Holly'nin bedeninden kopuşu duygusal hissizliğinin ve düşük motivasyonunun merkezinde duruyordu. İçindeki arzuları bulmak için, onun fiziksel varlığıyla bağlantısını tekrar kurmamız gerekecekti. Ve bunu yapmak için, yılların kültürel şartlanmasını yenmemiz lazımdı.

BEDENLERDEN NEFRET EDENLERİN SALDIRISI

Holly'nin bedeninden bu kadar kopmuş olması hiç de şaşılacak bir şey değil. Binlerce yılı fiziksel olanı karalayarak geçirmiş bir toplumda yaşıyor. En azından Eski Yunan'dan beri Batılı düşünürler bedenimizi iğrenç, aşağılık, kontrolsüz (Garfield benzeri, ama o kadar zeki olmayan) hayvanlar gibi görmemiz için gereken bütün nedenleri yazmak için göller dolusu mürekkep kullandılar. Eski filozofların dediği gibi, insanı kurtaran tek şey akıl yürütme, mantık, saf düşünce yetimizdir. Bedenin iştahlarını inkâr etmek sadece bir başlangıçtı: René Descartes ("düşünüyorum, öyleyse varım" diyen) gibi Aydınlanma filozofları sadece akla tapıp bedeni bütünüyle önemsizleştirmeyi desteklediler. Modern bir yazar "Kartezyen Saldırıların" bizi "bedenin beyni taşımaya uygun bir araçtan başka bir şey olmadığına" ikna etmesinin bize hâlâ zarar verdiğini söylüyor. Holly hiç felsefe okumamış ya da dini yeminler etmemiş olsa bile sadece Amerikan toplumunda yaşayarak aklın maddeden daha önemli olduğu fikrini özümsemiştir.[1]

1. *Örnek: Okullar*

Bir noktada, Holly'nin kızım Elizabeth'in, Montessori Okulundaki ilk gününde yaşadığı gibi bir deneyim yaşadığına hiç şüphe yok. Üç yaşındaki Lizzie sınıftan West Point Askeri

---

[1] Vienne Veronique, *Kusur Sanatı: Kendinizle Barışmanız için Basit Yollar*, Clarkson Potter Publishers (New York: 1999) sf. 24.

Okulunun bir öğrencisi gibi başı önde, göğsü ileride, bebek yüzüne ümitsizlik işlemiş bir şekilde çıktı. Sorun ne diye sorduğumda, açıkladı: "Bugün bedenimi *her zaman* kontrol etmem gerektiğini öğrendim." Onu yanlışlıkla Mussolini Okuluna göndermiş olabileceğimi düşündüm.

2. *Örnek: Alışveriş Merkezleri*

Eğer Holly daha iyi butiklerden alışveriş yapıyorsa, onların gerçekten ideal ölçüdeki dişiler için sıfır beden giysi sattıklarını fark etmek zorundadır. Holly diyet ve egzersiz planının, sonunda işe yaradığını bedeni yok olduğunda anlayacaktır.

3. *Örnek: İşyeri*

Holly bedenin uyku döngüsü gibi fiziksel ritimlerini yahut yaşam döngüsünün çocuklar ya da yaşlılar için gerektirdiklerini, bırakın sağlamayı, anlayacak bir işte çalışmamıştır bile. İşte bu yüzden Holly uykusuzluk çeken ve sürekli bitkinlik yaşayan milyonlarca Amerikalıdan biridir. Eğer çocuğu olursa ya da yaşlı ebeveynlerine bakmaya karar verirse, sosyolog Arlie Hochschild'in deyişiyle "açlıktan ölen kişilerin yemekten bahsetmesi gibi, uykudan bahseden" insanlar kervanına katılacaktır.

Şimdi, gördüğünüz gibi, kültürümüz Holly'nin bedeninden ayrılışını kaçınılmaz kılmasa da mümkün kılıyor. Holly'nin içinde bulunduğu durum oldukça zor, ama bu, müşterilerim arasında bir istisna değil, bir standart.

TEKRAR GÖRMEYİ ÖĞRENMEK

"Söyler misin, Holly," dedim. "Hiçbir şey hissetmemek nasıl bir şey?"

Bu hileli bir soruydu. Buna cevap vermek için, Holly dikkatini kısa bir süreliğine de olsa, hislerine vermek zorundaydı. Gözleri aniden yaşlarla doldu. Konuşmaya başladı, ama gözyaşları dökülme tehdidini sürdürdüğünde durdu.

"Pek eğlenceli bir şeymiş gibi görünmüyor," diye yorum yaptım.

Bir eliyle gözlerini kapattı ve el çantasından mendil aradı. "Özür dilerim," diye fısıldadı. "Ne olduğunu anlamıyorum. Kontrolümü kaybediyorum. Ne yapmam gerektiğini bilmiyorum."

"Peki, o zaman," dedim dikkatlice. "Ne yapmak *istiyorsun?*"

Daha da çok ağlamaya başladı. "Bilmiyorum," diye tekrar etti, ıstırap içinde. Bu da yalan değildi. Diğer taraftan da, kesinlikle doğru da değildi.

Bir noktada, neredeyse bütün müşterilerim ne istediklerini bilmediklerini söyler ve bu *asla* doğru değildir. Bir parçanız –öz-benliğiniz– günün her anı arzularınızı bilir (mesaj hoşnut bir "tam da elimde olanı istiyorum, teşekkür ederim" olduğunda bile). Ne zaman ne istediğinizi bilmediğinizi *düşün*üyorsanız bunun nedeni toplumsal benliğinizin onu istememeniz gerektiğine karar vermiş olmasıdır. Toplumsal benliğiniz psikiyatrist Alice Miller'ın baskıcı olan tüm toplumsal sistemlerin temel kuralı olarak gördüğü "Farkında olmayacaksın"la yaşar. Diğer bir deyişle, kabul edilemez hisleri reddeder. Arzu ve o arzunun bilgisi arasındaki telefon hatlarını kesin. Bildiğinizi bilmez ve hissettiğinizi hissetmezsiniz.

Bu kurala bir kere itaat etmeyi öğrendiniz mi neşe ve arzu, iğrenme ve uzaklaşma deneyimlerinize ulaşabilme yeteneğinizi kolayca kaybedebilirsiniz. Bu gözlüğünüzü ya da lenslerinizi kaybetmek gibidir: Aslında araştırma yapmanıza imkân veren şey kaybolduğunda, kaybettiğiniz şeyi bulmak çok zordur. Kayıp duyguları bulmanın tek yolu onları *hissetmek* olduğu için, kendi yüreğinizi aramak her zaman beyhudedir. Net bir ani istek yerine, sizi hiçbir yana açıkça yönlendirmeyen özlem dolu acıyı, boş bir hiçliği dışavurursunuz.

Holly aylardır, belki de yıllardır bunu yaşıyordu. Yüreğini nerede bulacağı konusunda hiçbir fikri yoktu, ama cevap gerçekten ortadaydı. Yüreği, bedeninin içindeydi. Bedeninizin ne kusuru olursa olsun, onun yerine başka bir şey koyamayacağınız birkaç şeyden biri olduğunu kabul etmek zorundasınız. Benimki şu anda benimle beraber ve eminim ki sizinki de sizinle beraberdir. Astral seyahate de düşkün olsanız, Holly gibi hissiz de olsanız, James Joyce'un "bedeninden biraz uzak bir mesafede yaşayan" karakteri gibi ayrışmış da olsanız, bedeniniz siz ölene kadar burnunuzun dibinde olacaktır.

BEDENİNİZİ İŞ BAŞINA GETİRMEK

Holly, tam gözlerimin önünde, yavaş yavaş, bedenini toplumsal benliğinin kontrolüne acı içinde geri aldı. Ağlamayı kesip gözlerini sildi ve gırtlağını temizledi. "Bana bir test verebileceğinizi umuyordum," dedi. "Kariyerimle ilgili ne yapmam gerektiğini bana söyleyebilecek bir şey."

"Yetenek testi mi demek istedin?"

Başıyla onayladı. "Öyle bir şey."

"Ben birbirinden farklı birkaç yetenek testi kullanırım," dedim, "ama onları sana uygulamak paranı boşa harcamak olacaktır."

Holly bu cevaba memnun olmadı, ama bu, doğruydu. Kıyamet gününe kadar oturup onun yeteneklerini analiz edebilirdik ve bunların sonunda, kendisini sendeleyerek içeri girdiği andaki kadar çıkmazda bulurdu. Analitik çıkarımlar yüreği tatmin etmek için hiçbir zaman yeterli değildir.

"O zaman... bana test yapmayacaksan," dedi Holly, "ne yapmam gerekiyor?"

"Bana ayak parmaklarından bahsetmeni istiyorum."

Sanki iç çamaşırlarının canlandığını söylemişim gibi gözlerini kırparak alarma geçti. "Ayak parmaklarım mı?" diye dikkatlice sordu.

"Evet, bunu benim için yap lütfen," dedim.

Bu teknik benim Asyalı düşünme metotlarıyla ilk karşılaşmamda ortaya çıkmıştı. Doğu inanç sistemlerinin çoğu, bedenden kurtulan aklın, aydınlanmaya giden tek güvenilir yol olduğuna dair Batı düşüncesini reddeder. Hatta bu inanç sistemleri aklı kolayca yozlaşabilecek ve herhangi bir efendiye hizmet etmeye istekli, adi bir jigolo olarak görmeye eğilimlidirler. Bu konudaki sorun mantığın asla boşlukta çalışmamasıdır; mantık her zaman değerler ve inançlarda bulunur ve bunlar *hissedilen* deneyimlerden gelir, düşünen bir akıldan değil. Akıl, öz-benliğe aykırı inançları temel aldığında, yanlış mantıktan kurulmuş, devasa çarpık kuleler yaratabilir. Haçlı Seferlerinden Holokosta kadar insanlığa karşı işlenmiş bütün büyük suçlar bu suçları işleyenlere tamamıyla "mantıklı" görünmüştür.

Bu yüzden aklınız Kutupyıldızı yolculuğunuzda kesinlikle bir yere sahiptir, ama yüreğinizin efendisi değil, hizmetkârı olarak. Meşgul küçük beyninizi sakinleştirip kendinizi duygularınıza açmalısınız. Ayak parmaklarınız buna başlamak için iyi bir yerdir.

ALIŞTIRMA

BEDENİNİZE GERİ DÖNMEK

1. *Adım: Ayık Bir An Seçin*

İyi ki Holly büroma oldukça iyi bir kimyasal durumda geldi. Bu, sinir sistemi kimyasıyla ilgili, tedavi edilmemiş bir dengesizliği (bipolar rahatsızlık ya da şizofreni gibi) yok ve ruh halini değiştiren diğer maddelerden göreceli olarak uzak olduğu anlamına gelir. Yüksek kaliteli eroinden, kafein ya da alkol gibi hafif uyarıcı ya da yatıştırıcı maddelere kadar her şey asıl duygu ve arzularınızla bağlantı kurmanızı zorlaştırabilir. Bu maddelerin bütün numarası siz aslında oraya gitmezken, bedeninizi Kutupyıldızınıza doğru gittiğiniz konusunda kandırmasıdır. Öz-benliğin fiziksel yapısı bu durumlarda sapıtma, raydan çıkma sinyali verir, bu yüzden eğer beden "pusulasının" size ne söylemesi gerektiğini bulmak istiyorsanız, önce zehirlerden arının.

2. *Adım: Bedeni Rahatlatın ve Zihni Sakinleştirin*

Mümkün olduğu kadar ayık olduğunuzda, yatın ya da oturun. Gözlerinizi kapatıp uzun ve derin birkaç nefes alıp her solukta kaslarınızı daha fazla gevşetin. Sıradışı olan bu derin nefeslerden beş ya da altı tane aldıktan sonra, normal nefes alıp vermeye devam edin. Zihninizi burnunuzdan ya da ağzınızdan girip çıkan havanın hissine odaklayın ve *oradan ayırmayın.* Zihniniz bir köpek yavrusu gibi davranıp nefesinize odaklanmayı unutarak birkaç saniye içinde başka düşüncelere dalar. Bu köpek yavrusunu azarlamaya ya da taciz etmeye kalkmayın; zihin çelimsiz, aceleci, minik bir şeydir ve yol yordam bilmez. Ne zaman dikkatinizin dağıldığını fark ederseniz, onu nazik bir şekilde nefes alıp verişine döndürün.

3. *Adım: Bir Ayak Parmağınızı Hissedin*

Birkaç dakika sonra, kendinizi biraz gevşemiş hissettiğinizde, dikkatinizi sol ayak başparmağınıza odaklayın. Nefes alırken, nefesinizi ciğerlerinize değil de, o parmağa çektiğinizi gözünüzde canlandırın. Bütün farkındalığınızı o parmağa yöneltin ve *parmağın hissettiği her şeyi* zihinsel olarak açıklayın. Sıcak mı, soğuk mu, yoksa normal mi? Kaşınıyor mu? Yorgun mu? Başparmağınıza değen çorabın, ayakkabının, zeminin ya da havanın dokusu nasıl? Parmağınızı döndürün. Yaşamda yürümenize yardımcı olurken size bu kadar çok bilgi yollama kapasitesi olması ne kadar hayret verici, değil mi? Parmağınıza onu sevdiğinizi ve sizinle beraber yaşamasını istediğinizi söyleyin. Bunu yüksek sesle söylemeniz gerekmez.

4. *Adım: Bir Bütün-Beden Araştırması Yapın*

Şimdi, bütün bedeninizde yavaş bir his taraması yapın; dikkatinizi tek tek diğer ayak parmaklarınıza, ayaklarınıza, ayak bileklerinize, incik kemiklerinize, dizlerinize yönlendirin. Parça parça bedeninizin ne hissettiğini öğrenin. *Düşünmeyin, sadece tanımlayın.* Dikkatinizi bacaklarınızdan yukarı kuyruk kemiğinize, sonra omurganızdan kafanıza odaklayın, ardından kollarınızdan el parmaklarınıza inin. Birçok organınızın bulunduğu gövdenize özel bir dikkat gösterin. Azar azar hissederek ilerleyin.

5. *Adım: His Boşluklarını Tanımlayın*

Eğer çoğu insan gibi, orta ile yüksek seviyeler arasında bir bedenselleştiriciyseniz (bedeninizde çok fazla gerginlik olan biriyseniz), büyük ihtimalle bedenimizin bazı bölümlerini hissetmeniz kolayken, diğer bölümlerinin hissiz, gergin ya da felçli olduğunu fark edeceksiniz. İyi, şimdi bedeninizin beyninizin bilmediği, yararlı bilgiler depoladığını biliyorsunuz. "Donmuş" bir yer bulduğunuzda, dikkatinizin bir süre orada kalmasına izin verin. O hissizliğin içinde nefes alın. Nefesinizin sıcaklığının orayı rahatlattığını hayal edin, gevşemesine izin verin. Aldığınız her nefeste, bedeninizin o bölgesinin ne hissettiğini hissetmenize izin verin.

6. *Adım: Hislerin İçine Girin*

Donmuş yerlerinizi rahatlatmak ferahlık ve neşeye doğru giden önemli bir adımdır, ama sizi uyarmam gerekiyor: ilk başlarda, çok tatsız olabilir. Bu alıştırmayı ilk kez denediğimde (Japonya'ya taşınmaya hazırlanmak için meditasyon öğrenirken) çok kötü oldum. Uyuşukluk geçtiğinde, fiziksel ve duygusal müthiş bir acı dalgası hissettim. Yaklaşık bir buçuk dakika sonra, gözlerimi açtım, ayağa kalkıp yüksek ve ikna edici bir tonda, *"Bunu bir daha asla yapmayacağım,"* dedim. (Tabii ki bunu artık her gün yapıyorum, çünkü bunu yapmazsam doğru rotamı kaybedeceğime inanıyorum.)

Anlatmak istediğim şey, zihniniz ve bedeniniz bir araya geldiğinde, kendinizden uzakta tuttuğunuz bütün rahatsızlıkların farkında olacağınızdır. Bunlara acı, gerginlik, açlık ve yorgunluk gibi bedensel hisler de dahildir. (Eğer yorgunsanız uyuyakalabilirsiniz.) Bu iyidir; kestirmek Kutupyıldızınıza giden bir sonraki adım anlamına gelir. Çoğu örnekte, uyuşmuş dokularınızda kilitlenip kalmış olan mesaj sadece bedensel olandan gelmesinden daha çok bir içerik taşır. Bedeninize geri dönmek, üzüntü, endişe, nefret, korku gibi yoğun duygular hissetmek anlamına gelebilir. Bu duyguları olsa olsa utandırıcı bulursunuz, en kötü halde de acı verici. Ne de olsa, bu kadar nahoş olmamış olsalardı, zaten daha başta onları bilincinizin dışına itmezdiniz. İleriki bölümlerde yoğun duygular hakkında daha çok konuşacağız. Şimdilik, sadece nefes almaya devam edin ve onları hissetmek için kendinizi serbest bırakın.

BEDENİN KONUŞMASI

Holly "bedeninize geri dönme" alıştırmasını ona uygulamama nazikçe izin verdi. O kadar hissizleşmişti ki, sol ayak başparmağından gelen bir duyumu hissetmesi uzun zaman aldı, ama onu hissetmeye başladıktan sonra, bedeninin his taraması oldukça güzel bir şekilde sürdü. Çenesinden göğsünün ortasına kadar gelen bölgeyi, özellikle boynunu tamamen "kilitlenmiş" gibi hissettiğini söyledi (kafasının duruşu düşünüldüğünde bu, beni hiç şaşırtmadı).

Holly'ye hissizliğin içine doğru nefes vermesini, elinden geldiği kadar gevşemesini ve bedeninin ne hissettiğine dikkat etmesini söyledim. Bunu çok yavaş yaptı: bir kere, iki kere, üç kere, dört kere. Yavaş yavaş, kaslarındaki gerginlik azaldı ve sonra Holly, küçük bir kontrolsüz düşen bir çığ gibi yığıldı. Kaskatı duruşu derin bir bitkinlik ifadesine dönüştü. Öne doğru eğildi, dirseklerini dizlerine koyup iki eliyle kafasını destekledi.

"Ah, tanrım" diye mırıldandı, "kendimi *berbat* hissediyorum."

İşte bu kadar basit, zindanın kapısı açılmıştı. Holly'nin zihni ve yüreği paylaştıkları aracı –bedeni– sayesinde rahat bir şekilde tekrar iletişim kurmuştu.

En sonunda, Holly başını kaldırdığında yüzü asık ve yorgundu.

"Şu anda boynun nasıl?" diye sordum.

"İğrenç," dedi boğuk bir sesle. "Acıyor."

"Tamam!" dedim, aynı silahla vurulmuş birisini ambulansa takip eden bir televizyon muhabiri gibi. "Bana *tam anlamıyla* nasıl hissettiğini söyleyebilir misin?"

"Sıkı, sanki boğuluyormuş gibiyim." Holly elini boğazına koydu ve güçlükle yutkundu. "Ama biliyor musun, haftalardır böyleydi. Alerjim olabilir diye düşünüyorum."

"Ona bazı sorular sormak istiyorum," dedim Holly'e.

Holly kaşlarını çattı. "Ona mı?"

"Boynuna. Boynuna bazı sorular soracağım ve cevaplarını bana sen söyleyeceksin."

Holly ya tartışamayacak kadar nazikti ya da çok yorgun. "Öyle olsun," dedi bezgin bir şekilde.

"Hey, Holly'nin boynu," diye başladım. "Neden acıyorsun? Ne istiyorsun?"

Holly gözlerini kırpıştırdı. Bütün beklentilerine rağmen, boynunun bir cevabı vardı.

"Şey... ıh... beni yüksek sesle konuşturmaya çalışıyor," dedi, utanıp yüzü kızarırken.

"Nasıl yüksek sesle konuşacak?" dedim. "Nerede yüksek sesle konuşacak?"

"Sanırım erkek arkadaşım Alex'le." Holly gergin bir şekilde güldü. "Biliyor musun, bunun nereden geldiğini bilmiyorum."

"Boynundan geliyor," diye ona hatırlattım. "Ve eğer konuşabilse boynunun Alex'e ne diyeceğini bilmek istiyorum."

Holly kekelemeye başladı, sonra ağzından kaçırdı: "Alex'in istediği her şeyi yapmaktan nefret ettiğimi, işletme okumak *istemediğimi*, –bu Alex'in rüyasıydı– ve hayatımı kendi istediğim şekilde yaşamak istediğimi söyleyecekti!" Aniden yüzü, somon kırmızısından fildişi beyazına döndü. "Aman tanrım," dedi, gözlerini bana dikerek.

"Güzel," dedim.

ÖZ-BENLİĞİN PANDOMİMİ

İnsan zihninin bilinçsiz bölümü rüyalar, dil ve her tür sanat formu oluştururken semboller vasıtasıyla iletişim kurar. Aynı zamanda, mesajlarını bedenin davranışlarıyla sembolik bir şekilde ifade ettiği de olur. Her zaman olmasa da sık sık, fiziksel bir sorun öz-benlikten gelen şifreli bir mesajdır, bilinçli zihnin açıkça ifade edemeyeceği ya da etmeyeceği ihtiyaç ya da sorunların bir oyunlaştırmasıdır bu.

Yeni Çağ guruları belli sorunların her hasta için, her zaman aynı anlamı taşıdığını iddia ederler: sedef hastalığı "bir şeye kızdınız" anlamına gelir, bacak sakatlanmaları toplumsal destek eksikliğiyle ilgilidir, ağrıyan bir dirsek yeteri kadar özgür olmadığınızı gösterir falan filan. Ben Jung'un rüya analizlerinde kullandığı tanı kriterini tercih ederim: bence herkesin beyni kendi sembollerini yaratır. Diğer bir deyişle, Zelda'nın kulak ağrısı belki, bedeninin hayatı hakkındaki gerçeği duymak istemediğini ona söyleyiş şekli olabilirken, Herman'ınki müziğe olan arzusunu temsil eder ve Pablo'nunki sadece bakteriyel bir iltihap anlamına gelir. Sembolik belirtileri kesin olarak tercüme edebilecek tek kişi o bedenin sahibidir.

Bugüne kadar gördüğüm bir kişinin öz-benliğinin, zihni by-pass ederek bedeniyle "konuşmasının" en dramatik örneği Dolores adını verdiğim bir kadının vakasıydı. Onunla ben dinimi kaybetmeden önceki dönemde kilisede tanışmıştım. Dolores ve iki çocuğu cemaate şiddet ve kötü muamele gördükleri bir evlilikten kaçan mülteciler gibi geldiler. Onu ilk gördüğümde, yüzünde kavun büyüklüğünde bir çürük vardı ve bir kolu askılıydı. İkisi de eski kocasının sayesinde olmuştu. Dolores'in yüzünde o güne kadar gördüğüm en neşeli gülümseme vardı ve etrafa bal gibi tatlı bir iyi niyet yayıyordu.

Bir Pazar günü, cemaatimizde âdet olduğu üzere, Dolores kendini tanıtmak için ayağa kalktı. Bize sorunlu geçmişi hakkında kısa bir bilgi verdi, sonra hayatında olan bir mucizeyi anlatmak istediğini söyledi. Kilise liderlerinden biri ona, eski kocasının, kendisine verdiği bütün zararları unuttuğu zaman onu gerçekten affetmiş olduğunu anlayacağını söylemişti. Aynı gün, Dolores hafızasını kontrol etmiş ve bunun zaten gerçekleştiğini fark etmişti. Yüzündeki çürük hâlâ soluk sarı renkte ve kolu hâlâ askılı Dolores bize şöyle dedi: "Kocamın beni incitmek için yaptığı tek bir şeyi bile hatırlayamıyorum. Hatırlamaya çalışsam bile. Tanrı en ufak kırıntısını bile zihnimden temizledi."

O zaman psikoloji jargonunu pek bilmiyordum, ama o durumda bile Dolores'in rahatlama B-A-S-T-I-R-M-A-S-I harflerini söylediğini düşündüğümü hatırlıyorum. Sanırım salondaki herkesin içine de aynı his dolmuştu. Dolores'in neşesinde son derece sinir bozucu bir şey vardı; aşırı, manik ve ürkütücüydü. Yine de herkes Dolores'i cesareti için övdü, insanlığı için sevdi ve tam bir unutkanlıkla sınırlanmış, derin bir bağışlamayı başardığı için ona hayran oldu.

Bir sonraki Pazar, Dolores'in daha önce duymadığım fiziksel bir rahatsızlığı olduğu ortaya çıktı. Buna ne dendiğini bilmiyorum, ama temel belirtisi gözyaşı kanallarının "açık" konumda kalmış olmasıydı. Dolores durmadan hüngür hüngür ağlıyordu, yirmi dört saat. Sonraki yıllarda, onu tanıdığım bütün süre boyunca, Dolores her yere kâğıt mendillerle gitmek, yanaklarındaki küçük nehirleri evrensel bir üzüntü ifadesiyle kurulamak zorunda kaldı. Gözleriyle burnu her zaman kızarıktı, sanki ruhen çökmüş ve ağlamış gibi -hiçbir zaman o durumda olmadı–. Dolores harika gülümsemesini ve neşeli tavrını azimle sürdürürken, bedeni ağladı, ağladı, ağladı. Toplumsal benliği katlandığı acıları hatırlayamadı, ama öz-benliği geri kalanımızın asla unutmamasını sağladı.

ALIŞTIRMA: BEDENİNİZİ YÖNLENDİRMEK

Bedeninize geri döndükten sonra (yukarıda görebilirsiniz) donmuş, uyuşmuş, kilitlenmiş ya da acıyan bütün yerlerinizle sohbet edin. Tek kişilik bir alıştırma olarak bu, en iyi şekilde, kâğıt üzerinde yapılırmış gibi görünüyor. Mesela başparmağınız acıyorsa, bir defter alın ve şöyle yazın: "Başparmak, bana ne söylemeye çalışıyorsun?" Sonra başparmağınızdan geldiğini hissettiğiniz tepki her ne olursa olsun yazın: "Tekrar otostop yapmayı özlüyorum," "Keşke bir primat olsaydım, başparmağı diğer parmaklara değdirebilmek çok büyük sorumluluk getiriyor," "Bana çekiçle vurdun, aptal." Sansürlemeyin ya da eleştirmeyin ve en önemlisi, *düşünmeyin.* Eğer ortaya bir şey çıkmazsa, rahatlayın ve zihninizi nefes almaya odaklayın. Beyniniz başka bir yana baktığı anda beklenmedik tepkiler ortaya çıkabilir.

Size ne derse desin, bedeniniz Kutupyıldızınıza nasıl ulaşacağınız hakkında size doğruyu söyleyecektir. Arkadaşlığa ihtiyacınız olduğunu ya da daha fazla otonomi için çıldırdığınızı veya eğlence zamanının geldiğini söylediğinde ona güvenebilirsiniz. Müşterilerim tekrar tekrar, bedenlerinden, kendilerini rotalarından çıkartacağına inandıkları mesajlar alırlar; bedenlerini dinlemenin onları daha başarılı kıldığını tekrar tekrar keşfederler. Deneyin. İşe yarar.

Bu arada, eğer bedeninizin bu araştırmalara verdiği tepkiler sembolik hiçbir mesaj taşımıyorsa ve sadece fizikselse, size hâlâ doğru rotanızı nasıl bulacağınızı söylüyordur. Hasta ya da sakat insanlar iyileşene kadar başarının, servetin ya da eğlencenin keyfini çıkaramazlar. Müşterilerimin çoğu haftalarca, bazen aylarca iyice dinlenerek fiziksel sağlıklarına tekrar kavuşana kadar kariyerleriyle ilgili ne yapacaklarını bilemez. Bedeniniz size ne yapmanızı söylüyorsa, Kutupyıldızınıza doğru atacağınız bir sonraki adımın o olma olasılığı çok yüksektir.

BEDENİN REHBERLİĞİ

Holly'nin boynu, ona Kutupyıldızı hakkında herhangi bir yetenek testinin hiçbir zaman söyleyemeyeceği kadar çok şey söylemişti. Bedeni vasıtasıyla tekrar öz-benliğiyle bağlantı kurdu ve hayatındaki temel sorunu tanımladı: seçeneklerini kendine göre değil de erkek arkadaşının umut ve hayallerine uyacak şekilde belirliyordu. Holly, dehşet içinde, Alex'e çok kızgın olduğunu fark etti. Toplumsal benliği bunu bilincinden uzak tutmayı başarmıştı, çünkü derin kızgınlığın bu ilişkinin sonu olabileceğinden korkuyordu. (Aslında, kızgınlığı bilinçaltında tutmak Holly'nin Alex'le ilişkisine yapabileceği en kötü şeydi, ama bunu daha sonra konuşacağız.) Şu anda, Alex'in onayını almak için öz-benliğini terk edip Kutupyıldızıyla bağlantısını koparması durumuyla başa çıkmamız gerekiyor. Holly yaşadığı hayatı *beğenmediğini* biliyordu, ama ne istediği konusunda bir görüşü yoktu. Bu bilgi Alex'ten ya da benden gelemez, sadece Holly'nin öz-benliğinden gelebilirdi. Neyse ki Holly'nin yüksek seviyeli bedenselleştirici olduğunu biliyorduk. Bu, bedeninin onu doğru Kutupyıldızına götürebileceği anlamına geliyordu. Holly'nin yapması gereken tek şey onu takip etmesini öğrenmekti.

Holly büroma girdiğinde daha önceki kadar kasılmış durumda değildi. Hatta kendini minderlerimin üzerine bir gevşek bir oyun hamuru gibi bırakmıştı. Görmek istediğim şey tam da bu gevşemeydi. Hatta bedenini takip etmek için, Holly'nin daha da gevşemesi gerekiyordu.

"Bana işinden bahseder misin?" diye sordum. "En kötü yanı ne?"

Holly'nin çenesi kilitlendi. "Müdürümden nefret ediyorum," dedi. "O kadının yanına gitmek bile beni çıldırtmaya yetiyor." Bu sözleri söylerken, boynu kasıldı ve elini boğazına götürdü.

"Kımıldama!" diye bağırdım. Holly şaşırmış göründü, ama duruşunu bozmadı.

"Bunu daha önce de yaptın," dedim ona. "Ne kadar kızgın olduğunu bana söylerken boğazına dokundun."

"Ya," dedi Holly. "Gerçekten mi?"

"Şu anda bedeninde ne hissettiğini tanımla."

Holly'nin yüzü daha da buruştu, gözleri kısılıp kapandı. "Boğuluyormuşum gibi," dedi. "Sanki gırtlağıma bir şey takılmış ve boğuluyormuşum gibi hissediyorum."

"Tamam, bu Boğulma Hissi," dedim ona. "Ne zaman sana uygun olmayan bir şey yapsan bedenin bu Boğulma Hissini yaratacak ve bu pozisyona geçmeye çalışacak. Bu bir tür dans, hareketlerle mutsuzluğu yansıtma biçimi."

"Tamam." Holly başıyla onayladı, ama yüzü hâlâ buruşuktu.

"Şimdi, bir daha asla bürona gitmemenin nasıl bir şey olacağını hayal et."

Holly bir gözünü açtı. "Bana işimi bırakmamı mı söylüyorsun?"

"Hayır, hayır, hayır; ben sadece sana işini bırakmayı *hayal et* diyorum."

"Tamam." Holly sırıttı. İlk kez, gülümsemesi samimi geldi. "İş yok," diye düşüncelere dalarak fısıldadı. Neredeyse anında, bedeninde dikkat çekici bir değişiklik oldu. Omuzları geri çekildi, kafası kalktı ve kolları boynundan dışarıya açılıp güneşi içine çekiyormuş gibi ve avuçları iyice açık bir şekilde iki yana uzandı.

"Tamam, şimdi, bedenindeki hissi tanımla."

"Huzurlu," dedi. "İnanılmaz derecede huzurlu bir his."

İşte bu şekilde, Holly bedenini çalışan bir Kutupyıldızımetreye dönüştürdü.

ALIŞTIRMA

KUTUPYILDIZI-METRENİZİ KULLANMAK

1. *Adım: Jestleri ve Belirtileri Tanımlamak*

Bedeninizi bir Kutupyıldızı-metreye çevirmek için 2. ve 3. Bölümlerde yarattığınız en iyi ve en kötü durum senaryolarına geri dönün. İkisini de tekrar okuyup bunların gerçekleştiğini hayal edin. Bunu yaparken, gözlerinizi kapatın ve bedeninizin, istediği şekilde hareket etmesine izin verin. Eğer kımıldamak için bir istek duymuyorsanız, ne hissettiğinizi yüksek sesle tanımlamaya çalışın. Bağlantısı en kopuk müşterilerim bile bunu uyguladıkları anda el işaretleri yapmaya başlarlar (dikkat ederseniz insanların fiziksel duygularını, onları söyleyerek ifade etmek kadar "dans ederek" tanımlamaya da eğilimli olduklarını fark edersiniz). Bedeniniz en iyi ve en kötü deneyimlerinizi pandomimle anlatmaya, kendi kinetik dilini kullanmaya bir başladı mı, bu duyguların her birinin tanımlandığı kısa bir ifade ortaya çıkar.

Herkesin kendine ait neşe ya da keder hareketleri vardır ve her biri ona eşlik eden duyguyu tanımlamak için farklı kelimeler kullanır. Sam, negatif tepkisine "Ezilmek" der. Bu, onun sığ nefes almasına ve kendini geriye itmesine neden olur, sanki kızgın Püritenler tarafından ezilerek öldürülüyormuş gibi. Pozitif tepkisi "Rahatlamak"tır; bu da iki eliyle havayı yumruklamasına ve zıplamasına neden olur. Sally'nin bedeni negatif, "Öfkeli Duygu"yu, bir saldırıya karşı koyuyormuş gibi ellerini ileri uzatarak yansıtır. "Rahat Duygu" dediği zıt tepki ise geriye yaslanmasına ve kafasını ensesinde kavuşturduğu ellerine yaslamasına neden olur. Joe negatif hissine "Kırmızı Alarm" der ve kafasını elleriyle tutar. Öz-benliği mutlu olduğunda, bedeni bunu "Güneşli Bir Gün" olarak hisseder ve yaptığı sayıyı kutlayan bir Amerikan futbolu oyuncusu gibi yumruğunu göğsüne vurur.

Öz-benliğiniz çok mutsuz olduğunda bedeniniz doğal olarak hangi hareketleri yapar? ....

Bu hareketi yaptığınızda hissettiğiniz fiziksel duyumu tanımlayan ifadeyi düşünün. ....

....

Öz-benliğiniz heyecanlandığında bedeniniz doğal olarak hangi hareketi yapar? ....

....

....

Bu hareketi yaptığınızda hissettiğiniz fiziksel duyumu tanımlayan ifadeyi düşünün. ....

....

2. *Adım: Sıcak-Soğuk Oynamak*

Çocuk oyunu "Sıcak-Soğuk" oynadığınızı hatırlıyor musunuz? Bu oyunda, bir oyuncu –diyelim ki siz– odadan çıkarken diğer oyuncular bir nesneyi saklar. Sonra geri geldiğinizde, siz o nesneyi ararken diğer oyuncular sıcaklık kelimeleri söyleyerek sizi yönlendirirler. Nesneden uzaklaştığınızda "Soğuk!" diye, nesneye doğru döndüğünüzde ya da ona yaklaştığınızda "Sıcak!" diye bağırırlar"

Büyük iddialı bir Sıcak-Soğuk oyunu oynamak için bedeninizin doğal özelliklerini kullanabilirsiniz. Bedeniniz Kutupyıldızınızın nerede olduğunu bilir ve "soğukta mı" "sıcakta mı" olduğunuzu size söylemek için elinden geleni yapar. Size ters gelen bir öneriyle karşılaştığınızda, bedeniniz yukarıda tanımladığınız negatif hareketi yapmaya çalışacaktır. Doğru rotanıza döndüğünüzde, pozitif harekete geçip bunu kutlamak isteyecektir. Tabii ki çoğumuz –Montessori Askeri Okulunda bulunmamış olanlar bile– bedenlerimizin duygularını hareketlerle ifade etmesine izin vermeyiz. Onun yerine, ruh halimizi ortaya koyacak bütün fiziksel ipuçlarını gizlemek için savaşırız. İrkilmek *ya da sevinmek* istediğinde bedeni sabit tutmak, hissi bilinçten uzaklaştıran, fiziksel bir gerginlik yaratır. İşte bu yüzden Holly Frankenstein'ın Eşi gibi yürüyordu. Gerçek duygularıyla yüzleşmeye başladıktan sonra çok daha doğal hareket etti.

3. *Adım: Yaşamınızı Değerlendirin*

İdeal hayatınıza ne kadar yakın olduğunuza ve daha da yaklaşmak için neye ihtiyacınız olduğuna karar vermek için Kutupyıldızı-Metrenizi kullanabilirsiniz. Bunu denemek için, yarın yapmayı planladığınız üç şeyi yazın:

Birinci Aktivite: ....
....
....

İkinci Aktivite: ....
....
....

Üçüncü Aktivite: ....
....
....

En güçlü Negatif His											Nötr Tepki										En Güçlü Pozitif His
Birinci Aktivite	-10	-9	-8	-7	-6	-5	-4	-3	-2	-1	0	+1	+2	+3	+4	+5	+6	+7	+8	+9	+10
İkinci Aktivite	-10	-9	-8	-7	-6	-5	-4	-3	-2	-1	0	+1	+2	+3	+4	+5	+6	+7	+8	+9	+10
Üçüncü Aktivite	-10	-9	-8	-7	-6	-5	-4	-3	-2	-1	0	+1	+2	+3	+4	+5	+6	+7	+8	+9	+10

Her aktiviteyi ayrı ayrı düşünün ve onunla ilgili *bedeninizin* verdiği tepkiyi fark edin. Eğer rahatsanız, bedeninizin İkinci Adımda tanımlayıp belirlediğiniz pozitif ve negatif hareketlere geçtiğini fark edeceksiniz. Öz-benliğinizin bir aktiviteyi sevip sevmemesine göre bu tepkiler derecesi değişecektir. Bedeninizin bu üç aktiviteye tepkilerini derecelendirin. En güçlü negatif tepki -10 alırken, en pozitif tepki +10 alır. Eğer bedeniniz iyi ya da kötü, herhangi bir tepki vermeye eğilimli değilse bu aktivite 0 alır. Arka sayfadaki tabloya bakın.

Müşterilerimin çoğu, hoşlarına gideceğini düşündükleri aktivitelere bedenlerinin negatif tepkiler verdiğini görünce şaşırırlar. Holly de bu kişilerden biriydi. Bana "harika bir hayatı" olduğunu söylemesine rağmen, bedeni programında olan neredeyse hiçbir şeyden hoşlanmadığını gösteren tepkiler verdi. Bedeninin ona mutlu olduğunu söylediği "Huzur" hissini hiçbir şey üretmedi. Diğer bir deyişle, Holly, Kutupyıldızının arayışında çok "soğuk"taydı. Onu bulmak için, kendisini "sıcak"ta hissetmesini sağlayacak insanlara, yerlere ve şeylere doğru gitmesi gerekiyordu.

HAYAT TARZINIZIN AYRINTILI İNCELENMESİ

İlk görüşmemizin sonunda, doldurması için Holly'ye bazı çizelgeler verdim (sizinkileri 162-166 numaralı sayfalarda bulacaksınız). Bu çizelgeleri doldurarak hayat profilini oluşturdu. Bu onun kendi Kutupyıldızından ne kadar uzakta olduğunu ölçmesine ve hayatının en çok hangi bölümlerini değiştirmesi gerektiğini fark etmesine yardımcı oldu. Sonraki birkaç ay boyunca, Holly bu bilgileri iş hayatında ve özel hayatında yaptığı pek çok değişikliği denemek için kullandı.

GENEL GÖRÜNÜM: KUTUPYILDIZINIZ NE KADAR YAKINDA?

Aşağıdaki boşluklara bedeninizde gördüğünüz en pozitif ve en negatif belirtileri yazın (mesela "Kapana Kısılmış" ya da "Özgür" yahut "Sakin," "Düğümlenmiş" veya "Gevşek"). Sonra aktivite ve kişi listesine göz atıp *bedeninizin* her maddedeki tepkisini yazın. Yargılama yapmanın ve düzeltmenin yasak olduğunu unutmayın, yalnızca fiziksel bir tepkiyi gözlemliyorsunuz.

En güçlü Negatif His — Nötr Tepki — En güçlü Pozitif His

İLİŞKİLER: **Bedeniniz aşağıdaki kişilere nasıl tepki verir:**

Anne: -10 -9 -8 -7 -6 -5 -4 -3 -2 -1 0 +1 +2 +3 +4 +5 +6 +7 +8 +9 +10

Baba: -10 -9 -8 -7 -6 -5 -4 -3 -2 -1 0 +1 +2 +3 +4 +5 +6 +7 +8 +9 +10

Kardeşler (boş yerlere kardeşlerinizin isimlerini yazınız)

______ -10 -9 -8 -7 -6 -5 -4 -3 -2 -1 0 +1 +2 +3 +4 +5 +6 +7 +8 +9 +10

______ -10 -9 -8 -7 -6 -5 -4 -3 -2 -1 0 +1 +2 +3 +4 +5 +6 +7 +8 +9 +10

______ -10 -9 -8 -7 -6 -5 -4 -3 -2 -1 0 +1 +2 +3 +4 +5 +6 +7 +8 +9 +10

______ -10 -9 -8 -7 -6 -5 -4 -3 -2 -1 0 +1 +2 +3 +4 +5 +6 +7 +8 +9 +10

______ -10 -9 -8 -7 -6 -5 -4 -3 -2 -1 0 +1 +2 +3 +4 +5 +6 +7 +8 +9 +10

Diğer akrabalar (isim listesi yapınız):

______ -10 -9 -8 -7 -6 -5 -4 -3 -2 -1 0 +1 +2 +3 +4 +5 +6 +7 +8 +9 +10

______ -10 -9 -8 -7 -6 -5 -4 -3 -2 -1 0 +1 +2 +3 +4 +5 +6 +7 +8 +9 +10

______ -10 -9 -8 -7 -6 -5 -4 -3 -2 -1 0 +1 +2 +3 +4 +5 +6 +7 +8 +9 +10

______ -10 -9 -8 -7 -6 -5 -4 -3 -2 -1 0 +1 +2 +3 +4 +5 +6 +7 +8 +9 +10

______ -10 -9 -8 -7 -6 -5 -4 -3 -2 -1 0 +1 +2 +3 +4 +5 +6 +7 +8 +9 +10

Sevgili:

______ -10 -9 -8 -7 -6 -5 -4 -3 -2 -1 0 +1 +2 +3 +4 +5 +6 +7 +8 +9 +10

Çocuklar (isim listesi yapınız):

______ -10 -9 -8 -7 -6 -5 -4 -3 -2 -1 0 +1 +2 +3 +4 +5 +6 +7 +8 +9 +10

______ -10 -9 -8 -7 -6 -5 -4 -3 -2 -1 0 +1 +2 +3 +4 +5 +6 +7 +8 +9 +10

______ -10 -9 -8 -7 -6 -5 -4 -3 -2 -1 0 +1 +2 +3 +4 +5 +6 +7 +8 +9 +10

______ -10 -9 -8 -7 -6 -5 -4 -3 -2 -1 0 +1 +2 +3 +4 +5 +6 +7 +8 +9 +10

______ -10 -9 -8 -7 -6 -5 -4 -3 -2 -1 0 +1 +2 +3 +4 +5 +6 +7 +8 +9 +10

Arkadaşlar (isim listesi yapınız):

______ -10 -9 -8 -7 -6 -5 -4 -3 -2 -1 0 +1 +2 +3 +4 +5 +6 +7 +8 +9 +10

______ -10 -9 -8 -7 -6 -5 -4 -3 -2 -1 0 +1 +2 +3 +4 +5 +6 +7 +8 +9 +10

______ -10 -9 -8 -7 -6 -5 -4 -3 -2 -1 0 +1 +2 +3 +4 +5 +6 +7 +8 +9 +10

______ -10 -9 -8 -7 -6 -5 -4 -3 -2 -1 0 +1 +2 +3 +4 +5 +6 +7 +8 +9 +10

______ -10 -9 -8 -7 -6 -5 -4 -3 -2 -1 0 +1 +2 +3 +4 +5 +6 +7 +8 +9 +10

______ -10 -9 -8 -7 -6 -5 -4 -3 -2 -1 0 +1 +2 +3 +4 +5 +6 +7 +8 +9 +10

Evcil Hayvanlar (Sırıtmayın: evcil hayvanlar çok önemli olabilirler):

______ -10 -9 -8 -7 -6 -5 -4 -3 -2 -1 0 +1 +2 +3 +4 +5 +6 +7 +8 +9 +10

______	-10 -9 -8 -7 -6 -5 -4 -3 -2 -1 0 +1 +2 +3 +4 +5 +6 +7 +8 +9 +10
______	-10 -9 -8 -7 -6 -5 -4 -3 -2 -1 0 +1 +2 +3 +4 +5 +6 +7 +8 +9 +10
______	-10 -9 -8 -7 -6 -5 -4 -3 -2 -1 0 +1 +2 +3 +4 +5 +6 +7 +8 +9 +10

Patron:

______	-10 -9 -8 -7 -6 -5 -4 -3 -2 -1 0 +1 +2 +3 +4 +5 +6 +7 +8 +9 +10

İş Arkadaşları (isim ya da mevki listesi yapınız):

______	-10 -9 -8 -7 -6 -5 -4 -3 -2 -1 0 +1 +2 +3 +4 +5 +6 +7 +8 +9 +10
______	-10 -9 -8 -7 -6 -5 -4 -3 -2 -1 0 +1 +2 +3 +4 +5 +6 +7 +8 +9 +10
______	-10 -9 -8 -7 -6 -5 -4 -3 -2 -1 0 +1 +2 +3 +4 +5 +6 +7 +8 +9 +10
______	-10 -9 -8 -7 -6 -5 -4 -3 -2 -1 0 +1 +2 +3 +4 +5 +6 +7 +8 +9 +10
______	-10 -9 -8 -7 -6 -5 -4 -3 -2 -1 0 +1 +2 +3 +4 +5 +6 +7 +8 +9 +10
______	-10 -9 -8 -7 -6 -5 -4 -3 -2 -1 0 +1 +2 +3 +4 +5 +6 +7 +8 +9 +10

Astlar (isim ya da mevki listesi yapınız):

______	-10 -9 -8 -7 -6 -5 -4 -3 -2 -1 0 +1 +2 +3 +4 +5 +6 +7 +8 +9 +10
______	-10 -9 -8 -7 -6 -5 -4 -3 -2 -1 0 +1 +2 +3 +4 +5 +6 +7 +8 +9 +10
______	-10 -9 -8 -7 -6 -5 -4 -3 -2 -1 0 +1 +2 +3 +4 +5 +6 +7 +8 +9 +10
______	-10 -9 -8 -7 -6 -5 -4 -3 -2 -1 0 +1 +2 +3 +4 +5 +6 +7 +8 +9 +10
______	-10 -9 -8 -7 -6 -5 -4 -3 -2 -1 0 +1 +2 +3 +4 +5 +6 +7 +8 +9 +10
______	-10 -9 -8 -7 -6 -5 -4 -3 -2 -1 0 +1 +2 +3 +4 +5 +6 +7 +8 +9 +10

Düzenli bir şekilde etkileşim içinde olduğunuz diğer kişiler:

______	-10 -9 -8 -7 -6 -5 -4 -3 -2 -1 0 +1 +2 +3 +4 +5 +6 +7 +8 +9 +10
______	-10 -9 -8 -7 -6 -5 -4 -3 -2 -1 0 +1 +2 +3 +4 +5 +6 +7 +8 +9 +10
______	-10 -9 -8 -7 -6 -5 -4 -3 -2 -1 0 +1 +2 +3 +4 +5 +6 +7 +8 +9 +10
______	-10 -9 -8 -7 -6 -5 -4 -3 -2 -1 0 +1 +2 +3 +4 +5 +6 +7 +8 +9 +10
______	-10 -9 -8 -7 -6 -5 -4 -3 -2 -1 0 +1 +2 +3 +4 +5 +6 +7 +8 +9 +10
______	-10 -9 -8 -7 -6 -5 -4 -3 -2 -1 0 +1 +2 +3 +4 +5 +6 +7 +8 +9 +10

DURUMLAR VE AKTİVİTELER: Bedeniniz aşağıdakilere nasıl tepki verir:

Geliriniz

______	-10 -9 -8 -7 -6 -5 -4 -3 -2 -1 0 +1 +2 +3 +4 +5 +6 +7 +8 +9 +10

İşte geçirdiğiniz süre

______	-10 -9 -8 -7 -6 -5 -4 -3 -2 -1 0 +1 +2 +3 +4 +5 +6 +7 +8 +9 +10

Dini ya da ruhani pratikleriniz (kiliseye gitme, camiye gitme, meditasyon, doğayla bütünleşme vb)

______ -10 -9 -8 -7 -6 -5 -4 -3 -2 -1 0 +1 +2 +3 +4 +5 +6 +7 +8 +9 +10

______ -10 -9 -8 -7 -6 -5 -4 -3 -2 -1 0 +1 +2 +3 +4 +5 +6 +7 +8 +9 +10

______ -10 -9 -8 -7 -6 -5 -4 -3 -2 -1 0 +1 +2 +3 +4 +5 +6 +7 +8 +9 +10

______ -10 -9 -8 -7 -6 -5 -4 -3 -2 -1 0 +1 +2 +3 +4 +5 +6 +7 +8 +9 +10

______ -10 -9 -8 -7 -6 -5 -4 -3 -2 -1 0 +1 +2 +3 +4 +5 +6 +7 +8 +9 +10

______ -10 -9 -8 -7 -6 -5 -4 -3 -2 -1 0 +1 +2 +3 +4 +5 +6 +7 +8 +9 +10

______ -10 -9 -8 -7 -6 -5 -4 -3 -2 -1 0 +1 +2 +3 +4 +5 +6 +7 +8 +9 +10

______ -10 -9 -8 -7 -6 -5 -4 -3 -2 -1 0 +1 +2 +3 +4 +5 +6 +7 +8 +9 +10

İş tanımınızın çeşitli yönleri (yaratıcı çalışma, yöneticilik, toplantılar, belge yazma, sunum yapma, seyahat vb):

______ -10 -9 -8 -7 -6 -5 -4 -3 -2 -1 0 +1 +2 +3 +4 +5 +6 +7 +8 +9 +10

______ -10 -9 -8 -7 -6 -5 -4 -3 -2 -1 0 +1 +2 +3 +4 +5 +6 +7 +8 +9 +10

______ -10 -9 -8 -7 -6 -5 -4 -3 -2 -1 0 +1 +2 +3 +4 +5 +6 +7 +8 +9 +10

______ -10 -9 -8 -7 -6 -5 -4 -3 -2 -1 0 +1 +2 +3 +4 +5 +6 +7 +8 +9 +10

______ -10 -9 -8 -7 -6 -5 -4 -3 -2 -1 0 +1 +2 +3 +4 +5 +6 +7 +8 +9 +10

______ -10 -9 -8 -7 -6 -5 -4 -3 -2 -1 0 +1 +2 +3 +4 +5 +6 +7 +8 +9 +10

______ -10 -9 -8 -7 -6 -5 -4 -3 -2 -1 0 +1 +2 +3 +4 +5 +6 +7 +8 +9 +10

______ -10 -9 -8 -7 -6 -5 -4 -3 -2 -1 0 +1 +2 +3 +4 +5 +6 +7 +8 +9 +10

Ev hayatınızın çeşitli yönleri (çocuk bakımı, çamaşır yıkama, bahçe işi, fatura ödeme vb):

______ -10 -9 -8 -7 -6 -5 -4 -3 -2 -1 0 +1 +2 +3 +4 +5 +6 +7 +8 +9 +10

______ -10 -9 -8 -7 -6 -5 -4 -3 -2 -1 0 +1 +2 +3 +4 +5 +6 +7 +8 +9 +10

______ -10 -9 -8 -7 -6 -5 -4 -3 -2 -1 0 +1 +2 +3 +4 +5 +6 +7 +8 +9 +10

______ -10 -9 -8 -7 -6 -5 -4 -3 -2 -1 0 +1 +2 +3 +4 +5 +6 +7 +8 +9 +10

______ -10 -9 -8 -7 -6 -5 -4 -3 -2 -1 0 +1 +2 +3 +4 +5 +6 +7 +8 +9 +10

______ -10 -9 -8 -7 -6 -5 -4 -3 -2 -1 0 +1 +2 +3 +4 +5 +6 +7 +8 +9 +10

Boş zaman aktiviteleri (televizyon seyretme, dans etme, okuma, spor yapma, sevişme vb):

______ -10 -9 -8 -7 -6 -5 -4 -3 -2 -1 0 +1 +2 +3 +4 +5 +6 +7 +8 +9 +10

______ -10 -9 -8 -7 -6 -5 -4 -3 -2 -1 0 +1 +2 +3 +4 +5 +6 +7 +8 +9 +10

______ -10 -9 -8 -7 -6 -5 -4 -3 -2 -1 0 +1 +2 +3 +4 +5 +6 +7 +8 +9 +10

______ -10 -9 -8 -7 -6 -5 -4 -3 -2 -1 0 +1 +2 +3 +4 +5 +6 +7 +8 +9 +10

______ -10 -9 -8 -7 -6 -5 -4 -3 -2 -1 0 +1 +2 +3 +4 +5 +6 +7 +8 +9 +10

______ -10 -9 -8 -7 -6 -5 -4 -3 -2 -1 0 +1 +2 +3 +4 +5 +6 +7 +8 +9 +10

ÇEVRE: (Not: Birçok kişi bulundukları çevreyi sorgulamaksızın kabul eder. Aslında zaman geçirdiğiniz yerlerde mutlu olmak, yaşamdan tatminin en güçlü belirleyicilerinden biridir.) **Bedeniniz aşağıdakilere nasıl tepki verir:**

Yaşadığınız coğrafik bölge:

______ -10 -9 -8 -7 -6 -5 -4 -3 -2 -1 0 +1 +2 +3 +4 +5 +6 +7 +8 +9 +10

Şehriniz:

______ -10 -9 -8 -7 -6 -5 -4 -3 -2 -1 0 +1 +2 +3 +4 +5 +6 +7 +8 +9 +10

Mahalle:

______ -10 -9 -8 -7 -6 -5 -4 -3 -2 -1 0 +1 +2 +3 +4 +5 +6 +7 +8 +9 +10

Ev ya da daire:

______ -10 -9 -8 -7 -6 -5 -4 -3 -2 -1 0 +1 +2 +3 +4 +5 +6 +7 +8 +9 +10

İşyeri:

______ -10 -9 -8 -7 -6 -5 -4 -3 -2 -1 0 +1 +2 +3 +4 +5 +6 +7 +8 +9 +10

Yaşamsal faaliyetler (bir yere gitme, ayak işleri yapma vb):

______ -10 -9 -8 -7 -6 -5 -4 -3 -2 -1 0 +1 +2 +3 +4 +5 +6 +7 +8 +9 +10

______ -10 -9 -8 -7 -6 -5 -4 -3 -2 -1 0 +1 +2 +3 +4 +5 +6 +7 +8 +9 +10

______ -10 -9 -8 -7 -6 -5 -4 -3 -2 -1 0 +1 +2 +3 +4 +5 +6 +7 +8 +9 +10

______ -10 -9 -8 -7 -6 -5 -4 -3 -2 -1 0 +1 +2 +3 +4 +5 +6 +7 +8 +9 +10

______ -10 -9 -8 -7 -6 -5 -4 -3 -2 -1 0 +1 +2 +3 +4 +5 +6 +7 +8 +9 +10

______ -10 -9 -8 -7 -6 -5 -4 -3 -2 -1 0 +1 +2 +3 +4 +5 +6 +7 +8 +9 +10

______ -10 -9 -8 -7 -6 -5 -4 -3 -2 -1 0 +1 +2 +3 +4 +5 +6 +7 +8 +9 +10

DETAYLI GÖRÜNÜM: YARININ DEĞERLENDİRMESİ

Yine, en güçlü pozitif ve negatif *fiziksel* tepkilerinizin belirtilerini işaretleyin. Ondan sonra, saat temelli zaman çizelgesine gidin ve yarın yapmayı planladığınız bütün aktiviteleri yazın. Yargılamayı, suçluluğu ve endişeyi bırakın; her aktiviteyi tek tek düşünün ve *bedeninizin* her maddeye nasıl pozitif ya da negatif tepkiler verdiğini yazın.

	En güçlü Negatif His										Nötr Tepki										En güçlü Pozitif His
05.00-06.00	-10	-9	-8	-7	-6	-5	-4	-3	-2	-1	0	+1	+2	+3	+4	+5	+6	+7	+8	+9	+10
06.00-07.00	-10	-9	-8	-7	-6	-5	-4	-3	-2	-1	0	+1	+2	+3	+4	+5	+6	+7	+8	+9	+10
07.00-08.00	-10	-9	-8	-7	-6	-5	-4	-3	-2	-1	0	+1	+2	+3	+4	+5	+6	+7	+8	+9	+10
08.00-09.00	-10	-9	-8	-7	-6	-5	-4	-3	-2	-1	0	+1	+2	+3	+4	+5	+6	+7	+8	+9	+10
09.00-10.00	-10	-9	-8	-7	-6	-5	-4	-3	-2	-1	0	+1	+2	+3	+4	+5	+6	+7	+8	+9	+10
10.00-11.00	-10	-9	-8	-7	-6	-5	-4	-3	-2	-1	0	+1	+2	+3	+4	+5	+6	+7	+8	+9	+10
11.00-12.00	-10	-9	-8	-7	-6	-5	-4	-3	-2	-1	0	+1	+2	+3	+4	+5	+6	+7	+8	+9	+10
12.00-13.00	-10	-9	-8	-7	-6	-5	-4	-3	-2	-1	0	+1	+2	+3	+4	+5	+6	+7	+8	+9	+10
13.00-14.00	-10	-9	-8	-7	-6	-5	-4	-3	-2	-1	0	+1	+2	+3	+4	+5	+6	+7	+8	+9	+10
14.00-15.00	-10	-9	-8	-7	-6	-5	-4	-3	-2	-1	0	+1	+2	+3	+4	+5	+6	+7	+8	+9	+10
15.00-16.00	-10	-9	-8	-7	-6	-5	-4	-3	-2	-1	0	+1	+2	+3	+4	+5	+6	+7	+8	+9	+10
16.00-17.00	-10	-9	-8	-7	-6	-5	-4	-3	-2	-1	0	+1	+2	+3	+4	+5	+6	+7	+8	+9	+10
17.00-18.00	-10	-9	-8	-7	-6	-5	-4	-3	-2	-1	0	+1	+2	+3	+4	+5	+6	+7	+8	+9	+10
18.00-19.00	-10	-9	-8	-7	-6	-5	-4	-3	-2	-1	0	+1	+2	+3	+4	+5	+6	+7	+8	+9	+10
19.00-20.00	-10	-9	-8	-7	-6	-5	-4	-3	-2	-1	0	+1	+2	+3	+4	+5	+6	+7	+8	+9	+10
20.00-21.00	-10	-9	-8	-7	-6	-5	-4	-3	-2	-1	0	+1	+2	+3	+4	+5	+6	+7	+8	+9	+10
21.00-22.00	-10	-9	-8	-7	-6	-5	-4	-3	-2	-1	0	+1	+2	+3	+4	+5	+6	+7	+8	+9	+10
22.00-23.00	-10	-9	-8	-7	-6	-5	-4	-3	-2	-1	0	+1	+2	+3	+4	+5	+6	+7	+8	+9	+10
23.00-24.00	-10	-9	-8	-7	-6	-5	-4	-3	-2	-1	0	+1	+2	+3	+4	+5	+6	+7	+8	+9	+10
24.00-01.00	-10	-9	-8	-7	-6	-5	-4	-3	-2	-1	0	+1	+2	+3	+4	+5	+6	+7	+8	+9	+10
01.00-02.00	-10	-9	-8	-7	-6	-5	-4	-3	-2	-1	0	+1	+2	+3	+4	+5	+6	+7	+8	+9	+10
02.00-03.00	-10	-9	-8	-7	-6	-5	-4	-3	-2	-1	0	+1	+2	+3	+4	+5	+6	+7	+8	+9	+10
03.00-04.00	-10	-9	-8	-7	-6	-5	-4	-3	-2	-1	0	+1	+2	+3	+4	+5	+6	+7	+8	+9	+10
04.00-05.00	-10	-9	-8	-7	-6	-5	-4	-3	-2	-1	0	+1	+2	+3	+4	+5	+6	+7	+8	+9	+10

Biz beraber çalışmaya başladıktan birkaç hafta sonra, Holly işinden ayrıldı ve yüksekokul eğitimiyle tekrar keşfettiği uluslararası seyahat ve dolaşmaya olan arzusunu birleştirerek kendi ithalat-ihracat şirketini kurmaya başladı. Erkek arkadaşıyla olan ilişkisinde daha özerk ve iddialı olabilmek için de uğraştı. Geçenlerde nikâh davetiyelerini aldım. Ekteki resimde Holly (eski Frankenstein'ın Eşi, yeni Alex'in Eşi) enerjik, mutlu ve çok ama çok rahat görünüyor.

162-166 arasındaki sayfalarda bulunan çizelgeler özbenliğinizin hayatınız hakkında ne hissettiğini anlamak için beden bilginizi nasıl kullanacağınıza yardımcı olacak. Bir alıştırma Genel Görünümü (önemli ilişkilerinizi ve yaşam tarzı şablonlarınızı) incelerken, diğeri Detaylı Görünüme (bu günlerde zamanınızı nasıl geçirdiğinize) bakar. Bu formları doldurmak bedeninizi bir yön bulma cihazı olarak kullanmaya başlamanız için bir yoldur, ama bu çizelgeler bisiklet kullanmayı öğrenirken yanlara takılan küçük tekerlekler gibidir. En sonunda, ne zaman bir seçim yapsanız, bunun Kutupyıldızınızdan uzağa mı yoksa ona doğru mu gitmeniz için belirlenmiş bir seçenek olup olmadığını bedeninizle kontrol etmeyi öğreneceksiniz. Ardından bu kitabın geri kalanındaki değişiklikler için bu yön bulma cihazlarını ve stratejileri kullanmaya hazır olacaksınız. Daha farkına bile varmadan, siz de balina takımyıldızının bir âşığı olup çıkacaksınız.

7

RUH ŞARAPNELİ: DUYGU PUSULANIZI TAMİR ETMEK

Her nevroz, çekilmesi haklı görülen bir acının bir ikamesidir.

–CARL JUNG

Şimdi, bir sabah esneyip iç çamaşırınızın altındakini kaşıyarak yataktan kalkarken, hiçbir uyarı olmadan, Ulusal Silah Derneğinden bir şaşkın –Charlton Heston[1] diyelim– yanlışlıkla pencerenize doğru ateş eder. Bam! Kalbiniz civarında bir yerden sizi vurur. Tam o sırada, kapınız çalınır. Bir eliniz göğsünüzde, sendeleyerek gidip kapıyı açarsınız. Eşikte beni görürsünüz, en sevdiğiniz yaşam tasarımı danışmanınız olan *ben*'i görürsünüz.

"Naber dostum!" derim, siz kanlar içinde kapıya yaslanırken. "Hadi gidip biraz eğlenelim! Bugün ne yapmak istersin?"

Cevabınızın "ameliyat olmak" olacağına iddiaya girerim. Tabii ki ameliyatın eğlenceli olacağını söylemiyorum. Ama birisi bu kurşun yarasına bakana kadar *hiçbir şeyin* –asla– eğlenceli olmayacağının kesinlikle farkındasınız.

---

1 Ulusal Silah Derneği başkanlığı yapmış olan, meşhur bir sinema, televizyon ve tiyatro oyuncusu.

Müşterilerimin çoğu öz-benlikleriyle bağlantıya geçer geçmez, onları anında servet ya da şana götürecek bir tutku, yetenek ya da hırs keşfedeceklerini bekler. Bazı örneklerde, bu gerçekten olur. Bununla beraber, daha çok, öz-benliğin ilk yaptığı şey acıyla iletişim kurmaktır. Ve ilk olarak ameliyat diye çığlığı basar.

DUYGUSAL YARALAR

Duygularınız inanılmaz derecede güçlü, hassas aletlerdir ve Kutupyıldızınızı bulup ona ulaşmanıza yardımcı olmak için ısmarlama yapılmışlardır. Ne var ki çoğumuz duygu pusulalarımıza zarar veren koşullarla karşılaşırız. Hatta hayatınızı kalbinize şarapnel yemeden geçirmeyi başardıysanız, siz ve ben belli ki aynı gezegende yaşamıyoruz. Öz-benliğinizin çok katı öncelikleri vardır. Eğer iyileşmemiş bir duygusal yaranın acısını çekiyorsanız, sizi iş ya da aşkta toplumsal olarak tanımlanmış bir "başarıya" yollamayacaktır. Bu bölüm, duygu pusulalarınız sizi duygusal Acil Servisin ötesine ve Kutupyıldızına götürebilmesi için, bu tarz yaraları nasıl tanımlayıp iyileştireceğinizi size anlatacak.

Hemingway hayat hepimizi yaralasa da bazılarımız "bu yaralı yerlerde güçlenmeyi" başarırız diye yazdı. Bu, duygusal yaranın iyileşebilecek doğru koşulları olduğunda doğal olarak gerçekleşir. Duygusal olarak güvenli ortamlarda yaşayacak kadar şanslı insanların yaraları neredeyse oluştukları anda iyileşmeye başlar. Geri kalanımız bu kadar çabuk iyileşmeyiz. Biz, bırakın ilkyardım yapacak kadar yetenekli olmayı, dinlenecek güvenli bir yeri bile olmayan, duygusal savaş alanlarında yaralanırız. Bu yüzden, kanamamız devam ederken, yaralarımızı elimizden geldiğince sarıp ruhumuzda şarapnel parçalarıyla savaşmaya devam ederiz.

Bu milyarlarca yolla olur. Natasha tam da açlıktan ölmek üzere olan bir timsahın anaç duyarlılığına sahip bir anne tarafından büyütülmüştü. Josh'un harika ebeveynleri vardı ve bu, onların öz çocukları olmadığını öğrendiğinde her şeyi daha zor hale sokmuştu. Consuela yedi yaşındayken Brezilya'dan Alabama'ya taşındığında Amerika'nın güneyinde siyah derili bir çocuk olmanın etobur hayvanlar toplantısında pofuduk tavşanlı bir tişört giymeye ne kadar benzediğini öğrenmişti. Çin'den gelmiş bir ailenin oğlu olan Owen, ebeveynlerine, büyükanne ve büyükbabasına o kadar düşkündü ki gerçek hayat nasıl olursa olsun, onları üzmemek için her zaman mutluymuş numarası yapıyordu. Yıllar geçtikçe, gerçek benliğinden bu şekilde kopması acı verici bir yalnızlığa dönüşmüştü.

Lütfen, bu insanların hiçbirinin zihinsel bozukluğu olmadığına ve çoğunun mutlu, sevecen ailelerden geldiğine dikkat edin. Onlar, normal duygusal sıkıntılara normal tepkiler veren, psikolojik olarak normal insanlardı. Ama yaraları iyileşmediği için, hepsi bozuk duygu pusulalarıyla yanlış yöne gittiler. Kendilerine dair şüpheleri, korkuları ve üzüntüleri onları arzularından ve sağlıklı duygusal durumlarda olsalar onlar için mükemmel olacak fırsatlardan uzaklaştırdı.

Bu insanların yaptığı hataların bazılarının yapmış olabilirsiniz: bir ilişkinin kaybı sizi şüpheci ve çekingen yaptığı için aşktan kaçınmış, çocukken alıştığınız için büyüdüğünüzde haşin davranışları kabul etmiş ya da küçük hayalleriniz yok oldu diye büyüklerinin kökünü kazımış olabilirsiniz. Ya da –dürüst olalım– çok daha kötüsünü yapmış olabilirsiniz. Yürüyen yaralıların çoğu, duygusal acıyla o kadar uzun süre boğuşur ki toplumsal benliğin tüm kontrolünü kaybedip yenilir, taş kalpli ya da kimyasallara ve acılarını uyuşturacak davranışlara bağımlı olurlar. Istıraplarını Sürekli Vermeye Devam Eden acımasız bir Hediyeye dönüştürür, diğer insanlara korkunç zararlar verirler, genelde de en sevdiklerine. Bu Kutupyıldızınızdan en uzak olabilecek varoluş türüdür.

Duygusal yaralarınızı temizlemeyi, sarmayı ve dikmeyi bırakmanın istediğiniz yaşama ulaşmak için önemli bir adım olduğuna sizi ikna ettim mi? Eğer etmediysem, başarısızlıkla en düşük seviyede kur yapıyor olabilirsiniz. Dışarıdan harika görünen şeyler elde etmiş olsanız bile iyileşmemiş bir duygusal yara onları sizin için boş ve zevksiz kılacaktır. Buna karşın, duygusal sağlığınıza kavuşmanız, gerçekten olağanüstü bir şey elde etmenizden çok önce gerçekleşecek küçük başarıları bile neşeyle dolduracaktır.

DUYGUSAL YARALARI TEŞHİS ETME

Ron tam iki yıl boyunca seanslara devam etmekte ısrar etti ama ona bir faydam dokunuyormuş gibi görünmüyordu. Yenilikçi bir teknoloji firmasındaki pazarlama müdürü olarak gelecek vaat eden kariyeri ben onunla tanıştıktan yaklaşık bir ay sonra tamamen durakladı. Sıkkın ve hayal kırıklığına uğramış bir şekilde işini bırakmaya karar verdi, ama ne kadar konuşursak konuşalım, aklına yapacak başka bir şey gelmiyordu.

Bir gün, neredeyse elimdeki bütün numaraları denedikten sonra, hiç konuşmadan birkaç dakika sessizce oturduk. Ron o gün özellikle tükenmiş gibi görünüyordu, kayıtsızlık adını verdiği bir şekilde kendi içine büzülmüştü. Bunun çok daha güçlü bir şey olduğuna dair içimde çok sağlam bir his vardı. Kaybedecek bir şeyimiz olmadığından, önsezimi kullanmaya karar verdim.

"Ron," dedim, "Söyler misin, umutsuzluk içinde misin?"

Ron en ufak bir şaşkınlık belirtisi bile olmadan bezgince bana baktı. Bir süre sonra konuştu: "Sürekli kız arkadaşımı düşünüyorum."

Bir müşterim ne zaman devasa bir adım atsa omuzlarımda ve başımda hissettiğim o elektrikli, karıncalanma duygusunu hissetmeye başladım. "Ben kız arkadaşın olduğunu bile bilmiyordum," dedim Ron'a.

"Zaten yok," dedi. "Üç yıl önce öldü. Trafik kazasında."

Ağzım bir karış açık kaldı. "Ve sen bana bundan hiç bahsetmedin?"

Ron kaşlarını çattı. "Gina'nın ölümünün benim kariyerimle ne ilgisi var ki?"

"Her türlü ilgisi var," dedim. "Kesinlikle her tür ilgisi var."

Hikâyeyi anlatması uzun sürmedi. Gina öldüğünde Ron ona âşık olma sürecindeydi. Onu daha birkaç aydır tanıyordu; hiç kimse onları bir çift olarak düşünmemişti ya da Ron'un Gina'yı ne kadar önemsediğini bilmiyordu. Bu, çoğu insana –özellikle erkeklere– açıklaması ya da yansıtması zor gelen türde bir şeydi. Ron nasıl başlayacağını bile bilmiyordu, bu yüzden bu korkunç, duygusal yarasını kendine saklamıştı.

Ron'un öz-benliği hemen profesyonel ve sosyal aktiviteleri boykot etmeye başlamış, çalışmayı bıraktırmış ve tedavi olmaması için elinden geleni yapmıştı. Toplumsal benliği büroda, haftalık poker oyununda, ebeveynleriyle pazar yemeklerinde görünmeye devam etmişti, ama öz-benliği içine kapanmış, Gina'ya yasa tutuyordu. Doğal olarak, Ron işinden aldığı tüm zevki kaybetmişti, ama onun mesleğine uygunluğuyla ilgili bir sorunu yoktu. Sorun, pazarlama bölümünün, kalbine yeni kurşun yemiş birisinin seçeceği ilk aktivite tercihi olmamasıydı.

Ondan bahsettiği ilk günden itibaren, Ron'la Gina hakkında konuşarak çok zaman geçirdik. Ona aynı zamanda iyi bir terapist önerdim. O da Ron'un Gina'nın ölümüyle ilgili duygularını işlemeye yardımcı oldu. Çok geçmeden, Ron işinden zevk almaya başladığını fark etti. Günümüzde hâlâ orada çalışıyor ve son zamanlarda yine bir kızla çıkmaya başladı. Gina'yı asla unutmayacak, ama onun ölümünün açtığı yara iyileşti.

Ben, Ron gibi kendisini yoluna taş konmuş, hedefsiz ya da kontrolsüz hisseden neredeyse herkesin çözülmemiş bir duygusal yarası olduğuna inanıyorum. Yaşam coşkusunun kaybolması, her zaman için içteki benliğin yaralı olduğunun bir işaretidir. Herkesin öz-benliği saf üretici bir enerjidir ve eğer duygusal yönünüz iyileşmişse, öz-benliğiniz neredeyse otomatik olarak sizi tatmin edici bir yaşama yollayacaktır. Eğer, dürüst bir çabaya rağmen, coşku ve zevk dolu bir yaşam hayal edemiyorsanız, önceliğe göre sınıflandırma yapmanın sırası geldi.

İşte size duygusal yaralardan dolayı durdurulup durdurulmadığınıza karar vermenize yardımcı olacak kısa bir test. Eğer kendinizi tamamen turp gibi hissediyorsanız bu bölümün geri kalanını atlayın. Bir gün tekrar ihtiyacınız olursa, merak etmeyin burada olacaktır, ama umarım ihtiyacınız olmaz. Ama eğer bu test bir yaranın izlerini açıkça gösterirse, eğer içteki benliğinizde bir şey, duygusal bir şarapnel parçası taşıyor olabileceğiniz fikrini çağrıştırıyorsa *ya da eğer iyileşmemiş bir yara saklıyor olabileceğinize dair bariz sinyallerle şiddetle aşağılanıyorsanız* (psikologların "karşı tepki" dedikleri bir şey), bu bölümün geri kalan alıştırmalarını yapmak büyük ihtimalle Kutupyıldızınıza giden yolda bir sonraki adım olmalıdır.

DUYGUSAL YARALARI TEST ETMEK

Aşağıdaki sorulara mümkün olduğunca dürüst cevap verin. "Evet" ve "Hayır" cevaplarının her zaman aynı kolonda olmadığına lütfen dikkat edin. Eğer soruları cevaplamaya isteksizseniz ya da açıklamamayı tercih ettiğiniz bir şeyi açıklamak için oyuna getirilmiş hissediyorsanız, bu oyun bitti: Büyük ihtimalle duygusal bir yaranız var.

1	2	
H	E	İnsanlar size hiç kendini beğenmiş, soğuk, ilgisiz ya da soğuk göründüğünüzü söyledi mi?
E	H	Neredeyse bütün duygularınızı gerçekten anlayan en az bir kişi var mı?
H	E	Yapmamak isteseniz de yapmadan duramadığınız bir şey var mı?
H	E	Bir grup arkadaşınızla birkaç saat geçirdikten sonra kendinizi bitkin ve huysuz hisseder misiniz?
H	E	Sosyal gruplarla etkileşimden sonra "toparlanmak" için sık sık yalnız kalmak ister misiniz?
E	H	En sevdiğiniz kişinin/kişilerin önünde rahatça ağlayabilir misiniz?
E	H	Haftada en az bir kez duygularınız hakkında en az bir kişiyle konuşur musunuz?
H	E	Hayatınızda hiç kimseyle konuşmak istemediğiniz bir konu var mı?
E	H	Duygularınızı yansıtmanıza izin veren düzenli aktiviteler yapar mısınız (günlük yazmak, duygusal şarkılara eşlik etmek, rol yapmak, duygusal filmlerde ağlamak vb)?
H	E	Övüldüğünüzde utanmak, başarısız olduğunuzda rahatlamak ya da sevildiğinizde endişe duymak gibi beklenmedik ya da tuhaf duygusal tepkileriniz var mı?

H E Karanlık sırlarınız var mı?

E H Birisi sizi kızdırdığında, ne kadar kızgın olduğunuzu ona söyler misiniz?

H E Başka insanlarla beraber olduğunuz da (ya da özellikle o zaman) kendinizi yalnız hisseder misiniz?

E H En çok sevdiğiniz kişilerin size sevgiyle dokunması sizi rahatsız eder mi?

H E Sadece seviştiğiniz kişinin dokunmasından mı hoşlanırsınız yoksa her dokunuş size cinsel mi gelir?

E H İyi bir haber aldığınızda, sadece mutluluğunuzu paylaşmak için arayacağınız kişiler var mı?

H E Hiç kızgın ya da üzgün olmamakla övünür müsünüz?

H E Hakkınızı korumak adına anlaşmazlığa sebep olmaktansa öfkenizi "bastırmayı" tercih eder misiniz?

E H Ailenize ve arkadaşlarınıza sevginizi sözlü ifadeyle rahatça yansıtır mısınız?

H E Sıradan bir günde, beş seferden daha az güler misiniz (samimi olarak, nezaket icabı değil)?

H E Kötü bir haber duyduğunuzda ya da başka birisinin öfkesini ortaya koyduğunda olduğu gibi uygunsuz zamanlarda güler misiniz?

H E Neden olduğunu bilmeden sık sık ağlar mısınız?

Birinci ve ikinci kolonlardaki cevapları sayın. İkinci kolonda 2'den daha çok cevap olası bir duygusal yarayı gösterir.

DUYGUSAL BİR YARAYI TEDAVİ ETMEK

Bir kere teşhis ettiniz mi, duygusal yaraları iyileştirmek şaşırtıcı derecede basittir. Basit dedim, kolay değil. Aşamalar oldukça açıktır, ama sizi korkutacakları kesindir ve kısa süreliğine de olsa aşırı acı verici olabilirler.

Oprah'ın[1] 150 kiloluk tümörü olan kadını gösterdiği programı izlemiş olabilir misiniz? Kaba olmak istemem, ama o kadın Jabba the Hut'un[2] ikizi gibi görünüyordu. İyi huylu ama devasa bir kist, ameliyatla alınmasını kabul edene kadar onu eve hapsetmiş ve yatağa bağlamıştı. Bu, tıp tarihinde nadir rastlanan bir vakadır, ama aynı nedenden dolayı, neredeyse sakatmış gibi duygusal yaralarını yanlarında taşıyan insanlar görürüm: Onlar iyileşme sürecinden korkarlar. Bazı insanlar yaralarının açılma görüntüsünden o kadar korkarlar ki kurşun yaralarını yara bandıyla kapatıp bu duruma katlanmanın en iyisi olacağını düşünürler. Bu işe yaramaz. Aşağıdaki süreç, birçok versiyonuyla, duygusal yaraları iyileştirmenin, o ruh şarapnelini çıkarmanın ve sizi Kutupyıldızınıza götürmenin tek yolunu oluşturur.

Duygusal ameliyat şöyle yapılır: 1) Önce, ruhunuzda barınıyor olabilecek zararlı yabancı nesnenin yerini saptamanız gerekir. Bu, duygusal yaranızı yaratan olayları hafızanızda araştırarak yapılır. 2) Yaranızı temizlemek için, hikâyenizi şefkat ve empatiyle dinleyecek en az bir kişi bulmanız gerekir. Bu aşamanın asıl hedefi kendini sevmeyi öğrenmektir. Kişiye karşı duyulan şefkat her zaman başka birisinden alınan anlayış ve onayla başlar, ama ancak kendinizi rahatlatma ve kabul etme sanatında uzmanlaştıktan sonra başka birisinin yardımı olmadan duygusal yaralarınızı iyileştirebilirsiniz. 3) Kendi kendinizle de konuşsanız bir sırdaşla da konuşsanız (ve burada, kesinlikle profesyonel yardım almanızı öneririm, özellikle başlangıçta), o kişiye canınızı yakan olayların tamamını anlatın. Bir polis raporu gibi anlatmayın;

---

1 Oprah: Dünyanın en çok izlenen Amerikan yapımı televizyon programlarından biri.

2 Jabba the Hut: *Yıldız Savaşları* filmlerinden bir karakter. Şişman sayılır.

olaylara duygusal tepkilerinizi ekleyin ve hâlâ hissettiğiniz bütün duygusal acıları yansıtın. 4) Temizlenmiş yaranın dikilmesinin eşdeğeri, sizi dinleyenden şefkatli bir tepki aldığınızda, kendinize bu sevgiyi kabul etmesi için izin verdiğinizde ve bunu kendinize karşı hissetmeye başladığınızda olur. 5) Bu dört aşama tamamlandıktan sonra, iyileşmeyi tamamlarken biraz dinlenmeye ihtiyacınız olabilir. Şarapneli hâlâ taşıdığınız sürece durumu daha kötü yapacak olan zaman, temizlenip sarıldıktan sonra duygusal yaralarınızı şaşırtıcı bir hızla iyileştirir.

Tüm o korkunç süreç işte bu kadar. Tabii ki, kaç kez yaralandığınıza ve yaraların derinliğine bağlı olarak bu aşamaları birçok kez tekrarlamak zorunda kalabilirsiniz. Bazı kişiler bunu yapmaya o kadar alışırlar ki bu, bir yaşam tarzına dönüşür: her ilişki ondan önce olan korkunç şeyleri sayıp dökmek için başka bir şanstır. Buraya takılıp kalmayın. İlk birkaç seferden sonra, hikâyenizi anlatmanın iyileştirme etkisi artık yerine oturur ve her konuşmada daha az duygusal enerji hissedersiniz. Bu, ilerleme zamanının geldiğini gösteren sinyaldir.

1. *Adım: Sizi Neyin Yaraladığını Bulmak*

Pricilla lisede başarısız olduktan sonra ebeveynlerinin bana gönderdiği, kısa boylu ve huysuz bir genç kadındı. Kıvrak zekâsı ve alışılmadık cazibesine rağmen başarısız bir geçmişi vardı. Aynı zamanda iyileşmemiş bir duygusal yaranın sinyallerini veriyordu. Görünür bir tahrik yokken öfkeyle saldırıyor, ne zaman birisi onunla ilgili güzel bir şey söylese çok tedirgin oluyor ve kendini sürekli yalnız hissediyordu. Tekrarlanan başarısızlık şablonunu kırmaya kalkmadan önce çözmesi gereken duygusal sorunları olabileceğini düşündüğümü ona söyledim. Bu Pricilla'yı öfkeden köpürttü. O gün büromdan ayrıldığında, onu bir daha görmeyi beklemiyordum. Bir sonraki randevusuna erken gelerek beni şaşırttı.

"Tamam," diye parladı, daha oturmadan. "Diyelim bahsettiğiniz duygusal sorunum var. Ondan kurtulmam için ne yapmam gerekiyor?"

"Bana –ya da herhangi birisine– sizi neyin yaraladığını anlatmanız gerekiyor."

Pricilla bunu bir süre düşündü. "Başıma gerçekten de kötü bir şey gelmedi."

"Harika! Size yardım edebileceğimi sanmıyorum." Ayağa kalktım ve elimi uzattım.

İlk kez, Pricilla'nın alışılmış öfkeli bakışı endişeli bir ifadeye dönüştü. "Bir dakika," dedi. "Tamam, belki bir şey –bir şeyler– beni yaraladı. Yani hepimiz yaralanırız, değil mi? Ama size karşı açık olacağım –hayatımda o kadar kötü olabilecek bir şey aklıma gelmiyor. Neden bahsedeceğimi bilmiyorum."

"Ayağınıza hiçbir şey saplandı mı?" dedim, tekrar oturarak. "Eğer nerede olduğunu göremezseniz, etrafını yoklayıp neresinin acıdığını bulursunuz. Sonra dikkatinizi en çok acı veren yere yöneltirsiniz."

Pricilla başıyla onayladı.

"Hafızanıza saplanmış bir şey var. Ne olduğunu bulmak için, oraları el yordamıyla aramanız ve en çok acının nereden geldiğini fark etmeniz gerekir. Hiç ama hiç konuşmak istemediğiniz bir konu var mı? Düşünmek bile istemediğiniz bir şey?"

Gözlerini yuvarladı. "Yani çocukluğum gibi bir şey mi?"

"Başlangıç olarak bu olabilir. Çocukluğunuzda başınıza gelen en kötü şey neydi?"

"Bunu bilmek istemezsiniz."

"Evet," dedim, "ama bunu siz bilmek istemiyorsunuz. Doğrusu, ben oldukça merak ettim."

Pricilla'nın çocukluğunu bana anlatma beklentisiyle yüzleşmesi epey sürdü. Dehşete düşmüştü, duygusal bir acının altında ezilmekten ya da önümde ağlamaktan yahut asla kapatamayacağı bir Pandora'nın Kutusunu açmaktan korkuyordu.

Aslında Pricilla'nın duygularının nasıl incindiği çok önemli değildi. İyi niyetli, ama kontrolcü mükemmeliyetçiler olan annesiyle babası tek kızlarını sık sık eleştirmiş, onu nadiren onaylamış ve biraz tombul olduğuna karar verdikleri andan itibaren (beş yaşındayken) yemeğini kısmışlardı. Bunların hiçbiri büyük bir şey değildi, ama Pricilla öyküsünü bana anlatırken ortaya çıkan utanç ve acı, taciz edilmiş bir çocuğun ıstırabı kadar gerçek ve önemliydi. (Müşterilerimin çoğu Afrika'da çocuklar açlıktan ölürken kendi basit anılarından dolayı can sıkmayı hak etmediklerini söyler. Bence başka birisinin karnındaki yaranın sizin kırık kolunuzdan daha ciddi olması, sizin kırığınızın acı vermediği ya da bakıma ihtiyacı olmadığı anlamına gelmez. Afrika'daki çocuklara yardım etmek ya da dünyayı yaşanacak daha iyi bir yer haline getirmek istiyorsanız, buna sağlıklı olarak başlamanız lazım.)

Pricilla'nın, öyküsünü anlatma konusundaki bütün korkuları gerçekti, hatta hepsini yaşadı. Özellikle acı veren deneyimleri anlatırken, dayanılmaz bir üzüntü hissetti, ama dile getirilip duyulduğunda bunlar çabucak yok olunca şaşırdı. Ağladı ama umursamadım ve bir süre sonra, o da umursamadı. Ve hikâyesi iyi bir Pandora'nın Kutusunu açtı: Pricilla acısını serbest bırakmanın verdiği rahatlamayı yaşayınca, duygusal yaralarını bir daha hiç kimseden saklamadı. Duyguları güvendiği kişilere açık, başka bir yara oluştuğunda duyulmaya ve iyileşmeye hazırdı.

ALIŞTIRMA

Eğer Pricilla gibi, iyileşmemiş yaralarınız varsa, ama ne olduklarını bilmiyorsanız, etrafı biraz el yordamıyla arayın. Bir kâğıt parçası alın ve düşünmeyi ya da konuşmayı hiç istemediğiniz birkaç konuyu yazın. "Köpek kaçtı," "Annemle babam boşandı" ya da "Dedem ona verdiğim bisküvi boğazında kalınca boğuldu," gibi sadece başlıkları yazın. *Duygularınızı yaralayan olayın detaylarını anlatmayın.* Küçük ama zeki beyninizin acınızı bilinçsizliğe tıkmasının iyi bir nedeni vardır: Bununla yalnız başa çıkmaya yetecek duygusal desteğiniz yoktur.

Bu, zihinsel uygunsuzluk ya da korkaklığın bir işareti değildir. Mesela, acı dolu gerçekleri zihninde sondalama konusunda bir dahi olan, cesur yazar Virginia Woolf çocukluğunun bütün korkunç detaylarını yazmaya başladığında orta yaşa gelmişti. Kuzeni tarafından cinsel tacize uğramasının bir tasvirini yazdıktan kısa süre sonra, Woolf cebini taşlarla doldurup Thames Nehrine atlayıp kendini üzüntüleriyle boğarak intihar etti. Bunun nedeni duygusal bir yarayı iyileştirmek için ikinci adımı atmayı tamamlamamış ya da tamamlayamamış olmasıdır.

2. *Adım: Aklı başında, anlayışlı bir dinleyici bulun*

Gerçek, fiziksel bir kurşun yarasından herhangi bir yerde bahsedemezsiniz ya da herhangi bir kişiden yardım isteyemezsiniz. Her tür konforu olan, hijyenik bir ameliyathane ve çok iyi eğitim görmüş bir cerrah istersiniz. Çoğu insan duygusal yaralara da aynı oranda değerin verilmesi gerektiğini fark etmemiş gibi görünür. Etkin bir "ameliyat" dinleyicisi 1) sizi samimi bir şekilde seven, 2) kendi iyileşmemiş yaralarıyla kafası meşgul olmayan, 3) duygusal konulardan konuşmaktan korkmayan, 4) hemen "iyileştirmeye" çalışmadan acınızı anlayıp onunla empati kurabilecek birisidir.

Birisinin bu özelliklere sahip olup olmadığını nasıl anlarsınız? Toplumsal benliğinize bakarsanız anlayamazsınız. Benim size tavsiyem yetenekli bir psikoterapiste benzeyen, profesyonel bir dert ortağı bulmanızdır. (Bence hepimiz bütün mesajı anlamak için aynı nedenden ötürü terapi görmeliyiz. Gerçekten ihtiyacınız olmasa bile bu kendinizi tanrı sanki karnınızı okşuyormuş gibi hissetmenizi sağlayabilir.) Terapi görmüş arkadaşlarınız varsa, terapistlerini sevip sevmediklerini ya da tavsiye edebilecekleri biri olup olmadığını onlara sorun. Ya da özellikle belli bir tipteki müşteri sorunlarına uygun terapistler bulmak için çoğunlukla kullandığım bir tekniği deneyebilirsiniz: yakınınızdaki üniversitelerde çalışan psikoloji öğretmenlerini ve sosyal hizmet görevlilerini arayıp uygun birini tavsiye etmelerini isteyin. Birçok sigorta poliçesi ruh sağlığıyla ilgili birkaç randevunun masrafını karşılar, ama bunu çoğunlukla anlaşmalı oldukları terapistlerle sınırlarlar. Eğer bu, sizin için de geçerliyse, sigorta şirketiniz size ruh sağlığı profesyonellerinin kısa bir listesini verecektir.

Yine de bu, en iyi arkadaşınız ya da bir sağlık kuruluşunun size tavsiye ettiği terapiste bağlı kalmanız gerekiyor demek değildir. Duvarında diploma olması herkesin duygusal yaraları iyileştirme konusunda yetenekli olduğu anlamına gelmez. Kötü bir terapist –ne yazık ki onlar da var– durumu daha da kötüleştirecektir. Psikiyatrist içeriği aramak çoğu kişiye tuhaf, hatta biraz saygısızca gelebilir, ama asıl yapmanız gereken şey budur. Bir keresinde, hayatımın özellikle dehşetli bir döneminde, kendisini mucizevi bir tür halı temizleyicisi gibi gösteren bir terapiste gittim. Yaltakçı bir şekilde sıcak ve içtendi. "Bu iş çabuk ve kolay olacak," dedi bana. "Altı ay içinde kendinizi tamamen iyi hissedeceksiniz." Bir bakıma, duymak istediğim asıl şey buydu. Daha derinlerde ise, onun yalancı olduğunu ve aşırı sıkıntılı zihnimi hızlı okumaya kalkmanın korkunç bir yaklaşım olduğunu biliyordum. Yine de birkaç randevusuna gidip her seferinde kendimi daha şaşkın ve altüst olmuş hissettim. Sonunda, başka bir terapiste danıştım. Yaşadığım sorunlardan ona biraz bahsettiğimde, hiç gülümsemeden başını iki yana salladı. "Bu acayip zor olacak," dedi. "Sizi desteklemeye hazırım, ama sizin yerinizde olmadığıma memnunum." Hemen birinciyi bırakıp ikinci terapiste geçtiğim ve bu terapist en sadık ve bana en çok yardımcı olan danışmanlarımdan biri oldu.

Bir duygusal tedavi dinleyicisi seçmenin ya da öykünüze yardımcı olacak bir karşılık bulmayı garantiye alacak, hatasız bir yol yoktur; başcerrahın bile kötü günü olabilir. Ama ben acı öykülerinizi kimin dinlemesi gerektiğini kararlaştırmak için çok etkili iki test buldum. İlk olarak, ona açılmanızı *isteteceğiniz* birisini seçin. Bu kişi konuşkan ve aşırı anlayışlı biri olmayabilir. Biraz önce bahsettiğim psikiyatrist gibi, büyük terapistler çoğunlukla oldukça yansız ve sakin kişiler olarak karşınıza çıkarlar, özellikle de onlarla yeni tanıştığınızda. Ama aynı zamanda, içgüdüsel olarak güveneceğiniz, sağlam, hatta dobra bir tür duygusal dürüstlük sergilerler. Arzu, toplumsal benliğinizin değil, öz-benliğinizin bir işlevidir ve ilk içgüdüler insanların duygusal kapasitelerini "okumakta" sizin ya da benim tasarlayabileceğiniz bütün düşünsel testlerden çok daha gelişmiştir. Öz-benliğiniz size bunun güvenli olacağını hissettiren birisini bulduğunda, acı dolu hikâyelerinizi açmakta zorlanmadığınızı göreceksiniz. Çıldırmamak için bütün olayları hafızasına gizlemiş derecede kötü, dehşet verici travmaları olan insanlar bile öz-benlikleri güvenilir, sevecen bir dinleyici bulduğunda kendiliğinden hatırlamaya ve deneyimlerini anlatmaya başlarlar.

İkinci olarak ise, her şeyi bir seferinde anlatmayın. "Çatıdaki kedi" sistemini kullanın. Bu ismi kötü bir fıkradan aldım ve şimdi örnekleyici özelliklerinden dolayı acımasızca tekrar edeceğim.

Adamın biri tatile giderken kedisini bir arkadaşına bırakır. Kediyi kontrol etmek için aradığında, arkadaşı "Bunu söylemekten nefret ediyorum, dostum ama Yumuk öldü," der. "Özür dilerim, ama çatıdan düştü."

Tatildeki arkadaş, hattın diğer ucundaki arkadaşının sakinliği karşısında dehşete düşer. "Tanrı aşkına," der, "insan böyle bir şeyi anında yumurtlamaz! Şöyle söyler: 'Dostum, kedin çatıya çıktı. Onu indirmeye çalışıyoruz, ama iyi görünmüyor.' Sonra haberi yavaş yavaş söyleyebilirsin, birkaç gün içinde. Böylece kendimi hazırlayabilirim."

"Tamam," der arkadaşı.

"Peki, başka bir haber var mı?" diye sorar.

"Şey, bir şey daha var. Annen çatıya çıktı..."

Hafızanıza takılıp kalan acı verici olayları birisine işte böyle anlatırsınız. Her seferinde öykünüzün bir parçasını açığa çıkarsınız, kendinizi tamamen açıkta hissetmeyeceğiniz, minik bir güven gerektirecek kadarını. Sonra, tepkiyi ölçersiniz. Dinleyiciniz eğer ilgisiz, hor gören ya da endişeli bir tepki veriyorsa durursunuz. Acemi bir cerrahla birlikte sağlığa zararlı bir ameliyathanedesinizdir. Eğer tepki sakin, kabullenici ve empatikse, daha fazlasını açığa vurursunuz. Küçük bir adım daha atar, sonra tepkiyi tekrar kontrol edersiniz.

İlk sırdaşınızın eğitimli bir profesyonel olmasını tercih etmemin nedenlerinden biri, duygusal olarak yaralı insanların ruhlarını ilk kez açacakları itirafı dinlemeleri için çoğunlukla, mümkün olan en kötü dinleyicileri bulmasıdır. Öykünüzü duygusal yaralarınızı açan birisine anlatmanın çok *riskli olacağını* söylemeden geçeceğimi mi sanıyorsunuz? Ne yazık ki, bunu yapmak istemeniz de çok yüksek bir olasılıktır.

Colette bir yüksek lisans programını yarıda bırakmak üzereydi. Çocukluğu boyunca ona aptal olduğunu ve asla bir işe yaramayacağını söyleyen, çiftçi, sert bir annesi vardı. İşe bakın ki, tez jürisinin başkanı sevgili annesini andıran birisi çıkmıştı. Çocukken aldığı duygusal yaralar akademik performansını felce uğratıyordu, özellikle de bu profesörle etkileşime girmek zorunda olduğunda.

Seanslarımızın birinde, Colette bu bağlantıyı kurduğunda çok heyecanlandı. Çabucak evine gitti, annesini telefonla arayıp çocukluk yaralarını, o yaraların, hayatını nasıl aksattığı hakkında fark ettiği her şeyi ona anlattı. Tahmin edildiği gibi, Colette'in annesi savunmaya geçip Colette'in özünde olan kapanıklık ve beceriksizlik üzerine azarlayıcı, sert bir eleştiriye başlayarak kendi suçunu azalttı. Bazukayla ateş etse daha iyiydi: Colette neredeyse ölümcül derecede yaralandı. Bunun üzerine ne yaptı? Daha telefonu bile kapatmadan yüksek lisans danışmanını –Annesinin kopyasını– aradı ve bütün hikâyeyi ona da tekrar etti! Profesörün tepkisi soğuk ve kaba oldu. Colette'in tutkulu, savunmasız, duygusal yaşamöyküsü karşısında çılgına döndüğünü hayal edebiliyorum.

Mea culpa, mea culpa, mea maxima culpa[1]. Colette'te çok önemli bir hata yapmıştım: annesinin sevgisi ve desteği için tekrarlanan, yanlış hesaplanmış teşebbüsler yapmaya kalkışma olasılığı konusunda onu uyarmamıştım. İşte burada öz-benliğin masum, güvenen eğilimi toplumsal kişiliğin sağduyu ve deneyimi tarafından sağlamlaştırılmalıdır. Eğer çok sevdiğiniz biri sizi duygusal olarak yaraladıysa, bu kişiyi değişmeye, ne kadar değerli olduğunuzu görmeye, size hak ettiğiniz şekilde davranmaya ikna etmek için boş çabalarla yıllarınızı harcayabilirsiniz. Bu girişimler başarısız olduğunda (genelde öyle olur), sizi inciten kişiye benzeyen sevgiliye, arkadaşa hatta bazen patrona doğru çekildiğinizi hissedersiniz. Size karşı düzgün davranmalarını sağlamaya çalışırsınız, çünkü bu, size asıl yarayı açanlardan sevgi görmekmiş gibi gelir. Colette bu iki hatayı da yapıp hem annesinden hem de danışmanından düşman salvoları yiyip yüksek lisans programına ve yaşamına devam etmeden önce yeni yaralarını tedavi etmek için daha da çok zaman harcamak zorunda kaldı.

Birkaç sayfada inceleyeceğimiz gibi, Kutupyıldızınıza giden yolun bir noktasında istismarcı patronunuz, tacizci eski erkek arkadaşınız ya da çıkarcı üvey annenizle yüzleşme ihtiyacı hissedebilirsiniz. *Ama yaralarınızı iyileştirmeye çalışırken bu insanlara gitmeyin.* Bu bir ameliyat, dostum. Yüreğiniz açık bir şekilde ameliyat masasında yatıyor olacaksınız ve onu yaralayan insanların kirli ellerini göğüs boşluğunuza sokması gerekmez.

ALIŞTIRMA

Çok acı verici oldukları için genelde konuşmaktan kaçındığınız bazı deneyimleri tanımladıktan sonra, etrafınızda iyi bir

[1] Latince "Benim hatam, benim hatam, benim en büyük hatam" anlamına gelir.

terapist arayın. Eğer mali durumunuz müsait değilse, özellikle sizin tarz konulara hitap eden sosyal bir program arayın. Potansiyel sırdaşınızdan bir randevu alın ya da sosyal programa katılın. Bunun için en azından bir saatinizi ayırmanız gerekir: on dakika giriş hoş beşi için, samimi konuşma için en az yarım saat ve sonundaki kapanış için birkaç dakika. Görüşme sırasında sizi yaralayan olay hakkında çok az bilgi verin. Sonra durun. Terapistin tepkisini ölçün. Dinlenmediğinizi mi hissediyorsunuz ya da dehşete düşürücü bir şekilde açıkta mı kaldınız? Eğer öyleyse, hemen konuyu kapatın. Başka bir gün ya da başka bir terapistle tekrar deneyin. Eğer anlaşılıp kabul edildiğinizi hissediyorsanız, konuşmaya devam etmek isteyeceksinizdir. Dikkatle ilerleyin, her seferinde küçük bir adım atarak.

3. *Adım: Gerçeği, Tamamen Gerçeği Söyleyin, Gerçekten Başka Bir Şey Söylemeyin*

Sizi yaralayan bir olayın bütün, gerçek hikâyesini anlatabilmek ne kadar zordur bilemezsiniz. Duygusal yaralarından bahsetmeye başladıklarında Amerikan güreşçilerini kavak gibi titretecek fiziksel acılara dayanabilecek insanlar gördüm. İş kendi hikâyelerimizi anlatmaya geldiğinde, sık sık özbenliğimizle toplumsal benliğimiz arasında kalırız: Öz-benlik kendini güvende hisseder hissetmez zorlayıcı bir şekilde konuşmak isterken, toplumsal kişilik utanç, üzüntü, rahatsızlık ya da reddedilme korkusundan felç olabilir.

Bunun bir sonucu olarak, çoğu insan terapi ortamında öykülerinin sadece bir kısmını anlatır. Ya olay gerçekte olduğunda daha iyi görünsün diye detayların üstünü örterler ya aslında katıldıkları olaylarda kendilerini kurbanmış gibi gösterirler ya da önemli detayları atlarlar. Daha önce söylediğim gibi, kendinizi güvenli hissedecek kadarını açıklamak anlamlı olur. Ama bütün ve saf gerçeği anlatacak kadar güvendiğiniz birisini bulamadıysanız, aramaya devam etmelisiniz. Duygusal yaralarınız, en kötüleri ortaya çıkmadıkları sürece iyileşmeyecektir. Karanlık sırlar iltihap kapar, yayılır ve öldürür. Onları dezenfekte eden tek şey gerçektir. Eninde sonunda, hepsini anlatmanız gerekir.

Bu bir soğanı kat kat soyma sürecidir, ilk irdelemede bitmez. Ne zaman gerçeği kısmen de olsa açığa vursanız, kendinizi rahatlamış, hafiflemiş ve temizlenmiş hissedersiniz, ama birkaç gün, ay ya da yıl sonra, daha fazla bilgi yüzeye çıkabilir ve başka bir tedavi aşaması gerektirebilir. Tanıdığım bir terapistin bir arkadaşı var. Adam, yaptığı araba kazasında ön camdan fırladığında binlerce minik cam parçası adamın kafatasına saplanmış. Kazadan hemen sonra, cerrahlar bulabildiklerinin hepsini çıkarmışlar, ama yıllar geçmesine rağmen hâlâ orada olan cam kırıkları var. Bazen, bu adam kafasının bir yerlerinde rahatsız edici bir kaşınma hisseder ve bir cam parçası daha derisinin altında hareket eder. Duygusal şarapneller de böyledir. Terapinin ilk aşamasında büyük, çirkin enkazı temizlersiniz, ama az acı veren parçacıklar hayatınızın geri kalanı boyunca, zaman zaman yüzeye çıkabilirler. Yavaş yavaş, bu duyguyu kabul etmeyi öğreneceksiniz, çünkü bu her zaman içsel yaşantınızın gitgide daha bütün ve neşeli olma yolunda olduğu anlamına gelir.

Ben genelde müşterilerimin duygusal tedavi sürecine, gizli geçmişlerini bir kâğıt parçasına yazdırtarak başlarım ve yazmayı bitirir bitirmez o kâğıdı yakarlar. Bu tamamen özel olan yerde bile çoğunun, hayatlarındaki gerçekleri yazamamaları inanılmaz bir şeydir. O kâğıdın çocukların Mary

Poppins'e[1] yolladıkları mektuplar gibi, büyülü bir şekilde yeniden düzenleneceğini düşünüyormuş gibi görünürler, çünkü sonuçta öykülerini sterilize eder, kısaltır ve çarpıtırlar. Kendinize yazdığınız bir mektupta bile gerçeği yazamıyorsanız, Kutupyıldızınıza ulaşabilecek durumda olmadığınızı size garanti ederim.

Yıllar önce, bağımlılık üzerine araştırma yaparken, görüşme yaptığım herkesin, hangi alışkanlığa sahip olurlarsa olsunlar, ortak bir noktaları olduğunu fark ettim: kendi kendilerine yalan söylüyorlardı. Bağımlılıkları hakkında açıkça yalan söylüyorlardı, ama yalancı değillerdi, çünkü bağımlılardı. Çoğunlukça çocukluktan beri kendi kendilerine yalan söyledikleri için bağımlı olmuşlardı. Böyle üçkâğıtçı kaçamak noktalarının bazıları sizin inanç sisteminizde de olabilir. "Tabii ki annem bizi severdi, fark şu ki bu sevgisini, küfrederek ve sigara izmaritleri bize atarak gösterirdi." "Hayır, Bob Amcam bir alkolik, mutluluğu kandıran bir sadist, değil. O sadece... renkli bir kişilikti." "Ben iyiyim. Gerçekten, kesinlikle iyiyim. İyiyim, dedim, *lanet olası."* Duygusal yaralarınızı iyileştirmek aile geçmişi ve kişisel deneyimlerin çirkin gerçeklerini güzelleştiren inkâr lenslerini kırmak demektir. Aynı zamanda da, her ne olurlarsa olsun, kendi kabahatlerinizin sorumluluğunu almak demektir.

Hakikatleri bir düzene soktunuz mu, acı veren olayların neden olduğu duygular hakkındaki gerçekleri de söylemelisiniz. Bu tür gerçekler de kat kat soğan soyar gibi ortaya çıkar. Başlangıçtaki kendini üstün gören öfke parlamanız, içinde inanılmaz üzüntü saklayan bir suçluluk tabakasını

---

1 Avustralyalı yazar P. L. Travers'ın 1935 yılından itibaren yayımlamaya başladığı bir dizi çocuk kitabından uyarlanan fantastik türde bir film ve anakarakter olan sihirli güçlere sahip dadının adı.

örtüyor olabilir. Ya da katılaşmış depresyonunuz hissedeceksiniz diye ödünüzün koptuğu vahşi ve kaba bir öfkenin maskesi olabilir. Tekrar ediyorum: yazmak, duygusal hayatınızın temel gerçeklerini ortaya sermek, soğanın kabuklarını soymaya başlamak için çok güçlü bir yoldur.

ALIŞTIRMA

Bir defter sayfasının üstüne "Bu Oldu" yazın. Sonra sizi duygusal olarak inciten bir şeyin tanımını ekleyin. Ondan sonra, "Onunla İlgili Bunları Hissediyorum," yazın ve olaya verdiğiniz duygusal tepkinizi açıklayın. Çok güzel; bundan da kurtulduk.

Şimdi, boş bir sayfaya geçin ve "ASLINDA Bu Oldu," yazın. Aynı olayı tekrar anlatın, ama sadece ilkinde atladığınız bütün şok edici, kaba, patavatsız, zalim detaylarıyla beraber dile getirin. O iş bittiğinde, "Onunla İlgili ASLINDA Bunları Hissediyorum," diye yazın. İçinizden gelen sesi deşin, özellikle "uygunsuz kaçabileceğini" *düşündüğün*üz bütün duygularınızı açıklamaya dikkat edin. Duygusal enerjiniz yorgunluktan tükenene ve tanımlamalarınızdan yeni bir gerçek çıkmayana kadar; daha sert, daha kaba, daha yalın ve daha kötü yorumlar çıkana kadar yazmaya devam edin.

Sonra bu sayfaları yakın ya da çok güvenli bir yerde saklayın. En sonunda, onlardan bahsedeceksiniz, ama önce, onları sizin hazmetmeniz gerekir. Ne zaman konuşmak *istediğinizi* destek sisteminize söyleme anının geldiğini bileceksiniz. *mümkünse uzman bir terapistle kuracağınız, destekleyici bir ilişki bulana kadar bu alıştırmayı yapmayın.* Fiziksel ya da cinsel tacize uğradığınızı biliyor ya da bundan şüpheleniyorsanız, eğitimli bir danışman kesinlikle gereklidir.

4. *Adım: Diğer Kişilerin Şefkatini Kabul Edin ve Bunu Kendinize Yaymayı* Öğrenin

Eğer düzgün sayılabilecek bir sırdaş seçtiyseniz ve ona hayatınızdaki en acı verici deneyimleri bütün gerçekliğiyle anlattıysanız, onun doğal tepkisi anlayışlı ve nazik olacaktır. Eğer bununla başa çıkmakta sorununuz yoksa, işiniz bitmiştir. Öykünüze karşı başka birisinin şefkatli tepkisini kabul etmek kendinizi sevebilmenize olanak sağlar ve *kendini sevme, Kutupyıldızınızı aramak için her zaman kullanacağınız en önemli gereçtir.* Aşırı narsisizm, kibir ya da kendi kendine acımadan bahsetmiyorum; bütün bunlar duygusal şarapnel sinyali verir. Ben, sevdiğiniz bir arkadaşınıza gösterdiğiniz gibi kendinize de göstereceğiniz sağlıklı bir "kendini sevme"den bahsediyorum. Bu şekilde kendini seven insanlarda kötü talihin yarattığı yaralar çabuk iyileşir ve zaten sağlıklı oldukları için, diğer insanlara, kendinden nefret etme batağına saplanmış kişilerden çok daha fazla sevgi gösterirler.

Diğer insanlar tarafından sevilen kişiler kendini sevmeyi çok kolay bir şekilde öğrenirler. Bununla beraber, ilgi ve destek görmeye alışık olmayan insanlarda, duygusal iyileşme için bu son adımı atmak şaşırtıcı derecede zor olabilir. Böyle insanlar sevecenlik göstermeyi çoğunlukla utandırıcı, anlaşılmaz hatta korkutucu bulurlar. Yürekleri incinmiş insanlar daha fazla acı çekmemek için zırhlara bürünür, onlara derinden dokunma potansiyeli olan her şeyi reddederler. Sevgiye, ondan kaçarak ya da paniğe kapılarak tepki vermeye eğilimliyseniz, kendinizi zorlamayın. Eğer duygusal yaralarınızın iyileşmesini istiyorsanız eninde sonunda bu sorunu atlatacaksınız, ama bunun olması için kendinizi zorlayamazsınız. Hangi şekilde dayanabiliyorsanız o şekilde, elinizden geldiği kadar çok şefkat kabul etmeye çalışın. Bu çabada ısrarcı olursanız, zamanla sevgiye direnciniz gevşer.

Gerçekten kötü geçen bir çocukluğa rağmen, Arturo'nun başına bu geldi. Babası şiddet uygulayan bir sarhoş, annesi de sessiz ve depresyonluymuş. On sekiz yaşına geldiğinde, Arturo çok kötü yaralanmış duygularının etrafına duvar örmüş, liseyi bırakmış ve annesiyle babasının izlediği hazin yolu takip etmeye koyulmuş. Sonra bir gün, 7-Eleven'daki işinden evine dönüş yolunda, evinin yakınındaki bir sokakta yürürken, yarı ölü haldeki bir köpek yavrusuna ayağı takılmış.

"Eğer mızırdansaydı ya da sokulganlık yapsaydı büyük ihtimalle bir tekmede çöp bidonuna atardım," dedi bana Arturo daha sonra. "Ama hırladı ve beni ısırmaya çalıştı. Dişlerini kotumun paçasına geçirdi ve bırakmadı. Bakın, o uyuz köpek o kadar küçüktü ki Tweety bile onu pataklayabilirdi, ama yine de saldırdı. Pantolonumun paçasında sallanan küçük bir sıçana benzeyen bu köpeğe baktım ve içimde bir şeyler oldu. Onu, gözlerindeki bakışı tanıdım. Lanet olsun ya, diye düşündüm, bu *benim.*"

Arturo yavru köpeği dairesine götürmüş ve ona X adını takmış. Sonraki birkaç hafta boyunca, X'e bakmayı adım adım öğrenmiş ve yavru da ona yavaş yavaş güvenmiş. Hatta köpek tacizcilerin açtığı yaraları iyileşip çirkin ama sağlıklı bir köpeğe dönüştükçe, X yeni bakıcısına, köpeklerin haklı olarak çok meşhur olan bir özelliği olarak, filtresiz bir hayranlık göstermeye başlamış. Arturo hayatında ilk kez, derinden ve koşulsuz sevilmiş.

Bu da Arturo'nun yaşamını değiştiren bir domino etkisi başlatmış. Köpek yavrusunu bir zamanlar yaralı, şaşkın, kavgacı bir çocuk olan kendisinin bir yansıması olarak gördüğünden, X'i sevebilmek için kendisini de sevmesi gerekmiş. Arturo yaralı bir yürek iyileşmeye başladığında sık sık olan, duygusal "sele" kapılmış. "İnanılmaz bir durumdu!" dedi bana. "Dağılıyordum; televizyon reklamları bile beni küçük bir kız gibi ağlatabiliyordu. İnanılmazdı."

En sonunda durum o kadar kötüleşmiş ki –ya da daha doğrucası, o kadar iyileşmiş ki– Arturo bir psikologa danışmış ve o da onun ilk insan sırdaşı olmuştu. Lafın kısası: Arturo okula dönmüş, üniversiteyi bitirmiş ve devam edip sosyal hizmet görevlisi olup duygusal olarak yaralanmış başka çocuklara yardım etmişti. Onun yaptığı gibi, X de yaraların olduğu yerleri güçlendirmişti. Bir zamanlar çok kötü yaralanmış ve ihmal edilmiş bu iki yaratığın duygusal yaşamları fevkalade bir şekilde sevgiyle zenginleşmişti.

Arturo'nun öyküsü öz-benliğin kişiyi, sağlıklı ve mutlu bir yaşama açıkça sosyal bir destek olmaksızın nasıl yönlendireceği konusunda klasik bir örnektir. Arturo duygularını anında, açık bir şekilde ve dokunarak gösteren bir psikiyatriste gitmiş olsaydı, bunun ona hiçbir faydası olmayacaktı; bu seviyede şefkat görmeye henüz hazır değildi. Sevimli bir köpek bile onun için duygusal bir tehlike olabilirdi. Ama Arturo o uyuz, agresif X'le empatik bağlantı sinyalini kabul edebilmişti. Bu dürtüyle hareket ederek, iyileşme ve Kutupyıldızına ulaşma yoluna girdi. Hiç kimse duygusal olarak iyileşmeye başlamadan, ne kadar küçük olursa olsun, özgün bir sevgi bağlantısı yapamaz.

5. *Adım: Acele Etmeyin*

Ne zaman duygusal olarak yaralansanız, bütün üzüntü sürecini tamamlayacaksınız: inkâr, kızgınlık, keder, kabullenme. Aslında, bu süreç daha çok inkâr, kızgınlık, keder, kızgınlık, inkâr, keder, kızgınlık, keder, daha çok keder, kesinlikle şiddetli kızgınlık, inkâr... diye devam eder. "Kabullenme" en sonunda oluşsa da, ona giden yol dehşet verici bir hız trenidir. Yaralarınız hakkında rahatça konuşmaya başladığınızda, Arturo'nun X'i aldığında geçirdiği ruh hali değişimini yaşarsınız.

Güvenli bir tedavi ortamı olmayan insanlar matem sürecinin ilk aşamasında –inkâr– çok uzun süre kalırlar. Bazıları bu aşamayı asla geçemez, çünkü inkârı üzerlerinden atar atmaz yaşanacak öfke ve üzüntünün aşırı tatsız olacağını hissederler. Müşterilerimin çoğu bu duyguların –özellikle kızgınlığın– aslında ahlaki olarak yanlış olduğunu düşünür. İşe bakın ki keder sürecini kabul edip sahiplenmek bu dönemi kısa ve arındırıcı yaparken, inkâr minik bir ruh şarapnelinin bile içeride kalıp mutluluğunuzu sonsuza kadar zehirleyeceği anlamına gelir.

Bir yara için asla üzülmediyseniz, onu bilinç seviyesine çıkarmak, olay sanki gerçekten oluyormuş kadar yoğun bir duygusal tepki hissetmenizi sağlar. Nefesinizi kesecek derecede üzüntü ya da öfke hissedebilirsiniz. Bu duyguları yazarak ve onlardan bahsederek ya da ağlamak yahut yastık gibi cansız bir şeyi yumruklamak (bunu yalnız ya da öfkenizi yansıtırken sakin kalıp sizi destekleyebilecek bir terapistle yapın) gibi fiziksel eylemlerle yansıtabilirsiniz. Ama unutmayın, geçmişte olan olayların yüreğiniz ve zihninizin sınırları dışında bir değişime kesinlikle ihtiyacı yoktur. Geçmişte sizi yaralayan in"sanları günümüzde olan bütün yanlışları ödemeye zorlamanız gerekmez. Mesela siz üç yaşınızdayken, annenizin en sevdiğiniz oyuncak ayıyı elinizden almasını üzülerek hatırlıyor olabilirsiniz. O küçük çocuk adına üzüntü duymak ve kızmak gerekir. Kendinize yeni bir oyuncak ayı almak isteyebilirsiniz, hem de çok güzel bir tane. Ama siz Pittsburgh Steelers takımında bir defans oyuncusu, anneniz ise kilosunu korumak için jöleli pudingi zor bela yiyebilen bir yaşlıyken ondan özür dilemesini istemeniz gerekmez.

Yoğun ve korkunç keder sürecinin ruhunuz üzerinde dikkate şayan bir simya etkisi vardır. Kişiliğinizin özünü öyle bir şekilde değiştirir ki geçmiş felaketleri yansıtan sağlıksız durumların içine düşme olasılığınız azalır. Acılı geçmişlerini yansıtan iş ortamı ve ilişkiler kurmak konusunda esrarengiz bir ustalıkları olan bir yığın müşterim vardı. Bu "tekrarlama dürtüsünün" sizi acınızın kaynağına çekme etkisi vardır; böylece eski yaraları iyileştirme ve insanlarla olaylara yeni, kendilerini daha fazla destekleyici tepkiler göstermeyi öğrenme şansınız olur. Ruhunuza zarar veren asıl yaralar için daha fazla üzülecek bir şey kalmadığında, onları aramayı ve tekrarlamayı bilinçsiz bir şekilde keseceksiniz.

DUYGUSAL AMELİYATTAN SONRA

Arkadaşım Lois duygusal olarak harap edici bir çocukluktan kurtulmayı başaranların bir diğer örneğidir. Aile düzeni o kadar bozuktu ki –her yönden kötüye kullanılıyordu– size bunu anlatamayacağım. Lois bu aileden, pislikten çıkmış bir elmas gibi çıktı: pırıl pırıl parlıyordu, berraktı ve dünyadaki en güçlü maddeydi. Ondan daha nazik, daha bonkör, daha dürüst ya da daha cesur birisiyle bu güne kadar karşılaşmadım. Tabii ki bu, çaba sarf etmeden olmadı, hatta o kadar enerji harcandı ki kırk yaşına geldiğinde, Lois'in yaşama arzusu pek kalmamıştı. Fiziksel ve duygusal olarak hissizleşmiş, bütünüyle tükenmişti. Danışmanlık yardımı aldı ve birkaç yıl içinde, çok sayıda duygusal şarapnelden kurtuldu.

"Bütün hayatım boyunca taşıdığım binlerce kiloluk çöpü üstümden atmış gibiyim," dedi. "Kendimi iyi hissetmeye başlamadan önce, insanların çoğunun etrafta her zaman üzgün ve kızgın bir şekilde dolaşmadığını bilmiyordum. Artık kendimi topladıkça, insanların mutlu olduklarını söylediklerinde ne demek istediklerini anlayabiliyorum. Hâlâ halletmem gereken sorunlar olsa da, içimde bir mutluluk ve güvenlik hissi var. Gripten iyileşmek gibi bir şey bu, kendimi iyi hissettiğimin o kadar farkındayım ki bu durumun kendimi hiç kötü hissetmemiş olmaktan daha iyi olduğunu düşünüyorum."

Lois birkaç ay sonra, terapisinin sonuna yaklaştığını hissetmeye başladı. Sadece birkaç küçük şarapnel hariç büyük yaraları neredeyse tamamen iyileşmişti. Bu noktada biraz korktu. "Kendimi kötü hissetmeyince ne yapacağımı bilmiyorum," diye açıkladı. "Bütün hayatım boyunca yaptığım tek şey, acıyla mücadele etmekti. İşe gider, sonra eve dönüp ağlardım, hep böyle olmuştu. Terapi bunu bir süreliğine daha da yoğunlaştırdı, ama şimdi acı neredeyse yok olmuş durumda. Açık söylemek gerekirse, zamanım ve enerjimle ne yapacağım konusunda pek emin değilim."

Lois bilinmeyenden korkmadan, cesurca ve hızla ilerledi. Son duygusal acı da geçince, uzun süreli bir yaratıcı enerji patlaması yaşadı. Birkaç ay içinde, terfi için başvurdu (ve aldı), evini tekrar dekore etti, sonradan oldukça başarılı olduğu ortaya çıkan bir yatırım portföyü oluşturdu ve kendi kıyafetlerini tasarlamaya başladı.

Duygusal yaralarınızı iyileştirmek Lois'de gösterdiği etkileri sizde de gösterecektir. Ben bunların sadece başkalarında olduğunu görmedim, ben de yaşadım, hem de en yüksek düzeyde. Bunu yaşamadan önce, kulağa gerçek olamayacak kadar güzel gelir. Öyle değil. Bu gerçekten olur. Eğer kurşunlarla delik deşik bir şekilde aksayarak yürüyorsanız, önünüzde sizi bekleyen büyük bir sürpriz var. Gerçekleri söylediğiniz ve bu gerçekler hakikaten anlaşıldığı andan itibaren, emsali görülmemiş mutluluk dalgaları yaşamaya başlarsınız. (Tedavi gören uyuşturucu müptelaları bana duygusal sağlığın amfetamin kafasından çok daha iyi olduğunu ve olumsuz değil, tam tersine olumlu yan etkileri olduğunu söylemişlerdi). Kendini sağlıklı hissetmenin coşkusu ona alıştıkça düzelir, en sonunda sakin, sürekli bir iyi hissetme duygusuna dönüşür. Kendinizi sevmeyi ve kendinize önem vermeyi öğrendikçe bu his, ruhunuza daha da çok işleyecektir.

Bir tür yan-ürün olarak, bir sabah kalkıp sizi inciten insanları affettiğinizi görebilirsiniz. (Aklımdayken, iyileşmeden affetmek kurşun yarasını bantla sarmanın bir yoludur: her şeyin iyi görünmesini sağlayabilir, ama gerçekte işe yaramaz.) Kızgınlık ve üzüntü yok olunca, coşku ve yeni fikir dalgalarının yanında hayallerinizi gerçekleştirmek için emsali görülmemiş bir enerji hissetmeye başlarsınız. Bu, hayatın kaçınılmaz krizlerini yaşarken bir miktar çeşitlenir, ama duygusal olarak açık, dürüst olduğunuz ve kendinizi sevdiğiniz sürece geri gelir ve devam eder.

Duygusal iyileşme süreci boyunca kendinizi iyice korumaya dikkat edin, bu dış yaşantınızı da paramparça edebilir. 2. Bölümde bahsettiğim alkolik Allen'ı hatırlıyor musunuz? İçmeyi bırakıp otantik yaşamaya başladığında patronu, eşi ve annesiyle babası çileden çıkmışlardı. Duygusal olarak en yaralı kişiler sağlıklı bir iç yaşamdan uzak durmaya bağlı olan durumlarda yaşar ve çalışırlar. Gerçeği söylemeden – ve yaşamadan– iyi olmayı sürdüremezsiniz. Bu etrafınızdaki insanlara tamamen kabul edilmez gelebilir. Eğer içinde bulunduğunuz durum buysa, bir seçimle karşı karşıyasınızdır:

Ya tekrar duygusal şarapneller yemeye başlayıp yaralı kalmanızı gerektiren yaşamsal durumlardan uzaklaşabilirsiniz ya da sistemi içinden değiştirmeye çalışabilirsiniz. Bundan sonraki bölüm, yaşantınızı duygu pusulanıza uyumlu bir şekilde dönüştürmenin dehşete düşürücü, neşeli, yasak, tamamen harika olan sürecini düzene koymaya yardımcı olacak. Bir kere sağlığına kavuştu mu, duygusal kişiliğiniz Kutupyıldızınıza doğru harekete geçene kadar dinlenmenize izin vermeyecektir.

8

DUYGU PUSULANIZI OKUMAK

Sizi Kutupyıldızınıza götüren yön bulma araçları ya bir dizi eş-merkezli çember olarak düzenlenmiştir ya da içlerinde daha küçük boyda bir dizi kutu olan kutulara yerleştirilmiştir. En dıştaki pusula, ulaşılması en kolay olan, bedeninizdir. Eğer fiziksellikten habersizseniz, bir sonraki dilim olan "duyguya" ulaşmanız zordur. Duygu pusulanızla bağlantı kurduğunuzda, işleri berbat ediyor olabilecek duygusal yaralarla hemen karşılaşırsınız. Onları iyileştirince geriye bir dizi duygusal dürtünüz kalır ki bunlar size sadece Kutupyıldızınızın nerede olduğunu söylemekle kalmaz, aynı zamanda bir rota çizer ve ilerleyeceğiniz araziyi de tanımlar. Bu bölüm bu duygu pusulalarından aldığınız inanılmaz derecede zengin bilgileri yorumlamanıza ve onlara göre harekete geçmenize yardımcı olacaktır.

BÜYÜLÜ DÖRT SORU

Müşterilerimin çoğunlukla, hissettikleri duygular hakkında hiçbir fikirleri yoktur. Toplumsal benlikleri ya nazik bir memnuniyet halindedir ya da öz-benliğin saf duygusal deneyimini saklayan, kasvetli bir depresyonda. Duygu pusulanızdan genel bir istikamet almak için, benim Büyülü Dört Soru dediğim şeyi kullanabilirsiniz. Aşağıdaki açıklamaları okurken, her soruya kendiniz cevap vermeye çalışın.

Büyülü Soru 1: Ne hissediyorum?

Zeki, ifade gücü yüksek müşterilerimi bu soruyla kaç kez afallattığımı bilemezsiniz. Onlara ne hissettiklerini sorduğunuzda, küçük bir büronun duvarlarını diplomalarıyla kaplayabilecek insanlar birden Klingon[1] konuşmaya başlamışsınız gibi size bakarlar. Eğer duygusal durumunuzu nasıl tanımlayacağınız konusunda bir fikriniz yoksa 6. Bölümdeki beden algısı alıştırmalarına geri dönün. Bilinci duyguya bağlamadan bedeninizde yaşamazsınız, bu yüzden duygusal olarak hiçbir şey hissetmemek fiziksel yapıyla temasa ihtiyacınız olduğunun bir işaretidir.

Eğer bir duygu karmaşası hissediyorsanız, bu duyguyu dört ana gruptan birine sokmaya çalışın: üzgün, kızgın, memnun ya da korkmuş. Müşterilerimin çoğu, hatta hislerine çok az bağlı olanlar bile genelde duygularını bu kategorilerden birine koyar. Bunu yapmak çalıştırmadan önce pompanın içine su akıtmak, insanların daha bariz, ince duygusal bilgiler almasına izin vermek gibi görünebilir. Bunu yapmaya bir kere alıştınız mı, duygusal en küçük farkları dahi yansıtmakta öylesine başarılı olabilirsiniz ki doğaçlama şiirler döktürebilirsiniz.

Şiirsellikten bahsetmişken, duygu-teşhisi yeteneğinizi saflaştırmanızın başka bir yolu da kendinizi sanata açmaktır. Kirli bir pardösü ya da çarpıcı bir bakış olmadan da bunu yapabilirsiniz; hangi tür olduğu önemli değil, sadece duygularınıza uygun gibi görünen eserler bulmaya çalışın yeter. Aklınıza ne geliyor? Bu melodi hüzünlü mü, başarılı mı, sakinleştirici mi, heyecan verici mi, kaygısız mı? Anne Tyler'ın *Soluk Alma Dersleri* adlı romanındaki karakterlerden biri

---

1 Klingon: *Uzay Yolu* dizisindeki Klingonlular tarafından konuşulan dil.

duygularını hiçbir zaman açıkça göstermez, ama şarkı sözleri duygularını tanımlayan şarkıları ıslıkla çalar. Benim de tam anlamıyla aynı şeyi yapan bir müşterim vardı. Kocasıyla yaptığı her şiddetli ağız dalaşından sonra "Hoşça kal deme zamanı geldi" şarkısını mırıldandığını fark edince boşanmak istediğini anlamıştı. Başka bir müşterim olan Thomas, öz-benliğiyle bağlantıya geçer geçmez Rönesans sanatına hayran kaldı. Bir gün, çocukluğundaki ruhani deneyimlerine olan özleminden dolayı yaşantısını boyama aziz ve meleklerle doldurduğunu anladı. Ya siz?

ALIŞTIRMA

1. Şu anda, kendinizi daha çok üzgün mü, kızgın mı, memnun mu ya da korkmuş mu hissediyorsunuz? Duygularınız çok hafif olsa bile onları bu kategorilerden birine koymaya çalışın.
2. Şimdi, şu andaki duygularınızı tanımlamak için yukarıdakilerden başka en az altı kelime daha yazın.
   a. ....
   b. ....
   c. ....
   ç. ....
   d. ....
   e. ....
3. Şu anki duygusal durumunuzu yansıtan üç sanat eseri düşünün (müzik parçası, film, resim, şiir, oyun, kitap gibi).
   a. ....
   b. ....
   c. ....
4. Bu sanat eserlerinin ortak noktaları nelerdir?
   ....

....

5. Aşağıdaki cümleleri tamamlayın. Dilbilgisi ya da yazım yanlışlarını düşünmeyip sadece duygusal olarak doğru olması amacını güdün. Bunu sizden başka hiç kimsenin görmesi gerekmiyor.

a. Keşke ....

....

b. Umarım ....

....

c. ....

.... kızgınım.

ç. Korkarım ki ....

....

d. ....

....

.... -den dolayı üzgünüm.

e. ....

.... -den dolayı mutluyum.

f. Eğer bu kadar utanç verici olmasaydı ....

....

.... gibi hissederdim.

g. Aptalca olsa bile ....

....

.... gibi hissediyorum.

Büyülü Soru 2: Niçin Böyle Hissediyorum?

Ne hissettiğinizi anladıktan sonra sıra, duygunuzun kaynağını bulmaya geldiği. Ben Japon araba üreticisi Toyota'nın popülerleştirdiği, şirketin hayli yüksek olan üretim kalitesini geliştiren "Beş Niçin" adındaki bir sistemi kullanıyorum. Tasarım ya da üretim sorunlarını analiz etmek için Toyota montaj hattındaki her işçiye iki yaşındaki bir çocuk gibi tekrar tekrar "Niçin?" diye sorması öğretilmişti. ("Bu cıvata düştü." *Niçin?* "Çünkü dişler yalama olmuş." *Niçin?* "Çünkü vidayla hizası yanlış." *Niçin?* diye devam eder.) Karşılarına çıkan neredeyse bütün tasarım sorunlarını beş ya da daha az "niçinle" çözebiliyorlardı. Göründüğü kadarıyla bu sistem duygularda da çok işe yarıyor. O andaki duygusal durumunuzu teşhis ettikten sonra öyle hissetmenize neden olan şeyi bulana kadar "Niçin?" diye sorun. Bu psikodrama değildir: hayatınızı geliştirmek için faydacı bir eylem planına doğrudan giden yoldur.

Örnek: Bir sabah Fred pek fazla bir iş yapmadan çalışma masasında oturuyordu. Kendini daha fazla zorlaması sadece dikkatinin dağılmasına, boşuna çalışmasına neden oluyordu. Duygu pusulasını çıkarma zamanı gelmişti. Fred kendi kendisine "Ne hissediyorum?" diye sorunca, cevap "Sinirli, gergin ve hırçın," oldu. Beş Niçin zamanı gelmişti.

"Niçin sinirli, gergin ve hırçınım?" diye kendi kendine sordu Fred.

"Çünkü kafein bağımlısıyım," diye cevap verdi.

"Niçin?"

"Çünkü bu sabah yataktan kalkmak için altı fincan kahve içtim."

"Niçin?"

"Çünkü dün gece hiç uyumadım."

"Niçin?"

"Çünkü Beckslerin küçük, şişko tazısı gece yarısı ulumaya başladı ve sabaha kadar durmadı."

Hah! Artık Fred'in elinde kullanabileceği bir bilgi vardı. Yaşam kalitesini düşüren durumu teşhis etmişti. Duygu pusulasını okumadan önce, Fred karşısındaki neredeyse her şeye kızgındı: patronuna, sekreterine, müşterilerine, kurumuş tükenmez kalemine. Sabah boyunca insanları eleştiriyor, bağırarak emirler veriyor ve eşyalara küfrediyordu. Ama şimdi asıl kişiliğinin yön bulma sistemini ayarlamıştı. Fred gerçek duygusuna (kızgınlık) ve onun gerçek kaynağına (yorgunluk ve bütün gece uyumasının engellenmesine) yoğunlaşabilirdi.

Müşterilerim duygusal yaraları iyileştikten sonra, çoğunlukla duygularının aslında ne kadar basit olduğuna şaşırırlar. (Eski travmadan artakalan duygular bir duygu pusulasının okunmasını berbat edebilir.) Yüzleşmemeyi tercih ettiğimiz duygular genelde, devasa bir karmaşıklık yanılsaması yaratır. Hatta insanların duygularıyla bağlantılarının ne zaman kesildiğini ya da onları kabullenmeye hevessiz olduklarını bir şekilde anlayabilirsiniz: onlara motivasyonlarının ne olduğunu sorduğunuzda "Durum biraz karmaşık," derler.

Soru	Cevap	Gerçek
1. Dün akşam beni neden aramadın?	Şey... durum biraz karmaşık.	Aramak istemedim.
2. Mesafeli görünüyorsun, bir sorun mu var?	Şey, durum biraz karmaşık.	Senden hoşlanmıyorum.
3. Artık benimle çıkmak istemiyor musun?	Bu durum oldukça karmaşık.	Evet.

Genelde, "durum biraz karmaşık" cümlesini kullanan kişiler, aslında buna kendileri de inanır. Duyguları, birbirine geçmiş karşıt güçler yumağı olarak düşünürler. Bunun nedeni duygu pusulalarının sık sık onların Herkesinin ya da toplumsal benliklerinin yönünü göstermesidir. "Karmaşık" bir duygusal durumdan çıkmanın tek yolu hangi duyguların doğrudan özden geldiğini, hangi duyguların da toplumsal korkular ve zorunluluklardan etkilendiğini bulmaktır. Sonuç size kendi içgüdülerinizi takip etmek ya da sinir bozucu toplumsal emirlere itaat etmek seçeneğini sunduğu için cesaretinizi kırabilir, ama hiç de karmaşık değildir.

Fred ilk önce, sinir bozukluğunun, çeşitli kaynaklardan (yüksek çalışma standartları, açık havada olma arzusu, uzun vadeli çalışma konusundaki karasızlığı, patronundan biraz hoşlanmaması) geldiğini düşünse de duygu pusulası onu çok daha basit, kontrol edilebilir bir soruna götürür. Uykusu bölündü ve bu onu kızdırdı. Bütün bunlar önemli konular ve onlarla nasıl başa çıkacağını duygu pusulası ona söyleyecek. Ama şu anda, aslında bugünkü öfkesine neden olmayan sorunlara saldırmak kendini daha iyi hissetmesine neden olmayacak. Hatta Fred uykusuzluğunu çözmeden iş ortamını değiştirmeye başlarsa başına ciddi bir bela açabilir.

Eğer Fred Beş Niçin'i etkili bir şekilde nasıl kullanacağını öğrenebilirse, siz de öğrenebilirsiniz. Aşağıdaki boşluklarda bunu deneyin.

ALIŞTIRMA

1. Yukarıdaki alıştırmaları yaparken ortaya çıkan en güçlü duygu neydi? ....
....
....

2. Niçin öyle hissettiniz? ....
....

3. Niçin? ....
....

4. Niçin? ....
....
....

5. Niçin? ....
....

6. Niçin? ....

....

Büyülü Soru 3: Beni Ne Mutlu Eder?

Eğer ilk duygunuz mutluluksa, bu soruya cevap vermek kolaydır. Gerekli olan şey sizde zaten var ve tek sorununuz, ya her şeyi olduğu gibi tutmak ya da olumlu yönde değiştirmektir. Eğer sizin için doğru olan yoldan çok uzaklaştıysanız, bu Büyülü Soruya cevap vermek çok zor olabilir. Bunun için yaratıcı sorun çözme gerekir ve mutsuz pek çok insan, hayatlarını geliştirmek için bile olsa kendilerini bu kadar zorlamak istemez. Başka birisinin –patronlarının, eşlerinin, ebeveynlerinin, hükümetin– onların neyin mutlu edeceğini bulmasını, bunu onlar için hazırlamasını ve ağzında bir elmayla, iyice kızarmış bir şekilde servis etmesini isterler. Bu başlarına gelmediği için bütün hayatlarını oldukça öfkeli bir kendine acıma durumu içinde geçiren insanlar biliyorum. Aynı hatayı siz de yapmayın. Sizi tam olarak neyin mutlu edeceğini sadece siz bulabilirsiniz. İhtiyaçlarınızı tanımlamak ve açıkça ifade etmek sizin işinizdir. Diğer insanlar bunu yapmaya istekli olsalar bile şunu bilin ki *yapamazlar.*

3 Numaralı Büyülü Soruya cevaplarınızı, dış koşullara göre değil, kendi temel ihtiyaçlarınıza göre belirlemek çok önemlidir. Fred örneğinde, temel ihtiyaç çok basittir: mutlu olmak için, uyumaya çalıştığında sessizlik ve huzura ihtiyacı olduğunu bilmesi gerekiyor. Dikkat edin, *sorun Beckslerin* köpeğini susturmak değil, sorun *Fred'in sessiz bir ortama ihtiyacı olması.* Eğer köpek Beckslerin bodrumundaki ses geçirmeyen bir odada olsa, Fred'i hiç rahatsız etmeden ciğerlerini patlatana kadar uluyabilir. Diğer taraftan, eğer köpek havlamayı keserse, ama Charlton Heston, Fred'in yatak oda-

sı penceresinin dışında her gece atış talimi yaparsa, rahatsız edilmeden uyumaya yönelik temel ihtiyacı aynen sürecektir.

Hayallerinizi gerçekleştirmek konusunda en sık rastlanan engellerden biri 3 Numaralı Büyülü Soruya diğer insanların eylemlerine göre cevap verme eğilimidir. "Bill beni sevse ve Alice eroin kullanmayı bıraksa mutlu olacağım," bu belki doğru bir ifadedir, ama pek işe yaramaz; Bill'i sizi sevmeye zorlayamazsınız ve Alice'in bağımlılığını kontrol edemezsiniz. Eğer ihtiyaçlarınız başka bir kişinin davranışından dolayı hüsrana uğramışsa, burada duygularınızın köklerine ulaşana kadar, diğer kişinin davranışına göre değil de, sizin ihtiyaçlarınıza göre "Niçin?" diye sormak özellikle önemlidir. Eğer gerçekten sıkıştıysanız, olmayacağını bilmenize rağmen diğer kişinin farklı davranmasını istiyorsanız, o zaman istediğinizi elde ettiğinizde ne hissedeceğinizi hayal etmeye çalışın. Sonra, bütün enerjinizi başka birisini değiştirmeye odaklamak yerine, çabalarınızı o pozitif duyguya çeşitli yollarla ulaşmaya yöneltin.

Gelin, gerçek yaşamdan iki örneğe bakalım. Müşterim Joanna'nın 3 Numaralı Soruya cevabı "Ailem beni acayip bir ponpon kız kalıbına sokmayı bırakıp doktor olmam için desteklediğinde mutlu olacağım" idi. Bu pek olası görünmüyordu, özellikle yakın bir gelecekte. Böylece Joanna'yla arzularının daha basit ve yararlı bir tanımını bulduk: "Rüyalarıma inanan ve doktor olmak için beni teşvik eden, sevecek insanlarla çevrili olursam, mutlu olacağım." Bu Joanna'yı ailesinden duygusal olarak uzaklaşmaya ve tutkularını savunan arkadaş ve öğretmenleriyle takılarak yeni bir Herkes yaratmaya yöneltti. Bu, kolay bir çözüm değildi, ama çok özgürleştirici olduğu ortaya çıktı.

Scott eşi Heather'e kanser teşhisi konduktan bir ay sonra beni görmeye geldi. Karısının rahatsızlığı onun bütün yaşamını tekrar gözden geçirmesine neden olmuştu; işini değiştirmesi gerektiğine karar vermiş ve bazı eleman avcılarıyla sessizce bağlantı kurmuştu. Scott benden birkaç iş teklifinden hangisini kabul etmesi gerektiğine karar vermesinde ona yardımcı olmamı istedi. Sorun, seçeneklerin hiçbirinin onu gerçekten ilgilendirmemesiydi; tercihleri değerlendirmeye devam ettikçe şaşkınlığı artıp kendini çıkmazda hissediyordu. Tahmin edildiği gibi, duygu pusulasını okuduğumuzda, Scott'ın hislerinin işiyle değil, eşiyle ilgili olduğu ortaya çıktı. Ne mi hissediyordu? Üzüntü, kızgınlık ve korku. Niçin? Çünkü hayatının aşkı tehlikeli bir şekilde hastaydı. Scott'un mutlu olması için ne gerekiyordu? Cevap "Heather'ın kanseri olmasa mutlu olurdum." Bu hemen çözülmeyecek bir şey olduğundan, Scott'ı daha da zorladım. Eğer dileği yerine gelseydi, eşi aniden iyileşseydi, ne hissedecekti?

"Kendimi özgür hissedeceğim," dedi bana. "Onu kaybetme korkuma bu kadar saplanıp kalmayacağım. Bir işe bu kadar çabuk girmek için kendimi zorlamam gerekmeyecek. Çocuklarımla daha fazla zaman geçireceğim." Diğer bir deyişle, Scott ailesine olan sevgisini dolu dolu yaşamak ve bunun keyfini çıkarmak istiyordu. Heather'ın sağlığını büyüyle iyileştiremedik, ama Scott'ın Kutupyıldızına giden yolun, kafasına taktığı iş tekliflerinin hiçbirinde olmadığı açıkça ortaya çıktı. Geçici olarak o anki işini nasıl yeniden şekillendirebileceğini bulmak için beraberce düşündük. Hazır olduğunda, Scott işverenlerine gitti, durumu açıkladı ve bir ev-ofis tasarlarken performansını geliştirmesini sağlayacak, iyice düşünülmüş bir plan sundu. Bir otoriteden çözüm sunumunu beklemek yerine bu planı detaylandırma sorumluluğunu aldığı için, Scott'ın fikri çok iyi karşılandı. Hatta patronu, Scott'ın girişiminden o kadar etkilendi ki ona biraz danışmanlık bile yaptı. Bu durum, kemoterapi Heather'ın kanserinin kökünü kazıyana kadar geçen birkaç zor ay boyunca, Scott'a çok yardımcı oldu.

Başkalarının davranışlarını kontrol etmeye çalışmadan, arzularınızı ifade etmek yaklaşımını çoğu kişi kolay kolay "anlayamaz." İşte size bu radikal ve özgürleştirici yolda düşünmeye başlamanıza yardımcı olabilecek birkaç örnek daha. Soldaki ifadeler kendinizi kurban edilmiş, çaresiz, acımasız koşullar ya da başka insanların kaprisleri tarafında yönetiliyormuş, mutlu olabilmeniz için kontrol edilemeyeni kontrol etmek için çaresizliğe kapılmış gibi hissetmenizi sağlar. Sağdaki ifadeler birilerinin desteği olsa da olmasa da sizi, karşınızdaki sorun her neyse, ona yaklaşıp çözeceğiniz bir pozisyona yerleştirir.

İşe Yaramaz Arzular	Yararlı Arzular
"Brad'in beni sevmesini istiyorum."	"Teknik olarak konuşmak gerekirse, kürkü olmayan birisiyle sevgi dolu, romantik bir ilişkim olsun istiyorum."
"Annemi istiyorum."	"Kendimi rahat ve ilgi gören biri gibi hissetmek istiyorum."
"Ahmak patronumun bir kere de olsa fikirlerimin karşılığını vermesini istiyorum."	"En azından patatesten daha zeki bir patronla çalışmak istiyorum."
"Şirketimin maaşıma *hemen* zam yapmasını istiyorum."	"Yakın bir süreç içinde daha fazla gelir istiyorum."
"Casandra'nın kendimi suçlu hissettirmemesini istiyorum."	"Kendimi suçlu hissetmek istemiyorum."
"Percy'nin hatalı olduğunu	"Percy'nin tavsiyesini görmezden

kabul etmesini istiyorum."

"Herkes'in onayını istiyorum."

geldiğimde doğru şeyi yaptığıma inanmak istiyorum."

"İyi bir insan olduğumu bilmek istiyorum."

ALIŞTIRMA

1. Sizi kızdıran, üzen ya da korkutan bir durum düşünün. O durumda farklı olmasını isteyeceğiniz ne vardı? ....
....
....
2. Sizi mutlu eden bir durum düşünün. Bu durumda sürmesini isteyeceğiniz hangi öğeler var? ....
....
....
3. Şu anda en çok ne istiyorsunuz? ....
....
....
4. Şu anda *aslında* en çok ne istiyorsunuz? ....
....
....

Büyülü Soru 4: "İstediğim Şeyi Elde Etmenin En Etkin Yolu Nedir?"

Şu ana kadar, bu kitaptaki neredeyse bütün eylem adımları toplumsal kişiliğinizi, öz-benliğinizin talimatlarını duyuncaya kadar susturmaktı. Bununla beraber, tam olarak ne istediğinizi belirlemek için ruhunuzun derinliklerine doğru bir kere ilerledikten sonra, yolculuğunuzu tamamlamaya yardımcı olması için toplumsal benliğinizi tekrar çağırmanız gerekiyor. 4 Numaralı Büyülü Soru bunun olduğu noktadır.

İstediğiniz şeye ulaşmanın en etkili yolunu bulmak için çoğunlukla öz-benliğinizle toplumsal benliğiniz arasında bir diyalog oluşturmanız gerekir. Bu uçuk kaçık bir delikanlıyla ağırbaşlı bir kâhya arasındaki sohbete benzer. Öz-benlik çılgınca, alışılmışın dışında ve çoğunlukla uygulanamayan fikirlerle ortaya çıkar. Toplumsal benlik, bu fikirleri hayatın fiziksel ve sosyal çeşitli sınırlamaları hakkındaki incelikli pratiklikteki bilgisiyle, onları alaya almadan ya da sansürlemeden değiştirir. Daha önce belirttiğim gibi, toplumsal benlik çok kötü bir efendidir, ama sadık ve zeki bir hizmetkâr olarak katkıları paha biçilmezdir.

Mesela Fred, komşunun köpeği yüzünden uykusuz kaldığını fark ettiğinde aklına bir yığın çözüm gelebilir. Öz-benliği, dolaysız ve hiddetli olduğundan, koşarak eve gitmesini, Beckslerin çitinden içeri atlayıp köpeğin boynunu kırmasını önerebilir. Ama toplumsal benliği köpeği öldürmenin ulama sorununu çözerken, ahlaki sorunlar –yasal sorunlardan bahsetmiyoruz bile– doğuracağını hatırlatacak kadar bilgedir. Fred'in toplumsal benliği köpeğin mamasına sakinleştirici koymak, kulaklık almak ya da Kanada'ya taşınmak gibi başka fikirleri onaylayabilir. Ya da tabii ki Fred, köpeğin sahibiyle ciddi bir konuşma yapmak için cesaretini toplayabilir. Toplumsal benliğin çözümleri çoğunlukla sıkıcıdır, ama işe yarar.

Müşterilerimin çoğu toplumsal benlikleri tarafından konulan sınırlar içinde kalmalarını önerdiğimde şaşırır. Toplumsal uzlaşımlara kulak vermeyi bırakıp öz-benliklerine güvenmelerini onlara söyleyen ben değil miydim? Evet, ama *bu, hedeflerinizin neler olduğunu bulma yoludur, onlara en iyi ulaşma şeklini hesaplama yolu değil.*

Toplumsal sistemler içinde olmak bir oyun gibidir. Bazı kurallar nedensizdir, bazıları ise tamamıyla mantıksız, ama bu onların kötü olduğu ya da onlara uymanın öz-benliğinizi yok edeceği anlamına gelmez. Mesela sahanın bir ucundan diğerine basket topunu götürmeyi gerçekten istiyorsanız, topu sürmek onu taşımak kadar etkili değildir. Ama basketbol oynuyorsanız, asıl kimliğinizden ödün vermeden kurallara dikkat edersiniz. Dennis Rodman[1] bile olsanız, top sürmenin anlamsızlığına kızmazsınız. *Bu yalnızca bir oyundur.*

Bu toplumsal sistemlerde çıldırmadan ya da tutarlılığızı kaybetmeden "oynamanızı" mümkün kılan zihniyettir. Tabii ki ahlaka aykırı ya da öz-benliğinize zararlı toplumsal oyunlar oynamayı reddetmelisiniz. Öz-benliğinize sadık kalmak için, toplumsal sistemlerin bazı kurallarını çiğnemeniz *gereken* zamanlar da olur. Bununla beraber, hoşunuza giden bir oyunun kurallarına uymakta hiçbir sorun yoktur ve kültürel bilgisi olan toplumsal benliğiniz öz-benliğinize bunun nasıl yapılacağını söyleyebilir. Duygu pusulanızın belirlediği bir rota çizmek sadece duygusal dürtülere göre hareket etmek anlamına gelmez. *Gerçek ihtiyaçlarınızı tatmin etmek için sosyal bağlamınız içinde etkin bir şekilde hareket etmek* anlamına gelir. Kuralları istediğiniz kadar esnetebilirsiniz, (mesela onlara inanmadıkları için komünizm kurallarını çiğneyen birçok Çinli mülteci biliyorum) ama sınırları zorlayacaksanız çok ama çok dikkatli olun.

Clarissa bugüne kadar karşılaştığım en zeki müşterilerimden biriydi. Beraber çalıştığımız süre zarfında, büyük bir danışmanlık şirketine girdi ve iki haftalık yoğun bir eğitim seminerine katıldı. Clarissa ilk üç gün içinde bütün metinleri okuyup ezberledi. Uygulama sınavından yüksek not aldıktan sonra, eğitimden muaf olmak istedi. İşverenleri hayır deyince çok kızdı. Ondan sonraki birkaç günü sıkıldığını ve öfkesini göstererek geçirdi.

---

1 NBA liginde gelmiş geçmiş en çılgın basketbol oyuncusu unvanına sahip olan sporcu.

Clarissa harika bir sorun çözücüydü, ama yanlış sorunla uğraşıyordu. Ona metinleri öğrenme eğitimi aldığı söylenmiş, o da buna inanmıştı. Ama asıl konu bu değildi. Asıl konu yeni şirketinin sosyal ve kültürel beklentilerini karşılamayı öğrenmekti. Sorunu yeni çerçeveye oturtur oturtmaz, oyunu kurallarına göre oynamaya karar veren Clarissa, stratejisini değiştirdi. Üstün yeteneğini görmeyi başaramadıkları için öfkelenip müdürlerini ve iş arkadaşlarını yabancılaştırmak yerine üstün beyin gücünü diğer yeni elemanların konuya hâkim olmalarına yardım etmeye yönlendirdi. Clarissa çabucak şirketteki en sevilen, saygı duyulan ve yüksek maaş alan genç danışmanlardan biri oldu.

ALIŞTIRMA

1. Meybuz dondurma ya da üzerinde isminiz altın sarısı harflerle yazılı olduğu, yeni bir kalem gibi, sahip olmak istediğiniz, pahalı olmayan bir şey düşünün. *Bunun şu anda sahip olmadığınız bir şey olmasına dikkat edin.* Aşağıdaki boşluğa bu nesneyi yazın.

   ....

   ....

   ....

2. Şimdi, yazdığınız bu şeyi evinizden ayrılmadan alabilmek için altı farklı yol düşünün. Elinizin altında olan her tür iletişim aletini ya da başka teknolojiyi kullanabilirsiniz ve bunu kesinlikle tek başına yapmanız gerekmiyor. (4 Numaralı Büyülü Soru tamamıyla, hedeflerinize ulaşmak için diğer insanlarla çalışmakla ilgilidir.) Aklınıza gelen metotlar aslında sizi rahatsız edecek şeylerle (ödünç almak ya da yardım istemek için birilerini aramak gibi) bağlantılı olsa bile listeye yazın. Cesaret toplayabilirsiniz

ve toplamasanız bile yaratıcılığınızı sansürlememenizin başka çözümlere yol açtığını göreceksiniz.

a. ....

b. ....

c. ....

ç. ....

d. ....

e. ....

3. Yazdığınız çözümleri tekrar okuyun ve bakın bakalım içlerinde size göre a) mümkün olan, b) yasal olan, c) ahlaken uygun olan var mı? Eğer bir eylem planı bu kriterlerin *hepsini* sağlıyorsa, onu kullanın.

4. Toplumsal benliğinizin uygulanabilir çözümleri göz ardı etmediğine emin olmak için bir kez daha kontrol edin. Aşağıda toplumsal benliğinizin uşağınızdan çok, efendiniz gibi davrandığının bazı belirtilerini göreceksiniz.
   a. Önerilen teklifi eyleme geçirmeyi düşündüğünde, utançtan güldüğünüzü görürsünüz.
   b. Önerilen teklife tepkiniz "Bunu asla yapamam!" ya da "Yapamam işte..." ya da "Ama yapmam gerekiyor..." gibi düşünceler olur. Bu ifadeler asıl kısıtlamalar değil, sosyal çekingenlik yansımalarıdır.
   c. Bu tarz bir eyleme geçerseniz hemen, kızacak birilerini düşünmeye başlarsınız ya da "İnsanlar ne der?" sorusuyla kendinizi durdurursunuz.

5. Eğer yukarıdaki tepkilerden herhangi birini verdiyseniz, bu toplumsal oyunun kurallarını çiğnemek isteyip istemeyeceğinizi iyice düşünün. Kendi ahlak sisteminizin sınırları içinde kaldığınızdan emin olun; kendi dürüstlüğünüzü bozmak sizi Kutupyıldızınızdan hemen uzaklaştıracaktır.

9

ROTANIZI ÇİZMEK

Eğer duygu pusula okumanızı tamamen yaptıysanız, Kutupyıldızınıza doğru ilerlemek için gereken bütün bilgi elinizdedir. Bununla beraber, bu bilgiyi kullanmak biraz aldatıcı olabilir. Olmadı, siz o birazı çok aldatıcı yapın. Duygusal enerji her zaman değişim yaratır. Eğer bu enerji iyi kullanılırsa, bu değişim sizi istediğiniz yaşantıya yaklaştırır. Bununla birlikte, çoğumuz duygusal enerjimizi etkin bir şekilde kullanmak hakkında pek fazla eğitim almayız. Tutkunun pençesinde olduğumuzda, nükleer bir denizaltıyı kullanmaya çalışan beş yaşındaki bir çocuk kadar etkinizdir. Kendimizi, bu muhteşem gücü kullanarak birkaç küçük daire çizip, nüfusun yoğun olduğu bölgelere birkaç hidrojen bombası bıraktıktan sonra denizaltıyla denizin dibindeki çamura girip yok olmak üzereyken bulabiliriz.

Bu duygu yoğunluğu, akılsızca kullanıldığındaki yok etme kapasitesi, Yunanlardan başlayarak Batı felsefesinin bizi hislerimize göre değil, sadece düşüncelerimize göre davranmaya teşvik etmesinin temel nedenidir. Bu mantığa saygı duyabilirim, ama öyle sanıyorum ki, tutkuları yanlış kullanmaktan kaçınmak için onlardan vazgeçmek, koşarken düşmeye eğilimlisiniz diye bacaklarınızı kesmek kadar anlamlıdır. Duygular sizi Kutupyıldızınıza doğru olağanüstü bir hız ve verimle itecek harikulade bir güçtür. Toplumsal benliğiniz asıl arzularınıza karşı koymak yerine, onlardan kaynaklanan davranışları şekillendirmek için muazzam dizginleme ve yönlendirme güçleri kullandığı zaman, kendi gücünüz karşısında hayrete düşersiniz. Bu davranışlar, iç pusulalarınızın gösterdiği yönde ilerlemenize izin veren araçtır. Dikkatinizi ruhunuzun derinliklerine yönelterek yön bulma aletlerinize ulaştıktan sonra, sizi büyük ihtimalle kilitleyecek somurtma, ağlama ya da hiddet gibi yollar yerine, gerçek dünyada bilgece ve pozitif hareketlerle "ilerlemeyi" öğrenmelisiniz.

Aşağıdaki şema, duygusal talimatlar hakkında hızlı bir başvuru kılavuzudur. Ne hissettiğinizi anladıktan sonra, o andaki duygunuzun iyi ve kötü kullanımlarını görmek için bu şemaya bakabilirsiniz. Duygularınıza göre davranma yaklaşımı, bir terapistten alacağınız tavsiyeden çok daha yönlendiricidir. İleriye dönük ve tamamen kullanışlıdır. Eğer duygu pusulanızdan gelen önerileri takip edemiyorsanız – mesela çok korktuğunuz için patronunuza öfkenizi sakince gösteremiyorsanız– son bölüme geri dönün ve duygusal yaralarınız üzerinde çalışın. Daha da iyisi bir psikiyatriste gidin. Bu bölüm için, Nike markasının sloganını kullanacağız: Sadece yap.

DUYGU PUSULANIZ "KORKU"YU GÖSTERİRSE

Duygu pusulanızı kontrol edip korkudan ödünüzün patladığını görürseniz, kendinizi tebrik edin. Lavabo-aç dumanı çekip ya da Everest'ten aşağıya kayakla inmeye çalışarak kendini tasasız bir şekilde yok etmeye çalışan o insanlardan birisi değilsiniz. Diğer taraftan, en azından şu an için, büyük ihtimalle mutlu bir kampçı da değilsiniz. Korku inanılmaz derecede tatsız bir histir ve öz-benliğiniz çok iyi bir neden olmadığı sürece onu üretmez. Korku size yakın çevrenizde, mutluluğa doğru gidişinizi tehdit eden bir şey olduğunu söyler. İlerlemek için, korkunuzu mümkün olduğu kadar çabuk yok edecek bir şey yapmanız gerekir.

DUYGU ROTASI ÇİZMENİN ÖZETİ (DÖRT TEMEL DUYGUDA NELER YAPILIR)

Bu temel duyguların hangisini hissettiğinizi bir kez belirlediniz mi, bu şema size bu konuda ne yapabileceğiniz konusunda basit bir fikir verecektir. Eğer tuzaklardan kaçınıp duygu pusulanızın gösterdiği şekilde ilerlerseniz, hayatınız otomatik olarak rahatlayacak ve asıl benliğinizi gerçekleştirecektir.

PUSULA OKUMA	KORKU	ÜZÜNTÜ	ÖFKE	NEŞE
İşlev	Tehlikeden korur.	İyileştirir, güçlendirir.	Adaletsizliği düzeltir.	Besler, genişletir.
Tehlikeli Taklitler:	Gerçek duygu öfke gibi, toplumsal benliği kızdıran bir şeyse "Sahte Korku" ortaya çıkabilir.	Depresyon da dahil olmak üzere, "Sahte Üzüntü" genelde öfkenin perdesidir. Daha çok kadınlarda olur.	"Sahte Öfke" çoğunlukla gerçek üzüntü duygusunu gizlemek için ortaya çıkar, özellikle de erkeklerde.	"Sahte Neşe" ya kimyasal ya davranışsal bağımlılık ya da engel gibi, kalıcı olmayan mutluluktur.
Eğer Duygunuz Yandakiler Gibiyse Pusulanızı Tekrar Kontrol Edin:	Korkunuz genelleştirilmiş endişe ya da kaygı gibi ortaya çıkarsa ve açık bir eyleme yönlendirmezse.	Kendinizi tamamen çaresiz, umutsuz ya da zevk alma yeteneğini kaybetmiş gibi hissederseniz.	Kendinizi, bunu hak etmeyen insanlara (buna yabancılar da dahil) saldırırken bulursanız.	Yaşadığınız sersemlik ya da sarhoşluğu duygusal bir çöküntü izleyip sizi her zamankinden daha kötü bir durumda bırakıyorsa.

Bunu İyice Düşünün:	Sizi korkutan şeyi tanımlayın. Korkularınızın yersiz olup olmadığını anlamak için inceleyin.	Neyi kaybettiğinizi tanımlayın. Bu kayba üzülmeye hakkınız olduğunu kabullenin.	İhtiyacınız olup elde edemediğiniz şeyi ya da tahammül gösteremediğiniz şeyin ne olduğunu tanımlayın.	Mutluluğunuzun gerçek kaynağını tanımlayın. Memnuniyetinizi yansıtın.
Gerçek Şeylere Sağlıklı Tepkiler:	1. Tehlikeden kaçın. 2. Korkunuzla yüzleşin. *Talimatlar için metne bakın.*	1. Kaybolan şeyi bir başkasıyla telafi edin. 2. Kayıp olan şey için yas tutun. *Talimatlar için metne bakın.*	1. Kendinizi değiştirin. 2. Durumunuzu değiştirin. *Talimatlar için metne bakın.*	1. Eğlenin. 2. Paylaşın. *Talimatlar için metne bakın.*
Bunları Yapmak Aklınızı Çelecek:	Yüreğinizden gelen arzulardan kaçmak	Acınızı inkâr etmek	Değişime karşı koymak	Neşeye yapışıp kalmak ya da onu uzaklaştırmak
Devam Etmek İçin Şunlardan Vazgeçmelisiniz:	Bağımlılık yanılsamasından	Devamlılık yanılsamasından	Çaresizlik yanılsamasından	Acı çekmekten
Devam Ederseniz Şunları Kazanacaksınız:	Cesaret ve kendine güven	Empati, bilgelik ve esneklik	Anlayış ve güç	Yüreğinizin istediği her şey; kendi Kutupyıldızınız

HAZIRLIK: KORKUNUN DOĞRULUĞUNU KONTROL ETME

Korku (ya da başka herhangi bir duygu) hissediyorsanız ilk yapacağınız şey bu algının başka bir şeyin önüne geçip geçmediğinden kesinlikle emin olmaktır. Bunun nedeni, minik çocukların çoğunlukla iri, tehdit edici yetişkinlerden bazı duyguların resmen Yasak olduğunu (bu duygular arzudan sıkıntıya kadar geniş bir yelpazeye yayılır, kızgınlık çocukları yetişkin otoritesine karşı gelmeye yöneltti̇ği için özellikle kötü olarak görülür) öğrenmeleridir. Büyüdüklerinde, bu Yasak duygulardan herhangi biri ne zaman ortaya çıkmaya çalışsa bir korku hissi bu çocukları sarar. Başlarının koca, kıllı yaratıkla belaya girme dehşetine kapılınca dikkatleri asıl duygularından kopar.

Bu, insanların, kötüye kullanılan ilişkileri sürdürmelerini sağlayan dinamiktir: Kötüye kullanılıyor olmaya verilen doğal tepki kızgınlıktır, ama kızgınlıkla hareket ederlerse cezalandırılacaklarını öğrendikleri için, tek hissettikleri şey korkudur, sahte korku. Gerçek korku, sahtesinden çok kolay ayırt edilir, çünkü açıkça görünen bir kaynağı vardır ve bariz bir eylemi tetikler. Sahte korku harekete geçirmeyen, tam tersine durduran, bir örtü endişe ya da kaygıdır.

Bir güvenlik uzmanı olan Gavin De Becker (yazdığı *Korkunun Hediyesi* her insanın okuması gereken bir kitaptır) endişe ve kaygının kendimizi güvende hissettirmek bir kenara, aslında asıl korkudan gelen net talimatlara göre hareket etmemizi engellediğini belirtir. Eğer içimizde saklı olan, içgüdüsel korkularımıza daha fazla dikkat edip sosyalleşmekten kaynaklanan endişeyi görmezden gelirsek hepimizin çok daha güvende olacağından bahseder.

Mesela diyelim ki gece geç saatlerde, karanlık bir ofis binasında tek başınıza asansör bekliyorsunuz. Kapı açılıyor: asansörde bir adam var. Her nedense, içgüdüsel bir korkuya kapılıyorsunuz; bu adamdan ürktünüz. Bu korkuya göre mi hareket edeceksiniz? Hayır, sosyal olarak tuhaf ya da kabalıkmış gibi göründüğü için *endişeleniyorsunuz*. Bundan dolayı gönüllü bir şekilde ses geçirmez, çelik bir kutuya giriyor ve sizi içeride, bu tuhaf kişiyle kapalı bırakacak düğmeye basıyorsunuz. Vahşi bir hayvan olsa korkusuna hiç böyle tepki verir miydi? En son ne zaman bir büro asansöründe vahşi bir hayvan gördünüz? Bu, De Becker'in örneğidir, ama tam olarak aynı durumda silahlı soyguna uğrayan birisini tanıdığım için bu örneği kullandım; tek fark, asansörde ürkütücü iki adamın olmasıydı.

ALIŞTIRMA

Sizi korkutan bir şey düşünün. Sonra aşağıdaki soruları cevaplayın:

1. Tam olarak neyden korktunuz? ....
   ....
2. Korkunuz size belirli bir şey söylüyor mu? Eğer söylüyorsa, ne? ....
   ....

Eğer bu sorulara cevap veremiyorsanız, bilinmeyenden korkuyorsunuzdur. Bakın bakalım başka bir duyguyu mu gizliyorsunuz. Eğer gizlemiyorsanız, bir sonraki aşamaya geçin.

GERÇEK KORKUYA SAYGI DUYMAK

Asansör hikâyesinin anafikri, korkunuzun gerçek olduğuna karar vermeniz durumunda, sosyal olarak tuhaf görünse bile ona göre davranmanız gerektiğidir. Müşterim Oliver'a bakın. Çocukluk arkadaşı Clem'i küçük şirketinin mali durumunu idare etmesi için işe almış. Oliver, Clem'e güvenilemeyeceğini bir şekilde hissetmiş, ama Clem'in üstüne giderek arkadaşlık adabını bozmamış. Endişelerini hissettirdiğinde, Clem gerçekten şok olmuş ve hakarete uğramış gibi davranınca, Oliver hemen geri çekilmiş.

Vergi Dairesi o kadar hassas değilmiş. Oliver'ın şirketini denetlediklerinde Clem'in bir süredir şirket finansmanıyla utanmadan oynadığını, büyük miktarda parayı zimmetine geçirdiğini ve firmayı büyük borçlara soktuğunu bulmuşlar. Clem'in sahtekâr olduğuna dair korkusuna göre davranmadığı için, Oliver iflasını bildirmek zorunda kaldı.

ALIŞTIRMA

"Bilmek istemediğiniz" herhangi bir şey var mı? Dehşete düşürücü bir şeyi ortaya çıkarabilecek olmanızdan dolayı, korktuğunuz için bilgilerden (sağlık muayenesi, mali durumunuza sağlam bir bakış, romantik ilişkiniz hakkındaki gerçek gibi) kaçıyor musunuz? Derin bir nefes alın ve bilmeye korktuğunuz bilgilerin listesini yaparak acınızı isimlendirin.

....

....

....

....

....

....

EV ÖDEVİNİZİ YAPIN

Pusula okuma şemasının size söyleyeceği gibi, korku size birkaç seçenek sunar. Korktuğunuz şeyden kaçabilir ya da onunla yüzleşebilirsiniz. Korku savaş ya da kaç mekanizmasının "kaç" öğesi olduğu için korkmuş bir kişinin yapmaya meyilli olduğu ilk şey, neredeyse her zaman, kaçmaktır. Ama bunu yapmadan önce, *bilgi toplamanız* gerekir. Panik içinde kaçmak, korkunuzu biraz araştırmanın yapacağı kadar hızlı yok etmez. Korkunç durumlara yakından bakmak için, korkunuzun sizi motive etmesine izin verin.

Oliver örneğinde bu, şirketin parasının tam olarak nasıl kullanıldığını bulmak için Clem karşısında cesaret göstermek anlamına gelecekti. Bu, Oliver'ın Clem'le arkadaşlığını bozar mıydı? Hiç şüphesiz. Ama Oliver tedirginliğini susturarak bu ilişkiyi kurtaramadı. Clem, Oliver'in parasını çalmaya başladığı andan itibaren bu arkadaşlığa gölge düşmüştü. *Gerçek olguları bulma dürtüsü yalnıca yalan temelli kişi ya da sistemler (arkadaşlıklar, aile dinamikleri, siyasi hanedanlar) için yok edicidir.* Gerçek sizi korkudan neredeyse öldürür, ama yalancılık kadar yıkıcı değildir.

Gerçek tam burnunuzun dibindeymiş gibi göründüğü zaman bile bilgi bulmak çok önemlidir. Tina üst tabaka bir New York evinde, üst tabaka sosyete annesini âdet olduğu üzere pataklayan, üst tabaka bir Wall Street yatırımcısı tarafından büyütülmüştü. Beklendiği gibi, Tina da sonunda, sevgili annesiyle evlenen adama tıpatıp benzeyen birini buldu. İlk erkek arkadaşı Stan'in sosyal yetenekleri bir akrep kadardı. Annesi gibi, Tina da sürekli korkudan donmuş bir şekilde yaşıyordu; bunun nedeni genel olarak toplumdu, ama çoğu Stan kaynaklıydı. Bir gün tesadüfen, kötüye kullanılan ilişki dinamiklerini tanımlayan bir televizyon programına denk geldi. Kafasının üzerinde çakan, göz kamaştırıcı bir şimşek gibi ortaya çıkan anlık kavrayışla, kendisini Şam yolundaki Saul gibi hissetti.

"Kendimi gördüm," dedi bana Tina yıllar sonra; Stan'dan ayrılalı uzun zaman olmuştu ve finansal hizmetler veren bir firmada üst seviye bir satış personeli pozisyonuna yükselmişti. "Bütün ilişkimizin nasıl yürüdüğünü anladım. Ayrılmam gerektiğini anladım ve bunu yapmak için hayatımda neler döndüğünü daha fazla öğrenmem gerektiğini anladım." Alınacak ders: Eğer bir şey sizi korkutuyorsa, *onun hakkında* öğrenebileceğiniz *her şeyi öğrenin.*

ALIŞTIRMA

Son alıştırmada yazdığınız konuyu düşünün. Bugün, bu konu hakkında daha fazla bilgi almak için bir adım atın. Meme röntgeni için randevu alın, bankanıza telefon edin, çamaşır sepetinde aniden ortaya çıkan bilinmedik iç çamaşırları hakkında eşinizle yüzleşmeye hazırlanın. Yarın, tam bir ifşa için bir adım daha atın. Bilmek korkutucu olabilir, ama bilmemek öldürücü olabilir.

KAÇMAK MI YOKSA DİRENMEK Mİ?

Korktuğunuz bir şeyden kaçmanız mı (Tina'nın Stan'den kaçtığı gibi) yoksa onunla yüzleşmeniz mi (Oliver'ın firması denetlendiğinde en sonunda yaptığı gibi) gerektiğini nasıl anlayacaksınız? Bunun cevabı, korkmuş da olsa istediğini isteyen öz-benliğinizde yatıyor. Burada kural "*arzunu takip et*"*tir.* Eğer korku ve arzu zıt talimatlar veriyorlarsa, korkunuzu yaşayın ve direnin.

Başka bir deyişle, sizi korkutan ve öz-benliğinize cazip gelmeyen her şeyden kaçmalısınız. Tıp fakültesine gitme düşüncesi korkudan midenizi bulandırıyorsa ve doktor olmayı bir an için bile istemediyseniz, *tıp fakültesinden uzak durun.* Siz bir gün doktor olacaksınız umuduyla annenizle babanızın hayatları boyunca biriktirdikleri paralarını, ikinci böbreklerini ve erkek kardeşinizi Johns Hopkins Hastanesine bağışlamış olmaları umurumda değil; hem korkunuz hem de arzunuz bunun hiçbir zaman gerçekleşmeyeceğini size söylüyor. Başarısızlığa giden, manzaralı ve uzun yolda boşa zaman harcamayın. Kaçın. Hemen şimdi.

Diğer taraftan, korku ve arzunun zıt yönleri göstereceği birçok durum yaşayacaksınızdır. Bir şey istersiniz, ama onu elde etmeye korkarsınız. Hatta gerçekten yüreğinizin arzularının peşinden gitmeye koyulursanız, bir yığın korku hissedeceğiniz kesindir: başarısızlık korkusu, sorumluluk korkusu, rekabet korkusu, hatta başarı korkusu. Bu tür korkular –arzuya eşlik eden korkular– Kutupyıldızınıza erişmek için, kaçmayıp yüzleşmeniz gereken şeylerdir. Arzularınızı korkularınızın üstüne yerleştirin. Kaçmayı bırakın ve o her neyse, onunla yüzleşin.

KORKUYLA YÜZLEŞMEK

Diyelim Amerikan güreşi şampiyonu ya da profesyonel bir kemancı yahut Vermont valisi olmak istiyorsunuz. Bu fikir sizi umut ve heyecanla tutuşturur, ama diğer taraftan, gerçekten ringe çıkmayı, dinleyiciler önünde keman çalmayı ya da politik bir nutuk çekmeyi (tabii ki hepsi bir anda değil) düşündüğünüzde, kanınız donar. Belki de bu aşırı korku hissi bitene kadar bekleyip *sonra* hayalinizi sürdürebileceğinizi düşünürsünüz. Böyle yaparsanız, çok ama çok uzun zaman beklersiniz. Korkunç bir şey yapmadan korkudan kurtulmak, suyun yanına gitmeden yüzme öğrenmek gibidir; böyle bir şey olsaydı iyi olurdu, ama olmuyor ne yazık ki.

Korkunuzun size söylediği belki de, istediğiniz şeyin aslında üstelenmeye hazır olmadığınız bir şey olduğu olabilir. İşte bu yüzden, iyi bir araştırma yapmak çok önemli bir adımdır. Korktuğunuz şey hakkında elinizden gelen her şeyi bulduğunuzda, hayallerinizi gerçekleştirmek için üstesinden gelmeniz gereken gerçek tehditleri öğreneceksiniz. Güreş ringinde boynunuzu kırdırmamak için ne kadar koreografi bilmeniz ve fiziksel olarak ne kadar formda olmanız gerekir? Carnegie Hall'da konsere çıkmak için ne kadar iyi çalmanız gerekir? Kar yağışını durdurma vaadiyle Vermont valiliğine oynanması beyhude bir çaba değil miydi?

Korkunuzla yüzleşmenin araştırma aşaması paraşütünüzün düzgün bir şekilde katlanıp takıma bağlandığından emin olmak gibi bir şeydir. Ama ne kadar iyi hazırlanırsanız hazırlanın, ikinci ve son korkuyla yüzleşme adımı yine de dehşete düşürücüdür. Şöyle olur: Uçağın kapısını açar, gözlerinizi kapar, nefesinizi tutar ve atlarsınız. Güreşçi Rock'la ringe çıkar, kemanı alıp çalar, oy pusulasına isminizi yazdırırsınız. O özel kişiye gerçekten ne hissettiğinizi söylersiniz. Bir edebiyat dergisine şiirinizi yollarsınız. Siz... ya *siz* ne yaparsınız?

ALIŞTIRMA

1. Bu cümleyi tamamlayın:
   Cesaretim olsa ....
   ....
   .... yapardım.
2. Biraz önce ne yazdıysanız onu yapın. Hemen şimdi. Beni duydun asker, bu lanet kitabı kenara bırak ve *yazdığın şeyi yap!*

KORKUYU MÜTTEFİKİNİZ HALİNE GETİRMEK

Tabii ki dizüstü bilgisayarım ve kahvemle burada, sizi saran tehlikelerden uzakta otururken size korkularınızla yüzleşin demek benim için kolay bir şey. İçiniz rahat olsun, ne hissettiğinizi biliyorum. Hatta müşterilerimi çeşitli "uçaklarından" dışarı itmeye gelince tamamen acımasız oluşumun nedeni benim tam bir korkak olmamdır. Çocukken, neredeyse her şeyden korkardım ve ergenliğe geldiğimde durum o kadar kötüleşti ki bir seçim yapmam gerektiğini fark ettim: ya beni dehşete düşüren şeyleri yapmaya başlayabilir ya da dairelerinde geçirdikleri uzun hayatlarını yirmi ya da otuz kediyle paylaşan o kadınlardan biri olabilirdim. Sorun şurada: benim kedilere alerjim var. O yüzden geriye tek bir seçenek kalmıştı. Kendi kendime söz verdim: her gün, beni korkutan bir şey yapacaktım, benim gerçekten yapmayı istediğim bir şey olması şartıyla.

Verdiğim bu söz hayatımı bütünüyle değiştirdi ve değiştirmeye de devam ediyor. Ama bu hiç kolay değildi ve hâlâ da kolay değil. Mesela yeminimi ettikten kısa bir süre sonra, lise münazara takımının kaptanına çok fena âşık oldum. Onun yanında olmak istedim ve bunu başarmanın tek açık yolu bireysel konuşma yarışmalarına katılmaktı. Bununla beraber, en fazla rastlanan insan fobilerinden birine de sahiptim: toplum önünde konuşmaktan müthiş korkuyordum. Gözlerini kapat, nefesini tut, atla.

Münazara koçu beni "doğaçlama" denilen bir yarışmaya kayıt ettirdi. Burada her konuşmacıya bir konu veriliyor ve üçle beş dakika arası bir konuşma hazırlaması için bir dakikalık süre tanınıyordu. İlk jürimin karşısında durduğum ana kadar bunun nasıl olacağı hakkında hiçbir fikrim yoktu. Hayatımın ilk konuşmasını yapmak için başladığım bu tümüyle zavallı girişimin tam ortasında o kadar korktum ki bayıldım. Birkaç saniye sonra gözlerimi açtığımda kendimi yerde sırt üstü şekilde yatar buldum, endişeli jüri bana dik dik bakarken durmak isteyip istemediğimi soruyordu.

"Hayır," dedim, yeminimi hatırlayarak, "bitireceğim." Ve bitirdim de.

Doğal olarak, en sonuncu oldum. Ama yerdeki rezalet havuzumda yatarken tuhaf bir şey oldu. En kötü kabusum şiddetli bir şekilde vuku bulurken onunla yüzleşmekle, topluluk önünde konuşma korkumu yendim. Bir konuşmacının başına gelebilecek en kötü şeyi yaşayıp hayatta kaldım. Birkaç ay sonra, "doğaçlamada" eyalet şampiyonu oldum ve bir daha asla konuşma fobisiyle donup kalmadım.

BÜYÜME

Korkularınızla yüzleşmeye başlarsanız, başınıza hem acı hem de tatlı bir şey gelir: Büyürsünüz. Dünyanın yetişkinlerine bağımlılığınızı kaybedersiniz, çünkü korkunun aniden yok olmasının bir zamanı ya da yaşı olmadığını fark eder ve şu etkilenmeyen varlıklardan birine dönüşürsünüz. Korkuyu gördüğünüz anda tanırsınız, ama sadece korkudan titreyen küçük bir çocukta değil, utangaç bir insanın soğukluğunda da, bir kabadayının huysuzluğunda da, narsis patronunuzun kendini beğenmişliğinde de. Başarı ve başarısızlık arasındaki fark korkunun olmaması değil, ne kadar korkarsanız korkun yüreğinizin, arzuladığı şeyleri takip etmekteki kararlılığı olduğunu fark edersiniz. Son olarak, korkunun cesareti oluşturan ham madde olduğunu fark edersiniz. O olmadan, cesur olmanın ne demek olduğunu asla bilemezdik.

Son olarak, eğer "korku" pusulanızı dosdoğru takip ederseniz, onun iyi ve sadık bir arkadaş olduğunu öğrenirsiniz. O size ne zaman tehlikede olduğunuzu, bazen bilinçli haliniz bir sorunun varlığından henüz haberdar bile değilken, söyler. Ev ödevinizi yapmak, kendinizi Kutupyıldızınızla arasınızda uzanan, keşfedilmemiş bölgeye hazırlamanız için sizi motive eder. Ve siz ilerledikçe, özgüvene ve sevecenliğe dönüşür. Bu süreç içinde, sizi dünyayı daha iyi bir yer yapacak cesareti olan alçakgönüllü bir tür kahramana bile dönüştürebilir.

EĞER DUYGU PUSULANIZ "ÜZÜNTÜ"YÜ GÖSTERİRSE

Üzüntünün işlevinin iyileştirme olması size tuhaf gelebilir, çünkü keder, hücrelerinize kadar paramparça olmuşsunuz gibi hissetmenizi sağlayabilir. Yine de psikologların üzüntüye "iyileştiren duygu" demelerinin iyi bir nedeni var. Üzüntüyü bütün rotası boyunca izleyen kişiler ortaya daha güçlü ve sağlıklı, her insan yaşamını etkileyen kaçınılmaz kayıplarla daha iyi başa çıkabilir bir şekilde çıkarlar. Sonunda, kendileri ve etraflarındaki herkes için bilgelik ve sevecenlik kaynağı olurlar.

Korku ve öfkenin aksine, üzüntü yoğun aktiviteleri motive etmez. Salgı bezlerinizden adrenalin fışkırtmaz, yüzünüzü kıpkırmızı yapmaz ya da kaslarınıza aşırı yük bindirmez. Tam tersine, üzüntü size yapabileceğiniz en neşeli şeyin yatmak ve gözlerinizi nemli bir kâğıt mendille silmek olduğunu söyleyecektir. Bir keresinde bir müşteri büroma bezgin bir şekilde girdi ve bir kum çuvalı gibi kanepeye uzandı. Ona neler olduğunu sorduğumda, kalın bir sesle cevap verdi: "Deeepreesyooondaayıııım." Bunu çok yavaş söylediği için "depresyondayım"ı doğru dürüst duymadım, ama "derin bir istirahatteyim" diye anladım. Aslında bu iki şey pek de farklı değildir. Hüzün ağır, zorlu bir çalışmadır. Sizi çok ama çok acı dolu bir göreve doğru zorlamak için bütün sistemlerinizin hızını düşürür: bu görev kayıplara göğüs germektir.

Üzüntünün kökünde her zaman kayıplar yatar. Ne zaman sevdiğiniz bir şeyi kaybetseniz, üzülmelisiniz ve ne zaman üzüntüye kapılsanız sevdiğiniz bir şeyi kaybettiğinizden emin olabilirsiniz. Ne kadar yaygın ve kaçınılmaz olduğu düşünüldüğünde, biz insanların kayıplardan niçin bu kadar nefret ettiğimizi anlamıyorum. Evrim geçirip kayıpları *sevecek*, onlara doymayacak, onları arzulayacak, arayacak yaratıklar haline gelmemiz gerekirmiş gibi görünüyor. Onun yerine, bir üretim hatasından dolayı; ayrılıklar, yaşlanma ve ölüm gibi şeyler karşısında sanki bunlar her birimizin hayatını sürekli etkileyen şeyler değillermiş gibi, sersemler ve perişan oluruz.

Neden her ne olursa olsun, kayıplar bizim için zordur ve bunlardan sonra tekrar kendimize gelmek çok enerji ister. Büyük bir kayıp o kadar çok enerji gerektirir ki özbenliğimiz olası bütün fonksiyonları kapatır, aynı *Apollo 13* astronotlarının dünyaya dönecek kadar güç sağlayabilmek için uzay kapsülündeki her şeyi kapatmaları gibi. Üzüntü bizi "derin bir istirahate" iter, kaslarımıza ağırlık yapar, gözlerimizden yaşlar boşandırır ve gırtlağımızdan hıçkırıklar çıkartır. Bu hoş bir şey değil ama doğanın kanunudur.

DOĞRULUK KONTROLÜ YAPMA

Duygu pusulanız "üzüntü"yü gösterdiğinde, onu iki kez kontrol etmelisiniz, aynı "korku"da yaptığınız gibi. Keder ve depresyon sosyal olarak daha kabul edilebilir gözüksün diye kızgınlık ya da korkumuzu gizlemek için sık sık kullandığımız maskelerdir. Hatta gerçek klinik depresyon aslında üzüntü değil, öfke ya da korkuya göre davranamama hissinden kaynaklanan donuk ümitsizliktir. Samimi bir "derin istirahatte" olmak iyidir; klinik depresyonda olmak kesinlikle kötüdür.

Üzüntünün gerçek ve yardımcı mı, yoksa sahte ve yok edici mi olduğunu duyguların ümitsizlik mi çaresizlik mi olduğunu kontrol ederek anlayabilirsiniz. Koşullar öfke ya da korkuya –diğer bir deyişle, savaş ya da kaç– sebep olduğunda bu iki duygu harekete geçer, *ama bu tepkilerin ikisini de vermememiz gerektiğine inanırız.* Açıkça korkunç ya da insafsız toplumsal sistemlerde büyüyen çocukların sonu, çoğunlukla depresyon olur, çünkü ne sistemle savaşmak ne de ondan kaçmak pozitif bir değişim umudu vaat eder. Erkeklere kıyasla kadınların klinik depresyona girme ihtimali daha yüksektir, bunun nedeni belki de toplumsal âdetlerin, biz kadınları daha az otonom, kendi savaş ya da kaç dürtülerimizin etkisine daha az inanır hale getirmesidir. Depresyon aslında, etkisine aldığı kişinin içine dönmüş, yoğun, korku ve öfkenin hissizleştirici bulutudur. Özelliklerinde sadece keder yoktur, uyku bozukluğu, yemek yeme alışkanlıklarında değişiklik, rehavet, şaşkınlık ve intihar düşünceleri bile vardır. Eğer kendinizi böyle hissediyorsanız hemen *terapiye gidin.* Depresyon tedavi edilebilir ve siz ondan kurtulmak için yardımı hak ediyorsunuz.

Buna karşın, asıl üzüntünün tuhaf ve berbat bir tatlılığı vardır. Bir grip virüsünün kaslarınızda yarattığı kötü ağrılarla, sıkı bir antrenmandan sonra hissettiğiniz ağrı arasındaki fark gibidir bu. Gerçek üzüntü kalbinizi kırsa bile içinizde bir şey zorla açıldığını ve bu hissin merkezinde son derece umutlu bir şey olduğunu bilir.

KAYIPLARINIZI TEŞHİS ETMEK VE ONLARA SAYGI DUYMAK

Duygu pusulanızı okuyarak hayat rotanızı çizmek her zaman hislerinizin kaynağını teşhis etmekle başlar. Konu üzüntü olduğunda bu, kaybettiğiniz şeyin ne olduğunu anlamak ve bundan dolayı kendinizi kötü hissetmeniz için kendi kendinize izin vermeniz anlamına gelir. Müşterilerimin çoğu, özellikle erkekler, tam anlamıyla bir facia olmadığı sürece bir şeye üzülmeyi zayıflık ya da münasebetsizlik olarak düşünür. Ancak uzaylı yaratıklar Avrupa'yı yok ederse ya da Rams takımı Super Bowl'u kaybederse güçlü çene kaslarından birini sıkmak için kendilerine izin verirler. Daha açıkça ya da erkekliğe uymayan herhangi bir şekilde üzülmenin, hayalarını büzüp karın boşluğuna gerisin geri sokacağını düşünüyormuş gibi görünürler. En sert, agresif erkeğin özüne ulaştığınızda yansıtmak için kendine izin vermediği bir üzüntü içinde boğulan küçük bir çocuk bulursunuz.

Tabii ki kadınlar da asıl üzüntülerini yansıtmaya karşı kurallar olduğunu düşünebilirler. Oğlum Adam'a Down Sendromu teşhisi koyulduktan sonra müthiş şaşırdığımı hatırlıyorum. Çok üzgündüm, ama bunun normal olup olmadığını bilmiyordum. Ne de olsa, kürtaj yaptırmak yerine bebeği doğurmayı seçmiştim. Bunun Adam'ın sakatlığına üzülme hakkımı zorla elimden aldığını düşünmüştüm. Toplumsal benliğim bu konuda çok netti. "Kendi düşen ağlamaz," dedi iç Herkesim. "Lafla peynir gemisi yürümez." Bu durum etrafımdaki kişileri de şaşırttı. Onlar da kendilerini kötü hissetti, ama ortada gidecek bir cenaze yoktu, *işe yaradığı kanıtlanmış* bir ayin yoktu, üstünde "Tebrikler bebeğiniz oldu! Zihinsel engelli olduğu için özür dileriz!" diye yazan hazır bir kart da yoktu.

Rahatça üzülemeden önce, kaybettiğim şeyi dile getirip duygularım arasından seçmem gerekmişti: sahip olacağımı düşündüğüm bebeğin hayali, onun için düşündüğüm gelecek, bütün çocuklarının özel olması gereken bir anne olarak benim "normal" konumum. Ne zaman başka bir kaybı açıkça tespit edebildiysem, özellikle de onu etrafımdaki şefkatli insanlara açıklayabilirsem, üzüntü bir fırtına dalgası gibi üzerime çöker. Üzüntü her zaman yaptığı gibi, aylar sonra, acıyı alıp götürdü ve beni güzel oğlumun keyfini çıkarmam için yalnız bıraktı.

Kayıplarına saygı duymayan insanlar, üzülmezler. Yaşamanın bütün keyfini yitirebilirler, ama aktif bir şekilde yas tutmazlar ve bu da iyileşmedikleri anlamına gelir. Soğukkanlılar kulübünün üyeleri kendi kayıpları olduğu anda duygusal olarak çıkmaza girmeye eğilimlidirler. Kutupyıldızlarına doğru ilerleyemezler, çünkü yolları tam da üzüntünün içinden geçer ve oradan geçmek istemezler.

Ron'u hatırladınız mı, kız arkadaşı Gina'nın ölümüne üzülmeye başlayana kadar kariyer ilerlemesi yapamayan müşterimi? Genel erkek üzülme tabusunun yanı sıra, Ron ilişkileri çok ilerlememiş olduğu için kayıp aşkına yas tutma hakkı olmadığını düşünüyordu. Eğer o, Gina'nın kocası olmuş olsaydı, Ron diğerlerinden otomatik olarak destek alacak ve muazzam üzüntüsünü hissetmek için kendisine izin verecekti. Kendi üzülme sürecini durdurduğu için, bütün hayatı gidiş yönünü kaybetti: İşi, eğlenmesi ve arkadaşlıkları boş ve anlamsız gelmeye başlamıştı. Korkunç bir kayba uğrayan, ama üzülmenin acısını çekmeyen ya da çekemeyen herkesin başına işte bu gelir.

ALIŞTIRMA

Taşıdığınız, siz ya da etrafınızdaki insanlar tarafından saygı duyulmayan, bir üzüntü var mı? Nedir? ....

....

....

....

....

....

Şimdi, ne kadar "uygunsuz" ya da "saçma" görünürse görünsün bu kayba üzülmek için kendinize izin verin. Samimi üzüntü duymak asla uygunsuz değildir. Kutupyıldızınıza giden tek yol budur.

SEÇENEKLERİNİZİ DÜŞÜNMEK

Pratik şemada görebileceğiniz gibi, duygu pusulanız "üzüntüyü" gösterdiğinde yapabileceğiniz iki şey var. Ya kaybolan şeyi, onun yerini tutacak başka bir şeyle değiştirebilir yahut kaybınız için yas tutabilirsiniz. Bu konudaki düşüncem *elinizden gelen her şeyi, onun yerini tutacak başka bir şeyle değiştirmenizdir.* Rahatça yenisini bulabilecekleri şeyler yüzünden bütün her şeyiyle yas tutan müşterilerim var; kaza yapmış arabalar, bozuk bilgisayarlar, hatta bir keresinde, en sevdiği koşu ayakkabıları için bile. Bunlar gibi bir şey kaybettiğinizde, üzüntü enerjinizi, derin özleminizi ihtiyacınız olan şeyi nasıl elde edeceğinizi bulmaya yöneltin. Sigorta şirketini arayın, satış elemanlarına ödeme koşullarını sorun, yeni teknolojiler araştırın. Bunun alacağı zaman ve paraya hâlâ kızgın olabilirsiniz, ama sonunda kendinizi yatakta günlerce ağlayarak yatar halde bulmazsınız.

Tabii ki çoğu insan yeni nesneleri bulmanın kolay olduğunu bilir, ama eğer bunu yapmayı aklınıza koyarsanız, nelerin yerinin doldurulabileceği karşısında hayrete düşebilirsiniz. Bir gün kadın öğrencilerimden biri bana avukat olan babasının, kadın bir arkadaşı için hazırladığı yasal bir anlaşmayı gösterdi. Bu belge, kadının bekaretini resmen iade ediyordu. Kısa ve nahoş bir evlilikten sonra onu geri istemeye karar vermişti. Bu anlaşma kaybolan şeyi teknik anlamda yenileyemezdi, ama kadın tekrar yasal olarak bakire olunca kendini çok daha iyi hissetmiş gibi görünüyordu. Sizin işinize yarayacak olan neyse hiç durmayın ve deneyin derim.

Çocukluğunuzu mu kaybettiniz? Belinda da kaybetmişti. Korkunç bir yetiştirilme çağını, korkunç bir evlilik, onu da aşırı derecede korkunç bir boşanma takip etmişti. "Kocam beni terk ettikten sonra," dedi bana Belinda, "kendime acımaktan vazgeçtim ve dışarı çıkıp küçük bir kızken yapmam gereken her şeyi yapmaya karar verdim." Sorumluluğunu bilen bir yetişkin olmayı öğrendiği gibi, Belinda'nın mutlu bir çocukluğu da oldu. Her günün bir bölümünü lunaparklardaki hız trenlerine binerek, patlamış mısır yiyerek, Harry Potter kitapları okuyarak ve hızla büyüyen, kaygısız bir arkadaş grubuyla geçirdi. Saçlarını mora boyadı ("erik rengi" diye herkesin ifadesini düzeltti) ve tırnaklarına mavi oje sürdü. Aslında elli yaşında olan, ama on yaşındaymış gibi hisseden yüreğinin arzuladığı en güzel oyuncak bebeği aldı.

Bu safha yaklaşık beş yıl sürdü; bu süre zarfında Belinda'nın öz-benliği profesyonel anlamda olduğu kadar kişisel anlamda da gelişti. Lunaparklara giderken takındığı çocuk şevkiyle bir gazetede iş bulmaya gitti. Bu da onu en sonunda en iyimser kurgularının bile ötesinde bir kariyere yerleştirdi; yerel sinema eleştirmeni oldu. "Hayatımın ilk elli yılını cenin durumunda, çocukluğumun başlamasını bekleyerek geçirmiş gibi hissediyorum," dedi bana. "Sanırım bekleyerek geçirdiğim yıllar için pişmanım, ama bu konuda düşüncelere dalarak çok eğleneceğim."

Yasını tuttuğunuz kayıp her neyse, değiştirilebilir parçalar için onu çok dikkatli inceleyin. Kaybettiğiniz şeyi tam anlamıyla tekrar elde edemeseniz bile içler acısı bir üzüntü içinde acı dolu saatler, günler, haftalar geçirme ihtiyacınızı önleyerek, bütün arzularınızı tatmin eden bir geçici donanım planı yapabilirsiniz.

ALIŞTIRMA

Kaybettiğiniz bir şey düşünün, aldatılmış halde kalmış gibi hissetmenize neden olan bir şey. Bu hâlâ özlediğiniz şey tam olarak ne? Bu ihtiyacın yerini dolduracak bir şey bulmanızın herhangi bir yolu var mı? Yaratıcı olun.

YERİNİN DOLDURULMASI İMKÂNSIZ OLDUĞUNDA

En büyük üzüntümüz tabii ki, kabul edilebilir ikameleri olmayan şeyler için ayrılmıştır: sevdiklerimiz, ilişkilerimiz, sağlık, umutlar, hayaller. Sizin için özel olan birisinin ya da bir zamanlar olduğunuz kişinin yerine başka birisini koymaya çalışmak, güneşin yerine lav lambası koymaya çalışmak kadar beyhudedir. Eğer böyle bir kayıp yaşadıysanız, Kutupyıldızınıza giden yol üzülmenin içinden geçer. Yas tutmak dışında yapacak hiçbir şey yoktur ve eğer onunla ilgilenirseniz acı çok daha hızlı geçecektir.

Greg bana kariyer yardımı için geldi, annesinin kalp rahatsızlığından ölmek üzere olduğunu bilmiyordu. İşinden yakın bir zamanda ayrılıp yeni bir işe girdiğinde işverenlerine kendini ispat etmeye koyulduğunda annesini kaybetti. Doğal olarak, Greg'in yeni tanıştığı iş arkadaşları kaybı karşısında duygularını anlayıp paylaştılar. Bir ya da belki iki hafta boyunca, işte iyice odaklanmasını ve hareketlenmesini beklemediler.

"Neyim var bilmiyorum," dedi Greg, annesi öldükten bir ay sonra. "Her zaman yorgunum, normalde olması gereken enerjim yok. Toparlanıp işte kendimi göstermeliyim."

Bu tür şeyleri sık sık görürüm ve her zaman üzülürüm. İnsan ruhu annenin kaybı gibi bir darbenin ardından bir gecede iyileşmez. Arzularımıza göre değil mantığa göre olan çalışma kültürümüzde normal yas tutmaya yer yoktur. Colorado'dan Patricia Schroeder başkanlık için adaylığını koyduğunda, onu hakir görenler toplum içinde ağladığı için onunla alay ettiler. "Nükleer gücün ağlayan birisinin elinde olmasını istemem," dedi Schroeder'in rakiplerinden biri. "Nükleer gücün *ağlamayan* birisinin elinde olmasını istemem," diye cevabı yapıştırdı Schroeder. Şu anda kültürümüzün oluşturduğu şekle göre, en güçlü ve önemli kararlar, üzüntüye duyarsız ve empatisi olmayan insanlar tarafından alınıyor. Psikolojide bu insanlar için bir isim var: onlara sosyopat denir. Eğer bilmiyorsanız, bu *tamam*ıyla, *dehşetli ve tehlikeli bir şekilde* çılgın *insanlar* için kullanılan bir kelimedir.

Bu konuda biraz galeyana geldiysem özür dilerim. Gelin büromda bıraktığımız, annesini kaybetmesinin ardından işte performans yapamamaya kafasını takan Greg'e dönelim. Genelde kültür Greg'in yas tutma sürecine olanak sağlamadığı için bunu kendi başına yapması gerekirdi. Bunun ilk adımı normal yas tutmanın kendi yolunu takip edeceğini fark etmektir. Kırık bir kemiği daha hızlı kaynaması için nasıl zorlayamazsanız şu anda bunu da zorlayamazsınız. Greg'in işine enerjisi kalabilmesi için işte olmadığı zamanlarda bilinçli bir şekilde annesi için yas tutması gerekiyordu.

Eğer gerekirse, bunu siz de yapabilirsiniz. Bu süreç duygusal bir yarayı iyileştirmeye benzer (7. Bölümde ayrıntılı olarak açıklandığı gibi). Bununla beraber, eğer kaybınız yeniyse, zaman, huzur ve dinlenme ihtiyacınız da büyük olacaktır. İşte size ciddi bir kayıp için tutacağınız yasta gerekecek temel hayatta kalma önerileri.

ALIŞTIRMALAR

1. *Yas Tutmak İçin Güvenli Bir Yer Bulun Ya da Oluşturun*

Ne yazık ki işyerleri yas tutacak mekanlar değildir, ama gerçek budur. İş arkadaşlarınız ya da müşterilerinizle ilgilenirken üzüntünüzle uğraşırsanız kariyerinize büyük zarar verirsiniz. Birçok insanın yas tutmaya izin verecek kişisel destek sistemi yoktur; bazı kültürler ya da aileler ölümle karşılaşıldığında bile açık üzüntüyü desteklemez.

Üzüntünüzün içine girmek –ya da daha doğrusu içinden geçmek– için, yas tutmak için güvenli bir yer oluşturmalısınız. En azından yalnız kalmaya ve sessizliğe ihtiyacınız var. İdeal olarak ise, yatabileceğiniz, bir ya da iki battaniyeye sarılabileceğiniz (bu etkin yas tutmada çok iletken bir yöntem olan birbirine sarılma hissini yaratır) sıcak ve rahat bir yeriniz olmalı. Bir kâğıt ve kaleme de ihtiyacınız var; kayıplar hakkındaki duygularınızı yazarak yansıtmak katlanılmaz olmalarını engeller. Bir teyp ve kederli şarkılar da çok işe yarayabilir. Ağlamanıza yardım edecek her şarkı üzüntünüze girmenize, onu içinizde ilerletmeye ve onu bırakmanıza yardımcı olacaktır.

Hüzünlü şarkılar dinlemek de duygularınızı yazmak da diğer insanlarla bağlantı kurma yollarıdır. Yazdıklarınızı hiç kimse okumasa bile yazarak, üzüntünüzle iletişim kurarsınız. Müzik şarkıcının ya da bestecinin üzüntünüzü anladığını ve paylaştığını hissetmenizi sağlayabilir. Bunların ikisi de acınızı anlayan sevecen birisinin kötü yedekleridir tabii ki. Eğer yaşantınızda böyle biri varsa, onunla konuşmak ve ağlamak yas sürecinizi müthiş derecede kolaylaştırabilir. Bununla beraber, sizinle aynı kaybı yaşamış ya da kendi duygularına hâkim olmayı bilmeyen kişilerden pek fazla bir şey beklemeyin. Tekrar ediyorum, bu kendinize terapist şeklinde nazik bir kalp bulma zamanı olabilir.

2. *Yas Tutmak İçin Zaman Ayırın*

İlk olarak, üzüntü sizi yavaşlatır. Yatak odanızı temizlemekten bir bilgisayar programı yazmaya kadar tüm projelerinizi bitirmek için kendinize ihtiyacınız olduğunu düşündüğünüzden daha fazla zaman verin. Kendinizi zorlayarak hızlanamayacaksınızdır. Bununla beraber, kendinize daha çok destek ve sevgi verdikçe –ve diğerlerinden aldıkça– günlük yaşantıdaki işler için daha fazla enerjiniz olur.

İkinci olarak, ortada kaybınızla bağlantılı ilave işler olabilir. Mesela eğer sevgilinizden ayrıldınız ve onda kalıyorduysanız, kiralık ev bulmanız ve yeni bir yere taşınmanız, malları bölüşmek için itişip kakışmanız ve belki de bir süre köpeklere tek başına bakmanız gerekir. Bu gerçeği kabul ederseniz, enerjinizin üzerindeki yükü en aza indirirsiniz.

Son olarak, hiçbir şey yapmadan üzülmek için zamana ihtiyacınız var. Bu, büyük kaybın hemen ardından gelen dönemde günde dört ya da beş saatinizi alabilir. Ona teslim olabildiğinizde yas sizi aşırı etkilerse, gerçekten büyük dalgalar geçene kadar kendinizi yas tutmaya bırakın. Aklınıza uygun bir zaman gelmiyorsa, programınızda yas tutmak için bilinçli bir şekilde zaman ayarlamanız gerekebilir. Randevu defterinize yazın ("18.00-21.00 arası kendini berbat hisset"). Kendinize ve diğer insanlara randevunuz olduğunu söyleyin. Avukatınız ya da muhasebecinizle görüşmeniz varmış gibi, kimseye ayrıntıları anlatmak zorunda değilsiniz. Bir uyarı: bütün gün, her gün yas tutmayın. Her yas seansının sonunda, üzüntünüzü sağlam bir kasaya koyduğunuzu, kilitlediğinizi, kasayı dolaba kaldırıp kapağını kapattığınızı gözünüzde canlandırın. Merak etmeyin yarın tekrar yas tutma zamanınız geldiğinde orada olacak.

3. *Rahatlatıcı Aktiviteleri* Çoğaltın

Bir yığın insan bu, Disney gezinti gemilerinin hepsini yüzdürecek kadar tekila içmek anlamına gelse bile "eğlenerek" üzüntülerini bir kenara itmeye çalışır. Aynı insanlar sizi neşelendirmek için dansa gitmeye, kızak kaymaya, yavru fokları sopayla öldürmeye ya da eğlenmek için başka ne yapıyorlarsa sizi ona katılmaya zorlar. Dinleyin: Yas tutmak *yerine* "eğlenceli" şeyler yapmak yas tutma sürecinize rahatlatıcı aktiviteler katmaktan çok farklıdır. Bir yas dönemi sırasında kesinlikle, yüreğinizi ferahlatacak şeyler yapmalısınız, ama böyle bir zamanda yüreğinizin acayip tercihleri olduğunu görürsünüz.

Greg'e yüreğinin ne istediğini sorduğumda, "Bir nehir bulmam gerekiyor," dedi. Akan suyu izlemek, birçok insanı etkilediği gibi onu da sakinleştirip avuttu. Başka müşterilerim evcil hayvanlarının yanında uyuklamak, ağaçlarda oturmak ya da sesi kapatılmış televizyonda eğitim programları izlemek gibi yas aktiviteleri seçtiler. Size ne uyuyorsa, onu günlük aktivitelerinize ekleyin. Gerçekten istediğinizde dans etmek en iyisidir.

KAYIPLAR VE KAZANÇLAR

Buda'nın öğrettiği Soylu Dört Hakikatten'ten biri kendimizde ya da çevremizdeki dünyada algıladığımız, kalıcı olan her şeyin bir yanılsama olduğudur. Bu yanılsamaya sarılıp her şeyi olduğu gibi kalması için zorlamaya çalışmak, insanı kaçınılmaz bir şekilde acı çekmeye götürür. Eskiden Budistlerin çok kötümser olduklarını düşünürdüm. Sonra kendim de ciddi kayıplar yaşamaya başladım ve geçiciliği kabul etmenin gerçekten ne demek olduğunu fark ettim. Bu, dünyayı kayıplarıyla beraber bir bütün olarak benimsemek anlamına gelir. Değişimi kabul etmeyi reddetmek sevdiğiniz şeyleri kaybetmenin acısı hiçbir zaman başlamayacak demek değildir; bu, sadece acı asla durmayacak demektir. Terapide söyledikleri gibi, kurtuluşa giden tek yol onu baştan sona geçmektir.

Bir yönetim danışmanı olan arkadaşım Enrico, iyi ve pragmatik bir liderden yoksun olduğu için durumu kötü giden bir şirketi kurtarmak için işe alındığında, kalıcılık yanılsamasına sarılan gerçekten ürkek insanlar gördü. Eğer adını söylersem şirketi tanırsınız, bu yüzden ona "Çirkin Ördek Hazır Puding ve Kekleri," diyelim. Çirkin Ördek güçlü ve karizmatik bir lider olan, ona Bertram Flatbottom diyeceğim birisi tarafından kuruldu. Flatbottom şirketi bebekliğinden alıp bir dev haline getirdi. Her şey çok güzel gidiyordu, ama bir gün patron, çeşitli patron angaryalarıyla uğraşırken, aniden göğsünü tuttu ve düşüp öldü. Flatbottom ölüp sahneyi terk etti.

Beş yıl sonra, danışman Enrico çağrıldığında, ceset çıkarıldığından beri Flatbottom'ın bürosundaki hiçbir şeye dokunulmamıştı. O gün üzerinde çalıştığı belgeler hâlâ masasındaydı. Havalandırma onun seçtiği seviyeye ayarlıydı. Ekranı yanmış olsa da bilgisayar hâlâ açıktı. Göründüğü kadarıyla, Çirkin Ördeğin işçileri dondurulmuş bu tuhaf ortamı,

Flatbottom'ın öldüğünü kabul etmenin duygusal ve lojistik dağınıklığına tercih etmişlerdi.

Eğer üzüntünüzün içine doğru ilerleseniz, işte bu tür yanılsamalardan kurtulursunuz. Ne kadar tatlı olursa olsun, hiçbir an sonsuza dek süremez. Diğer taraftan, eğer rahatça akmalarına izin verirseniz, acı ya da keder de sürmez. Belki de müşterim Greg'in annesi öldükten sonra bir nehrin yanında olma ihtiyacının anlamı nehirlerin hayatlarımızı dolduran değişimi temsil etmesidir. Suyun molekülleri bile devamlı hareket eder; diğer moleküllerle, nehirdeki nesnelerle ve geçtiği araziyle ilişkisi devamlı değişir. Nehirdeki bir noktaya bütün gün bakabilir ve sabit hiçbir şey göremezsiniz. İşte bu yüzden, nehirler durgun ve bitkin değil, zinde ve canlıdır. Nehirdeki her şey geçip gitse de nehrin kendisi sabit kalır ve her zaman güzeldir.

Sabitlik yanılsamasını kaybetmek kayıplarınızı kabul edeceksiniz anlamına gelir. Bu da kederle yakından tanışıyorsunuz demektir. Bu, aynı zamanda açık bir kalp için mevcut olan sınırsız iyileştirme ve neşe kaynaklarını fark edeceksiniz anlamına gelir. Çirkin Ördek ekibine benzeyen insanlar kayıpları tarafından kırılgan ve narin hale getirilirler. Yüreklerinin zaten bildiği bir şeyi açıkça kabullenmenin dehşeti içinde yaşarlar. Üzüntüye direnmeyen, kederin içlerinden geçmesine izin veren insanlar diğer tarafa çıktıklarında çok daha dirençli olurlar. Onlar kayıplardan daha az korkar, etrafındakilerin acısını daha fazla yumuşatabilir ve hayatın onlara getirdiği mutluluğun anlamını daha çabuk anlarlar. Komiktir ama en berbat üzüntüyü kabul eden kişiler, en büyük neşeye sahip olabilenlerdir.

PUSULANIZ "ÖFKE"Yİ GÖSTERİRSE

Duyguların en çok kötüleneni ve yanlış anlaşılanı olan öfke, bağışıklık sisteminin psikolojik karşılığıdır. Ne zaman bir haksızlık algılasak tetiklenir ve mevcut durumu değiştirmek için bize güç ve enerji verir. Bedensel bağışıklık sistemi iltihap (vücutta bir "alev") yaratabilirse, öfke de ruhta bir ateş gibidir. Bastırılırsa, ya yavaş yavaş yanmayla ya da patlamayla içeriden yok eder. Yanlış yönlendirilirse, hem sizin hem de başkalarının hayatlarını yakarak içlerinde bir yıkım patikası açar. Sevilip uygun şekilde kullanıldığında, sizi ısıtabilir, yolunuzu aydınlatabilir, sürecinizi besleyebilir ve işinize burnunu sokanları uzak tutabilir.

Bazı insanlar öfkeyi hissedemeyip ona göre davranamamanın acizlik olduğunu düşünür. Fakat durum öyle değildir. Bu AIDS'in psikolojik karşılığıdır. Açıkça konuşmadan ya da kendilerini savunmak için gerekli güçlü adımları atmadan, adaletsiz ve sömürünün olduğu durumlarda tepki vermeyerek beden ve ruh sağlıklarını yok eden insanları çoğumuz tanırız.

Maggie asit gibi dili olan annesine olan öfkesini açığa vurarak benimle saatler geçirdi. Eğer annesine olan tavrını gerçekten değiştirmeye hazırlanıyor olsaydı, bu harika olurdu, ama hazırlanmıyordu. Kurtlarını benimle döküp kendi öfkesini hafifletince annesinin manevi işkencesine, ona kafa tutmadan ya da ilişkilerini değiştirmeden tahammül edebiliyordu.

Çok çalışan Aaron öfkesini, kurban rolünü oynayarak idare ediyordu. Karısına ve çocuklarına, bir hafta sonu daha ücretsiz kölelik yaptığını söylediği her seferinde Şehit Ölçer'i azizlik seviyesine doğru bir derece daha yükseliyordu. Öfke mi? Niçin öfkelensin ki, olmaz, bir aziz asla öfkelenmez. Uzun zamandır ciddi ülseri var, ama Aaron daha yeni bunaldı ve kendini umutsuz hissediyor.

Aaron ve Maggie gibi insanlara öfkelerine göre hareket etmeleri gerektiğini söylediğimde, bana alnımdaki 666 dövmesini yeni fark etmiş gibi bakarlar. Öfkeyi dışavurmayı, yok edici ahlaksızlığın zirvesi olarak görürler. Yanlış. Hatta öfkeye göre hareket *etmemek* çoğunlukla onu kullanmaktan çok daha yok edici ve ahlaksızdır (burada tabii ki sakin ve yapıcı bir şekilde kullanmaktan bahsediyoruz). Büyük barışseverler bunu bilir. Rosa Parks yerini beyaz bir adama vermektense öfkeyle hareket edip bir Alabama otobüsünün önünde sessizce oturdu. Gandhi kızgınlıkla Güney Asya'daki dini gruplar birbirlerini katletmeyi kesene kadar açlık grevi yaptı. Sarhoş Sürücülere Karşı Annelerin kafası attı ve alkolle bağlantılı binlerce ölümü olaysız bir şekilde engellediler. Öfke-düşmanı olanların inandıklarının tersine, dünyayı daha iyi, daha insancıl bir yer yapmanın merkezinde ve ruhunda öfke yatar.

GERÇEKLİK KONUSU

Parlak, sıcak enerjisiyle öfke, çoğu kişi için üzüntünün insanın içini buran acısından çok daha çekici bir seçenek olarak görülebilir. Genelde üzüntüsünü ifade etmekle pek zaman kaybetmeyen –korkuyu daha az kabul eden– erkekler çoğunlukla bu duyguları sahte öfkeyle karıştırırlar. (Bazı kadınlar da bunu yapar, hem de Herkesi gücendirme olasılığı yüksek olmasına rağmen. Gördüğümüz gibi, kadınlar çoğunlukla dürüst ve meşru olduğu zamanlarda bile öfkelerini yansıtmamaları yönünde teşvik edilirler.) Örneğin sevdiği bir kişinin ölümü üzerine ağlamak yerine, öfkeden köpüren yaslı bir akraba, ölen kişiyle, ne kadar kısa süre olursa olsun, ilgilenmiş olan bütün tıp uzmanlarını dava edebilir. Tabii ki bu tür öfkeler asla yok olmaz, çünkü asıl konu gerçek öfke değildir. Bu keder ya da korkudur ve bu duygulara dürüstçe hitap edilene kadar acı geçmez.

ALIŞTIRMA

Aşağıdaki sorulara elinizden geldiğince dürüst bir şekilde cevap verin:

1. Doğru mu Yanlış mı: Hiçbir üzüntü ya da korku hissetmeden haftalarca, aylarca ya da yıllarca devamlı öfke hissettim.
2. Doğru mu Yanlış mı: Beni kızdıran insanlara saldırdım, ama ondan sonra kendimi daha iyi hissetmedim.
3. Doğru mu Yanlış mı: Güvendiğim insanlar bana öfkemin yanlış yönlendiğini söylüyorlar.
4. Doğru mu Yanlış mı: Öfkemi sevdiklerime, çocuklarıma, hayvanlarıma, trafikteki rastgele şoförlere ya da haksızlık yapmamış olan başkalarına bağırıp kızarak çıkarırım.
5. Doğru mu Yanlış mı: Öfkem kesinlikle kontrol edilemez; kızgınlıkla saldırmadan duramam.

Eğer bu sorulardan herhangi birine "Doğru" cevabını verdiyseniz, duygu pusulanızı tekrar kontrol edin. Öfkenizin altında saklanan başka bir duygu var.

KAYNAĞA GİTMEK: NEFRET VE KIZGINLIKLA HUZURA ULAŞMA

Gerçekten kızgın olduğunuzda bu, iki seçenekten biri anlamına gelir: ya öz-benliğinizin ihtiyacı olan bir şey yoktur ya da ortada öz-benliğinizin katlanamadığı bir şey vardır. Öfkeden kurtulmak için bu durumu değiştirmeniz gerekir. Eğer sizi neyin kızdırdığını bilmiyorsanız bu imkânsızdır. Bununla birlikte, öfkenin kaynağını belirlemek çoğunlukla korku ya da üzüntünün nedenini belirlemekten daha zordur. Çünkü öfke çok değişkendir ve tehlikeyle doludur. Öfkeyi, sevdiğimiz bir kişiye ya da çok ihtiyacımız olan bir işe yöneltmeye isteksiz olabiliriz, çünkü biz öfkeyi ilişkinin mutlak yok oluşuyla eşit tutarız. Tabii ki asıl gerçek öfke besleyip de (nesnelere ya da insanlara karşı) öfkeyle hareket etmediğimiz zaman ilişkilerimizi mahvettiğimizdir. Öfkeniz ne kadar korkutucu ya da mantıksız görünürse görünsün, kızgın olduğunuzu kabul etmek etrafınızdaki dünyayla barışsever ya da işbirlikçi bir ilişkiye doğru atılan ilk adımdır.

Bunu müşterilerime her gün tavsiye ederim, ama bunu hayata geçirmek yine de zordur. Mesela geçenlerde, bu kitap üzerine çalışırken, sırtıma bir zıpkın yemişim gibi müthiş bir ağrı girdi. Gerinip ovuşturarak acıyı geçirmeye çalıştım, ama daha önce de sırt sorunum vardı ve bunun küçük bir olay olmayacağını biliyordum. Sonrasında bir hafta kadar bir süre zamanımın çoğunu yatarak, nefes nefese, hasta bir inek gibi geçirdim. Ardından, birisi bana Dr. John Sarno'nun yazdığı bir sırt ağrısı kitabı verdi. Doktor sırt ağrılarının çoğunluğunun bastırılmış öfkeden kaynaklandığına fanatik bir şekilde ikna olmuşa benzeyen birisiydi. Öfkenizi kabullenin ve ağrınız geçsin, diyor Dr. Sarno.

Ben bu konuda şüpheciydim, ama bu saygın doktorun tavsiyesini denemekle kaybedeceğim hiçbir şey yoktu. Harcadığım çabayla irkilerek, çocuklarımın okul malzemelerini koydukları çekmecede bir defter buldum. Kabına birkaç çiçek, kuş ve kalp resmi çizip adını yazdım: "Muffy'nin Nefret ve Hiddet Günlüğü." Sonra defter açtım ve aklıma gelen, korselerimi kızdıran her şeyi yazmaya başladım.

Duygularımı dile getirmeye alışık olsam bile o deftere yazdıklarım karşısında dehşete düştüm. Kasıtlı ve art niyetli olarak saçlarını yaksam bile gülümseyip iyi olduklarını söyleyecek, hatta özür dileyecek, bana hiçbir kötülük yapmamış, tanıdığım en iyi insanların bazılarına mantıksız bir şekilde kızdığım ortaya çıktı. Bu sokulgan insanları sadece düşünmek bile *tepemi attırmıştı.* Onlarla ilgili kötü her tür şeyi yazmaya başladığımda, bu Nefret ve Hiddet Günlüğüme koca bir sayfayı ONLAR AYNI ZAMANDA #*&$#* OMURGASIZDIRLAR diye doldurmamla sona erdi.

Ne kadar ilginç bir kelime seçimi. Bunu yazar yazmaz, omurgamda bir karıncalanma oldu ve sırtımdaki ağrı önemli ölçüde hafifledi. Kendi yansımama kızdığımı fark ettim. Haftalardır, en omurgasız ve kişiliksiz ifademi takınıp herkese kaypakça davranıyor, sınır koymuyor, hayır deyip tatsızlıklardan kaçmıyordum. Öfkemi aslında kullanmam gerektiği gibi kullanmamıştım ve sonuç olarak, öz-benliğim bütün bu hoşnutsuzluğu sırtımdaki kaslara yönlendirmişti. İnsan memnun etmenin tatlı, aşırı duygusal batağına saplanıp kalmamam için beni sakatlamıştı. Bu durumda, beni bu kadar kızdıran omurgasız insanlara saldırmam gerekmiyordu. Özellikle bu kötü ruh halinin kaynağını teşhis etmek kendimle ilgili neyi değiştirmem gerektiğini bulmanın bir yoluydu.

ALIŞTIRMA

Kendi Nefret ve Hiddet Günlüğünüzü yapın. Bu deftere en acı, nefret dolu, aşağılık düşünce ve duygularınızın hepsini yazabilirsiniz. Öfkeniz ve kaynağı hakkında emin olduktan sonra, günlüğün hiç kimseyi yakamayacağı bir yerde durmasını sağlayın. Sonra bir sonraki aşamaya geçin.

ÖFKEYLE BAŞA ÇIKMA SEÇENEKLERİ

Duygu pusulanız "öfke"yi gösterirse, karşımızda geçerli olan yine iki seçenek vardır. Ya kendinizi değiştirebilirsiniz (kendi omurgasızlığıma olan kızgınlığımı teşhis ettikten sonra benim yaptığım gibi) ya da sizi kızdıran durumu değiştirebilirsiniz. Üçüncü seçenek (hiçbir şey değiştirmeden öfkenizi yanınızda taşımaktır) bir felakettir. Bu durum, öz-benliğiniz size ilk kez onlarla yüzleşip düzel dediğinde o noktayı geçip haksız ya da zararlı durumların sürmesine imkân tanır.

Öfke uyandıran bir senaryoda neyin değiştirilmesi gerektiğine karar vermek için bulduğum en iyi yol, beni kızdıran koşulları tanımlamak için işkence edecek kadar hassas bir dil kullanmaktır; böyle bir dili iyi bir girişkenlik eğitimi kursunda öğrenebilirsiniz. Shakespeare *Jül Sezar* adlı tuhaf oyununda bunun güzel bir örneğini vermiştir. Sezar'ın karısı Roma'daki Senato toplantısına gitmemesi için ona yalvarınca, Sezar ulağına emir verir: "Senatörlere selamlarımı ilet/Ve onlara bugün gelmeyeceğimi söyle. Gelemem, yalan olur ve buna cesaret edemiyorum, numaradan olur. Bugün *gelmeyeceğim*, böyle söyle onlara, Decius." (vurgu bana ait) Bilinen dünyayı fethetmiş bir adamın tam da böyle konuşmasını beklersiniz. "Gelemem, karım bırakmıyor, evde kalmam lazım" diyemez Sezar. Onun tavsiyesini dinlemeye karar verdiğinde bile karısının taleplerinin bir kurbanı olmadığını belirtir. Sezar'ın gidip gitmemek konusundaki kararı kendi arzusudur, etrafının baskısı değil.

Öfkenizi etkili bir şekilde kullanmaya başlamak için, Sezar gibi konuşmaya başlamalısınız. Bu da "Yapamam," "yapmam gerekiyor" ya da "zamanım yok" gibi ifadeler gerçekten doğru olmadığı sürece bu beyanları kullanmayı reddetmek anlamına gelir. Mesela "O piyanoyu tek başıma kaldıramam" "hayatta kalmak için oksijen solumam lazım," ya da "Bugün Memphis'ten Seattle'a yürüyecek zamanım yok" doğru beyanlardır. Bununla birlikte "Partine gelemem" "Evi aramam lazım" ya da "Veli toplantısına katılacak zamanım yok" hiç de doğru olmayabilir. Büyük ihtimalle "Partine gelmeyeceğim," "Evi aramak istiyorum" ya da "Veli toplantısından daha öncelikli işlerim var" demek büyük ihtimalle daha doğru olur. Kızgın olduğunuzda bu tarz bir dil kullanmak kendinizi mi yoksa durumu değiştirmeniz mi gerektiğini açık bir şekilde ortaya koyar.

"Boşanma davamda soyulup soğana çevriliyorum" dedi bana Eliot. "Dedemden kalan parayı bile karıma vermem gerekiyor."

"Bu yasal olarak doğru mu?" diye sordum. "Mahkeme buna karar verdi mi?"

"Hayır, ama böyle olduğunda Doris'e karşı gelemem," dedi Eliot. "Çılgına döner."

"O zaman, aslında bu konuda kızgın olsan dahi onun tepkisiyle uğraşmak istemediğin için, bu parayı Doris'e vermeyi tercih ettiğini mi söylemek istiyorsun?"

"Beni zorluyor," diye homurdandı Eliot.

"Hayır, zorlamıyor. Sana baskı yapıyor, ama onun ne istediğiyle ilgili ne yapılacağına karar veren sensin ve bu çok fazla öfke yaratıyor."

Doris biraz daha bonkör ya da daha az saldırgan olmaya karar verse daha iyi olurdu, ama bunlar Eliot'ın kontrol edebileceği şeyler değildi. Onun kontrol edebileceği şey kendi davranışıdır; ya kendi çıkarlarını savunur ya da bunu yapmayı reddeder. Doris'le ilişkisini bitirdi, ama kendi kendisiyle ilişkisini asla bitiremeyecek. Kendisine adaletsizce davranılmasına izin verdiği sürece Eliot yok edici hiddetle dolup taşmayı sürdürecektir.

ALIŞTIRMA

Önümüzdeki yirmi dört saat için, gerçekten doğru olmadığı sürece, soldaki ifadeleri kullanmayın. Onun yerine sağdaki listeden en uygun ifadeyi kullanın. Bunun öfkenizin asıl kaynağını ne kadar aydınlattığını görünce şaşıracaksınız.

Mağdur Dili	Doğru Dil
1. ... yapamam	... yapmayacağım.
	... yapmamayı tercih ediyorum.
	... yapmak istemiyorum.
	... yapmamaya karar verdim.
2. ... yapmam gerekiyor.	... yapacağım.
	... yapmak istiyorum.
	... yapmaya karar verdim.
	... yapmayı tercih ediyorum.
3. .... ya-ye zamanım yok.	Başka bir şey yapacağım.
	O benim önceliğim değil.

SAVAŞMANIZ GEREKTİĞİNDE

Seçeneklerinizin aslında ne kadar çeşitli olduğunu anladığınızda, diğer insanlara karşı daha az öfke hissedersiniz, çünkü sinirlendirici durumun yaratılmasındaki payınızı kabul edersiniz. Bu da farklı kararlar vererek ya da en azından, her ne oluyorsa, onu seçenin siz olduğunu kabul ederek durumu değiştirebileceğiniz anlamına gelir. Ama bazen, öfkenizin kaynağı büyük, kötü ve çirkin, uzlaşma ya da işbirliğini reddeden başka birisi olur. Bu durumda, durumu değiştirmek için "savaşmanız" gerekir. Bunu duyarlı ve etkili bir şekilde yapmak için işte size bazı kurallar.

Birinci Adım: Karşı Karşıya Gelmeden Önce Öfke "Ateşini" Soğutun

Savaş ya da kaç tepkisinin "savaş" parçası öfkedir. Bu tepki, her an için, mağaradaki bebekleri yemesinden önce, keskin dişli kaplanı durdurma ihtiyacı duyabileceğiniz varsayımıyla geliştiği için psikolojinizde anlık, derin değişiklikler yaratır. Adalelerinize kan pompalanır, vücudunuz adrenalinle dolar, tekmelemek, bağırmak, yumruklamak ve ısırmak için güçlü dürtüler hissedersiniz. Bu, mesela maaş pazarlığında ters tepki verebilir. Bununla beraber, düşmanınızın oyuncak bebeğinin kafasını kopartmaya can atarken, "savaş" tepkisini kontrol edip sakin davranmak inanılmaz derecede gerginlik verici olabilir. Bu sizi gerçekten hasta edebilir. Öfkenizin "ateşini" soğutmanız gerekir, ama bunu sizi kızdıran kişiyle karşılaşmadan önce yapmanızı tavsiye ederim.

Bunu yapmanın en iyi yolu fiziksel hareketlerdir, özellikle eğer gerçekten kızgınlıktan köpürüyorsanız. Müşterim Sanford'un ebeveynleri onu profesyonel piyanist olmak üzere yetiştirmişlerdi. Yirmi yaşına geldiğinde, zamanının çoğunu piyano çalışarak geçiriyordu. Öz-benliği neredeyse her şeye karşı açtı: özgürlüğe, arkadaşlığa, müzikle bağlantısız ilgi alanları ve aktivitelere. Sanford'un öfkesi, sonunda ortaya çıktığında, sadece konuşmakla yok edilemeyecek kadar devasa bir büyüklükteydi. Fiziksel eylem yapması gerekiyordu.

Öfkeyi dışavurmanın buradaki kuralı, başka herhangi bir durumda olanla aynıdır: *Hiddet enerjisini yıkıcı olarak değil, yapıcı olarak kullan.* Sanford "ateşli" kızgınlığını evinin yanındaki boş bir arsayı temizlemeye yöneltti. Haftalarca her gün o alana gidip öfkelendi ve harekete geçti. Ağaç kütüklerini kesip onları çekerek arsanın dışına çıkardı, kırık betonları balyozla parçaladı, taş ve boş şişeleri boş bir çöp tenekesine tüm gücüyle attı. Arsada olmadığı zamanlar, hayatında başka değişiklikler yapmaya başladı. Fiziksel hareketler –yumruklamak, tekmelemek, atmak, kaldırmak, itmek– Sanford'un zihnini açmış, ilişkilerindeki davranış şeklini değiştirmeye yardım eden kavramlar oluşturmuşa benziyordu. Boş arsayla uzun süre devam eden fiziksel "savaş" sırasında, ebeveynlerine başkaldıracak, hayatının kontrolünü eline alacak cesareti buldu ve kendine mutlu bir gelecek inşa etmeye başladı.

ALIŞTIRMA

Sizi gerçekten kızdıracak bir şey düşünün. Sonra, bunu aklınızda tutarken, savaşma eylemlerini dünyaya zarar vermek yerine ona bir şekilde yardım edecek tarzda kopyalayın. Ev ya da bahçe işleri, bazı müşterilerimde işe yarar. Spor salonuna gidebilir ya da kick-boks dersi alabilirsiniz. Öfkenizden ne kadar fiziksel enerji alabileceğinize ve hareket ettiğinizde öfkenizin ne kadar az üzücü olduğuna dikkat edin.

İkinci Adım: "Sakin" Öfkenizi Enerji İçin Kullanın, Öfkenizin Sorumlusu Olan Kişiyle Yüzleşin. Canınızı Sıkan Şeyin Tam Olarak Ne Olduğunu ve Bunun Nedenini Ona Söyleyin.

Bunu daha önce söyledim şimdi de tekralayacağım: Kızdığınız kişilerin sorunun nerede olduğunu bilmelerini bekleyemezsiniz. Müşterilerimin çoğu, sorun olduğuna dair en ufak bir fikri bile olmayan insanlara karşı muazzam bir kin besler. *Bunu söylemeniz gerekir.* Öfkenize düzgün karşılık vermeyecek, Kazıklı Voyvoda'nın yenilikçi ve duygusal zekâsına sahip birisiyle uğraşıyor olsanız bile öfkenizin asıl nedenini söylemek *sizin için* son derece önemlidir. Çekinmeden ve açıkça konuşmazsanız, herkese –özellikle öz-benliğinize– kendi adınıza savaşamayacak kadar korkak olduğunuz mesajınızı yollarsınız. Bu bir kere başınıza geldi mi, işte karşınızda yanlış yönlendirilmiş öfkeden kaynaklanan fiziksel ve zihinsel stresler. Bu arada, Doan'ın küçük haplarından stok yapmayı unutmayın (sırt ağrısı için).

Bir yüzleşme sahnesi yaratmanın en iyi yolu, neşenizi kaçıran kişiyle sakin bir şekilde, yüz yüze konuşmaktır. Ne var ki bu, her zaman mümkün olmaz. İnsanı çileden çıkaran kişilerin çoğu böyle bir yüzleşmeye karşı ya fiziksel savunmalar geliştirir (sekreterin arkasında zehirli yılan gibi saklanan şefiniz) ya da tavırlarıyla (sizi duymuyormuş numarası yapan ya da bağırarak sizi boğan yahut çekip giden akraba) barikatlar kurar. Diğer kişi isteksiz olsa dahi, bazen bir sorunu konuşmak için özel bir randevu alarak bu barikatları aşabilirsiniz. Telefon konuşmaları ihtiyaç durumunda işe yarayabilir, ama gerçek "yüz yüzeyle" kıyaslandığında daha çok deneme niteliğindedir ve daha az etkili olurlar. Eğer sizinle görüşecek birine ulaşamazsanız, duygularınızı mektup olarak yazabilirsiniz. (Duygularınızı yazdıktan sonra, yollayıp yollamamaya karar vermeden önce böyle mektupları birkaç gün bekletin. Bu, duygularınızın yatışmasına ve netleşmesine izin verir, böylece daha sonra pişman olacağınız ilk taslağı hızla yollamış olmazsınız).

Tabii ki o kişinin mektubunuzu hiç okumaması da oldukça yüksek bir olasılık. Eğer bu olursa –eğer her tür iletişim metodunu deneyip saygın bir tepki almadıysanız– elinize çok faydalı bir bilgi geçecektir: bu kişi sizinle *hiç* işbirliği yapmayacaktır. Niçin rahatsız olduğunuzu duymaya hiç istekli değildir. Öfkenizi geçirecek bir ortam yaratmak için, ikiniz arasındaki duygusal ve fiziksel mesafeyi artıracak değişiklikler yapmanız gerekebilir. Bu, uç örneklerde kötü bir patrondan kurtulmak için işinizden ayrılmak ya da yıllardır öfke ve acılarınızı görmezden gelen bir eşten kaçmak için boşanma evraklarını hazırlamak anlamına gelebilir. Eğer birisi öfkenizi dinlemeyi, konuşmayı ya da ona saygı duymayı kesinlikle reddederse, ortada düzgün bir ilişkiyi sürdürebilecek bir yol yoktur.

Ama çoğu durumda, sizi rahatsız eden kişi bu sorun hakkında sizinle eninde sonunda konuşacaktır. İletişim için zamanı belirlediniz mi, aşağıdaki konuşma kurallarına dikkat edin. Bu kurallar öfkenizin bu ilişkiyi yok etme şansını en aza indirir ve yüz yüze gelmenin durumu düzeltme olasılığını en yüksek seviyeye çıkarır.

1. *Bütün genellemeleri desteklemek için örnekler kullanın*

Eğer sizi öfkelendiren şeyin tam anlamıyla ne olduğuna açıklık getirmeden yüzleşmeye giderseniz, geniş içerikli genellemeler yapma eğiliminde olursunuz. Genelleştirilen saldırılar hem zarar verici hem de yararsızdır. Onların yerine sizi rahatsız eden şeyleri çok net ve belirli örneklerle gösterin.

Kızgın Genellemeler (İşe Yaramaz)	Kızgın Örneklemeler (Yararlı)
"Sen görgüsüz pintinin tekisin!"	"Garson kıza bahşiş vermediğinde, kendimi onun adına

	çok kötü hissettim ve sana kızdım. Daha önce de böyle şeyler yaptın..." (Bu noktada başka örnekler de verebilirsiniz. Kesin olmalarına dikkat edin.)
"İnsanları her zaman sindiriyorsun!"	"Çocuklara odalarını temizlemelerini söylediğinde, nazikçe söylemeden önce onlara bağırdın ve tehdit ettin. Buna çok kızdım ve çocuklarıma hiç kimsenin böyle davranmasına izin vermeyeceğim."
"Beni yeteri kadar sevmiyorsun!"	"Seninle konuşurken beni neredeyse hiç dinlemiyormuş gibi görünüyorsun, ya kafanı çeviriyorsun ya gazete okuyor ve 'Iı-ıh' diyorsun. Bu beni gerçekten üzüyor ve kızdırıyor."

2. *Sadece kendi tecrübelerinize göre konuşun*

Yukarıdaki üç "kızgın örneklemenin" hepsinin de söyleyen kişinin doğrudan gözlemlediği gerçekler ve konuşanın kendi duyguları olduğuna dikkat etmiş olabilirsiniz. Gerçekten kızdığınızda bu iki alanın ötesine geçmek insana çok cazip gelir. "Herkes senin ne kadar ahmak olduğunu biliyor" ya da "Benden gizli, önüne gelen herkesle yattığını biliyordum" demek isteyebilirsiniz, ama elinizde delil olmadığı sürece buralara girmeyin. Söylenti ve tahminlerin mahkemede kabul edilmemesinin bir nedeni vardır. O da bunların gerçekten yanlış olma ihtimalidir. Öfkenizin birinci el gözlemlerden doğmamış suçlamalara sizi teşvik etmesine izin vermeyin.

3. *Ahlak dersi vermeyin; sadece duygularınızı yansıtın*

Bizi öfkelendiren bir şey yapan insanları kontrol etmeye çalışma yollarımızdan biri, bizim Doğru onların ise Yanlış olduğunu söyleyen, ihlal edilemez bazı kuralları çiğnediklerini iddia etmektir. Bu yaklaşım bir ahlak hakemi rolü takınıp haksızlık ve kötülüğe karşı sefere çıktığınızda, size neredeyse kimyasal bir hız verebilir. Bu aynı zamanda, ne istiyorum sorusunu kendinize sormaktan kaçınmanıza imkân tanıyabilir. İhtiyaçlarınızı dile getirmek ve onların saygı hak ettiklerini iddia etmek yerine, diğer insanları size iyi davranmaya zorlamak için yüceymiş gibi görünen ahlaki ilkeler kullanabiliriz. Ne yazık ki ahlak dersi vermek, neredeyse kaçınılmaz olarak –her iki tarafta da– yok ettiğinden daha fazla öfke yaratacağı için, zorlayıcı bir taktiktir.

Hepimizin kendi ahlak sistemlerimizi tanımlayıp onlara bağlı kalsak da, neyin her zaman herkes için kesinlikle doğru olduğunu hiçbirimiz bilemeyiz. (Eğer Tanrıysanız, tabii ki son cümleyi görmezden gelebilirsiniz, ama o zaman Siz bunu zaten biliyor olurdunuz.) Bir yüzleşmede ortada olan asıl konu değer yargısı değil, bir şekilde incindiğiniz ve bunun durmasını umut ediyor olduğunuz gerçeğidir. İşte size iki liste daha: biri etkisiz, mantıksal olarak desteklenemez değer yargılarının en çok beğenilenleri, diğeri de kaya gibi sağlam iddialar. Soldaki En Popüler Beş Cümle onları düşünüp söylerken çok hoş gelebilirler ama sağdakiler çok daha sağlam ve etkilidir. *Soldaki bütün yorumlar sağdaki iki cümleden birini kullanarak çok daha doğru ve etkili yansıtılabilir.*

İnkâr Edilemez Gerçek Kisvesi Altında Vaaz	İnkâr Edilemez Gerçek
"Senin tarzın yanlış, benim tarzım doğru"	"Yaptığın şey beni incitiyor ve bunu yapmanı istemiyorum."
"Aklı başında olan herkes senin tarzının yanlış, benim tarzımın doğru olduğunu kabul eder."	"Yaptığın şey beni gerçekten ihtiyacım olan bir şeyden mahrum bırakıyor ve bunu yapmamanı istiyorum."
"Bütün arkadaşlarımız ve annen senin haksız, benim haklı olduğumu düşünüyor."	
"Senin haksız olduğunu ve benim haklı olduğumu kabul etmen *lazım*. Bunu kabul etmen *lazım*!"	
"Tevrat'ın Yasa Kitabının 35:11'inde senin haksız, benim haklı olduğum yazılı."	

Yüzleşmeyi tamamen kendi yaşadığınız deneyim kapsamında tutmak, ahlak dersi vermekten daha az saldırgan, kontrollü bir strateji teşkil etmekle kalmaz, aynı zamanda sizi kızdıran konuyu çözmeye yönlendirir. Bu sorunlu durumun değişmesi için size gereken yolun açık ve belirli bir açıklamasıdır.

Üçüncü Adım: Karşınızdaki Kişiye Tam Olarak Ne Yapmasını İstediğinizi Söyleyin

Sizi kızdıran kişiyle yüzleştiğinizde, *tam olarak* hangi değişikliklerin gerçekleşmesini istediğinizi belirtmeniz gerekir. Kadın akademisyenlerin enstitüsünde oturmuş, kadın bir profesörün üniversitenin kadınlar için düşmanca bir iş ortamı yarattığına dair uzun bir konuşma yaptığını hatırlıyorum. "Cinsiyetçi genel atmosferi" demek dışında buna niçin inandığını tam olarak açıklayamadı. İş arkadaşları, "Erkek öğretim görevlilerinin nelerini değiştirmesini istersiniz?" ve "Nasıl davranmalarını istersiniz?" gibi sorular sorduğunda, konuşmacının öfkesi patlama noktasına geldi. *"Bunu onların bulması gerekiyor!"* diye bağırdı. *"Sorun onlar, bırakın da çözümü onlar düşünsün!"* Oradakilerin çoğu, bendeniz de dahil olmak üzere, bu kadınla hemfikirdik. Ama ben, erkek öğretim görevlilerinin yerinde olsaydım şaşırır, dehşete düşer ve hatta kızardım. Eğer birisi taleplerinizin ne olduğunu bilmezse bu talepleri nasıl karşılayabilir? Eğer siz kendi ihtiyaçlarınızı belirleyemezseniz, başka birisinin bunu yapmasını nasıl bekleyebilirsiniz?

Ne istediğinizi tanımlamak büyük ihtimalle her tür yüzleşmedeki en önemli adımdır. Eğer eşinizin çocuklara bağırmasından hoşlanmıyorsanız, ebeveyn disiplinin nasıl olmasını istediğinizi detaylı olarak tanımlayın. Maaşınız azsa, mutlu bir şekilde çalışmaya devam etmeniz için tam olarak ne kadar paraya ihtiyacınız olduğunu bilin. Sevdiğiniz kişinin size farklı davranmasını istiyorsanız, "Duygularım olmasına izin vermeni istiyorum," gibi belirsiz ifadeler kullanıp karşınızdaki kişiye sizi tatmin edecek şeyi tahmin etme sorumluğu vermeyin. Onun yerine, "Ağladığım zamanlarda, hep çok huzursuz oluyor ve bana kesmemi söylüyorsun. Bir şey söylemeden, ağlamama izin verirsen kendimi çok daha iyi hissedeceğim," diyebilirsiniz.

Taleplerinizi göğüs yumruklamadan ya da sızlanmadan, sakince sunun. Boş tehditler savurmanız gerekmez, çünkü elinizde gerçek ve sağlam bir tane var: öz-benliğinizi aç bırakan ya da zehirleyen bir durumda devam edemezsiniz. Bir yüzleşmede ortaya koyacağınız ihtiyaç, yemeğe ihtiyacınız varmış gibi basit ve açık olmalı: Bana günde bin kaloriden daha az verirseniz açlıktan ölürüm. Bu bir kin, bu bir açgözlülük değil; sadece bir gerçek. Bu tarz bir samimiyet karşınızdakilere çok açık gelir ve sizin yapabileceğiniz en büyük yaygaradan çok daha ikna edicidir.

Dördüncü Adım: Eğer Bir Değişiklik Olmazsa Ne Yapacağınızı Açıkça Söyleyin ve Bunu Yapın

Çoğunlukla, yukarıdaki adımlar istediğiniz sonuçlara ulaşmanızı ya da en azından kabul edebileceğinizi düşündüğünüz bir uzlaşma sağlar. Ama bazen, düşmanlarınız yüzünüze gülecek, ayakkabılarınıza purolarının küllerini silkeleyecek ve sararmış sivri dişlerini yalayarak çıkıp gideceklerdir. Eğer öfkeniz büyük ve gerçekse, sizin sadece başınızı eğip her şey yolundaymış gibi devam etmenize izin vermez. Bu yüzden, sizi öfkelendiren durum değişmezse ne yapacağınıza karar vermek çok önemlidir. Eğer istediğinizi elde edemezseniz ne yapacağınızı rakiplerinize sakince söylemeniz gerekir. Bunu dikkatli düşünün, çünkü işler istediğiniz gibi gitmezse, *bunu yapmanız gerekir.*

Talebiniz karşılanmadığında yapacağınız eylem sizden izin almadan arabayı alıp giden çocuğunuzun araba anahtarlarına el koymak ya da sizi sürekli kazıklayan birine borç para vermeyi reddetmek gibi, psikiyatristlerin "mantıksal ve doğal sonuçlar" dediği bir şey olmalıdır.(Tabii ki fiziksel şiddet sadece fiziksel bir saldırıya karşı kendinizi savunmaya çalışırken verilecek doğal ve mantıksal sonuçtur.) Bu sonuç, karşınızdaki kişiyi korkutmak ya da cezalandırmak için kafadan uydurduğunuz bir şey değildir. Başka birisinin duyarsızlığından dolayı öfkelenmemek için yapmanız gereken bir eylemdir sadece.

Ben bu adımları yirmili yaşlarımın sonlarında öğrendim, ama gerçekten bunlara göre davranana kadar ne kadar korkutucu olduklarını fark etmedim. O zamanlar sosyoloji öğretiyordum ve sınıflarımdan birine metin olarak çok sayıda fotokopi gerekiyordu. Asıl metni kampus dışındaki, Eski Fotokopici diyeceğim bir dükkâna götürdüm, telif hakkına için izne ihtiyacım olduğunu ve altı ay sonra, ocak ayında elli tane alacağımı belirten bir form doldurdum. Sorun değil dedi, dükkân müdürü, ona Cloyd Liverfluke diyeceğim. Hem de hiç sorun değil.

Birkaç ay geçti ve fotokopilerimin hazır olup olmadığını öğrenmek için fotokopiciyi aradım. "Neredeyse," dedi Clody, neşeli bir şekilde. "Önümüzdeki hafta tekrar arayın." Ben de aradım. Hâlâ bitmemişti. Sonbahar kışa dönüşürken, fotokopiciyi her hafta, sonra da günde bir aramaya başladım. Cloyd her seferinde ben fotokopilerimi almadan sadece birkaç şeyi kontrol etmesi gerektiğini söyledi. En sonunda, Ocak sınıfıma başlamadan önceki hafta, fotokopiciye gittim ve asıl metnimi görmek istediğimi söyledim, çünkü ilk dersimi hazırlamam gerekiyordu. Cloyd asıl metnimle ilgili küçük bir sorun olduğunu kabul etti. Onu bulamıyormuş.

Tansiyonum çıkmaya başlarken, dokümanlarımı dükkânın içinde arayıp arayamayacağımı sordum. İçeriyi aradıktan sonra, metinleri onları koyduğum plastik torbanın içinde, bir pencere eşiğinde buldum. Torbanın üstü kalın bir toz tabakasıyla kaplıydı. Aşağı indim ve Cloyd'la kısa bir sohbet ettikten sonra çok kızgın olduğumu ve fotokopilerimin öğrencilerim için Salı gününe hazır olması gerektiğini açıkladım. O da bol bol özür dileyip o zamana kadar hazır olacağı konusunda beni temin etti. İlk ders günü geldi, ortada fotokopi yoktu. "Yarın!" diye söz verdi Cloyd. "Yarına hazır olacak!"

"Umarım," dedim, "çünkü eğer olmazsa dükkânınızın adını çok ama çok kötüye çıkaracağım. Bunu yapmak istemiyorum Cloyd, ama yapacağım." Bunu sanki Cloyd'un yaşı benim iki mislim değilmiş de beş yaşındaki çocuğuma söylermişim gibi sert ama sakin bir şekilde söylemeye çalıştım.

Son ana kadar, beni hayal kırıklığına uğratmayacağını düşündüm. Sesinde bir samimiyet tınısı duyduğumu sandım. İnkâr, güçlü bir halüsinasyon yaratıcıdır. Ama tabii ki ertesi gün gelip de telefon ettiğimde Cloyd'un elinde bahaneler ve vaatler dışında hiçbir şey yoktu. Özrün ortasında araya girdim. "Cloyd!" dedim. "Bana gerçeği söyle! Bu işi gerçekten ne zaman bitirebilirsiniz?"

Cloyd bir dakika kadar sessiz kaldı. Tekrar konuştuğunda sesi bağırma ve sızlanma arasındaydı. "Bu kadar aceleci olduğuna inanamıyorum. Bu iş hiç de kolay değil. En az altı ayımızı alacak."

Telefonu kapattım. Öfkeden kül gibi bembeyaz olmuştum, ama korkudan daha da soluk bir renk almış olmalıyım, çünkü ne yapmam gerektiğini biliyordum: söz verdiğim şeyi yapmam gerekiyordu. Amaç Cloyd'u cezalandırmak değil, öfkemi üretici bir şeye yönlendirecek şekilde davranmaktı. Yoksa kafama takılıp beni zehirleyeceğini biliyordum. Eyleme geçmem lazımdı.

O zaman kadar, hiç pasif direnişe katılmamıştım. Bununla beraber, sosyoloji eğitimim bunun nasıl yapılacağını bana öğretmişti. Önce, üniversitenin medya merkezine telefon ettim ve bir megafon kiraladım. Sonra kampus gazetesinin editörünü aradım ve Salı sabahı saat dokuzda fotokopiciye bir muhabirle bir fotoğrafçı yollaması gerektiğini söyledim.

Hava güneşli, ama soğuktu. Kırk öğrencim fotokopi dükkânına sırayla girip sessizce yere otururlarken nefesleriyle küçük buhar bulutları oluşturuyorlardı. En yakındaki görevliden hâlâ tek kopya olarak varolan fotokopi metinlerimi getirmesini istedim. Metnin içindekileri öyle ya da böyle öğrencilerime ulaştırmam gerektiğini açıklayarak, öğrenciler oturmuş dinlerken megafonla din sosyolojisi üzerine bir yazı okumaya başladım.

Şu ana kadar tutuklanmaya en çok o gün yaklaştım. Cloyd ve fotokopici takımındakiler polise telefon ettiler. Tam Max Weber'in toplum öncesi dinsel deneyim teorisine geçerken gelen polis omzuma dokundu. Ben öğrencilerime özel bir mülkte olacağımızı, bize orayı terk etmemiz söylendiğinde sessiz ve hızlı bir şekilde oradan ayrılacağımızı açıklamıştım. Bunu tutuklamayı yapan polise söyledim. Adam bir fotokopi makinesinin arkasında saklanan Cloyd'a döndü. "Onlara gitmelerini söylemediniz mi?" diye sordu polis.

"Korkmuştuk," dedi Cloyd. "Deli olduğunu görmüyor musunuz?"

Polis gözlerini yukarı dikti ve kelepçeyi kaldırırken kampus gazetesi için harika olabilecek bir fotoğrafı mahvetti (Öğretim Görevlisi Fotokopi Cehenneminde Tutuklandı). Buna rağmen, kışkırtıcı öğrencilerim ve ben ertesi sabah ilk sayfanın manşetindeydik.

Safkan bir insan-memnun edici için, kampusta yeni namımla dolaşmak asap bozucuydu, bundan hiç hoşlanmadım. Yüzden fazla (duyduğum bir söylentiye göre) başka öğretmenin de fotokopi dükkânıyla, benzer deneyimler yaşadığı ortaya çıkınca durum daha da kötüleşti. Bütün bu müşteriler o gazete haberini okuyup işlerini geri çekince, fotokopi dükkânı iflas etti. Cloyd bana kırmızı keçeli kalemle yazılmış bir mektup yolladı; beni diğer şeylerin yanında, Deccal olmakla da suçluyordu. Biraz şaşırdım tabii ki, çünkü Deccal'in daha uzun boylu olduğunu düşünmüştüm.

ÇARESİZLİĞİNİZDEN KURTULMAK

Biraz önce tanımladığım adımları takip ederseniz, öfkeniz sizi Kutupyıldızınıza doğru bir roket hızıyla götürür. Bir taraftan da, durumunuzu değiştirmeyecek kadar çaresiz olduğunuza dair sahip olduğunuz yanılsamayı da yok eder. Çoğu insan bu yanılsamadan vazgeçmeye isteksizdir, çünkü çaresiz olduğunuza inanmak sizi, çoğunlukla zor, yorucu ve riskli olan yapıcı eyleme geçmek için sorumluluk almaktan kurtarır.

Bir keresinde girişkenlik eğitimi kursundaki öğretmen, bir kadını "mağdur" dili kullanmaktan kaçınması için teşvik edince, kadının tamamıyla çılgına döndüğünü görmüştüm. "Haksızsın!" diye bağırdı kadın, yüzü korkmuş bir ahtapot gibi kıpkırmızı ve şişmişti. "Başka seçeneğim yok! Diğer insanların istediğini yapmak zorundayım! Hayır diyemem! Bunu bana niçin yapıyorsunuz?" Gerçekten ayağa kalktı ve kalabalık salondan sinirle çıkıp gitti. Bu kadın öfke enerjisini –ki size bu enerjinin gerçekten *muazzam* olduğunu söylemeliyim– kendi yararına kullanmaktan sorumlu olmadığına dair inancını vurgulamak için kullanıyordu. Bu inancı eylemsizlik, kendine acıma ve dünyanın ona borçlu olduğuna ikna için bir temel olarak yıllarca kullanmıştı. Sorun öfkesini kullanmaması değildi, sorun sadece, öfkesini çaresizlik yanılsamasını ondan almaya çalışan herkes için bir kenarda saklamış olmasıydı.

Eğer öfkenizin ruhunuzu yakıp delikler açmasını istiyorsanız, bu arada sindirim sisteminden bahsetmiyorum bile (ve belinizi de unutmasak iyi olur), aynı yaklaşımı deneyebilirsiniz. Çaresizlik yanılsamanızdan vazgeçmek sizi yalın gerçekle karşı karşıya bırakır: başarısızlıklarınızdan tamamen sorumlu olan sizden başka hiç kimse yok ve başka hiç kimse sizi hak ettiğiniz başarıya doğru itemez. Neyse ki öfkeniz, size bu gerçekleri kabul edecek ve Kutupyıldızınıza koşmanızı sağlayacak gücü verebilir. Bunu yaparken, daha önce hiç hissetmediğiniz bir güç seviyesi deneyimlersiniz. Yıkıcı olma ihtiyacını kaybeder ve öfkenizi yaratıcı eyleme yönlendirmeye başlarsınız. En sonunda, bir zamanlar hiddet ve nefret olan güçlü bir enerji kaynağından dinginliğe ulaşırsınız.

PUSULANIZ "NEŞE"Yİ GÖSTERİRSE

Kutupyıldızınıza giden bir rota çizmek için neşeyi kullanmanın iki kuralı vardır.

Birinci Kural: Bir şey neşe getiriyorsa, onu yapın.

İkinci Kural: Tabii ki öyle. Bir şey neşe getiriyorsa, onu yapın.

Hatta eğer yaptığınız tek şey yaşantınızı size samimi neşe veren insanlar, şeyler ve aktivitelerle doldurmaksa, Kutupyıldızınızı neredeyse hemen bulursunuz.

Elbette bu, göründüğü kadar kolay değildir.

Diyelim ki, sizden daha önce hiç duymadığınız bir hayvanı taklit etmenizi istedim; Avustralya ekidnesi (eğer ekidneleri biliyorsanız uyum gösterin ve bilmiyormuş numarası yapın). Taklidinize yardımcı olmak için, size bir kaplan göstereceğim. Sonra size ekidnelerin kaplana hiç benzemediğini söyleyeceğim, ki bu doğrudur. Şimdi, sadece bu bilgi temelli olarak, ekidne taklidiniz yapın. Hadi, bekliyorum.

Neşeye –gerçek neşeye– yoğunlaştıklarında birçok kişinin karşısına çıkan benzer sorun işte budur. Gerçekten hiç görmedikleri ya da hissetmedikleri bir şeyi canlandırmaya kalkarlar. Ne istemediklerini bilirler; sessiz ümitsizlik, sıkıntı, sürekli sönük öfke ya da saf keder, ama bu ne istediklerini bilmelerine yardımcı olmaz.

Li Jiang benim kariyer geliştirme sınıfımdaki bir işletme yüksek lisans öğrencisiydi. İşletmeye başlamadan önce, anavatanı Çin'deki bir üniversitede fizik doktorası almış, sıkı bir dahiydi. Aynı zamanda da çok iyi bir insandı. Her zaman, inek görünüşlü bir cep koruyucu takardı ve sevimli bir sırıtışı vardı. Bir gün, Li Jiang büroma uğradı ve çeşitli iş seçenekleri arasında seçim yapmaya çalıştığını söyledi. Para ve prestij olarak hepsi de harika görünüyordu ve ben de ona beklenen soruyu sordum: "Hangisi kendini daha mutlu hissetmeni sağlıyor?"

Gözlerini kısarak baktı ve şaşkın bir enik gibi kafasını yana eğdi. "Mutluluk mu?" dedi, sevinçten parlayan bir ifadeyle bana bakarak. "Özür dilerim. Mutluluğun nasıl bir his olduğunu bilmiyorum."

Bir an için, karşılık veremeyecek kadar kafam karıştı. "Hayatında hiç mutlu olmadın mı?" dedim ardından.

Li Jiang başını iki yana salladı, hâlâ sırıtıyordu. İlk kez o koca gülümsemenin ardında, gözlerinin umutsuzca baktığını fark ettim. "Yakında mutluluğu bulmam lazım" dedi kusursuz, aksanlı İngilizcesiyle. "Çünkü onsuz yaşamaya devam edemem." Tuhaf bir küçük kahkaha attı.

Li Jiang bu açıklamasıyla beni şok ettiğinden beri, hiç samimi bir neşe yaşamadıkları için, kendi Kutupyıldızlarını aramaya nasıl başlayacakları hakkında en ufak bir fikirleri bile olmayan müşterilerim oldu.

Jessica'ya hayatının neşeli olabileceğini düşündüğümü söylediğimde, önce ihtiyatlı iyimser bir bakış attı, sonra da biraz endişeli bir bakış. "Mutlu olduğumda bir tür taşkınlık yaşarım" dedi. "Bütün gece uyumayıp projeler yaparım ve bunun benim için iyi olup olmadığından emin değilim." O zamana kadar Jessica'nın yaşadığı en iyi şey sürekli tetikte olan manik bir ruh hali, belki de hafif bir bipolar rahatsızlığın bir yanıydı. Manik hoppalık hiç yoktan iyidir, ama bu, gerçek neşe değildir.

"En uzun süre mutlu olduğun dönem neydi?" diye sordum Don'a.

"Şey, seks ne kadar uzun sürebilir ki?" diye hemen karşılık verdi Don. "Yirmi dakika?"

Bu bir şaka olsa da Don aslında oldukça ciddiydi. Seksin hormona doymuş coşkusu onun, hayatında yaşadığı tek neşeli deneyimdi. Bu kesinlikle neşeli bir yaşantının parçasıdır, ama tam bir neşeye yaklaşamaz bile. Neşe pusulasıyla hayatta rotanızı çizmek için önce samimi ve derin mutluluğun nasıl göründüğünü, neler hissettirdiğini, nasıl koktuğunu ve tadını anlamalısınız.

GERÇEK NEŞE

Gerçekten hoşuma giden bir Yunan felsefesi soruyorsanız, hedonizm, yani hazcılık derim. Eğer hedonistlerin etrafta takılıp incir atıştırdıklarını, lıkır lıkır şarap içtiklerini ve kendilerini okşadıklarını sanıyorsanız, yanılıyorsunuz. (Sadece haz ve anlık doyum için yaşayan insanlara sefahat düşkünü denir ve bunu unutmasanız iyi olur, çünkü yirmi dakika sonra sınav var). Hedonistler mutluluk için yaşamaya inanırlar, ama iç doğamızdan dolayı, sadece namus, şefkat ve bazen kendini feda etmeyle tamamlanmış, ahlaklı bir hayat sürdürürsek mutlu olabileceğimize inanırlar.

Zevk ve acı çekme birbirlerinin karşıtıdır, neşe ve acı çekme değil. Çocuk doğurmanın acısını çeken ya da bir spor müsabakasında fiziksel sınırları aşan ya da zor ama güçlü hakikatleri öğrenmek için çabalayan herkes, acı çekmenin en derin neşenin ayrılmaz bir parçası olduğunu anlar. Hatta acı bittiğinde, onu yaşamış olmak zevk ve haz hissetmenin kapasitesini artırırmış gibi görünür.

Müthiş başarılı ve mutlu insanlardan neşe deneyimlerini bana anlatmalarını istediğimde, neşeden her zaman için zevk alınabilir olanların yanı sıra, hayatın acı dolu yanlarını da içeren bir şey olarak bahsederler. Marangoz ve amatör bir şair olan Justin şöyle dedi: "Bazı bölümleri acı verse bile en sonunda bütün hayata âşık olduğunuzda neşe oluşur. Kendinize ve diğerlerine, bütün yaşam sürecine, üremeye, kaybetmeye ve ölüme sevginiz o kadar güçlüdür ki, çektiğiniz acıları bir şekilde aydınlatır. Sonunda, hepsi neşeyle doludur."

Bir fizyoterapist olan Rachel bana, "Her şeyi birdenbire kaybettikten sonra tamamen mutlu oldum: bir bebek (ölü doğmuş), işim ve evliliğim. Bunu yaşarken tamamen yıkıldım. Ama sonra altımda bir tür yastık, bir sirk akrobatının ağı gibi bir şey hissetmeye başladım. Üzüntümü kabul edip sonra onun ötesine geçersem, var olduğum sürece içimde olacak, derin bir mutluluk kaynağı bulabileceğimi fark ettim," dedi.

Tedavi gören bir uyuşturucu bağımlısı olan Paul, "Kokain ve metamfetaminden aldığım enerji çok yoğun ve baştan çıkarıcıydı. Ama onu kaybetme korkusu her zaman vardı. Bu korku bana ayılacağımı ve hayatımın hâlâ bir rezalet olacağını söylüyordu. Uyuşturucuyu bırakıp bu rezaletle yüzleşip onu kontrol altına almaya başladığımda, gerçek mutluluğun nasıl bir his olduğunu fark ettim. Gerçekti, bu tam olarak merkezden geliyor. Tekrar alamazsan yok olacak diye endişe etmen gerekmiyor. Korku, gerektiğinde başa çıktığım önemsiz bir şeydir. Uyuşturucu enerjisiyle olduğu gibi, mutluluğun arka ucuna takılan bir şey değildir," dedi.

Bu tür derine inen ve geniş alana yayılan bir neşe, bir önceki bölümde incelediğimiz bütün acı dolu deneyimlerle yüzleşip onları kontrol etmeyi gerektirir. Bu da, cesaret toplama şansı bulamadan çok önce, korktuğunuz şeylerin karşısında durup onlarla yüzleşmeniz; içinde boğulacağınızı gerçekten düşündüğünüzde üzüntüyü tamamen yaşamanıza izin vermeniz; kargaşa çıkarmaya can atarken öfkenizi şefkatli bir eyleme yönlendirmeniz anlamına gelir. Bundan nefret ederim, ama buna bir çare bulamadım. Gerçek hedonist olmak için, rotanızı neşeyle çizmek için, güçlü bir ahlaki odak ve biraz cesaret gerekir.

SAHTE NEŞE

Mutlulukla uğraşırken karşılaşacağınız en büyük tehlike sahte neşeleri asıllarıyla karıştırmaktır. Bütün yaşam amacımız neşeli olmak olduğundan, bütün ruhumuzla ona doğru dörtnala koşmak için donanımlıyızdır. Böyle bir bağlılığı sahte neşelerle, kimyasal ya da davranışsal Hafif Neşeyle birleştirmek, bizi korkunç biçimde savunmasız bırakır. Ama samimi neşeyi hiç yaşamamış insan için, bu sahte neşelerin yarattığı büyü baskın olabilir. Belki de bir zamanlar keş olduğu için, Paul'ün neşe tanımı hakikisiyle sahtesini ayırmanın en iyi yolunu özetledi. Sahte neşe sizi kendinizden geçirip göklerde uçurur, sonra da bir uçurumun kenarından aşağı atar. Bu sadece kimyasal mutluluk için değil, aynı zamanda ruh halini değiştiren bütün maddeler ya da eylemler için geçerlidir.

Susan'ın ulaşılamaz erkeklere umutsuzca âşık olma şablonu vardı. Mesela işte, asansördeki kısa bir sohbet sonrası gibi küçük bağlantılardan sonra bir adama bağlanabilirdi. Susan yeni "hedefi" hakkında henüz pek bilgi sahibi olmadan önce, onu karakterinin mükemmelliği ve eğer karısından, kız arkadaşından, erkek arkadaşından, kapandığı manastırdan ya da her neyse ondan ayrıldığında paylaşabilecekleri büyük mutluluk hakkında ayrıntılı fanteziler kurabilirdi. Bu fanteziler Susan'ı birkaç hafta kendinden geçirir, sonra adam tepki vermeyince yerini dehşet verici yalnızlığa ve öfkeye bırakırdı.

İşin ilginç tarafı, hedeflerinden biri bir gün gerçekten karşılık verdi, Susan'ın duyguları aniden inişe geçti. Adamı istemedi, onu tanımıyordu bile. O, romantik kovalamanın heyecanına bağımlıydı. Susan bu sağlıksız şablondan kurtulana kadar, uzun, zahmetli, sonsuz derecede ödüllendirici, gerçekten sevgi içeren bir ilişki inşa etme işine başlayamadı. Yüksekten uçup yere çakılma, Hafif Neşe'nin özelliğidir.

Gerçek mutluluk ve ucuz taklidi arasındaki başka bir fark da o deneyimi hatırlamakla ilgilidir. İçki içtiğiniz için kendinizi coşkulu ve tatlı hissettiğiniz bir anı hatırlamaya çalıştığınızda, o deneyimin zevkini yeniden ortaya çıkaramazsınız; o hissi tekrar yakalamak için tekrar içmeniz gerekir ve böylece alkol otlakçılığına başlarsınız. Ama gerçek neşe hissettiğiniz bir zamanı hatırlamaya çalıştığınızda, sadece o deneyimi hatırlamak bile içinizde küçük ama sıcak bir ateş yakar. Neşe anıları, sadece tek başlarına bile neşelidirler, oysa bu, sahte neşeler için söylenemeyecek bir şeydir.

ALIŞTIRMA

En mutlu olduğunuz dört ya da beş anınızı yazın:

....

....

....

....

Bunlardan şu anda en çok hoşunuza gideni seçin. Gözlerinizi kapatın ve aynı deneyimi elinizden geldiği kadar detaylı bir şekilde hatırlayın. Sonra aşağıdaki soruları cevaplayın:

Doğru	Yanlış	1. Bu deneyimi hatırlamak bile bir mutluluk coşkusu yaratıyor.
Doğru	Yanlış	2. Bu deneyimi düşündüğümde kendimi çökmüş ve bitkin hissediyorum.
Doğru	Yanlış	3. Bu deneyimi hatırladığımda kaslarım gevşiyor.
Doğru	Yanlış	4. Bu deneyimle oluşan iyi duyguları hiç hatırlayamıyorum.
Doğru	Yanlış	5. Bu anıyı uzun uzun düşündükçe gülümsediğimi fark ediyorum.
Doğru	Yanlış	6. Bu deneyimi hatırladığımda tedirgin oldum ve "aşırılaştım."
Doğru	Yanlış	7. Zihnimin ve kalbimin sabit bir parçası olduğu için bu deneyimi hiç kimsenin benden alamayacağını biliyorum.

Tek sayılı ifadeler gerçek neşenin özellikleridir. Eğer onlara "doğru" cevabı verdiyseniz, mutluluğu nasıl teşhis edeceğinizi biliyorsunuz demektir. Çift sayılı ifadeler sahte neşenin insanları çoğunlukla nasıl etkilediğini tanımlar. Eğer onlara

"Doğru" cevabı verdiyseniz, o zaman neşe ve Hafif Neşe arasındaki ayrımı henüz yapamıyor olabilirsiniz.

KAYNAĞI BULMAK

Joseph Campbell "çoğumuz dışsal değerli şeylerin peşine öyle bir takılıp kalmışız ki önemli olan şeyin içsel değer –yaşıyor olmakla ilişkili büyük sevinç– olduğunu unutuyoruz" dedi. Temelde mutlu olan müşterilerimle konuşurken, gelecek için rota çizmenin en iyi yolu "yaşıyor olmakla ilişkili büyük sevinci" onlara getiren şeyi saptamalarına yardımcı olmaktır. Hiperaktif toplumsal benlikleri olan başarılı insanların çoğu mutluluklarının para, güç ya da şöhretten geldiğine inanır. Ama öz-benliklerinin konuşmasına izin verdiğimizde, bu kişiler çoğunlukla gerçek neşe kaynaklarının çocukları, arkadaşları, iş arkadaşları, hayvanları, hobileri ya da çevreleri olduğunu keşfedip şaşırırlar.

Jill'in annesiyle babası üniversitede öğretim üyesiydi. Jill, ebeveynlerinin izini takip edip akademik çevreye girdi ve kadrolu olmak için çalışırken akademik olarak bocalamaya başladı. Jill'in araştırmaları ve yazıları azalıp sonunda tamamen durdu. Öğretim değerlendirmeleri donuklaştı. Jill bu yetersizlikleri aşmak ve üniversite sisteminde başarılı olmak istediğini sandı, ama duygu pusulası bir profesör hayatını göstermedi.

Jill'den hafızasında kalıcı olan, huzurlu bir mutluluk hissettiği zamanlara ait anılarını aramasını istedim. Birkaç dakikalık sessizlikten sonra, duruşu rahatladı ve alnındaki kırışıklıklar yumuşadı. Bir ormanda geçirdiği bir öğleden sonrayı bana anlattı. Orada hiçbir şey olmamıştı. Jill sadece bir süre etrafta yürümüş, sonra eve dönmüştü. Ama yüz ifadesi ve sesindeki yeni sıcaklıktan bu basit anının ona akademik unvan ve saygılıklardan daha çok mutluluk getirdiği ortadaydı. Jill'in mutlu deneyimlerinin hepsi bu çarpıcı basitliği paylaşıyordu. Hepsi de Jill'in değer olarak öğrettiği keşmekeşten uzak olduğu zamanlarda, doğal ortamlarda ortaya çıkmıştı. Jill'in toplumsal benliği yaşamını akademik ortamın kutsal salonlarında geçirmesi gerektiği hususunda kararlıydı, ama duygu pusulası bize bir çiftçi ya da orman korucusu olarak Kutupyıldızına daha yakın olacağını söylüyordu.

ALIŞTIRMA

(Mutluluk geçmişi olanlar için.)

1. Bugün yaptığınız her şeyi zihninizde gözden geçirmek için bir dakikanızı hemen şimdi verin. Bu aktiviteleri düşünmek bir mutluluk dalgası yayıyor mu? Hangi aktiveler en çok neşe veriyor?
2. Şimdi geçen ayı düşünün. Geçen dört haftada neşeli bir anı bırakan bir şey yaptınız mı? Neydi? Elinizden geldiği kadar çok, neşeli anılar yazın, sonra ortak noktalarını bulun.

İYİLEŞTİRCİ NEŞE ÇALIŞMASI

Aslına bakarsak, Jill'in anı deposunda birkaç tane neşeli deneyim vardı. İyi ki bu birkaç anı gerçek ve güçlüydü. Zihninde o deneyimlere geri gittiğinde, o kadar büyük bir mutluluk dalgası hissetti ki en sonunda köklü bir değişiklik yapmak istedi; üniversitedeki işini bırakıp kendini doğal çevreyi korumaya verecek bir kariyer düşündü. Bu tür bir inanç sıçraması Li Jiang, Jessica ya da Don gibi gerçek neşeli hiçbir anıyı hatırlayamayan kişiler için daha da zordur. Sizi zevkten titreten bir anı hatırlayamıyorsanız, biraz iyileşme çalışması zamanınız gelmiştir.

Bu sadistçe gibi gelse de, iyileştirici neşe çalışmasının asıl amaçlarından biri sizi ağlatmaktır. Gözyaşları eğer bunu gerçekten deneyimleyebilirseniz, size neşe getirecek bir şeye gözünüzü diktiğinizde öz-benlikten gelen bir sinyali gösterir. Oğlumun anaokul öğretmeniyle etkileşim içinde olmasını izlerken ağlamam karşısında şaşkına döndüğümü hatırlıyorum. Bütün çocukluğumu, büyümüş gibi davranmaya çalışarak geçirmiş olduğumu fark etmem biraz zamanımı aldı. Ben anaokuluna başladıktan yaklaşık iki hafta sonra öğretmenlerim ve ebeveynlerim beni bir üst sınıfa geçirmeye karar vermişti. Onların iyi bir karar verdiğini ispat etmeye kararlı bir şekilde mükemmelleşmeye o kadar odaklandımdı ki, oğlumun yaptığı gibi okulun basit bir şekilde tadını hiç çıkaramadım. Bunun farkına varmam bende Discovery Channel'ı izlerken galeta yiyip süt içme alışkanlığı başlattı; işte size sade ama gerçekten eğlenceli saatler geçirmemi sağlayan bir hobi.

Bazen neşesiz müşterilerim çok tuhaf anlarda ağlarlar: ben arabamdan bahsederken ya da onlar bir lokanta yemeğini anlatırlarken ya da büromun penceresinin tam önündeki çiçeklere bir sinekkuşu konduğunda. Bu gözyaşları o müşteri henüz bunu hissetmeyi öğrenmemiş olsa bile bazı neşe kaynaklarının yakında olduğunun belirtisidir.

İYİLEŞTİRİCİ NEŞE ALIŞTIRMALARI

1. Hafızanızda sizi kendiliğinden gülümseten anılar arayın. Bunlar kardeşinizin yanlışlıkla bir arı yediği ya da Jerry Springer şovunun acayip bir bölümü gibi "uygunsuz" du-

rumlarmış gibi görünebilir. Ne olursa olsun, onları yazın.

2. Üzüntüden değil de mutluluktan en son ne zaman ağladığınızı hatırlamaya çalışın. Doğumlar, düğünler, spor zaferleri, ilham verici öyküler, filmler, kitaplar ya da televizyon şovlarının hepsi yüreğinizin en hassas tellerini çalabilir. Gözlerinizden yaş getirenler genelde hangi tür bir deneyime dikkat etmeniz gerektiğini size söyler.
3. Yukarıdaki alıştırmaların ikisi de net bir hatıra ortaya çıkartmazsa, yoğun olarak arzuladığınız olayları ya da daha önce hiç yaşamadığınız bir şeyi, kıskandığınız bir şeyi arayın: bir spor yıldızına kendi takımındakiler tarafından gösterilen saygı, âşık bir çiftin arasındaki yakınlık, bir performans sanatçısının rahat özgüveni. Yine, üç ya da dört örnek yazın ve ortak noktaları bulun.

YAŞANTINIZIN NEŞE İÇERİĞİNİ EN ÜST SEVİYEYE ÇIKARMAK

Size gerçek neşeyi getiren şeyin ne olduğunu anladıktan sonra, yaşamınızı onunla mümkün olduğu kadar doldurmaya hemen başlamalısınız. Fitness uzmanları en kısa zaman birimine bile bir egzersiz sıkıştırabileceğimizi her an söyler: park yerinin diğer ucuna arabayı bırakıp kapıya kadar yürümek, asansörü beklemek yerine merdivenlerden çıkmak, trafik ışıklarında dururken karın adalelerini sıkmak gibi. Ben de neşeye böyle bakıyorum. Gününüzün her kıyı ve köşesine neşeli aktiviteler koymak Kutupyıldızınıza giden yolda harika bir başlangıçtır. Bu stratejinin en güzel tarafı çok büyük değişiklikler gerektirmeden, yaşam kalitenizi neredeyse hemen geliştirebilir olmasıdır.

Mesela Geraldine kitapçıları gezdiğinde kendini sakinleşmiş ve mutlu hissediyor, bu yüzden öğlen yemeği sırasında işyerinin bulunduğu binadaki kafeteryaya takılmak yerine bir kitapçıya gitmeye başladı. Brent golf seviyor, bu yüzden, haftada iki kez erken kalkıp golf antrenman alanında çalışmaya karar verdi. İş bilgisayarına sanal bir golf oyunu yükledi (tabii ki asla iş saatlerinde kullanmayacak). Marianne en büyük neşeyi etrafında çocuklar olduğunda hissediyor. Kendi çocukları büyüyüp evden ayrıldıkları için, Marianne bir ilkokula gönüllü öğretmen oldu ve bir halk kütüphanesinde her hafta, çocuklar için "Öykü Saatinde" kitap okuyor.

Ben müşterilerime sürekli olarak, onları neşelendiren şeyler yapma ödevleri veriyorum ve çoğu buna memnuniyetle razı oluyor. Yine de bunu profesyonel hedeflerinden bir tür saptırma olarak görmeye de eğilimliler. Ben aynı düşüncede değilim. Sevdiğiniz şeyi yapmaya başladığınızda, onu büyük ihtimalle keyifle, yetenekle ve bulaşıcı bir zevkle çok iyi yaparsınız. Müşterilerimin çoğunun en iyi kariyer bağlantısı, onlar sarı sayfaları karıştırırken ya da özgeçmişlerini yollarken ortaya çıkmaz. Kariyer mucizeleri yaşantınıza âşık olduğunuz, kendinizi zorlamanın gerçekten durmaktan daha kolay olduğu, "yapmadan yaptığınız" zamanlarda olur. Neşe dolu aktivite dünyaya değer katar ve değer katmak başarılı bir kariyerin yüreği ve ruhudur.

ONU BOĞMADAN, NEŞEYE SIKICA TUTUNMAK

Gerçek neşeyi yaşamaya bir kere başladınız mı yaşantınıza böyle mutluluk getiren ne olursa ona yapışmak isteyeceksinizdir. Bir neşe kaynağını kaybeden insanların değişmiş olan duruma nasıl yapıştıklarını, doğal dönüşümün oluşmasını engellemek için müthiş bir inkâr gücü kullandıklarını daha önce inceledik. Fazla neşe hissetmemiş olan insanlar, boğulan birisi sanki kurtarıcısının boynuna yapışıyormuş gibi en ufak mutluluk parçasına tutunmaya eğilimlidirler. Para, arkadaş ya da bağlılık istiflerler. Bunlara o kadar sıkıca yapışırlar ki ya alma ya da verme yetisini kaybederler. Bu, hayatın doğal akışını durdurur ve koruması gereken neşenin kökünü çabucak kazır.

Albert Camus "Kışın tam ortasında, içimde yenilmez bir yaz olduğunu en sonunda öğrendim," diye yazmış. İçsel ve yok edilemez olan neşe yaşayabilme kapasitenize güveniniz, neşe dolu deneyimlerin gitmesine izin verip yerlerini çok daha harika olan başka deneyimlerin aldığını öğrendikçe gelişir. Kendi mutluluğunuza hafifçe tutunmayı, onun kaynağının siz olduğunu ve orada sınırsız malzeme bulunduğunu hatırlayarak öğrenebilirsiniz.

ACI ÇEKME ALIŞKANLIĞINI BIRAKMA

Bir zamanlar, çok dindar bir kadın grubu önünde bir konuşma yapıp Tanrı'nın bizden tek istediği şeyin, kendi mutluluğumuza sarsılmaz bağlılıktan başka bir şey olmadığına inandığımı belirtmiştim. Dinleyicilerin bu yorum karşısında şok geçirdiklerini görebiliyordum. Konuşmadan sonra, birçok kadın biraz ileri gittiğimi belirtti ve bir tanesi "zincirler içinde sürüklenip" götürülmem gerektiğini söyledi. Bu kadınlar, cennete giden yolun acı çekmekten geçtiğine, bu arada da cehenneme giden yolun mutlulukla kaplı olduğuna dair bir dini inancı paylaşıyormuş gibi görünüyorlardı.

Eğer aynı şeye inanıyorsanız, bu kitabı bırakmanızı ve o jilet uçlu küçük kırbaçlardan birini almanızı destekliyorum, çünkü bu sayfalar içinde dünya görüşünüze hiçbir destek bulamayacaksınız. Kişinin kendi için acı çekmesine inanmıyorum. Nankör, acı dolu bir hayata dayanmak, mutluluğu bir tür ödül olarak hak ediyorsunuz anlamına gelmez; bu yalnızca, nankör, acı dolu bir hayata dayanıyorsunuz anlamına gelir. Eğer acı çekeceksem bari gerçekten iyi bir nedenden dolayı olsun. Bana mal olduğu bedelden daha fazla neşe verirse daha iyi olur. Eğer daha fazla acı verecekse, bundan kaçınmak için elimden geleni yapacağım ve bütün müşterilerime de aynısını tavsiye ederim.

Bu aramızdaki azizler için büyük bir fedakârlıktır. Bir müşterim vardı, Tiffany, ne zaman gelse başka bir acıklı hikâye anlatırdı. İşleri kötü gidiyordu, eski kocası tacizciydi, oğlu ona karşı zalim ve agresifti, sağlığı kötüydü. Bu talihsiz öyküleri, sahibinin ayaklarının dibine ölü bir fare bırakan kedi gibi tuhaf bir gururla anlatıyordu. Eğer her şey onun için yeteri kadar kötü gidiyorsa acıma ve fedakârlık altında ezileceğimi sanıyormuş gibiydi. Bir hafta bana evinin yanıp kül olduğunu söyledi. Aynı hafta içinde bir ara, tahribatı görmek için evinin yanından geçtim. Evde tek bir çizik bile yoktu.

Bir sonraki seansımızda, Tiffany'le yüzleştim ve ona ev yangını öyküsünü niçin uydurduğunu sordum. Beklediğim gibi, diğer insanların sevgi dolu dikkatini çekmek için acı çekmeyi her zaman harika bir yol –büyük ihtimalle *tek* yol– olarak gördüğünü açık açık söyledi. Bu oldukça sık rastlanan bir yanlış anlamadır, özellikle de çocukluklarında başlarına trajik bir şey gelene kadar göz ardı edilmiş insanlar için. Tiffany gibi insanlar acı çekmekten vazgeçmenin sevgiden de gerçek anlamıyla vazgeçmek olduğuna inanırlar. Eğer bu dünya görüşünü paylaşıyorsanız, felaketler yaşamaya kesinlikle devam edersiniz. Acı çekmek korkunç bir şeydir ama aşk için ödenecek küçük bir bedeldir ve yanlış öncül altında çalıştığınızı fark edene kadar bunu yapıp durursunuz. İşin gerçeği şudur: eğer acı çekmeyi bırakıp yaşantınızı neşeyle doldurursanız insanlar sizi çok daha dürüst bir şekilde ve kolayca sever. Daha da önemlisi, özbenliğinize sevgi gösterirsiniz. Bu, mutluluk kapasitenizi artırır ve diğer insanlara karşı olan davranışlarınıza yayılır, böylece onlara da neşe getirmeye başlarsınız. Siz ne kadar mutlu olursanız dünya da o kadar neşe dolu bir yere dönüşür.

10

İLERİ SEVİYE PUSULA OKUMA: SEZGİ

Kendi sezgimle ilk büyük karşılaşmamı asla unutmayacağım. Kocam John'la evlendikten hemen sonra bir yıl boyunca yaşadığımız Asya'dan Birleşik Devletler'e yeni dönmüştüm. Sezgi patlamamın olduğu akşam, bir akşam yemeği partisi vererek eski üniversite arkadaşlarımızı tekrar kazanmayı planlıyorduk. Ana yemek domuz pirzolasının Japon tarzı olan *katsu-don*'du; hem otantik bir Asya yemeğiydi hem de Batı hassasiyetlerine uygundu (mayalanmış soya fasulyesi, çiğ yumurta ve deniz yosunun karışımından oluşan bir çamura benzeyen ve en sevdiğimiz yemek olan *natto*'nun aksine). Dairemizden yaklaşık bir buçuk kilometre kadar uzakta, nadiren alışveriş yaptığım bir marketin yanından geçerken aklıma inanılmaz netlikte bir fikir geldi.

"*Hemen* bu markete girmem gerekiyor," diye düşündüm ya da daha doğrusu bunu bildim. "Domuz pirzolasında ucuzluk var."

Bu ani fikir o kadar güçlüydü ki bu, onu umursamamak aklımdan bile geçmedi. Markete girip doğruca kasap bölümüne gittiğimde karşıma ne çıksa beğenirsiniz: bir görevli, üzerinde yarım kilosu 20 sent yazan, taze domuz pirzolalarını çıkarıyordu.

Avdan dönen bir avcı gibi birkaç kilo eti sürükleyerek eve dönerken, bu deneyimi iyice düşünüp taşındım. Daha önce bunun gibi psişik bir şey yaşamamıştım ve şaşırmış durumdaydım. İlk sorum şuydu: *Tanrı aşkına neden domuz pirzolaları?* Hayatımda mistik tek bir mesaj alacaktıysam niçin bu beni olası bir felaket ya da en azından ilginç bir haber konusunda uyarmadı? Koruyucu meleğim –eğer bu oysa– birkaç ay önce geceleyin, Bangkok'un berbat bir yerinde umutsuzca kaybolduğumda neden kulağıma fısıldayarak yardımcı olmadı? Ama göründüğü kadarıyla taze eti olası en uygun fiyata bulmama yardımcı olmakta çok kararlıydı. Bu yardımsever hayalet kimdi, Julia Child'ın[1] paranormal bir uyarlaması mı?

Bu soruya hâlâ bir cevabım yok. Hatta bu Pirzola Vahyi birçok açıdan kafamı karıştırır, süpermarket odaklı olması bunlardan sadece biridir. Mesela bu bilgiyi zihnime bu kadar net bir şekilde ve doğrudan yönelten mekanizmanın ne olduğundan ya da beynimin hangi parçasının bu mesajı aldığından veyahut gerçek bir "metafiziksel" gücün bu işe karışıp karışmadığından emin değilim. Tabii ki bütün bu olay bir tesadüf olabilir, ama bana göre, bu deneyimin yoğunluğu bunu bir tesadüf olmadığını gösteriyor.

Birkaç yıl sonra bu olayı neredeyse tamamen unutmuştum. Sonra ikinci çocuğuma hamile kaldım ve belli ki kafamın içinde bir kıyamet koptu. Çok kısa bir süre içinde, tuhaf ve paranormal gibi gözüken o kadar çok deneyimle kuşatıldım ki kıyaslandığında Pirzola Vahyi onların yanında önemsiz kaldı. Mesela John, iş gezisi için Asya'ya gittiğinde, ben Boston'daki evdeyken, onun gördüğü şeyleri sanki görüntü bir ekranla zihnime yansıtılmış gibi gördüm. Sonradan doğru oldukları ortaya çıkan, sezgisel ani görüntüler de –gelecekte neler olacağına dair bazı bilgi parçaları– gördüm. Bütün ha-

1 Amerikalı ünlü bir aşçı, televizyon sunucusu, yazar.

mileliğimi o zamana kadar hayal ettiğimden çok daha tuhaf ve harika bir dünyaya yavaş yavaş alışarak, bir tür başkalaşmış bir durumda geçirdim.

O zaman için, bunu karanlık bir sır olarak sakladım. Ne de olsa sosyal bilimlerde yüksek lisans öğrencisiydim; bu sezgi hikâyesi bana ya da etrafımdaki insanlara uymuyordu. Psişik ya da "psi" olaylar olarak bilinen yaşadığım bütün bu fenomenlerin aslında çok yaygın olduğu hakkında hiçbir fikrim yoktu. Bu sezgiler birçok laboratuvar deneyine araştırma konusu oldu ve araştırmacılar insanların düzenli olarak bilgi toplayabildiklerini, birbirleriyle iletişim kurabildiklerini ve istatistiksel şansın çok ötesindeki seviyelerde, hiç kimsenin anlamadığı yetenekler kullanarak nesnelerin hareketini etkileyebildiklerini buldular. Duyu ötesi algı (beş duyudan farklı yöntemlerle bilinen bir şey), uzaktan izleme (uzaktaki bir kişinin gördüğü şeyi bilmek) ve prekognisyon (geleceği önceden bilme) gibi şeyler insanlar arasında daha çok müzikal ya da atletik bir yetenek gibi dağılmışa benziyor. Çoğu insan, hayatı boyunca bu tip deneyimleri bir ya da iki kez, bazı insanlar düzenli olarak yaşar ve çok az sayıda kişi de şaşılacak derecede, devamlı olarak "medyumdur." Nasıl bir beysbol vurucusu topu atanın karşısına her geçişinde sayı vuruşu yapamazsa bu insanlar da sihirli numaralarını mükemmel bir doğrulukta yapamazlar. Ama onların sonuçları, sadece tahmin yürüten kişilerden genellikle gerçekten milyon kez daha doğrudur.

BEDAVA MEDYUM YARDIM HATTINIZ

Kutupyıldızınıza ulaşmak için paranormal bir deneyim yaşamanız gerektiğini düşünmüyorum. Eğlence dışında, profesyonel bir medyuma gitmenizi de tavsiye etmiyorum. Bunun nedeni onları şarlatan olarak görmem değil, bunun nedeni sizin şu anda, bulabileceğiniz en pahalı 900'lü hat peygamberinden çok daha fazla sezgisel bilginiz olduğuna inanmamdır. Kutupyıldızını bulmak için yola çıkmış olan insanların sahip olabileceği paranormal yetenekleri uyandırma eğilimleri olduğunu deneyimlerden biliyorum. Genelde, müşterilerimin beden ve duygu "pusulalarını" takip ettikleri oranda sezginin rehberliğinden o kadar faydalandıklarını gördüm. Öz-benlikleriyle uyum içinde yaşamaya yaklaştıkça, çoğunlukla inanması imkânsız tesadüfler, uzaklardaki olayların güçlü izlenimleri ya da kendi geleceklerine dair belli şeyleri bilme hisleri ortaya çıkar.

Bu, sizin başınıza geldiğinde –eğer gelirse– bunu anlaşılması çok zor, ama oldukça güçlü bir yön bulma aleti olarak kullanmaya hazır olmanızı istiyorum. Sezgileriniz doğru yaşantınız hakkında bilincinizin diğer bölümlerinden çok daha fazla arıtılmış bir anlayışa sahiptir. Bu bölüm onun talimatlarını tanıma, anlama ve onlarla başa çıkmanıza yardımcı olacaktır.

BAŞARILI KİŞİNİN SEZGİSİ

Bu kitap için yaptığım araştırmanın bir parçası olarak, özellikle mutlu ve başarılı görünen birçok insanla görüşme yaptım. Müşterilerim bana genelde belli bir noktada dibe vurduklarında ya da bütün hayatları dibe vurduğunda öğüt almak için gelir. Müşteriler ve görüşme yaptığım başarılı insanlar arasındaki farklardan bir tanesi, görüştüğüm başarılı insanların sezgilerine güvenmekten daha fazla bahsetmesidir. Örnek olarak Robert ve Ruth'un öyküsüne bakalım.

Yirmi sekiz yaşındaki Robert uzun boylu, esmer, yakışıklı, içi içine sığmayan, çok başarılı bir işadamıdır. İki yıldır gittiğim küçük bir kuaför dükkânını satın almasından kısa bir süre sonra onunla tanıştım. İşler bir süredir görünür bir şekilde düştüğü için birisinin orayı almasına hiç şaşırmamıştım. Aylık saç kesimi için dükkâna gelip Robert'ın oraya yaptıklarını görünce şaşırdım. Bir zamanlar hırpani, oldukça bunaltıcı olan, tek göz dükkân artık rahat ve lüks görünümlü bir salondu; hem de eski sahibinin bir ay boyu gördüğünden daha çok müşteriyle dolu bir halde. Dekorla birlikte içerideki hava da değişmişti: Bütün müşteriler gülüyor, kuaförlerle ve birbirleriyle sohbet ediyordu. Ortamda bol bol taşkın kahkaha ve genel bir iyi niyet vardı. İlk kez, orada olmaktan gerçekten memnun kaldım ve saçım o güne kadarki en iyi şeklide kesildi.

Sonraki ay, Robert saçlarımı kırparken, ona hayatı ve kariyeri hakkında sorular sormaya başladım. New York'ta ne fakir ne zengin bir ailede büyümüştü. On yedi yaşındayken, Robert Manhattan'daki bir kaldırım üzerine kurulmuş olan bir kabinde birisinin saç kestiğini görmüştü. Onu izlerken, "İçimde bir şey bana 'Hey, ben bu işi yapacak ve bu işte iyi olacağım diye fısıldadı'" dedi bana Robert.

"İçindeki her neyse" işi biliyormuş. Robert saça model vermeyi çabucak öğrenmiş. Biraz da eğitim gördükten sonra, mesleğini gerçekten de sokakta öğrenmiş, kendi küçük kaldırım kabininde birkaç dolara saç kesiyormuş. "İşi gerçekten böyle öğrenirsin," dedi. "Her tür müşteri, her tür saç ve her tür kesim." Saatine göre değil de iş başına para kazandığı için, Robert *hızlı* kesmeyi de öğrenmiş. Yirmi yaşına geldiğinde, tarak ve makas konusunda bir maestro olmuş. Kısa bir süre sonra pahalı bir salon tarafından işe alınmış, rahat kişiliği ve çarpıcı yeteneği sayesinde kendi yerel müşterilerini edinmiş. İyi iş yapıyor, biraz para da biriktiriyormuş, ama bir gün aklına esmiş ve New York'tan ayrılıp kendi işini yapmaya karar vermiş.

"Niçin?" diye ona sordum. "Ve nasıl oldu da Phoenix'e gelmeye karar verdin?"

"İçime doğdu." Robert sanki herkes sezgisel bir hevesle iki bin beş yüz mil uzaktaki bilinmeyen bir yere taşınırmış gibi omuz silkti. Robert daha önce hiç Arizona'ya gelmemiş, ama iç pusulası ona oraya gitmesini söylemiş. "İlk uçağa binip geldim, havaalanından bir taksi tuttum ve satılık mülklere bakmak için bir emlakçıda durdum. Bu adres gözüme takıldı ve bir şekilde uygun geldi. Ben de taksiciyi buraya götürmesini söyledim. Bir baktım ve 'Tamam, işte burası' dedim. Başka bir yere bakmaya zahmet bile etmedim. New York'a uçup taşınmak için hazırlandım."

Bu karar verme stratejisi düşüncesizceymiş gibi görülebilir, ama Robert gerçekten çok dikkatli bir işadamı. Onu dinlerken, aklıma Pirzola Vahyi, aradığımı tam orada, tam zamanında bulacağıma kesinlikle emin olmam geldi. Birden görerek satın alanların acele kararlarının aksine, Robert'ın cesur davranışı tekdüze bir tutarlılıkla başarılı oldu. İlk gençlik dürtüsü saç yapmayı öğrenmek olduğu için, özvarlığını ve yaşam kalitesini sürekli artırıyordu. Artık sürekli televizyona çıkıyor, yerel haberler için stil ve fitness programları yapıyor ve işi şaşırtıcı bir süratle büyüyor. Robert kendi yatırdığından birkaç yüz bin dolar fazlasını teklif eden bir kuaför salonu zincirinin, işini alma teklifini geçenlerde geri çevirdi. "Henüz ilerleme zamanı değil," dedi bana neşeyle. "Zamanı geldiğinde bunu bileceğim," Geniş göğsüne vurdu. "Onu burada hissedeceğim."

Robert'ın tersine, Ruth orta yaşlarının başına kadar içgüdülerine güvenmemişti. Kocası beyin kanserinden öldüğünde, kırk dört yaşında, beş genç çocuk büyüten bir ev kadınıydı.

"Bu beni eşekten düşmüş karpuza döndürdü," diye hatırlıyor Ruth. "Ben hep kurallara inanırdım: Doğru şeyi doğru şekilde yaparsan yaşantın başarılı olur. Üniversitedeki branşım ev ekonomisiydi, çünkü amacım bütün hayatım boyunca tam gün bir eş ve anne olmaktı. Kocamı kariyerinde destekledim, beş çocuğum oldu ve evi çekip çevirdim. Yıllarca, her sabah beşte kalktım, on iki sandviç yaptım, onları altı adet kahverengi kese kâğıdına bölüştürdün ve ailemi dünyaya iyi yıkanmış, iyi giyinmiş, iyi bakılmış bir şekilde yolladım. Bütün kurallara uyduktan sonra, aniden korkmuş, üzüntülü beş çocuk ve belirsiz bir gelecekle dul kalmak benim için hayal edilemez bir şeydi."

Yaşadığı derin kaybın üzerine, Ruth'un çocukları için endişesi de neredeyse dayanılamazdı. Bir gece, tam umudunu kesmek üzereyken, mantıksız olsa da derin bir güven hissine kapılmış. "İyileştiğimi, çocuklarımın da iyileşeceğini anladım," dedi. "Bu zihinsel bir bilgi değil, çok daha kökten bir şeydi. Sadece bildiğimi bildiğimi biliyordum." Aynı şekilde, Ruth başka bir eyalete gideceğini, tekrar okula başlayacağını ve psikoterapist olacağını da biliyordu. Bunu daha önce hiç düşünmemiş –hatta bırakın bir psikoterapiste gitmeyi, bir tanesini bile tanımıyormuş– ve bütün bunların olacağına dair kafasında hiç soru yokmuş. Ruth beş çocuğunu da toplamış ve ne düşündüğünü onlara söylemiş. Bütün hayatı boyunca özünde gömülü yatan bir planı takip ettiği için, tuhaf bir şekilde, yeni bir plan yaratıyormuş gibi hissetmemiş.

"Aklımdan geçen bu çılgın fikirleri çocuklarıma anlattım ve 'Durma anne. Seni sonuna kadar destekliyoruz' dediler. Ve başladık. Hangi üniversiteye gideceğimi biliyordum, başka bir yere başvurmadım. Kabul edildikten sonra –ki olasılığı tahminimden çok çok daha düşüktü– tası tarağı topladık ve taşındık. Ne kadar dehşete düştüğümü çocuklara göstermemeye çalıştım. Yüksek lisans programının ilk yılında, kendimi hiç bitmeyecek, karanlık bir tünelde yürüyormuş gibi hissettim."

Ruth tek bir nedenden dolayı sezgisini takip etmişti: Güvenebileceği başka hiçbir şeyi yoktu. Şüphelerle kafası karışmış olsa da, "bildiğimi bildiğimi biliyordumuna" güvenmeye karar vermiş. Robert'ta olduğu gibi bu, Ruth'da da işe yaramış. Doktorasını aldıktan sonra işinde başarılı olmuş ve büyüyüp yuvadan ayrılırlarken çocuklarına inanılmaz bir destek sağlayabilmiş. Kendine güveni arttıkça, daha fazla risk almış. Yüzlerce hastaya terapist olarak yardımcı olmanın yanı sıra, Ruth birkaç başarılı ticari girişimde de bulunmuş ve borsada etkileyici sonuçlar almış.

"Eğer kocam ölmemiş olsaydı," dedi bana, "büyük ihtimalle sığ bir hayatım olur ve son iki yılda yaşadığım inanılmaz deneyimleri kaçırmış olurdum. Çok büyük şeyler kaybettim, ama daha fazlasını geri aldım." Ruth'un kazandığı en önemli şeylerin arasında onu kendi Kutupyıldızına yönlendiren sezgisine güven de vardı.

"KEDİNİZE" GÜVENMEYİ ÖĞRENMEK

Robert ve Ruth'un sıradan bir insanın sezgi yeteneklerinden daha fazlasına sahip olduklarını sanmıyorum. Onları diğer (ve görüştüğüm diğer başarılı kişileri) başarısızlığa yakalanmış müşterilerimden ayıran tek şey, sezgilerine *güvenmeye olan arzuları*. Robert sezgiye saygı duymak üzere doğmuş ve yetiştirilmiş gibiyken, Ruth kader ona başka bir seçenek vermediğinden bunu yapmak zorunda kalmıştı. Ruth'un dul kalması gibi "hayat kazaları" çoğunlukla, sezginin kendiliğinden gelişmesini sağlar: Hiçbir şey gerektiği gibi işlemiyormuş gibi, o zaman lanet olsun, bari içgüdülerinize göre hareket edin.

Corbin'in "hayat kazası" emeklilik planına ulaşmaya yedi aydan az bir zaman kala, bir gün işe gidip "işine son verildiğini" öğrenince başına gelmiş. "Elli beş yaşında, beslemesi gereken pek çok boğaz varken, çocuklar üniversitede ve cazip bir beklentisi dediğiniz şey olmadan rotasız kalakalmıştım," dedi Corbin. Bu felaketin sonucunda sezgisine nasıl güvenmeye başladığını anlatmasına bayılıyorum: "Kendimi yoğun bir siste, gece yarısı, çok ama çok yüksek bir dağın sırtında yürüyormuş gibi hissettim. Sağa ya da sola atacağım yanlış bir adım sonucunda bin kilometre aşağı düşebilirdim. Ve gittiğim yönü bilebilmenin tek yolu tam önümde yürüyen küçük siyah kediydi. Eğer kedinin ayak seslerini duyabilsem, nereye basacağımı bilecektim." Corbin gülümsedi. "Kediler çok sessiz yürürler."

Kedi tabii ki Corbin'in, kişileştirdiği sezgisiydi. İşten atılma gerçeğiyle başa çıkmayı yavaş yavaş kavrayıp kariyerinin "ikinci aşaması" dediği şeyi inşa ederken, Corbin bu esrarengiz yaratık ve onun alışkanlıklarını daha iyi öğrenmiş. "Birkaç ay sonra, 'adımları" çok daha kolay duyabiliyordum," dedi. "O zamana kadar, bu 'kedinin' sadece uçurumda yolumu bulmama yardım etmediğini, beni aslında tehlikeden uzak, güvenli bir yere götürdüğünü fark ettim. Bütün hayatım boyunca güvendiğim her şeyin yıkılabileceği ve bu konuda yapabileceğim hiçbir şey olmadığına dair bir güvensizlik hissiyle yaşamıştım. Haklıydım, şirket beni işten çıkardığında da aynen böyle olmuştu. Ama ben içimdeki o şeye, siyah kediye güvenmeye başladıktan sonra, bütün hayatımı tamamen farklı bir yöne götürmeye başladım. Serbest çalışmaya, kendi kendimin patronu olmaya karar verdim. Para yavaş gelmeye başladı, ama borçlarımı kapattım ve içimde şirket merkezine cevap verdiğim zamanlarda hiç sahip olmadığım bu güç duygusu var. Beni çöpe attıkları için eski şirketime minnet duyduğuma inanabilir misiniz? Tabii ki yaptıkları pis bir işti. Ama bana 'kedime' güvenmeyi öğretti."

KEDİ EĞİTİMİ

Umarım bir tür hayat kazası sonunda yıkılmamışsınızdır. Eğer yıkıldıysanız, içinizde, derinlerde bir yerden, ama mantıklı zihninizin dışından gelen çok sakin öneriler fark ettiğinizi görebilirsiniz. Bu duygularla deneyler yapın. Onlara göre davranmayı deneyin, bakın ne olacak. Bunu ne kadar çok yaparsanız o kadar çok psişik deneyiminiz olabilir. Hatta eğer Kutupyıldızınızın yön bulma aletlerini bu bu yönden zorlamak istiyorsanız, sezgisel yeteneklerinizi artırmanın güvenilir yolları vardır.

Roma, zengin bir Doğu Hindistan ailesinden gelme bir müşterimdi. Onunla tanıştığım anda, çok kuvvetli bir kişisel görev ve yazgı hissi tanımladı. Roma için aile servetiyle hayatını sürdürmek kolay olacaktı, ama o kariyerinin insanların fiziksel ve ruhsal sağlığını geliştirmeye yardımcı olacak bir şeyle ilgili olması gerektiğinden açıklanamayacak bir şekilde emindi. Roma hayalini takip etmek için inanılmaz derecede bir kişisel muhalefete direndi. Herkesi dehşete düşürdü ve Amerikan âdetlerini yanında sabun köpüğü gibi bırakacak kadar sert toplumsal normları yıkarak birçok kez her şeyi kaybetmeyi göze aldı. Mesela gençken görücü usulüyle evlendiği alkolik kocasından boşanıp kadınların CEO olamadıkları bir ülkede küçük bir işletme açtı ve işletme yüksek lisansı yapmak için Hindistan'dan Birleşik Devletler'e göç etti.

Roma'nın sezgilerine güveni gerçekten de inanılmazdır. Zeki, mantıklı ve Batı bilimsel geleneğine göre iyi eğitim görmüş olmasına rağmen tahsiline sezgisel eğitimin de dahil olması gerektiğine inanır. Ne kadar uçuk olursa olsun, psişik seminerlere sakince kaydolur. Bu seminerlerin çoğu onu hiç etkilemez. "Çoğu tamamen saçmadır," der Roma. Ama ara sıra, yeni ve faydalı bir yetenek öğrenir: sezgi açıkça duyulabilsin diye zihin daha etkili bir şekilde nasıl temizlenebilir ya da duyu ötesi önemli bir bilgiye nasıl yoğunlaşılır gibi. Sonuç olarak, "sezgisel formu" oldukça yüksek seviyedir. Henüz olmamış olayların gelişigüzel bir biçimdeki kesin açıklamalarıyla ya da iş ortakları hakkında söylenmeden "topladığı" detaylarla beni sık sık şaşkınlığa uğratır. Roma güçlü sezgilerin sizi Kutupyıldızınıza nasıl götüreceğini ve pragmatik olarak sezgisel yeteneklerin nasıl çoğaltılacağını bana gösteren ilk müşterimdi.

Öz-benliklerinin ortaya çıkıp oynamasına izin veren insanlar çoğunlukla, seçtikleri alanda daha fazla sezgi sahibi olurlar. Yazmayı bir Zen meditasyou gibi gören yazarlık öğretmeni Natalie Goldberg bir gün arkadaşının yanında hipodroma gitmiş ve isimlerini yazılı olarak gördüğü sürece kazanan atları bulabildiğini görmüş. Yazılı kelime özbenliğinin tercih ettiği ortamdır, bu yüzden orası sezgisel bilgiyi alabileceği yerdir. Doktor arkadaşım Rebecca'nın insan vücudunu "okumak" gibi özel bir sezgi yeteneği var. O daha hastayı muayene bile etmeden doğru teşhis çoğunlukla birden aklına gelir. "İlk kez olduğunda, küçük bir ameliyata girecek olan bir hastanın yanından geçiyordum. Hiç düşünmeden durdum ve anestezi uzmanına, "Bu kadını bayıltamazsınız, bu onu öldürür," dedim. "Kalbi çok zayıf." Gerçekten de hastanın şüphelenmedikleri bir kalp hastalığı ortaya çıktı. Bu tür teşhisle ilgili en büyük sorunum meslektaşlarıma bunu nasıl yaptığımı açıklamak."

Judith Orloff ailesindeki kadınların çoğu gibi aşırı psişik biri olduğu gerçeğiyle uğraşma mücadelesi hakkında çok ilginç öyküler yazan, Californialı bir psikiyatristtir. Orloff görünüşteki sezgilerin devamlı olarak bilgi toplamaya çalışabilen, sonra hemen doğruluğu hakkında geribildirim alan izler bırakarak "eğitileceğini" söylüyor. Bunu ilk kez yaptığımda, böyle bir niyetim hiç yoktu. O zaman, bir grup eğitmene bir seminer alıştırması vermeye hazırlanıyordum. Onlara aşağıdaki oyunu oynatmaya hazırlandım: Önce ikili gruplara ayrılacaklardı. Sonra her ikiliden biri, diğeri görmeden bir kâğıda bir resim çizecekti. Onun ardından, B kişisi A kişisinin çizdiği resme bakmadan, sadece onun sözlü tasvirine göre resmin aynısını çizmeye çalışacaktı. Bu oyunu daha önce oynamıştım ve çizimler asla birbirine benzememişti. Yansıtmaya çalıştığım nokta görsel açıklamaların sözel açıklamalar kadar önemli olmasıydı.

Atölyemde ders vermeden önce, bu oyunun denemesini arkadaşım Karen'ın yardımıyla yaptım. Bir kâğıt parçası aldım ve Karen çizdiğim şeyi göremesin diye yandaki odaya geçtim. O sabah seminere gelmeden önce, tam uçağa binmeden gördüğüm, oldukça karmamış bir manzarayı çizdim: çalı ve kaktüslerin içindeki tozlu bir yolda koşan bir kır kurdunun olduğu bir çöl vadisinin üzerinde güneş doğuyordu. Bitirdiğimde, açıklamalarıma göre kendi resmini çizmeye hazır olması için Karen'e bağırdım. "Tamam," dedi bana hazır olduğunu söylediğinde. "Bu bir çöl manzarası."

"Dur!" diye bağırdı Karen, daha fazla açıklamayı engelleyerek. Otuz saniyelik bir sessizlikten sonra, "Bitti!" diye bağırdı ve kahkahalarla gülmeye başladı. Boşa vakit harcamış, sadece benim elimi kolumu bağlamak için ilk ipucumdan sonra aşırı karmaşık bir resim çizmiş olmalıydı. Resmini gösterene kadar bunun komik olduğunu düşündüm ve sonra tüylerim diken diken oldu. Karen benim çizdiğimin tıpatıp aynısını çizmişti. Manzaradaki her öğe oradaydı: arka plandaki dağlar, güneş, kır kurdu, bütün kaktüsler ve çalılar; hepsi de benim sayfamdaki yerlerinde duruyorlardı.

Doğal olarak, Karen ve ben çok şaşırdık. Zengin olacağımız kendi psişik telefon hattımızı başlatmamızın an meselesi olduğunu düşündük. Günün geri kalanını başarımızı kopyalamaya çalışarak geçirdik, ama artık ciddi efor harcadığımız için başarısız olduk. İkindi olduğunda, çember ya da üçgen gibi basit geometrik şekiller çizme yoluna gittik. Tam isabetli ilk tahminden sonra tek bir eşleşme daha çıkaramadık ve bunu hâlâ da beceremiyoruz. Her neyse, sezgi eğitiminin ardındaki genel fikri aldık: deneyin, geribildirim alın, tekrar deneyin. Aşağıda klasik sezgi eğitimi çalışma esaslarından birkaçı var. Kendileri eğlenceli bir şekilde işe yaramaz olsa da sadece onları yapmak bile sezgi yeteneklerinizi geliştirecektir.

SEZGİ EĞİTİMİ ALIŞTIRMALARI

1. *Benim Gördüğümü Görüyor Musunuz?*

Karen'la yaptığıma benzeyen, görsel bir imgeyi başka birisinin zihnine "yansıtma" birçok laboratuar deneyinde tekrarlanmış, klasik bir duyu ötesi algı (ESP) düzenidir. Karen'la yaptığımız çizim oyununu ya da bir arkadaşınız ve bir deste iskambille oturup sırayla desteden hangi kartı çektiğinize dair mesajlar "yollayıp" "almayı" deneyebilirsiniz.

2. *Kişilik Profili*

Bir arkadaşınıza onun iyi tanıdığı, ama sizin hiç karşılaşmadığınız kişilerin isimlerini söyletin. Bütün isimleri aklınızda tutun ve o isimdeki kişiyle ilgili aklınıza ilk gelen izlenimi tarif edin. Düşünmemeye çalışın; sansürlemeden, *aklınıza gelen her şeyi söyleyin.* "Büyük kırmızı burun, Honda Civic kullanıyor, bir yılanı var" ya da "Kötü huylu, harika bacakları ve çılgınca bir saç modeli var." Rahat olun, hatta saçmalayın. Sezginiz ve espri anlayışınız arasında derin bir bağlantı vardır. Çok gerilip analitik ya da ciddi olursanız küçük siyah kedinizi asla duyamazsınız.

3. *Psikometri*

Bu kelime bir nesneyi tutarak psişik bir izlenim yakalamayı ima eder. En sık rastlanan strateji başka birisi için anlamlı olan bir şeyi tutmak ve o nesneyle bağlantılı bilgi toplamaya çalışmaktır. Mesela bir grup anahtarı tutup açtıkları ev, büro ya da arabayı tanımlamaya ya da bir mücevher alıp onu son kullanan kişiyi tarif etmeye çalışabilirsiniz.

4. *İş Olsun Diye Takılmak*

Bir arkadaşınıza önceden kararlaştırılmış bir zamanda gizli bir yerden –bir telefon kulübesinden, bir bürodan, bir teknedeki cep telefonundan– kendinize telefon ettirerek "uzaktan görmeyi" deneyebilirsiniz. Arkadaşınızın etrafında olanları "görmeye" ve tanımlamaya çalışın. Tabii ki ahlaksız bir oyuncu çevredeki sesleri dinleyerek hile yapabilir, bu yüzden genellemeleri geçmeniz gerekir. Arkadaşınızın oturduğu odanın duvarında ne resimleri var? Yandaki bahçedeki çiçekler ne renk? Görünürde başka insan var mı ve ne giyiyorlar?

CEZALI OLMAK

Biraz önce tanımladığım becerileri gerçekten yapabildiğinizi, sezgisel olarak yetenekli olduğunuzu bulmak çarpıcı bir deneyim olabilir. Büyülerle dolu olan ikinci hamileliğimden sonra, kabul etmek zorunda kaldığım bu tuhaf yeni gerçeği keşfederken gerçekten biraz coştum. Gazdan dolayı yüz ekşitmeyi bebeğin gülümsemesinden gözünü ayıramayan ebeveynlerden biri gibiydim, aklıma ne zaman bir fikir gelse sezgimin benimle konuştuğunu sanıyordum. Utanç verici bir sürü hata yaptım, ama sonuçta bunların çok eğitici olduğu ortaya çıktı. Ne zaman "sezgimin" yanlış olduğunun ortaya çıktıysa, gerçek sezgiyle, mesela uykusuzluk arasındaki farkı biraz daha iyi anladım. En çok da Kutupyıldızı pusula okuma önceliklerini izlemeyi öğrendim: önce vücut, sonra duygular, en son da *sezgi.*

Eğer içinizden acil bir mesaj geldiğini hissediyorsanız, bu önce vücudunuzun sağlıklı, doymuş ve dinlenmiş olduğundan emin olun anlamına gelir. Sonra iyileşmemiş yaralarınızla ilgili duygularınızı kontrol edin. Fiziksel sakatlık ya da duygu şarapneli, psişik bilgi ya da Tanrı kelamıyla karıştırıldığında sizi gerçek rotanızdan çıkarıp karşılaşacağınız en acayip yola sokabilir. Many duygusal yarası olan biriydi, kendi kendini peygamber ilan eden birinin karizmasına kapıldı ve sonunda kendini vahşi ormanda zehirli mantar ya da Hale-Bopp kuyrukluyıldızının ışığında vanilyalı puding yerken buldu. Şüphede olduğunuzda, kuşkuyla davranın. İşte size bir içsel dürtünün büyük ihtimalle gerçek bir sezgi mesajı olmadığına dair bazı belirtiler.

1. *Bu düşünceye korku, öfke ya da depresyon eşlik eder.*

Kişilerde ya da yazılarda karşılaştığım yarı güvenilir bütün psişikler, gerçek sezgi deneyimlerini duygusal olarak sakin, huzurlu ya da biraz kopuk olarak tanımlar. Kötü haber aldıklarında bile sezgi mesajları almış insanlar bir sıcaklık ve rahatlık hissi olduğunu söyler. Böyle bir deneyimden gelen bilgiden dolayı korkabilir ya da kızabilirsiniz, ama içtepinin kendisi huzurludur.

2. *Başka insanlara hayatlarını nasıl yaşamaları gerektiğini söyleme arzusu duyarsınız.*

Müşterilerim çoğunlukla gelecekleri konusunda emin olmadıkları için, seanslar sırasında kendi sezgilerime açık olmaya çalışırım. Neredeyse her zaman, müşterimin benim dahil olmadığım, her tarafa yayılan bazı güçler tarafından müthiş sevildiğini anlarım. Çoğunlukla, müşterilerimin sezgilerini açığa kavuşturmaya nasıl yardım etmem gerektiğine dair ipuçları alırım: "Ona üniversitedeki oda arkadaşını sor," "Alaska'dan bahset," "Sus ve dinle." Ama hiçbir zaman, bir kere bile insanlara hayatlarıyla ilgili ne yapmaları gerektiğini söylemem gerektiğini hissetmedim, bu insanlar bir tavsiye için bana yalvarırlarken bile. Ben *geleceğiniz hakkında ne yapmanız gerektiğine dair sezgi bilgilerinin sadece kendinizden geldiğine* inanıyorum. Eğer sezginize itaat etmesi için başka birisine emir vermeniz gerektiğini düşünürseniz ya da eğer başka birileri ne yapmanız gerektiği konusunda sezgisel bilgileri olduğunu söylerse, büyük ihtimalle ya kafayı yemişsinizdir ya da öyle birileriyle takılıyorsunuzdur.

3. *Vücudunuz bu sezgi mesajına tiksinti ya da üzüntüyle tepki verir.*

Söylediğim gibi, vücudunuz sezgisel gerçeğe beyninizden daha yakındır. Eğer bir sezgiye fiziksel tepkiniz 2. Bölümde belirlenen öz-benliğinizin "*Hayır!*" karşılığına benziyorsa, ona güvenmeyin. Psişik bilgi gerçekse, öz-benliğinizin "*Evet!*" için kullandığı rahatlama tepkisini alacaksınızdır.

ZAMANDA YOLCULUK

Müşterilerimin çoğunun, gelecekleri hakkında hiçbir fikri olmayanların bile önümüzdeki on, yirmi, otuz yıl sonra başlarına ne geleceğine dair detaylı olarak anlatacakları şeyler olduğu öğrendim. Doğru ruh halinde olduklarında, bu müşteriler bildikleri şeyleri bilmeden, gelecekteki olayları sayıp dökerler. Bu prekognitif öykülerin birçoğunun gerçekleştiğini görecek kadar uzun süre bekledikten sonra, hepimizin içinde geleceğimizin net ve eksiksiz haritaları olduğuna inanmaya başladım. Tabii ki bu sadece izlenim ve eğilimlerimiz üzerine kurduğumuz, sonra da onları gerçekleştirdiğimiz beklentilerimiz olabilir. Ya da kim bilir: Belki bilinçaltımızın bazı parçaları doğrusal zamanın dışında, evrensel "holo-hareketin" içindeki bütün bilgiyle eşzamanlıdır. (Paranormal meraklıları her zaman fiziğe başvurur, çünkü bugünkü haliyle, bütün zorlu bilimlerin en zorlusu içinde psi fenomenleri ve sezgi için çok yer bırakır.)

Mesela müşterim Daisy'nin, geleceğiyle ilgili en büyük

endişesi asla evlenemeyeceğidir. İlk randevusu sırasında, romantik rüyalarının gerçekleşip gerçekleşmeyeceğini, gerçekleşirse ne zaman gerçekleşeceğini görmek için Daisy'nin sezgisini kontrol ediyoruz. Bunu, Daisy zihnindeki bir "gelecek sahnesine" dikkatlice bakarken yapıyoruz. İsterseniz siz de bunu deneyebilirsiniz.

Önce Daisy'nin yaşını soruyorum, otuz üç diyor. "Tamam," diyorum, "gözlerini kapatıp kendini bu günden tam on yıl sonrasındaymışsın gibi kabul et. 2009'un 17 Nisanı. Kırk iki yaşındasın. Hayal gücünle oraya git."

Daisy başıyla onaylıyor. "Tamam."

"Şimdi, zihninin gözüyle, etrafına bakmanı ve olanları görmeni istiyorum. Neredesin?"

Gülümsüyor. "Bir kafeteryadayım."

"Tamam. İçerisi nasıl kokuyor?"

"Şey. Kahve, taze tarçınlı çörek. Harika."

"Hava sıcak mı serin mi?"

"Biraz serin. Üzerimde kazak var."

"Ne renk?"

"Mavi ve mor. Oldukça güzel."

"Harika. Kazağın tenine değen dokusunu hayal et ve kafeteryanın içindeki sesleri dinle. Ne duyuyorsun?"

"Bir yığın ses. Yanımda birkaç kişi daha oturuyor ve gülüyorlar. Bir tanesinin sakalı var. Geri planda klasik müzik çalıyor."

Şimdi Daisy'nin gerçekten kendi gelecek sahnesinde olduğuna ikna oluyorum, bunun keyfini çıkarma zamanı geldi.

"Tamam, hayalinde, kahve fincanını sol eline almanı istiyorum. Ne kadar sıcak olduğunu hissedebiliyor musun?"

Daisy gülümsüyor. "Evet."

"Şimdi eline bak."

"Tamam."

"Evlilik alyansı takıyor musun?"

Cevap hemen ve kesin bir şekilde geliyor. "Ah, evet."

"İyi. Şimdi, beş yıl öncesine gel. 17 Nisan 2004. Otuz yedi yaşındasın." Yeni sahneyi canlandırmak için birkaç dakika harcıyoruz. Sonra soruyorum: "O alyans hâlâ parmağında mı?"

Neşeyle gülüyor. "Evet, parmağımda!"

"Şimdi, otuz dört yaşındasın." Sahne yaratma sürecini tekrarlıyoruz ve sonra alyansa bakıyor.

Daisy kaşlarını çatıyor, gözleri hâlâ kapalı. "Şey, evli değilim, ama çok yakında evleneceğim. Düğünü planlıyoruz. Aman tanrım, o kafeteryadaki adam, sakallı olan!"

"Peki, o zaman," diyorum. "Al işte bakalım." Bira parasına iddiaya girerim ki Daisy evlenecek ve bu otuz dört yaşında olacak.

Bu alıştırma birçok müşterimde inanılmaz derecede doğru çıktı. Bu samimi bir gelecek görüşü olabilse de bence çok büyük ihtimalle bilinçsiz bir niyetin ürünü. Bence çoğumuz, bilinçaltı bir seviyede, hayatımızdaki büyük olayların ne zaman gerçekleşeceğine önceden karar vermişizdir. Daisy'nin bilinçli zihni yıllardır evliliği çok istiyorsa da, bilinçaltı otuz dört yaşında evleneceğini "biliyorsa," öz-benliği o zamandan önce evlenme olasılığını azaltmak için milyonlarca minik karar verecektir.

Aynı şey milyon dolar kazanmak ya da kariyer değiştirmek ya da bir garezden kurtulmak için de doğrudur. Bazı araştırmacılara göre, daha fazla bilinçli çaba sarf etmeseniz bile "bilinçaltındaki" böyle bir hedefi bilinçli bir şekilde ifade etmek ona ulaşma ihtimalinizi artırır. "Zamanda yolculuk" gerçek planlarınızla bağlantı kurmanızı sağlayabilir ve paranormal ya da sadece aşırı beklentilerden gelen en büyük rüyalarınızı gerçekleştirmenize yardımcı olabilir.

ALIŞTIRMA

Gelecekte olmasını umduğunuz bir şey düşünün. Bunu bir kâğıt parçasına yazın. Ardından, birkaç yıl sonrasında bir gün seçin. O günü de, o zamanki yaşınızla beraber yazın. Beyninizi "gelecek" havasına sokmak için, eşinizin, ebeveynlerinizin, çocuklarınızın, kardeşlerinizin ya da arkadaşlarınızın seçtiğiniz zamandaki yaşlarını da yazabilirsiniz.

Şimdi gözlerinizi kapatın ve "gelecek sahnenizi" yaratın. Duyumsal çok sayıda detay ekleyin: manzaralar, kokular, sesler, dokular, ısılar (bu sezginize yakın ve çoğunlukla sezgisel mesajları boğan, bilinçli zihninize uzak olan vücudunuza girmenize yardımcı olur). Şimdi basit bir şekilde kontrol edin: Hayali bir işiniz var mı? Mükemmel bir eviniz? Bir atınız? Estetik meme ameliyatınız? (Bir keresinde gelecek sahnesi hakkındaki ilk yorumu şu olan bir müşterim vardı: "Aman tanrım, ne kadar da çok estetik ameliyatı olmuşum!)

Bir cevap aldığınızda, istediğiniz şeyi elde etmeyi planladığınız yaklaşık tarihi bulmak için zaman içinde ileri ya da geri gidin. Bu, belirleyici bir alıştırma değildir: Eğer bundan aldığınız cevapları beğenmiyorsanız, onları değiştirebilirsiniz. Gelecek sahnesinin size çok kesin bir şekilde söylediği şey şu anda umduğunuz şeydir. Büyü ya da tasarımla, bilinçli bir şekilde geleceğinizi değiştirmeye karar vermediğiniz sürece, bunu büyük ihtimalle gerçekleştirirsiniz.

EŞZAMANLILIK

Bir şeyler aynı anda oluyor anlamına gelen eşzamanlı deyimi bazen hiç de şans işi gibi görünmediği için, harika bir tesadüf anlamında da kullanılır. Bütün müşterilerime öz-benlikleriyle bağlantıya geçmeye başlar başlamaz eşzamanlılıklar aramaya başlama ödevi veririm. Bu iş, arkadaş, sevgili, fikir ve yaşamın sizin yanınızda olduğuna dair genel bir güvence bulmak için en iyi metotlardan biridir.

Sanatçının Yolu kitabının yazarı ve oldukça yaratıcı bir koç olan Julia Cameron, işinde sık sık müşterilerinin yaşamlarındaki eşzamanlılıkları görür. Sanatçı hassasiyetlerini açığa çıkarmaya başladıklarında, diye iddia eder, etraflarındaki olaylar sanki onların çabaları kutlar ve onları ileriye doğru itermiş gibi görünür. Bir adam profesyonel müzisyen olmaya karar verir, sonra aniden ona bir piyano miras kalır; bir sanatçı sadece ucuz bir stüdyo ilanı gördü diye tekrar resim yapmaya karar verir; bir yazar ilk kitabını bitirdiğinin ertesi günü bir partide bir editörle tanışır. "Saadetinizi takip etmek" ifadesini türeten antropolog Joseph Capmbell, koruması altına aldığı kişilerin, gerçek yaşam misyonlarına doğru gitmeye başlar başlamaz, yardımcı tesadüflerle karşılaştığını da anlatır.

Bu, benim müşterilerimin başına da düzenli olarak gelir. Bir diplomalı hemşire (ve lisanslı hemşirelerin kızı ve torunu) olan Kim biz tanışmadan kısa bir süre önceye kadar hiç başka bir kariyer düşünmemiş. Bizim seansımız sırasında, üniversitedeki biyoloji derslerine olan tutkulu ilgisini hatırladı; tıp ve insan anatomisine daha fazla odaklanmaya başlayınca bu ilgi yavaş yavaş yok olmuştu. Bir gün, küçük bir kızken deniz biyologu olmak istediğini utangaç bir yüz kızarmasıyla açıkladı.

Bu düşünce Kim'e göre akrobatlık öğrenmek, sakal bırakmak ve sirke katılmak kadar tuhaftı. Hatta Discovery Channel hariç hiç deniz biyologu görmemişti ya da öyle sanıyordu. Tam ertesi gün, kliniğinin düzenli müşterilerinden biri başparmağına denizkestanesi battığı için bürosuna gelmiş. Bu, Arizona'da pek de yaygın bir yara değildir, bu yüzden Kim nasıl olduğunu sormuş. Adam tabii ki bir deniz biyologuymuş. Geçimini sağlamak için deniz eğitimi görmek hakkında bilmesi gereken her şeyi Kim'e anlatmış.

Bu tür bir deneyim seçici dikkatin kısmi bir işlevidir. Daha önce hiç duymadığınız bir kelime öğrendiğiniz ve bir hafta içinde o kelimeyle beş ya da altı kez karşılaştığınız oldu mu? Zihniniz ne zaman belirli bir konuya odaklanırsa, dikkatiniz her gün karşılaştığınız sonsuz sayıdaki bilgi parçacığı içinden onu ayıklayacak ve o konuyla ilgili şeylere yoğunlaşacaktır. Tam olarak ne istediğinizi ya da neye ihtiyacınız olduğunu gözünüzde canlandırmak onu etrafınızdaki dünyada bulması için beyninize görev verir.

EŞZAMANLILIK ALIŞTIRMASI

Birazcık sıradışı bir nesne düşünün, ne bileyim, pembe inek ya da metal bir gül gibi bir şey. Seçtiğiniz nesnenin adını yazın. Şu anda kendi beyninizden bir izleme cihazı yaptınız. Önümüzdeki birkaç gün, büyük ihtimalle biraz önce adını yazdığınız nesneyi göreceksiniz. Beklediğiniz şekilde olmayabilir: Mesela "metal gül" dediğinizde, altından yapılmış, çiçek şeklinde bir broş düşünüyor olabilirsiniz, ama göreceğiniz benzer ilk şey kocaman bir paslanmaz çelik heykel ya da bir reklamdaki metal gül fotoğrafı olabilir. Ama tahmin ettiğinizden çok daha kısa bir sürede, yazdığınız nesnesyle karşılaşacaksınız.

Bazen, eşzamanlılıkların onları sadece seçici dikkat ürünlerinden daha güçlü bir şey yapan parçaları vardır. Hem müşterilerim hem de görüşme yaptığım büyük başarılar kazanmış insanlar bunlardan bol bol bahsederler. Ernie bir internet sitesi tasarımı firması kurmayı hayal eden bir bilgisayar-grafik uzmanıydı. Bir gün, ummadık bir anda, fotoğrafçılık konusunda daha fazla şey öğrenmek için tuhaf, ısrarcı bir arzu hissetmiş. Kendi alanıyla ilgisi olmasına rağmen fotoğrafla daha önce hiç ilgilenmemiş, ama bir gün içinde o kadar kafasını takmış ki beni telefonla aradı ve acil bir görüşmeye ihtiyacı olduğunu söyledi. Bu ani tutkusunun biraz tuhaf olduğunu düşündüm, ama öz-benliğinden geldiği açıkça ortada olduğu için "yapmadan yapmasını" ve nereye götürürse götürsün bu yeni ilgi alanını takip etmesini tavsiye ettim. Büromdan evine giderken, Ernie yakındaki bir kütüphanede bir fotoğraf kulübünün reklamını yapan bir el ilanı görmüş. Katılmaya karar vermiş.

Ernie ilk fotoğraf kulübünün toplantısının olacağı akşam yaklaştıkça heyecanlandığını, neredeyse baskı altında kaldığını hissetmiş. Yerinde duramıyormuş, ama oraya geldiğinde sonuç bir fiyasko olmuş. Ernie ve yirmili yaşlardaki bir kadın hariç, toplantıya katılan herkesin yaşı seksenin üzerindeymiş. Akşamı torunlarının fotoğraflarının kenarlarını dekoratif bir şekilde kesmeyi öğrenerek geçirmişler. Ernie sınıftan erkenden, gizlice çıkmış ve sonra her nedense o binaya geri dönmek için müthiş bir dürtü hissetmiş. "Hayatımda hissettiğim en tuhaf duyguydu bu," dedi bana. "Sanki kocaman bir görünmez el beni çevirip geri itiyordu." Kapının yanında, o da erken çıkan genç bir kadına rastlamış. O da kulübe ilk kez geliyormuş, daha teknik ve profesyonel olacağını ummuş. Birkaç dakika sohbetten sonra, Ernie ve Sheila kendilerini yakındaki lokantada kahve içerken bulmuşlar.

Ertesi gün, Ernie uyandığında fotoğrafçılığa olan tutkusunun aniden yok olduğunu görmüş. Bununla beraber, bu tutkunun yerini Sheila'ya karşı hissettiği ateşli bir ilgi almış gibiymiş. Çıkmak için onu aramış. Dört yıl sonra, ayrılmaz bir çiftler. Ernie'nin bilgisayar işi de iyi gidiyor, özel yaşantısı da. İkisi de bir daha asla o fotoğrafçılık kulübüne gitmediler.

ALIŞTIRMA

En azından on beş dakika harcayabilecek zamanınız olduğunda bir kitapçıya ya da kütüphaneye gidin. Özel bir amacınız olmadan raflar arasında dolaşın. Bazı kitap ya da bölümlerin sizi "çekiyormuş" gibi gelip gelmediğini hissetmeye çalışın. Bu "çekim" küçükken gerçekten ilginç bir şey karşınıza çıktığında hissettiğiniz türden bir merakın parçasıdır. Neredeyse hiç göze batmaz ve onu görmezden gelmeye kalkışabilirsiniz. Kalkışmayın. Sizi en güçlü "çeken" beş kitabı alıp sayfalarını karıştırırken dikkatinizi çekiyormuş gibi gözüken her şeye odaklanın. Bazen, kendinizi bütün bir kitaba çekiliyormuş gibi hissedersiniz. Eğer hissetmezseniz zorlamayın ve bırakın, bu aktivite çoğunlukla bir tohum gibi harekete geçer, eninde sonunda beklediğinizden çok daha ilginç bir şey şeyin tomurcuğunu açar.

GÖSTERGELER VE SEMBOLLER: KUTUPYILDIZI, TAM ÖNÜNÜZDE

Eşzamanlılık kelimesini popüler hale getiren psikiyatrist Carl Jung bu tür tesadüflerin hastalarının yazgılarını ima ettiğine, onları öz-güncellemeye doğru yönlendirdiğine inanırdı. Bir taraftan da, eşzamanlılıkların hastanın doğru yolda olduğunu teyit etmek için ortaya çıkabileceğini düşünürdü. Bir keresinde, Jung'un bir hastası büyük ve oldukça nadir bir canlı olan bir bokböceğini oldukça güçlü bir şekilde hayal etmiş. Hasta, bokböceğinin neyi temsil ettiğini bulmaya çalışırken, bir şey Jung'un bürosunun camına vurmaya başlamış, Jung pencereyi açıp hastaya dönmüş ve "İşte sizin bokböceğiniz," demiş. Tabii ki böcek doktorun avucunda durmuş, antenini hastaya doğru sallıyormuş.

Müşterilerimle çalışmalarımı yazıp yazmamaya karar vermeye çalışırken benzer bir şey benim başıma geldi. Yayımlanma sürecinde olan bir biyografiyi yeni bitirmiştim. Bol bol yaşam tasarımı danışmalığı yapıyor ve çocuklarımı büyütüyordum; yazmaya devam etmeyi planlamama rağmen (belli belirsiz bir şekilde), aylardır doğru dürüst bir şey yapmamıştım. Editörüm biyografimin basılma durumu hakkında bilgi vermek ve son zamanlarda neler yazdığımı sormak için beni arada sırada arıyordu. "Çoğunlukla karşılıksız çek," diyerek bu soruyu atlatıyordum. Bir taraftan ilhamım yokken bir de insanların çalışmalarım hakkında utandırıcı sorular sormaları durumu daha da kötüleştiriyordu.

Bir gün, editörüm tekrar yazmam şartıyla, bana hoşuma gidecek bir şey yollayacağını söylemek için telefon etti. Kaplumbağaya benzeyen ne olursa koleksiyon yaptığımı biliyordu (tanıştıktan kısa bir süre sonra ona minik bir kaplumbağa vermiştim), çünkü bence bir yazarın ihtiyacı olan her şey kaplumbağalarda vardır. Eleştiriyle başa çıkabilecek sert kabukları, yumuşak ve hassas içleri, ilerlemek isterlerse boyunlarını ileri uzatma ihtiyaçları ve gün be gün, zorla ilerlemeye devam etmek için yavaş ve sağlam sabırları vardır.

Her neyse, editörüm mücevher kutusunun dibinde minnacık bir gümüş kaplumbağa bulduğunda –onu daha önce hiç görmediğine yemin etti– yazmaya teşvik etmek için onu bana yollamaya karar vermiş.

Ne kadar yazarsam yazayım, yazmak sinirlerimi bozar. Bununla beraber, editörümün araması isteksiz bir şekilde dergi makaleleri karalayacak ve de müşterilerimin yaşamlarını tasarlamaya yardımcı olmak için kullandığım teknikler üzerine bir kitap teklifini kabul edecek kadar ilgimi çekti. Yıllardır pusulalar, haritalar ve Kutupyıldızı metaforlarını kullanıyordum, ama bundan editörüme hiç bahsetmemiştim. Şu anda okuduğunuz kitabın teklifini ayrıntılarıyla anlatırken, *Mademoiselle* dergisi benim ilk yaşam tasarımı makalemi satın aldı. Tebrik etmek amacıyla, editörüm o minik gümüş kaplumbağayı yolladı. Görür görmez ona bayıldım: çok küçük –yaklaşık iki buçuk santimetre çapında– ve çok detaylıydı. Onu avucumda birkaç kez çevirdikten sonra, gümüş kabuğun miniminnacık, bir menteşesi olduğunu fark ettim. Kabuğu kaldırdım. Altında, kaplumbağanın boynuna yerleştirilmiş, küçük tırnağım büyüklüğünde bir pusula vardı.

Bu küçük, gümüş nazarlık bir rüyaya ait gibiydi, gerçek olduğuna inanmakta zorlandığım birçok kişisel sembol ve anlamı birleştiriyordu. Müşterilerle çalışmalarımda pusula metaforunu nasıl kullandığımı anlatmak için editörümü aradım. Bunu bilmiyordu. Kaplumbağanın nereden geldiğini bulması için hafızasını arattırdım, ama mücevher kutusunda birdenbire ortaya çıktığı husunda hâlâ ısrar ediyordu, göründüğü kadarıyla kendi kendine oraya gelmiş. Bu kaplumbağaya Stella Polaris Beck adını verdim ve onu kendi iç pusulamın beni doğru istikamete yönelttiğinin bir işareti olarak kabul ettim.

Bunun doğru olup olmaması bir yana eşzamanlılığa, zamanda yolculuğa, ESP'ye ve Julia Child'ın hayaletine inanmak hayatımı çok daha ilginç bir hale getirdi. Kendinizi fiziksel ve duygu pusulanızı ayarlarken, sezginizin geliştiğini, şaşırtıcı tesadüflerin merak ve heyecanla hayatınızda izler bıraktığını görmenizi bütün kalbimle umuyorum. Sezginizi ne kadar çok dinlerseniz, hayatınızı o kadar çok değiştirir ve değişim bölgesine ne kadar cesurca girerseniz, ona kadar çok bel bağlarsınız. En sonunda içinizde taşıdığınız yön bulma aletlerinin en hassas ve duyarlısı olarak bu çok kısa ömürlü yeteneğe güvenmeyi öğrenebilirsiniz. Ve eğer bir gün ucuz taze domuz pirzolası isterseniz, nereye gideceğinizi bilirsiniz.

11

BİR DEĞİŞİM HARİTASI

Şu anki yaşamınızdan mümkün olduğunca ayrılmayın!

Bütün müşterilerime bunu söylerim ve ciddiyim. Şu ana kadar yüzlerce sayfadır, en derin benliğinizle bağlantı kurun, sahip olmanız gereken yaşama ulaşmak istiyorsanız gitmeniz gereken yeri ve yapmanız gereken şeyleri size söyleyen içsel uyarı işaretlerini okumayı öğrenin diyorum. Tamamen mükemmel olması için, hayatınızın dekorasyonunun biraz, en fazla bir ya da iki odasının, yenilenmesi gerektiğini keşfettiğinizi umuyorum. Doyurucu bazı hobiler eklediniz, belki biraz fazla iddialı oldu ve şimdi öz-benliğiniz ideal ortamında yaşıyor. Benim umudum da bu.

Bazen, umutlarım gerçekleşir. Yüzeysel değişimler çoğunlukla mutsuzluk ve memnuniyet arasında farklar yaratabilir. Bu günlerde, kendimi keyifsiz hissettiğimde ve iç pusulalarıma danıştığımda, genelde dinlenmek için biraz daha fazla zamana, sevdiklerimle bağlantı kurmak için bir fırsata ya da kafamı dağıtmak için ilginç bir şeyler okumaya ihtiyacım olduğunu görüyorum. Memnuniyet duygularıyla doluyum. Öz-benliğim çamurda yuvarlanan bir domuz gibi sırıtarak dolaşıyor etrafta. Ama hayatımda mutsuzluğu kabul etmenin kolay olmadığı bazı zamanlar da oldu. Öz-benliğim onun için sağlıksız olan bir yaşantıya hapsolmuştu. Sadece bu durumlardan çıkmak için hayatımı yeniden dekore edebilirdim. Onu yerle bir etmem, temellerini ortaya çıkarmam ve her şeye en baştan başlamam lazımdı. Size buna benzer iki zamandan bahsedeceğim ama bunları asla tek örnek sanmayın.

Yirmili yaşlarımın başında, bir Harvard akademisyenin hayatını yaşıyordum ya da yaşamaya can atıyordum. Her anı doktora programında güçlükle ilerleyerek geçirdim ve hayatımın geri kalanında aynı yolda ilerlemeye tamamen kararlıydım. Sağlığım kötüydü, neşem yoktu ve bir umutsuzluk hissiyle karşı karşıyaydım, ama bir bilim insanı olarak Büyük Başarıya ulaşmayı başarırsam bütün bunların yok olacağını sanıyordum. Sarmaşık Birliği[1] yaşantısı beni daha da mutsuzlaştırmaya devam ettikçe, ben de bunu sürdürmeye daha büyük bir azimle sarılıyordum.

Zekâ geriliği ve neredeyse hissedilir olan spritüel aurası, düşünme tarzımı alaşağı eden, oğlumun doğumuyla bu hayattan atıldım. Bu çok korkunç bir deneyimdi, o zamana kadar değer verdiğim umut ve hayallerimin çoğu elimden alınmıştı. İyi ki de böyle olmuş! Kimliğimin elimden alınması ve beni mutluluğa götüreceğini sandığım temellerin sarsılıp da beni ortada bırakması, Adam'ın doğumu beni özgürleştirip akademik dünyada hiç mutlu olmadığımı anlamamı sağladı. Orası asla öz-benliğim için doğru bir ortam olmamıştı ya da yaşamam gereken hayatı bulmama izin vermemişti.

Birkaç yıl sonra, her şey tekrar mükemmel göründü. John'la Harvard'ı bırakıp hiç kimsenin Sarmaşık Birliğini umursamadığı, iyi, eski moda, tutucu, dini değerler temel-

---

[1] ABD'nin kuzeydoğusundaki 8 vakıf üniversitesinin oluşturduğu, akademisyenlerinin başarısı ve toplum içindeki saygınlığıyla ünlü birlik.

li bir kültürün olduğu memleketime, Utah'a geri döndük. Down sendromu olan bir bebeği doğurma kararım ve yeni keşfettiğim spritüel yanım orada çok sıcak karşılandı. Üç güzel çocuğum, iyi bir işim, sevimli bir evim ve beni sevip besleyen insanlardan oluşan, birbirine bağlı bir cemaat vardı.

Bu kez, işe yaramayan bir hayattan beni atacak büyük bir felaket beklenmedik bir yerden çıkmadı. Bu kez, değişim itkisi içten geldi. Adam'ın doğumu döneminde öz-benliğimle bağlantı kurmanın nasıl bir şey olduğunun tadına varmıştım. Artık, bir şekilde onu tekrar kaybettiğimi biliyordum. Hayatımın bazı yönleri öz-benliğime Harvard'dan çok daha uyumlu olsa da hâlâ bana ait olmayan bir rol oynuyordum. Bu kültürün bazı yönlerine ne kadar hayranlık beslesem de öz-benliğim dahil olduğum bu kültüre uymadı. Utah'taki işverenlerimin bir kadının personele verilen sosyal yardımlara ihtiyacı olmadığını, çünkü kocasının bunları sağlaması gerektiğini söylemelerinden nefret ettim. Çalışma kararımı savunmak zorunda olmaktan, annelerin yedi gün yirmi dört saat evde oturup temizlik ve yemek yapmasının beklendiği bir cemaatte olmaktan nefret ettim. Saçımın çoğunu bir keresinde kestirmeye karar verdiğimde, kuaförün oldukça –ciddi bir şekilde– eve telefon etmemi ve kocamdan izin aldığımdan emin olmak istediğini söylemesinden nefret ettim.

Bunlar gibi hoşnutsuzluklar her gün biraz daha arttı, aynı bir volkanın altında biriken basınç gibi ve bütün bunlar bir değişim fırtınası gibi patladı. Birkaç ay içinde işimden, kariyer yolumdan, dinimden, evimden, cemaatimden, arkadaşlarımın çoğundan ve memleketimden ayrıldım. Bu değişim dıştan değil, içten gelse de Adam doğduğunda geçirdiğim dönüşümün bütün özelliklerine sahipti. Kimliğimin benden alındığını, kim olduğum ya da ne olacağım konusunda belirsiz bir halde bırakıldığımı hissettim. Onları terk eden ben olsam da kaybettiğim her şey ve herkes için çok acı çektim. Korktum, üzüldüm, kuşkulandım, ama özgürdüm.

Bu kez, sevemediğim bir hayata takılıp kalmayacağıma karar verdim. Asıl "Ben"imin derinlerde bir yerde olduğuna dair o hissi ve bu merkez benliğin bana, aslında yaşamam gereken hayatı nasıl bulacağıma dair sürekli olarak uyarı işaretleri yolladığını hissetmeye başladım. Vücuduma, duygularıma, sezgilerime dikkat etmeye başladım ve bunlar beni hiç beklemediğim yerlere götürdü: Yıllardır çektiğim hastalığa teşhis koyan doktorlara; nefret etmeyi beklerken sonunda sevdiğim, işletme okulunda öğretmenlik işine; bir gün yayımlanacağını neredeyse hiç beklemediğim bir kitap yazma işine; şartsız destek ve dürüst tartışmanın mükemmel karışımını temsil eden yeni arkadaşlara.

Bu büyük çalkantılar, bir yaşamdan diğerine, varoluşumu beklenen ve güvenli bütün yönlerini minnacık parçalara ayıran bir diğerine geçişler umarım tekrarlanmaz. Umarım sizin başınıza da herhangi biri gelmez. Ama ne yazık ki bunlar hem benim hem de sizin de başınıza gelecek. Devamlı söylediğim gibi, değişim insan yaşamının değişmez bir özelliğidir ve zaman zaman, sadece dekore etmek yeterli olmaz. Hayatımızın temellerini yok eden geçişler yapar ve değişim yolculuğuna hemen başlarız.

DEĞİŞİM CAN YAKAR

Eğer şu ana kadar bu kitapta yazdığım alıştırmaların hepsini gerçekten yaptıysanız kendinizi ya çok mutlu hisseder ya da korkudan ödünüz patlamış bir halde bulursunuz. Eğer hayatınız öz-benliğinize uygun bir ortamdaysa, bütün alıştırmalar sizi onun daha derinlerine yollar. Eğer değilse, o zaman davranışlarınızdaki en küçük değişimler, temizleyip sardığınız bütün duygusal yaralar, bütün ipuçları, dürtüklemeler ya da içsel yön bulma aletinizden gelen haykırışlar size bir değişim zamanının geldiğini söyleyecektir. Hem de büyük bir değişim.

Başından beri doğru hayatı yaşayan insanlar, Kutupyıldızlarının yerini bulduklarında hızlanıp yoğunlaşırlar. Bu, genelde çok eğlencelidir. Ama yanlış bir hayata kapılmış olan ve Kutupyıldızı yolculuğuna çıkan bir kişi için, intihar ve çocuk doğumunun muhtelif cazibelerinin hepsi vardır. Bu yolculuğu tamamlamak için, eski Sizi öldürmeniz ve daha önce hiç kimsenin görmediği, farklı bir Sizi doğurmanız gerekecek. Bu sürecin iki yanı da acısız olmadığı gibi müthiş korkunçtur da. Yüzlerce kişinin dramatik yaşam dönüşümünü izledim ve hepsinde de söz konusu olan kişi yabancılaşma, şaşkınlık, hayal kırıklığı ve aşırı sıkıntının farklı şekillerini yaşadı. Ödenen bedelin şahane olduğu kesindir, çok ucuza gelir. Ama değişim her zaman zordur.

DEĞİŞİM ÖNGÖRÜLEBİLİR

Hayat değişimlerinizin sizi nereye götüreceğini kimse bilemese de neyse ki *hayat değişimi süreci öngörülebilir bir rota izler.* Her büyük dönüşüm sizi benzer olaylar dizisinden geçirir. Bu sürecin nasıl işlediğini bilmek içsel pusulanızı izlerken girdiğiniz bir arazinin haritasına sahip olmak gibidir. Bu, karşınıza çıkacak bazı güçlükleri önceden görmenizi sağlar, böylece onlarla nasıl başa çıkacağınız konusunda hazırlıklı olursunuz. Rotanızı takip edip etmediğinizi, ürkütücü yerlerin yakında geride kalacağını bilmenizi sağlar. Hatta size istediğiniz yere doğru gittiğinizi söyler. Eğer bir Lamaze yöntemiyle hamilelik dersi aldıysanız, doğum süreci ve onunla başa çıkma konusunda stratejileri bilen kadınlar için çocuk doğurma sürecinin daha az ağrılı ve korkutucu olduğunu hatırlarsınız. Siz yeni benliğinizi doğururken, güzel bir metafor çorbası ve size aynı faydaları sağlayacak bir değişim haritasına sahip olma sözüyle kafanızı karıştırmama izin verin.

Şu an yaşadığınız hayata devam etmeye hakikaten kesinlikle katlanamıyorsanız, bu kitabın kalan kısmı değişim manzarasını size detaylı bir şekilde betimleyecektir. Değişim sürecinin her aşamasına bakıp her birinden zarif ve ince bir şekilde nasıl geçeceğinizi inceleyeceğiz (doğrusu "zarif ve ince" bölümünü ben hiç başaramadım, ama en azından mümkün olan en az tatsızlıkla büyük dönüşümü geçmenize yardımcı olacağım). Bu bölüm size değişim hakkında geniş bir tablo çizecek, böylece bütün safhaların birbirine nasıl uyduğunu göreceksiniz. Sonraki bölümlerde, detaylara gireceğiz.

DEĞİŞİM DÖNGÜSÜ

Yaşam dönüşümü dairesel bir yol izler ve bu sizin daha önce birçok kez geçtiğiniz bir yoldur (ama büyük ihtimalle, o zamanlar onu bu şekilde düşünmemiştiniz). Bu döngünün tanımını kocam John'a borçluyum, bunu ikimiz de lisansüstü eğitimimiz sürecindeyken çözümledi. Hastaları ameliyat sırasında uyutmak için kullanılabilecek kadar sıkıcı, bir yığın şirket tarihi okuduktan sonra, John ciddi bir dönüşümle karşı karşıya kalan başarılı şirketlerin hepsisinin aynı aşamalardan geçtiğini fark etti. John'un çocuklarını karnımda taşımaktan çok daha külfetli bir bağlılık göstergesi olarak, ona bu konuda yazdığı dönem ödevinin düzeltmelerini yapmayı önerdim. "Bu değişim döngüsünün" bütün büyük hayat dönüşümlerimi aydınlığa kavuşturduğunu fark ettiğimde ne kadar şaşırdığımı tahmin edemezsiniz.

O zamandan beri, John ve ben değişim döngüsüne sık sık gönderme yaparız. Yaşamlarımızda bu kaotik parçalanmaları ve yeniden-kurmaları tekrar tekrar yaşarken bu, ikimize de yardımcı oldu. Biz aynı zamanda bunu yüzlerce bireye olduğu kadar gruplara, kurumlara ve hatta bir keresinde Kamboçya'nın hükümetine öğrettik. Bu "harita"nın her durumda yararlı olduğu kanıtlandı. Bu döngünün mantığını anlayan insanlar değişimle daha iyi başa çıkıp daha etkin bir şekilde uyum sağlarken, bu mantığı anlamayanlar değişim sırasında daha çok acı çekip sonuçlardan daha az tatmin olurmuş gibi görünürler. İşte size döngü:

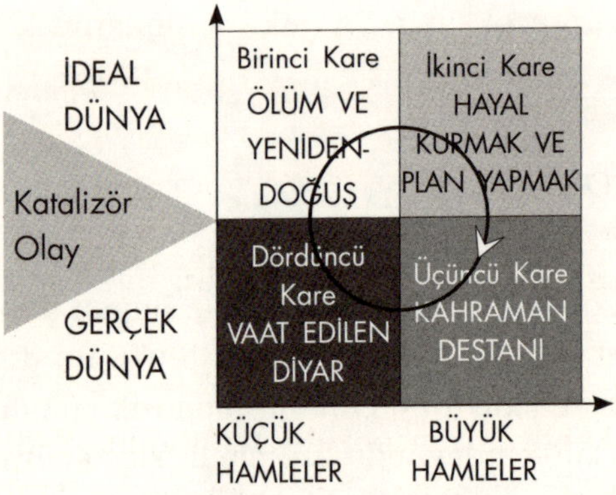

DEĞİŞİM DÖNGÜSÜ

KATALİZÖR OLAY

Kimyada, bir reaksiyonu başlatan şeye "katalizör" denir. Değişim döngüsünde bu, sizi önemli bir yaşam değişimine geçiren bir olay anlamına gelir. Bu değişim o kadar büyüktür ki sonuçta, kendinizi nasıl gördüğünüzü tekrar tanımlamak durumda kalırsınız.

Mesela bir kanepe alırsanız, büyük ihtimalle kendinizi "kanepe sahibi olmayan"dan "kanepe sahibi olan"a dönüşmüş gibi düşünmezsiniz. Ama evlenirseniz tanımınız bekârdan, kocaya ya da eşe değişebilir. Bir anlamda yeni bir isminiz olacaktır. Eğer bir lokantada çalışıyorsanız ve yeni lokantaya geçerseniz, iş kimliğiniz aynı kalacaktır, ama baroya girip bir hukuk bürosunda iş bulursanız, kendinizi tanımınız garsonluktan avukatlığa dönüşecektir. Katalizör değişimler kendi gözünüzde ve çoğunlukla başkalarının gözünde de *kimliğinizi gerçek anlamıyla değiştirir*, bu yüzden yeni bir etiketle tanımlanırsınız.

Katalizör olaylar üçe ayrılır: şok, fırsat ve dönüşüm. Bunların hepsi hayatınızı yeniden düşünmeniz için size harika bir değişim fırsatı sunar, çünkü hepsi de kendinizi tanımlamakta kullandığınız temel bakış açılarını yok eder. Sizi hayatta yeni bir rota çizmek zorunda bırakır ve öz-benliğinizi bulmanız, içsel pusulanıza başvurmanız, neşe ve memnuniyet yolunda gitmeyi seçmeniz için sizi özgürleştirir.

Şoklar

Şok sizin kendi düşüncenizde yarattığınız değişikliklerden kaynaklanmaz, size dışarıdan gelen, ani bir değişimdir. Yangın, sel ya da deprem gibi fiziksel bir felaketten, sevgilinizle aranızın bozulmasına kadar her şey olabilir. Benim için, oğluma Down sendromu teşhisinin konulması katalizör bir şoktu. Bütün şoklar kötü haber değildir, ama her zaman ani ve büyüktür. Birkaç saniye içinde, yaşam tarzınız darmadağın olur. Piyangoda büyük ikramiye kazanmak da şok olarak kabul edilir. Ama bu, hepimizin katlanmaktan hoşlanacağı bir şok olsa da bunu yaşayan insanların çoğu servet kaybetmiş gibi bir tepki verir; inkâr, korku ve belirsizlik yaşarlar. Eski ilişkilerini kaybedip yenilerini kurarlar. Eski yaşamdan vazgeçip yeni yaşama uyum sağlarken acı çekerler. Şok yaşayan herkes gibi, bu olayın mutlulukla sonuçlanması için öz-benliklerini bulmaları gerekir.

Fırsatlar

Fırsat *her zaman*, yüze gülen talih gibi gözükür. Özbenliğinizin istediği yaşama doğru büyük bir sıçrama olasılığıyla karşılaştığınızda ortaya çıkar. Şokun tersine, başınıza gelmez, size baştan çıkarıcı bir şey sunar. Eğer büyük amcanız şatosunda bedavaya kalabileceğinizi teklif ettiyse, siz hurda 1972 model Plymouth arabanızda yaşamayı seçebilirsiniz, ama büyük ihtimalle oraya taşınırsınız. Diyelim kurumsal bir eleman-avcısı sizi aradı ve hayalinizdeki işi teklif etti. Biraz korkabilir, hayır demek isteyebilir ve kariyer değiştirmenin baş ağrılarından kaçınmak isteyebilirsiniz, ama o teklifi kabul edeceğinizi umuyorum. Eğer hayatınızın aşkı da sizi seviyorsa –mucizenin mucizesi!– bu ilişkiyi hâlâ reddedebilir ve bir Tibet mağarasında tek başınıza meditasyon yaparak hayatınızı sürdürmeye gidebilirsiniz. Bazı insanlar değişimden hoşlanmadıkları için fırsatlardan kaçınacaktır, bu kadar basit ve açık. Yerinizden fırlayıp o fırsatı yakalayın.

Fırsat katalizörleri ne kadar heyecanlı olursa olsun, beklenmedik trajedilerin sizi sürükleyeceği değişim sürecine bu tip katalizör olaylar da sebep olabilir. Hapishaneden çıkan mahkûmlar bile değişim döngüsünün aşamalarından geçerler ve bu her zaman kafa karıştırıcıdır. Müşterilerimi ne zaman yeni işlere, ortamlara ya da ilişkilere yollasam, onları bu konuda uyarırım. Her zaman başlarıyla onaylarlar, ama gözleri konuşur: "Bu kez değil, dostum. İşler tıkırında. Bu değişim yüzde yüz mutlu olacak!" Yeni hayatlarında bir ay geçirdikten sonra, panik ve umutsuzluk içinde beni ararlar. "Bu korkunç bir şey!" derler. "Hayatım altüst oldu. Yanlış seçim yapmış olmalıyım!" Hiç de değil. Sadece normal değişim sürecinden geçiyor ve bu kez, nasıl geçeceklerini onlara anlattığımda dinliyorlar.

Dönüşüm

Dönüşüm olayları şoklar ya da fırsatlardan çok daha yavaş gelişir ve genellikle dışarıdan değil, içinizden gelir. Utahlı bir ev kadını olmaya çalışırken başıma gelen de buydu işte. Öz-benliğinizle uyuşmayan bir hayat yaşamaya başladığınız dakikadan itibaren, bilincin derinliklerinde dönüşüm başlar. Zamanla, uyumsuzluk, gerçekten olduğunuz kişi olmadığınıza dair bir his sizi rahatsız etmeye başlar. Hem de çok. Hatta sonunda dayanılmaz hale gelir. Her şey etrafınızdaki insanlara düzgün görünse de, öz-benliğiniz üzgün ve ölmek üzeredir. Sonunda ya siz sinir krizi geçirirsiniz (ki bu aslında sadece öz-benliğinizin yanlış yönde gitmeye devam etmeyi reddetmesidir) ya da sadece gerçek düşüncelerinizi, tercihlerinizi, arzularınızı ve kimliğinizi kabul etmeniz gerektiğine karar verirsiniz.

Dönüşüm katalizörlerini haklı göstermek şok ya da fırsatları haklı göstermekten çok daha zordur. Bir kolunuzu kaybettiğinizde ya da size bir miras kaldığında bütün hayatınızı niçin değiştirdiğinizi açıklamak kolaydır. Kırk üç yaşında zihniniz acıktığı için okula geri döndüğünüzde ya da sonunda Squat 'n' Gobble lokantasındaki düzenli işinizi bırakacak kadar özgüven kazanıp da Broadway'e doğru yola düştüğünüzde insanlar (insanlar derken Herkes demek istiyorum) bu davranışınızı anlamakta çok daha fazla zorlanacaktır. Bazen müşterilerimin deneyimlediği şok ya da fırsatların, öz-benliklerinin arzularına göre davranacak sosyal cesaretleri olmadığı için, hayırsever bir kısmet tarafından düzenlenip düzenlenmediğini merak ediyorum. Kocasının ölümünden sonra öz-benliği özgürlüğe kavuşan, 10. Bölümdeki Ruth gibi, trajediye benzeyen durumlarda bize zorla verilmiş hediyeler bulabiliriz.

ALIŞTIRMA

Bakın bakalım, bugüne kadarki hayatınızdaki üç büyük katalizör olayı hatırlayabilecek misiniz? Bu olaylar şok muydu, fırsat mıydı yoksa dönüşüm müydü? Bu üç olayı öz-benliğinizle tekrar bağlantı kurmak için kullandınız mı yoksa toplumsal baskılara mı uyum sağladığınız?

BİRİNCİ KARE: ÖLÜM VE YENİDENDOĞUŞ

Hangi tip değişim katalizörü yaşamış olursanız olun, bu sizi ilk değişim safhasına yollar. Ben bu safhaya Birinci Kare diyorum, çünkü yeni bir hayata başlayan müşterilerim bana çoğunlukla kendilerini "birinci kareye" geri dönmüş gibi hissettiklerini söylerler. İleriye doğru gittiklerine emin olmalarına rağmen, öğrendikleri ya da yaşadıkları her şey aniden ortadan yok olmuş gibi hissederler. Tanıdık rollerin ve ortamların kaybolduğuna üzülürler, korkmuş ve sakar çocuklar gibi yeni hayatlarında devamlı çırpınıp dururlar. İster inanın ister inanmayın ama bu iyi bir şeydir.

Birinci Kare temel ölüm ve yenidendoğuş zamanıdır, bu dönemde eski hayatınız için yas tutar ve yeni yaşamınızı incelemeye başlarsınız. Bu dönemin harika tarafı size yeni bir kimlik seçme şansı vermesidir. Eski yaşam şablonlarınızdan kurtulup her şey sapıtmadan önce öz-benliğinizi çok daha kolay arayabilir, bulabilir ve benimseyebilirsiniz. Birinci Kare toplumsal baskılardan çok içsel pusulalarınıza göre yeni bir hayat rotası çizmenize izin verir. Öz-*benliğinizle bağlantı kurar ve pusulalarınızın* gösterdiği *yönde ilerlerseniz hayat dönüşümünüz sizi mutluluğa doğru götürür.*

12. Bölüm Birinci Kareden esnek bir şekilde nasıl geçeceğinizi gösterecek.

İKİNCİ KARE: HAYAL KURMAK VE PLAN YAPMAK

Birinci Kare eninde sonunda biter, ama istediğiniz kadar kısa zamanda değil. İyileşip eski hayatınızın tamamen bittiğinden emin olduğunuzda, yeni bir yaşama başlamanın şaşkınlığıyla başa çıktıktan sonra, benim "hayal kurmak ve plan yapmak" dediğim İkinci Kareye geçeceksiniz. Değişim sürecinin bu bölümünde, katalizör olay her şeyi değiştirmeden ve Birinci Karenin lunapark treninde tepetaklakken yaşadıklarınızdan önce düşünemediğiniz fikirler aklınıza gelmeye başlar. Eğer gerçekten öz-benliğinize konsantre olmuşsanız ve yapısal yön bulma aletinizi kullanıyorsanız, bu sürede gördüğünüz rüyalar aslında yaşamanız gereken hayatın görüntüleri olur.

Önce, bu fikirleri idealleştirilen bir gelecek hakkındaki alelade düşünceler gibi ufak tefek ve kullanışsız olacaktır. "Kendi evim olsa iyi olmaz mı" diye düşünürsünüz. Eğer bu fikir öz-benliğinizden gelirse, zihninize kök salar ve küçük sürgünler vermeye başlar. Kendinizi evinizin nasıl olacağını hayal ederken, bahçeye hayali laleler ekerken, camlı terasa mangal koyarken, ideal bir ortam yaratırken bulursunuz. İkinci Karede ilerledikçe hayaliniz daha da sağlamlaşabilir. Emlak ilanlarına daha fazla dikkat edersiniz, ipotek değerlerini öğrenirsiniz, mali gücünüzün nasıl bir eve yeteceğini görmek için bankanızla görüşürsünüz. Sonunda bu plan gerçek bir yaşam tasarımı olabilir.

Tabii ki yaptığınız planların ev sahibi olmakla bir ilgisi olması gerekmez. İkinci Kare bu nasıl biriyle evlenmek istediğinize, geliştirmek istediğiniz vücut yapısına ya da garajınızda başlatacağınız işe karar vermek anlamına da gelse, yeni yaşantınızdaki her şey için bir kroki yaratma zamanıdır. Bu her zaman bir içsel görü olarak başlar ve yavaş yavaş gerçek dünyaya geçer. 13. Bölüm rüyalarınızı kesin bir şekilde nasıl sağlamlaştıracağınız, planlarınızı mantıklı, detaylı ve uygulanabilir hale nasıl getireceğinizi size anlayacaktır. Sonra sıra Üçüncü Kareye geçmeye gelecektir.

ÜÇÜNCÜ KARE: KAHRAMAN DESTANI

Üçüncü Kare durumun acımasız bir şekilde pragmatik olacağı yerdir. Burası değişimin pratik ayrıntılar safhasıdır, harika İkinci Kare planınızı eyleme geçirip işe yaramadığını gördüğünüz zamandır. En azından benimki ilk denemede hiç işe yaramaz, hatta genelde ikinci, üçüncü, dördüncüde de bir işe yaramaz. Değişim döngüsünün bu bölümü uzun ve çoğunlukla sinir bozucu bir girişim ve hatalar dönemidir.

Üçüncü Kareye "kahraman destanı" dememin nedeni, dünya edebiyatındaki büyük efsanelerin çoğunun gerçek dünyada, yapmayı hayal ettiklerin şeyleri başarmaya çalışan kahramanların öyküleri olmasıdır. İyi bir kahraman destanı asla kolay ilerlemez: "Mesela Herkül'e 12 Görev verilmiştir; Hydra'nın Dişlerini Diş İpiyle Temizlemekten, Medusa'nın Speedo Mayosunu Yıkamaya kadar. O bütün bu görevleri çok kolay bulmuş, hepsini yaklaşık on dakikada bitirdikten sonra koca bir tepsi baklava yapmak için eve gitmiştir." Biz bunun gibi öykülerle ilgilenmiyoruz, çünkü biz hayatı böyle yaşamayız. Hayallerimizi gerçekleştirmek zor bir iştir ve çoğunlukla sizi Birinci Kareye sürekli geri götürür.

Sorun İkinci Karede plan yapmakla ne kadar zaman geçirirseniz geçirin, bu planı sonunda eyleme geçirdiğinizde hangi sorunlarla karşılaşacağınızı bilmemenizdir. Dağ gorillerini araştırmak için en gelişmiş elektronik aletlerin hepsini alırsınız, sonra da en yakın elektrik prizinin altı yüz elli kilometre uzakta olduğunu öğrenirsiniz. Sevgi ve ümit dolu olarak nişanlınızın evine gidersiniz ve müstakbel ailenizin tamamı, sizi görür görmez hoşnutsuz davranır. Dünyadaki en çarpıcı ve pahalı mimari yapıyı inşa edersiniz, sonra da onun hızla, parçalar halinde, denize gömüldüğünü keşfedersiniz (bu Kansai Havaalanını inşa eden Japon mühendislerin başına geldi ve bu konuda ne yapacaklarından hâlâ emin değiller).

Evet, kendi destanınızda ilerlerken işlerin çarpık gitmesinin bir trilyon yolu olabilir ve siz kendinizi bunların hepsini yaşamış gibi hissedersiniz. Bu rüyanızın yanlış yola saptırıldığı ya da gerçekleşmeyeceği anlamına gelmez. Bu İkinci

Karede yarattığınız planı değiştireceğiniz –büyük ihtimalle birkaç kez– anlamına gelir. Bu, kahraman destanının doğasıdır ve sizi nelerin beklediğini bilmek bunu sadece biraz daha dayanılır hale sokar. 14. Bölümde bahsedeceğimiz gibi, Üçüncü Kare bir pitbull inadını ve polimer madde esnekliğini gerektirir. Ama eğer kendi değişim sürecinizi idare etmeyi başarırsanız, dayanıklı küçük bir mucize olur. Planınız A da olsa, B de olsa, C, D ya da T de olsa işe yarar. Dördüncü Kareye geçersiniz.

DÖRDÜNCÜ KARE: VAAT EDİLEN DİYAR

Yahudi-Hıristiyan kökenli çoğu insan gibi, Vaat Edilmiş Toprak modeliyle büyüdüm. Musa'nın zorluk içinde geçen kırk yıldan sonra İsrailoğullarını süt ve balla dolu güvenli bir sığınağa götürdüğünü ilk duyduğumda üç yaşından büyük olamam. Bir kere sizin de vaat edilen diyarınız oldu mu, Üçüncü Kare olan kahraman destanı sırasında sarf ettiğiniz kadar çaba sarf etmeniz gerekmez. Yeni bir hayat inşa etmek yerine, sadece onunla meşgul olmanız gerekir. Dördüncü Kare rüyalarınızın en sonunda gerçekleştiği zamandır. Artık durup dinlenmek ve çalışmanızın meyvelerini yemek için bir şansınız vardır. Değişim döngüsünün bütün amacı bu noktaya mümkün olduğu kadar çabuk gelmeniz (ama göreceğimiz gibi, bunu değişimin diğer safhalarını atlayarak yapamazsınız) ve elinizden geldiği kadar uzun bir süre burada kalmanızdır.

Dördüncü Kareye bir kez yerleştiniz mi, değişim süreci çok yavaşlar ve yumuşar. Burada bir şey kurcalarsınız, orada bir şey düşünürsünüz, arada sırada küçük düzeltmeler yaparsınız, ama önemli ölçüde yeni bir şey öğrenmeyi düşünmeniz gerekmez. Artık hayal ettiğiniz hayatı –hayalini kurduğunuz arkadaşlarla rüya gibi bir ortamda rüyalarınızın kariyerini yaratarak– yaşadığınız için tek işiniz gitgide daha düzgün işleyebilmesi için işleyişi güzelleştirmek ve mükemmelleştirmektir. Fazlalıkları yok eder, gereksiz işleri çıkarır, verilmiş bir görevi yapmak için gereken zamanı azaltır ve keyif çıkarma seviyesini yükseltirsiniz. Kısacası, pürüzleri düzeltirsiniz.

Vaat edilen diyar konusunda keyiften çok memnun hale gelen insanlar, bunun sonsuza kadar süreceğini kabul edip kendilerini bir düşüşe hazırlarlar. Ufukta fark edilmeyen Bir şey, Dördüncü Karenin huzur ve sessizliğinde bir gün patlayıp sizi tekrar Birinci Kareye yollayacak yepyeni bir katalizör olay pusuya yatmıştır. 15. Bölüm size tehlikeli bir şekilde ihmalkâr hale gelmeden vaat edilen diyarın keyfini nasıl çıkaracağınızı anlatacaktır.

HEPSİNİ BİRLEŞTİRMEK

Değişim safhalarının her biri hakkında kısa bir sunum dinlediğinize göre şimdi tamamını bazı gerçek yaşam örneklerinde görelim. Kendi örneklerim için, çoğumuz henüz tanışmamış olsak da hepimizin inanılmaz derecede iyi bildiği iki kadını kullanacağım. (Erkekler de aynı değişim süreci tarzından geçse de, bu kadınları örnek olarak seçmemin nedeni çoğumuzun onların hem özel hem de sosyal yaşantılarının detaylarını bilmeleridir). İnceleyeceğimiz ilk kişi, merhum Diana, bir zamanların dadısı, kısa bir süre Galler Prensesi, şimdide Meryem Ana gibi çok tanınan bir kültürel ikon.

Diana Spencer devasa bir katalizör fırsat yoluna çıktığında on dokuz yaşındaydı: Galler Prensi ona evlenme teklif etmişti. Tabii ki böyle bir teklifi geri çevirecek bir kızın deli olması gerekirdi, Diana bu yüzden evet dedi. Bu, onun için devasa bir kimlik değişimi anlamına geliyordu. Geleneksel âdetleri takip eden bütün kadınlar gibi, Diana'nın soyadı da evlilikle değişti, temel bir rol sembolünün değişimi onu babasının ailesinden kocasınınkine transfer ettirdi. O artık Diana Windsor'du, ama sadece Prenses Diana olarak bilinecekti. Birdenbire halkın gözünün önüne atıldı ve giyinme, ayakta durma, konuşma ve genel davranış tarzları öğrenmek zorunda kaldı. Diana Spencer "ölüp" Prenses Di'nin "doğduğu" bu Birinci Kare mükemmel olmalıydı.

Biyografi yazarlarına göre, Diana gözleri pırıl pırıl parlayarak evlendi. Yeni rolüne uyum sağlarken, Prens Charles ile uzun, huzurlu bir evlilik, kraliyet çocuklarıyla mutlu bir ortam ve belki de bir gün kraliçe olmanın hayalini kurdu (İkinci Kare). Diana bu planı gerçekleştirmek için gerçekten uğraştı. Bir veliaht ve yedeğini doğurdu, onu çılgınca seven halka karşı giderek artan oranda göz kamaştırıcı ve sempatik olup Charles'la arasını iyi tutmak için elinden geleni yaptı.

Ne yazık ki, ilk görülen rüya ve planların çoğu gibi, bu da sabun köpüğü gibi söndü (Üçüncü Kare). Ardından, Charles'ın daha başından beri başka bir kadına âşık olduğu ortaya çıktı. Diana'nın kraliyet ailesi rolünün baskısı özbenliğine yıkıcı zararlar verdi. Buna elinden gelebildiği kadar dayandı, ama bu plan da işe yaramadı. Diana bunalıma girdi. Yeme bozuklukları başladı, yanlış adamlara âşık oldu ve öz-benlikleri yanlış bir hayat yaşamaya zorlandığında insanların karşılaştığı sorunlar onun da başına geldi. En sonunda, Diana evliliğini bitirmeye karar verdi. Birinci Kareye tekrar döndü, hem de nasıl!

Diana'nın kimliği tekrar derin bir seviyede dönüştü. İsmi tekrar değişti ve prensesken mevkiinin sınırını çizen unvanını –Prenses Hazretleri– kaybetti. Bununla beraber Birinci Kareden bu geçiş son "ölüm ve yenidendoğuştan" farklıydı, çünkü Diana sonunda içsel hayatına şefkatli bir ilgi göstermeye başlamıştı. İyi bir terapi görmüş, bol miktarda iç hesaplaşma yapmış, öz-benliğini tanımlamış ve vücudundan, duygularından ve sezgisinden gelen sinyallere dikkat etmeyi öğrenmişti. Artık sosyal kişilik oyunlarını oynamayacaktı. Bir BBC muhabirine artık kraliyet ailesinin bir parçası olmasa da "gönüllerin kraliçesi" olmak istediğini söylemişti. Bu Diana'nın İngiltere kraliçesi olduğu, asıl İkinci Kare rüyasının gözden geçirilmiş versiyonuydu. Boşanmasından sonra, Diana istediği hayat vizyonundan vazgeçmemiş, sadece, onda öz-benliğinin daha çok sevebileceği değişiklikler yapmıştı.

Bu yeni belirginlik ve kararlılıkla, Diana bu gözden geçirilmiş hayali gerçekleştirmeye kalkıştı (Üçüncü Kare). Önemli olarak gördüğü sosyal konulara dikkat çekmek, dünyayı sakatlar için daha iyi bir yer yapmak, AIDS'e çare bulmak, Üçüncü Dünya Ülkelerinin insanlarının çoğunu mahveden kara mayınlarını yok etmek için ününü kullanmaya başladı. Bu kez, Diana öz-benliğini bulduğu, iç pusulalarına danıştığı ve hem yüreğinden gelen arzularına hem de görmüş geçirmiş deneyimlerine dayalı oluşturduğu bir plan yaptığı için, bütün bu süreç çok iyi işledi. Diana gerçekten gönüllerin kraliçesi oldu. Seçtiği hayatının ürünü doğrudan ya da dolaylı yolla milyonlarca kişinin hayatını iyiye doğru götürdü. Arkadaşlarına göre, en sonunda gerçek aşkını Dodi Fayed'de buldu. Dördüncü Kareye ulaştı.

Çok kısa bir süre sonra, Diana diğer bir büyük katalizör olayla karşılaştı: Bir araba kazasında öldü. Bunun üzerinde durmamak ve bunu takip eden Vaat Edilen Diyar neresiyse orada meşgul olduğunu düşünmek hoş olurdu. Onun erken ölümüne yas tutarken bile biz sıradan insanlar Diana'nın genç bir erişkin olarak karşılaştığı baskılardan dolayı tamamıyla yok olmadığına memnunduk. Değişim döngüsünün bir noktasında tıkanıp kalmış ya da vazgeçmiş birçok insanın aksine, Diana doğrusunu bulana kadar her adımı tekrar tekrar hesaplamıştı. Arkasında bıraktığı mirası ve dünya bundan dolayı daha zengindir.

ÇEVRESİNDE DÖNÜP DURUYOR

Oprah Winfrey hepimiz oturmuş, ağzımız bir karış açık ona aval aval bakarken değişim döngüsünü havalı bir şekilde geçiren başka bir örnektir. Hatta bir bireyin bütün bu süreci tekrar tekrar geçirip her seferinde daha çok öğrenip daha çok olgunlaşacağını göstermek için mükemmel bir kişidir. Doğası gereği, değişim döngüsü dairesel bir yoldur. Ama bu, düz bir çember değildir; üç boyutlu bir tirbuşona benzer. Döngüde bir turu tamamladığınızda, bir çentik ilerler, daha bilge, daha kendine güvenli ve daha becerikli olursunuz. Oprah'ın geçmişine Diana'nın yaşantısı için kullandığımız "merceklerden" daha genişleriyle bakacağız.

Mississippi'deki bir domuz çiftliğinde gayrımeşru olarak doğan, akrabalar arasında gidip gelerek yaşayan, küçük yaşta cinsel tacize uğramış bir Afro-Amerikalı kızın içsel pusulalarının ona kaderinde bir medya tanrıçası olmak yazdığını söylediğinde aklı başında bir kişinin ne diyeceğini hayal edebilir misiniz? Şöyle bir şey söyleyebilirlerdi: "Evet tatlım, sen zengin ve meşhur olduktan sonra, hep beraber ninenin çiftliğine gidip domuzların sonbaharda uçarak güneye göç edişini izleyeceğiz." İmkânsız hayal muhabbeti! Ama yine de Oprah bu geçmişten yola çıkıp değişim ortamına girerken, bütün engellere rağmen içsel pusulalarını takip etti.

Hâlâ genç bir kızken, Oprah'ın karşısına bir katalizör fırsat çıktı, radyoda haber sunucusu olarak işe girdi. İşini iyi yaptı ve televizyon gazetecisi olmak üzere hayaller kurup planlar yaptı. Sonra başka bir katalizör olay oldu: Televizyon sunucusu olarak işe alındı. Bu noktada, Vaat Edilen Diyar Oprah'ın elinin altındaydı, değil mi? Hayır. Kahraman destanına, rüyalarını gerçekleştirmenin sıradan işlerine başlamasıyla beraber, Oprah'ın yapımcıları ya görünüşünden ya da haberleri okuyuşundan hoşlanmadılar, olaylara karşı fazla duygusal tepkiler veriyordu. En sonunda, Oprah'ı haber sunuculuğundan attıklarında, kariyeri bitmiş gibi görünüyordu.

Diana gibi, Oprah da bu tatsız Birinci Kareye dönüşün onu istediği hayatı oluşturmaktan men etmesine izin vermedi. Hayallerini bırakmadı ve planları tekrar gözden geçirdi. Oprah bir gündüz şovunda sunucu olarak çalışmaya başladığında, öz-benliği ilk kez suya giren bir ördek gibi tepki verdi. *Kendi ortamındaydı* ve öz-benliklerinin mükemmel ifadelerini bulan bütün insanlar gibi, yeni işinde kendinden emin ve büyüleyici bir şekilde iyiydi.

Kendine uygun olan mevkii bulduktan sonra da Oprah katalizör olaylar yaşamaya devam etti ve değişim döngüsünü birçok kez tamamladı. Uzmanların düşüncesinin tersine, Oprah'ın kişisel olgunlaşması şovunun tonunu sansasyonelden ("Anaokulu Striptizcileri," "Kocalarının Sevgililerini Baştan Çıkaran Kadınlar," "Kendi Ayaklarımı Yedim" ve benzerlerinde) sosyal sorumluluğa doğru değiştirdi. Gerçek benliğine çekici gelen edebi kültür ve ruhsal gelişim gibi "ezik" konulara saldırmaya başladı. Kilosunu kontrol altına almak için kahraman destanı olan bir yığın diyet ve egzersiz programı denedi. Artık hamburger yemeyi planlamadığını söylediği için, Texaslı sığır yetiştiriciler ona dava açtıklarında tuhaf bir katalizör şokla uğraştı. Oprah'ın deneyimi başarısız olduğunu, tekrar tekrar denediğini ve tekrar deneyip büyük kazandığını izledik. Ben nasıl yatağımdan banyoya giden yolu biliyorsam onun da değişim döngüsündeki her adımı bildiğini hayal edebiliyorum. Ve domuz çiftliğine iddiaya girebilirsiniz ki döngüleri hâlâ bitirmedi.

DÖNGÜDE DOLAŞMAK ÜZERİNE BAZI GENEL TALİMATLAR

Değişim döngüsünün her aşaması için detaylı açıklamalara girmeden önce, bütün yolculuğun nasıl birbirine oturacağı konusunda bazı genel ipuçlarını bilmeniz gerekir. Her şeyden önce, bu dört "kare" şemada göründüğü gibi birbirinden ayrı değildir. Gerçekte, döngünü her safhası bir sonrakine yavaş yavaş karışır. Ölüm ve yenidendoğuşun kaotik görünüşü Birinci Karenin başında en kötüdür, siz İkinci Kareye doğru hayaller kurarak girmeye başlarken iyimser anlara yavaş yavaş boyun eğer. Bu safha oldukça bulanık fikirlerle başlar ve bu düşünceler siz Üçünü Karedeki kahraman destanına doğru güçlükle ilerlerken daha detaylı ve daha bilgili bir hale gelir. Bu safhanın ilk sorunlarını geçtikten sonra, Dördüncü Kareye, vaat edilen diyara gelirken çok çok daha etkin ve rahat bir hale gelirsiniz.

Şemayı grafik olarak dört kareyi ayırmamın iki nedeni var. İlk olarak, her safhayı tanımlamak değişim haritasında nerede olduğunuzu anlamanıza ve nelerle karşılaşacağınızı tahmin etmenize yardımcı olabilir. İkinci olarak, yerinizi bilmeniz bütün değişim sürecini geçmek için olası en iyi stratejiyi yaratmanızı sağlar. Kendinizi bu "haritada" nereye koyuyorsunuz?

Nerede olursanız olun, değişim döngüsündeki yerinize belli bir talimat grubu eşlik eder. Şemada gördüğünüz gibi, kareler ikiye ikilik bir matris oluşturur. Üstteki iki Kare, Birinci ve İkinci Kareler "ideal dünyada" yer alır. Bunun anlamı bu karelerde yaptığınız işlerin genelde o küçük sevimli kulaklarınızın arasında oluşmasıdır. Diğer taraftan, Üçüncü ve Dördüncü Kareler "gerçek dünya" bölgeleridir. Bu safhalarda kollarınızı sıvayıp çalışmanız gerekir; bu dışarı çıkmak ve toprak kazmak da olabilir teorik fizik üzerine makalenizi yazmak ve gerçek bir dergiye yollamak da olabilir.

"İdeal dünya" ve "gerçek dünyanın" yanı sıra, değişim döngüsü matrisi aynı zamanda "küçük " ve "büyük hamleler"e ayrılır. Döngünün sol tarafındaki Birinci ve Dördüncü Kareler küçük düzenlemeler, yararlı olmadığı durumlarda boşa çaba harcama gerektirmeyen çalışmalar içindir. Hayatınızın bu yeni aşamasına henüz başladığınız Birinci Karede büyük taahhütlere girmeseniz iyi olur, ama insanlar çoğunlukla bunu yaparlar. (Geri tepen aşk ilişkisi klasik bir örnektir: Sevgiliniz terk ettiği için sizi bir hevesle Vegas'a götürecek, uygun şartların yarısına sahip ilk kişiyle evlenirsiniz). Dördüncü Kare de büyük değişikliklerin zamanı değildir. Satış iyi olmasına rağmen Coca-Cola'nın formülünü değiştirdiği zamanı hatırlıyor musunuz? Hepimiz yeni koladan nefret ettik. Kırık değilse, tamir etmeye kalkmayın. Diğer taraftan, İkinci ve Üçüncü Kareler Büyük Hamleler yapma zamanıdır. İkinci Karede, büyük hamleler kafanızın içinde – ideal dünyada– hâlâ yapılır. Bu da önemli planlar yaptığınız, onları denediğiniz, sonra onları baştan sona tekrar düşündüğünüz anlamına gelir. Her tür olasılıkla oynar, büyük hayaller kurar, ama düşüncelerinizi her an değiştirmeye hazır olursunuz. Üçüncü Karede, büyük değişimler gerçek dünyada olur. Gerçekten bankaya gider, o müthiş krediyi alır ve o evi satın alırsınız. İkinci Karede zihninizde denediğiniz büyük hayaller Üçüncü Karedeki büyük çabalarınızın temelleri olur.

KARENİZİ BULUN

Yaşamları değişen insanların karşılaştığı en büyük sorun, değişimin farklı safhaları olduğunu ve her safhanın tamamen farklı yetenek ve stratejiler gerektirdiğini fark etmeyi başaramamaktır. Çoğu insan karelerin bir ya da ikisinde kendilerini diğerlerinden daha rahat hisseder. Bahsi geçen dönüşümün bir parçasını harika bir şekilde geçerler, ama değişim ortamı onları yepyeni bir bölgeye götürdüğünde yıkılıp mahvolurlar. Aşağıdaki örneklerden biri olabilirsiniz ya da karelerin iki ya da daha çoğundaki yetenekleri birleştirebilirsiniz.

1. *Kaos Komandosu*

Cindy yaratıcı heyecanı çok sever. Sürekli harika fikirleri vardır ve çarpıcı derecede ilginç düşünme tarzından dolayı kolayca iş bulur. Birkaç ay şaşılacak derecede performans gösterir, ama ondan sonra, sıkılmaya başlar. Aynı rutinde uzun süre kalırsa, Cindy büyük ihtimalle sorun yaratır, nehrin ortasında at değiştirir ve kırılmamış şeyleri tamir eder, çünkü o temelde Birinci Kare insanıdır.

2. *Büyük Hayalperest, Küçük Eylemci*

Falco sapına kadar bir İkinci değişim döngüsü insanı, bir hayalperesttir. Büromda oturup harika kariyerini planlamaya bayılır. Kişisel gelişim kitaplarının onu şan ve servete götüreceği konusunda ona garanti verdiği hayaliyle canlandırma, doğrulama, detaylı yazılmış "görev tanımları" yapar. Ama gökyüzünde gördüğü çeşitli kaleleri gerçekten inşa etmek için ne yaptığını Falco'ya sorduğumda, gücenmiş bir sessizlikle karşı karşıya kalırım. İşin gerçeği, Falco'nun hayal dünyasında gerçek dünyadan çok daha rahat olmasıdır. O bir İkinci değişim döngüsü dâhisidir, ama Üçüncü Kare onu çok ama çok gergin bir hale sokar. Pragmatik bir eylem ihtiyacıyla karşılaşana kadar, fantezileri asla gerçekleşmeyecek.

3. *İdealist Değil, Realist*

Lauren tam bir mücadelecidir. Ona bir hayal verin, o da gerçekleştirsin. Her zaman, şehre uyuşturucu sokmamak için mahalle derneklerini organize etmek, sevdiği adayın politik kampanyasında gönüllü çalışmak ya da şirketine yeni bir ürünün pazarlanması ve satışı için yardımcı olmak gibi bir projeyle ilgilidir. Mükemmel lojistik yetenekleri olan, zamanlama idaresi, detaylara dikkat etme ve her görevin yapılmasını sağlayacak şekilde iş takibi konusunda harika bir idarecidir. Lauren bir saldırıyı yönetmeye bayılır, ama ondan basit fikirler üretmesini istemeyin. Başka insanların düşlerine âşık olmayı ve bunları gerçekleştirmeleri için onlara yardım etmeyi tercih eder. Sonuna kadar bir Üçüncü Kare insanıdır.

4. *Cebelitarık Kayası*

Johann bir Dördüncü Kare insanıdır. Yirmi yıldır aynı işte çalışıyor ve şirketine paha biçilmez olduğunu ispat etti. Budwiser Clydesdales atlar gibi sakin olan Johann her sabah işe gelir ve akşam beşe kadar çalışır, çeşitli görevlerin fiziksel ve bürokratik yönlerini titiz bir şekilde tamamlar. Ama şirketi battığında ve Johann işsiz kaldığında, tamamen afallar. Bildiği tek şey dümdüz çalışmaktır; yeni tepkiler yaratmaya ve yaratıcı çözümlerle ortaya çıkmaya alışık değildir. Johann'ın yetenekleri Dördüncü Kare için mükemmeldir, ama Birinci Kareyi geçmek için farklı bir stratejiye ihtiyacı vardır.

ALIŞTIRMA

Yukarıdaki örnekleri inceleyin ve size en fazla uyanı seçin. Çoğu insan gibiyseniz, en azından bir karede güçlü, bir ya da ikisinde oldukça becerikli olacak ve dördüncüde hiç de iyi olmayacaksınız. Bazı insanlar tamamıyla tek bir kareye odaklanırlar. Diğerleri, daha da nadir olmak üzere, dört karede de çok iyidirler. Bu insanlar aşırı zengindir.

DEĞİŞİM DÖNGÜSÜ YETENEKLERİNİZE UYUM SAĞLAMAK YA DA ALIŞMAK

Eğer doğal yetenek ve seçimlerinizin değişim döngüsünün belli bölümlerine daha uygun olduğunu ya da bazı karelerin size tiksindirici geldiğini görürseniz, kullanmaya karar verebileceğiniz iki seçenek var. Önce, isteseniz de istemeseniz de bu dört değişim bölgesiyle başa çıkacağınızı kabul etmeniz gerekiyor. Sonra, oturup en az sevdiğiniz kareyi daha etkin bir şekilde idare etmeyi öğrenseniz iyi olur. Değişimin her safhasını en azından basit bir seviyede tanıma ve geçme yeteneğinizin olması şart (ve bu kitabın bundan sonraki bölümleri bunu yapmanıza yardımcı olmak üzere tasarlandı).

Diğer seçenek, en az beğendiğiniz değişim aşamalarıyla başa çıkmanıza yardımcı olması için birini tutmak, onu ayartmak, zorlamak ya da ona yalvarmaktır. Mesela ben en çok

İkinci Karede başarılıyımdır. Birinci Kareyi zor bela geçerim ve bir fikrin işe yarayacağı konusunda gerçekten heveslenmişsem Üçüncü Kareyi kendimi zorlayarak geçerim. Ama Dördüncü Kareye geldiğimde, beni unutun. Tam bir enkaza dönüşürüm. Yeni fikirler ve mutlu fanteziler kafamı o kadar kolay karıştırır ki küçük detayları, çocuklarımın karnını doyurmak ya da ipoteği ödemek gibi küçük şeyleri tamamen unuturum. Veli toplantısına giderken (tabii ki eğer olduğunu hatırlarsam), Elizabeth'in kaçıncı sınıfta olduğunu ya da Adam'ın okulunun tam olarak nerede olduğu konusunda en ufak bir fikrim olmadığını fark ederim. Bu safhada o kadar zayıfımdır ki insanlar umursamadığımı ya da onlara kasten hakaret ettiğimi düşünürler.

Bir keresinde bu konuyu çözmek için psikoterapiste gittim. "Düzenli, günlük yaşamda etkinlik konusunda inanılmaz derecede başarılı insanlar içindeyim" dedim doktoruma. "Daha iyi olmayı öğrenmek istiyorum."

"Eğer bu konuda inanılmaz derecede başarılı insanlar arasındaysanız, niçin daha iyi olmayı öğrenmeniz gerekiyor?" dedi terapist.

"Haklısınız," dedim. Hemen eve gittim ve düzenli günlük işler departmanı için Dördüncü Kareyi anlayan arkadaş ve akrabalarımdan resmen yardım istedim. O zamandan beri, benim toleranslı ve yetenekli sevgili yakınlarımdan lojistik yardım alıyorum ve hayatım çok daha düzgün ilerliyor.

KARELERE TAKILIP KALMAK, KARELERİ ATLAMAK

Önemli yaşam değişikliklerine girdiklerinde insanların ortak olarak karşılaştığı gizli tuzak, kendilerini akla uygun bir şekilde rahat hissettikleri ve bir sonrakine geçmeyi reddettikleri döngünün bir safhasına takılıp kalmaktır. Buna en çok Dördüncü Karenin hoş rahatlığından, vaat edilen diyardan, Birinci Karenin çılgın ölümle yenidendoğuşuna geçmek zorunda kaldığınız, katalizör bir olaydan sonra rastlanır. Diğer bir popüler ama yanlış yönlendirilmiş yaklaşım da değişim döngüsünün bazı safhalarını tamamen atlamaya çalışmaktır. En büyük popüler hataysa katalizör olaydan sonra, Birinci Karenin korkunç, şaşkın kaosuyla, İkinci Karenin zihinsel zor çalışmasıyla ya da Üçüncü Karenin zahmetli, iki adım ileri, bir adım geri angaryasıyla oyalanmadan, doğrudan Dördüncü Kareye atlamaya çalışmaktır. Bu işe yaramaz; bu sizi sadece sonuçta kaçınmayı umduğunuz bütün belalarla uğraşmayı uzatacak gerçeği inkâr etmeye götürür.

Lester ve Sharon işte olduğu gibi hayatlarında da ortaktılar. Büroda tanışıp evlendikten sonra da aynı şirkette kalıp terfi merdivenini aşağı yukarı beraber tırmanmışlardı. Ardından, Lester'la beraber on üç yıl geçirdikten sonra, Sharon büyük bir değişim yaşadı. Bir süredir, evliliğinde boğulduğunu, kendi düşüncelerini bilemediğini ya da kendi hedeflerini tanımlayamadığını fark etti. Dahası, bir internet sohbet odasında tanıştığı bir adamla, romantik bir şey olmadan e-postayla flört etmeye başladı.

Bu Sharon'ın katalizör değişimiydi ve Lester'a yıkıcı bir şok olarak ulaştı: Sharon onu terk ediyordu. Hâlâ aynı şirkette çalıştıkları için, Lester ve Sharon bütün büroya "mükemmel" ilişkilerinin sallantıda olduğunu ilan etmek zorunda kaldılar. Doğal olarak, bu haftalarca en büyük ofis dedikodusu oldu. Şirketteki herkes Lester ve Sharon'ın gözlerinin önünde eriyip yok olmalarını bekledi.

Tuhaf bir şekilde, bu gerçekleşmedi ya da en azından, hemen gerçekleşmedi. Sharon Lester'ın dekore ettiği bir daireye taşındı ve hepsi bu kadarla kaldı. İkisi de işe her sabah görkemli ve canlı bir şekilde geldiler; yavan bir şekilde neşeli görünerek etrafta dolaştılar. Herkese iyi olduklarını, sorun ve endişe edecek bir şey olmadığını söylediler. Sharon internette tanıştığı, kendisine talip olan adamla çıkmaya başladı ve Lester de ona yıllardır âşık olan, hoş bir kadınla. Bir ay içinde, ikisi de mutlu bir şekilde boşandılar ve yeni eşlerine daimi bağlılıklarını ilan ettiler.

Hımm. Bir saat tıkırtısı duyuyor musunuz?

Sharon ve Lester'ın Birinci Kareye geçmeleri ve sonra *gümlemeleri* altı ay aldı. O kadar öfke, üzüntü ve şaşkınlık biriktirmişlerdi ki bu onları neredeyse paramparça etti. İkisi de yeni, sağlam Dördüncü Kareye vals yaparak kolay ve anında geçmiş gibi görünerek -kendilerine bile bu rolü yapıyorlardı- evliliklerinin "başarısızlık" rezaleti olarak gördükleri şeye karşı çıkmışlardı. Yaşadıkları tepkisel aşklar temelde asıl ilişkilerini yeniden yaratma girişimleriydi; diğer kişileri dublör olarak kullanmışlardı. Bürodaki neşeleri umutsuz bir maskaralıktı.

Lester ve Sharon neyi kaybettiklerini özümlemeye başladıklarında ve eşlerinin onlarla ilgisi olmayan bireyler oldukları ortaya çıktığında, fantezi Dördüncü Kare, dış bariyere son sürat çarpan bir yarış otosu gibi parçalandı. Altı ay önce olması beklenen, bağrışmalı iş arkadaşı kavgaları başladı ve bir skandal habercisinin arzu edebileceği olası her şeye dönüştüler. Sağlam temelleri olmayan bu tepki aşklar hızla yok oldu. Sharon en sonunda, iş günlerinde Lester ve arkadaşlarıyla karşılaşmaya katlanamadığı için işinden ayrıldı. İkisi de en sonunda yaşam değişimlerinin iğrençliğiyle yüzleşti ve asıl geçmeleri gereken bölgede ilerlemeye başladılar.

ÜSTÖĞRENME

Ben Singapur'da Çince öğrenirken, oraya Birleşik Devletler'den yeni gelmiş olan bir Amerikalı dilbilimciyle tanıştım. Beni hem etkileyen hem de hüsrana uğratan bir beceriyle, benim haftalardır öğrendiğim Mandarin'i birkaç günde öğrendi. Daha önce hiç Çince konuşmamışmış, ama *genelde nasıl dil öğrenildiğini öğrenmişti* ve bütün fark bundan kaynaklanıyordu.

Bir dili konuşmayı öğrenmek bir yetenektir. Bir dilin, herhangi bir dilin, nasıl öğrenileceğini bilmeye "üst-yetenek" denir. Değişim döngüsünü nasıl geçeceğinizi çözmek, size ne olursa olsun, neye karar verirseniz verin, olacak şeyler, hissedecekleriniz ve bunlarla nasıl başa çıkacağınız hakkında bazı fikirleriniz olacaktır anlamına gelir. Kişisel dönüşümün üst-yeteneğini öğrenirsiniz. Oprah Winfrey gibi, bütün döngüyü defalarca geçip hem başarıyı hem de başarısızlığı yaşamış insanların inanılmaz üst-yetenekleri vardır. Onlar değişip etraflarındaki dünya onlarla değişirken hayat dolu ve başarılı olmayı işte böyle başarırlar.

Değişim sürecinin bütün deneyimlerini yönetme yeteneğini geliştirmeye başladınız mı, hayatın sürekli dalgalanmaları ve felaketvari aksilikleri daha az korkutucu hale gelir. Toplumun eskisinden daha hızlı değiştiği, güvenilir ve gerçek kurumların parçalandığını gerçeği konusunda endişelenmek yerine, bunu bir nimet olarak görürsünüz. Katı sosyal beklentilerden kurtulup öz-benliğinizin rehberliğine iyice odaklanıp kültürel çevrenizin sunduğu bütün önceden belirlenmiş şablonlara boyun eğmeyi bırakırsınız. Onun yerine, hayatınızı bir sanat eserine, sadece size ait olan yetenek ve seçeneklerinin kesinlikle özgün bir ifadesine, çevirirsiniz. Siz bu sürede sadece çalışmazsınız, aynı zamanda sanatçının kendisi de olursunuz. Kutupyıldızınıza ulaşıp yolunuza çıkacak her değişimde onun yanında kalırsınız.

12

BİRİNCİ KARE: ÖLÜM VE YENİDENDOĞUŞ

Üzüntü nehirlerini geçiyorum,
Özlemle boş ve yarınla dolu.
–OCTOBER PROJECT

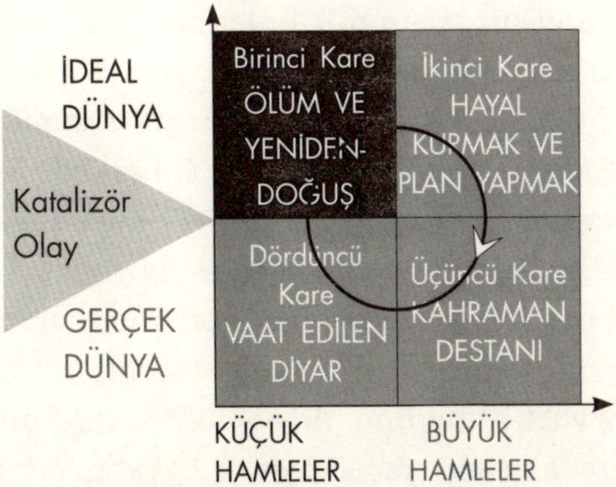

DEĞİŞİM DÖNGÜSÜ

Kalahari Çölünde bir yerlerde, Xhosa kabilesinden yirmi delikanlı için için yanan ateşin etrafında oturuyor. Gergin, bitap ve darmadumanlar. Alıştıkları her şey bu gençlerin elinden alınmış. Büyüdükleri evlere asla geri dönmeyecekler. Çocukluk kıyafetleri ve oyuncakları yakılmış. İsimleri değişmiş. Bırakın birbirlerini, kendilerini bile tanımasınlar diye vücutları kül ve kille boyanmış.

Bu size çok tuhaf bir dünyaymış gibi gelebilir, ama Kalahari'de hiç bulunmamış olsanız bile bu çocukların geçecekleri bölgeyi bilirsiniz. Onların en önemli yolculuğu coğrafik bir alanı geçmek değildir, psikolojik bir bölgeyi geçmeleri gerekir. Onlar değişim döngüsünün ilk aşaması olan ölüm ve yenidendoğuştadırlar. Yaşamları ve kimlikleri dönüşüm sürecindedir. Ve Güney Afrikalı da olsanız, Güney Dakotalı da olsanız, bu yolculuğu siz de yaparsınız.

Hayatınız tamamen değiştiğinde büyük ihtimalle bazı anları saptayabilir, bundan dolayı "X olmadan önce" ya da "X olduktan sonra" oluşan her şeyi hatırlarsınız. Uzay Mekiğinin kalktığını gördünüz ve tam o anda, büyüyünce havacılık mühendisi olacağınızı anladınız. Bir oyun sırasında ayağınızın burkulduğunu hissettiniz ve acı içindeki o anda atlet hayatınız bitti. İlk çocuğunuz doğup evreninizdeki her şeye yeni bir anlam getirdi. Jim-Bob'la beraber, bir güvenlik kamerası olmasına rağmen, o içki dükkânını soymaya karar verdiniz. Bazen bu çok önemli olaylar sizi gafil avlar, siz daha geldiklerini hayal bile edemeden, birdenbire ortaya çıkarlar. Bazen içinizde, sonunda siz eyleme geçmek zorunda kalana kadar yavaş yavaş büyürler. Böyle olaylar ne olursa olsun ya da nasıl gerçekleşirse gerçekleşsin, hayatınızı baştan aşağı öyle bir altüst ederler ki artık tamamıyla yeni birisi olursunuz. Kısacası onlar sizi Birinci Kareye zorla sokarlar.

Birinci Karenin vahşi ve tehlikeli bölgesini Xhosalar gibi insanlar çok iyi anlar. Yukarıda bahsettiğim bu genç adamlar erişkinliğe geçiş törenini yapacaklar, bu ayin onların genç olarak yaşamlarını sona erdirip erkek olarak bir hayata başlatacak. Bu psişik ayinde onlara yardımcı olmak için, kabilenin yaşlıları kişinin bir hayatı geride bırakıp yenisine geçmesini sağlayacak psikolojik deneyimi artıracak koşulları bile bile yaratırlar. Katılanların kimliklerini belirsizleştirir, isimlerini siler, eski eşyalarını yok eder ve tamamen yabancı bir bölgeye zalimlikten değil, Birinci Kareyi kontrollü, güvenli bir ortamda onlara tanıtmanın bir yolu olarak koyarlar. Sürücü eğitimlerinde öğrenciler hatalar yapabilsin, dehşete düşsün ve aşırı hızlı metal roketlerle gerçekten yan yatarak dönemeci almadan önce bir arabanın nasıl kullanılacağını öğrensinler diye çeşitli araba kullanma ortamlarını yaratan makineler gibi, bu bir Birinci Kare simülatörüdür.

Ne yazık ki biz Batılıların çoğu, arabalarımızı kullanmak için aldığımız dersler gibi bir eğitimi kendi hayatlarımızı sürdürmek için asla almayız. Sosyal kurumlarımızın çoğu hepimizin ileriye ve yukarıya doğru dümdüz gidip bir başarının arkasından bir diğerine ulaşarak, hiçbir kargaşa ya da kişisel parçalanma yaşamadan hayatla başa çıkacağımızı varsayar. Bu da katalizör bir olay başımıza geldiğinde, hiçbir uyarı, hazırlık ve aşinalık olmadan değişim döngüsünün Birinci Karesine güm diye düşeriz demektir. Bu, hızlı bir ölümün nimetinden faydalanmadan bir jet motorunun içine çekilmek gibidir. Ama Birinci Kare yaşamanız gereken bir ölümdür. Bu bölümün bunu sizin için kolaylaştıracağını umuyorum.

BİRİNCİ KARENİN BAŞLARI: ÖLÜMÜNÜZDEN KURTULUP HAYATTA KALMAK

Jennifer bir av köpeği gibi, kocaman bir deve kuşunu bulup getirmiş, gururlu bir şekilde büroma dalmıştı. Aylarca süren iç değerlendirmeler, pusula okumalar ve sıkı çalışma sonrası, dünyanın ilginç bir yerinde, harika bir iş teklifi kapmıştı; bu onun tam istediği şeydi. Bana iyi haberi verdikten sonra, birkaç dakika neşelenmiş, büroda zıplayıp dans ederek bunu kutlamıştık. Sonra Jennifer kanepeye yıkılmış, cenin pozisyona geçip sonraki kırk beş dakikayı yastıkta ağlayarak geçirmişti.

İlk coşku dalgasından sonra, Jennifer'ın "katalizör olayı" tam etkisini gösteriyordu. Bu iş sevinci yüzünden kalbi duracak gibiydi, ama bu çok büyük bir hayat değişimi anlamına da geliyordu. Jennifer yurtdışına gittiğinde geride bırakacağı herkesi, her şeyi düşünmeye başlamıştı ve bu kayıplar içini parçalamaya başlamıştı bile. Arabayla kısa sürede kat edilen bir mesafede oturan annesiyle geçirdiği rahatlatıcı akşamüstleri artık olmayacaktı. Çok sevdiği köpeğinden ayrılması gerekiyordu. Her zaman sinirini bozan eski işi bile aniden rahatlatıcı bir şekilde tanıdık görünmeye başlamıştı. İşyerinde birlikte çalıştığı bir yığın arkadaşı artık kafalarını onun bürosuna sokmayacaklardı. Jennifer'ın üç yıldır kullandığı araba, kendi dekore ettiği daire, en sevdiği lokantalar ve koşu parkurları kısa bir süre sonra hayatından çıkacaktı. Güneybatı Amerikalı Jennifer ölüm hücresindeydi. İdam günü yeni sözleşmesinde, uçak biletinde ve yenilemeyi düşünmediği daire kontratında yazılıydı. Jennifer eskisini yok etmeden yeni bir hayat yaratamayacağını yeni yeni anlamaya başlamıştı.

Hayatınızı Geride Bırakmak

İnsanların "ölüp" sonradan diriltildiğine inanabiliyorsanız, gerçek, fiziksel ölümden korkacak fazla bir şeyimiz yoktur. Ölüme giden bölümle ilgili –hastalık, bunama, başı kesilerek idam– korkunuz olabilir tabii ki. Ama bir kere öldünüz mü, Disney World'deki bir geziyi Alcatraz Hapishanesindeki mahkûmiyete benzetecek, bedava maceralara katılmanız beklenir. Bu keşfedilmemiş ülkeye gidiş-geliş bileti almış olmayı başaranlara göre bu aktivitelere vücudunuz olmadan etrafta dolaşmak, bütün hayatımızı "ağır çekim" görmek ve sevdiklerimizle karşılaşmak da dâhil. (1975'te O'Hare Havaalanına giderken kaybettiğim valizimle karşılaşmayı umuyorum). Tabii ki ölümden dönenlerin deneyimleri yanlış olabilir, bedenlerimiz öldüğünde hiçlikte kaybolabiliriz de. Bu o kadar eğlenceli gelmiyor, ama tabii ki etrafta olmayacağımız için bunu umursayamayacağız.

Ne yazık ki katalizör olaydan sonra yaşayacağımız "ölüm" hiç de stressiz değildir. Unutmayın, değişim döngüsü hayatta küçük rota değişiklikleri yaşadığımızda başlamaz, sadece *bizi kimliklerimizi bırakmaya* zorlayan bir şey olduğunda başlar. Bu yok oluşun çok gerçek ve temel bir şeklidir. Xhosa gençleri delikanlı kimliklerini kaybediyor; bu o kadar temel bir değişim ki kabile isimlerini yok edip bunu sembolize etmek için bedenlerini bile boyayarak gizliyorlar. Bizim kültürümüzde, kimliğin kaybı pek tanıdık bir kavram değildir. Bunun nasıl bir duygu olduğunu anlamanıza yardımcı olmak için, lütfen, aşağıdaki cümleleri aklınıza ne gelirse onlarla tamamlayın:

"Ben bir ....
.... yim-yım."

Şimdi bunu dört ya da beş şey daha ekleyerek zorlayın.

"Ben bir .... yim-yım, bir .... yim-yım, bir .... yim-yım, ... yim-yım, bir .... yim-yım."

Peki, siz nesiniz? Kendinizi bir iş tanımıyla betimleyebilirsiniz: "Ben bir tamirciyim, terziyim, askerim, casusum, şirket strateji uzmanıyım, kondisyon aleti satıcısıyım." Belki de kimliğiniz ilişki temellidir: "Ben sadık bir sevgiliyim, şefkatli bir eşim, sadık bir dostum ve papanın güvendiği bir sırdaşıyım." Kendinizi bir grubun üyesi ya da bir davanın takipçisi olarak tanımlayabilirsiniz: "Ben bir homoseksüelim, bir Cumhuriyetçiyim, bir Yahudiyim, bir Kümes Hayvanları Hakları savaşçısıyım;" ya da bir uğraşın içinde olarak: "Ben derin bir düşünürüm, bir kayak manyağıyım, bir alkoliğim, bir fitness fanatiğiyim."

Biraz önce sıraladıklarımın hepsi birden olabileceğinizi fark etmenizi istiyorum. Gerçekten tuhaf ve acayip meşgul birisi olabilirsiniz ama evet, teorik olarak, bütün bunların hepsi ve aynı anda daha birçok şey olmanız mümkün. Ama biz "Ben buyum," derken tipik olarak sadece birkaçını, belki sadece birini düşünürüz. Bu "birincil kimlik" dünyadaki yerimizi oluşturur, eylemlerimizin çoğunu belirler, yaşantılarımızın sağlam temellere oturduğunu ve anlamlı olduğunu hissetmemize yardımcı olur.

Şimdi, yukarıda yazdığınız listeye bakıp oraya yazdığınız kimliklerin herhangi biri olmaya devam etmenizin imkânsız olduğunu hayal edin. Umarım bu asla olmaz ama olabilir de. Kovularak ya da gemiden atlayarak işinizi kaybedebilirsiniz. Romantik ilişkiniz ölüm ya da ihanet sonucu yok olabilir. Politik partinize, dininize ya da yerel Kümes Hayvanları Hakları Derneğine inancınızı yitirebilirsiniz. Hormon sorunlarınız olabilir, kontrol dışı şişmanlayarak bir denizayısı kadar büyüyebilir ve onun şeklini alabilirsiniz. Kısacası, *her şey her an yok olabilir.*

Bu iğrenç gerçekle yüz yüze gelen bir yığın insanla konuştum. Birkaç tanesi gerçekten çaresiz bir hastalıktan ölmek üzereydi ama çoğu küçük şeylerden dolayı ölüyordu. Kendini her şeyden önce sadık bir aile babası olarak gören Cliff, en sonunda evliliğinin kurtarılamayacağını fark ettiği gün "öldü." Hillary'nin "ölümü," ebeveynlerinin onun yapmasını istedikleri işi bırakmak zorunda kaldığında ve bu süreç içerisinde onların "itaatkâr küçük kızı" kimliğini kaybettiğinde oldu. Hillary annesi Ellen'i bir keresinde seansa getirmişti ve bu yaşlı kadının yuvasının artık adamakıllı boş olduğu gerçeğiyle yüzleşmesine yardımcı olmuştuk. Ellen'in "ona bağımlı çocuklarının annesi" kimliğini bırakması gerekmişti.

Bu insanların bana "ölümlerini" anlatırken ki yüzlerini tek tek hatırlıyorum. Hatları farklı olmasına rağmen, o yüzlerin hepsinde aynı ifade vardı: soluk, yorgun, boş, anlamsızca üzgün. Bu yüzü, büyük bir kimlik kaybına uğrayan, tanıdığım herkeste gördüm –kendim de dâhil olmak üzere. Değişim bizim istediğimiz bir şey olsa bile Birinci Kareye girmek, kayıp üstüne kayba dayanmak anlamına gelir. Geriye dönüp baktığınızda, mutlu ve dolu yeni bir hayata sağlamca yerleştiğinizde, bütün bu acılar hiçbir şeymiş gibi görünür. Ama Birinci Kareyi yaşarken, her şeymiş gibi görünür.

Birinci Karenin "ölüm" bölümü, eski kimliğinizin yok olduğu gerçeğini ilk kez kabullendiğiniz başlangıç süreci, sadece üzülerek başarılabilir. Psikologlar buna bazen "hüzün çalışması" derler. Bu ifadeyi beğeniyorum çünkü kaybetmenin acısını yaşamayı bir boşa zaman kaybı olarak değil, sağlam ve üretici bir davranış olarak belirtiyor. Nasıl üzüntü "yaşayacağınızı" hatırlamak için 9. Bölümdeki üzüntü kısmına geri gidin. Kısa bir özet: ana kimliğiniz ölümcül bir darbe yediğinde mutlu ya da soğukkanlı numarası yapmak sadece üzüntü süresini uzatırken, bunu hissetmek için kendinize izin vermek bu kederi mümkün olduğu kadar çabuk dağıtmaya yardımcı olacaktır. Üzüntü sizi yavaşlatır, bu yüzden en olağan işleri yapmak için bile daha uzun zamana ihtiyacınız olur. Üzüntü biraz azaldığında, inkâr dönemleri yaşarsınız ama sonra bu his sizi tekrar kaplar. Kayıplarınızı saptamak, duygularınızı paylaşmak ve üzüntünüzü tamamen yaşamak yeni hayatınızın tadını çıkarmaya sizi hazırlamak için kesinlikle gereklidir. Keşke başka bir yolu olsa ama ben bulamadım.

Ölümün Farklı Tatları

Birinci Karenin başlangıcı olan eski hayatınızdan ayrılmak, "katalizör olayın" sizi eski kimliğinizden bir şokla mı, bir fırsatla mı yoksa bir dönüşümle mi çıkardığına bağlı olarak biraz farklılıklar gösterir. Karşılaşacağınız değişimler her zaman için katalizör olay şekillerinden biridir. Ne bekleyeceğiniz ve bununla nasıl başa çıkacağınız konusunda daha iyi bir fikriniz olsun diye her birini kısaca açıklayacağım.

Hatırlayacağınız gibi katalizör şokların hayatı değiştirmesi kişinin içinden değil, dış kaynaklardan gelir. Hayatınızdaki büyük şoklarla uzaktan yakından ilginiz olmayabilir, bu yüzden ne zaman gelecekleri ya da nasıl bir şekil alacakları hakkında elinizde pek ipucu olmaz. Negatif şok: Sizi bebekliğinizden beri büyüten sevgili Dorcas Teyzeniz sirkten kaçan bir fil tarafından öldürüldü. Pozitif şok: Dorcas yoksul bir şekilde yaşamasına rağmen, döşeğinin içine on bir milyon dolar saklamış ve hepsini size bırakmış. Bu şoklara tepkiniz büyük ihtimalle iyi ve kötü, "inanmıyorum" olabilir. Şok pozitif de olsa negatif de olsa, "bunu hak etmiyorum," diye düşüneceksiniz ve haklısınız. Bunu gerçekten hak etmiyorsunuz. Şok olayların "hak etmekle" hiçbir ilgisi yoktur, bunlar hak etseniz de etmeseniz de olurlar.

Bu yüzden, şok yaşayan insanlar genelde fırsat ya da iç dönüşümle hayatları değişen kişilerden daha çok şaşırır ve sersemlerler. En sonunda hayatlarının bir daha asla aynı olmayacağını gerçekten anlamaları haftalar, hatta aylar alabilir. Eğer karşınızda bu tip bir değişim katalizörü varsa, kendinize özellikle alışmak için zaman verme teveccühünü gösterin. Öyle olması gerektiğini düşündüğünüz için bir şey yapmak ya da hissetmek için kendinizi zorlamayın. Bir trajediden sonra duygusuz ve umursamaz bir halde ya da hiç beklenmedik bir fırsat karşısında tepkisiz bir halde olabilirsiniz. Bu normaldir. Hayatınız bir depremin aniliğiyle dağılmıştır ve beyninizin toparlanması için zamana ihtiyacı olacaktır.

Bir şoktan sonra hatırlamanız gerekenlerden biri *ortam yatışana kadar büyük kararlar vermemeniz* gerektiğidir. Birkaç sayfa sonra göreceğimiz gibi bu Birinci Karedeki herkes için doğrudur ama eğer hayatınızı değiştiren olayı görmediyseniz, özellikle önemlidir. Şaşkınlıklarından ve dağınık düşüncelerinden faydalanmak için yakın zamanda büyük şoklar geçirmiş kişileri arayan insanlar gerçekten vardır. Yeni dul kalmış eşleri ya da kafasına platin takılmış bir müşteriyi kapmak için, hastaneye giden ambulansların peşine takılan vicdansız bedensel sakatlık avukatları vardır. Yozlaşmış mali yöneticiler piyango talihlilerinin karşısına birden çıkıp, daha servetlerini akıllıca kullanacak kadar bilgi sahibi olmadan, onları seçim yapmaya zorlarlar. Bir şok geçiriyorsanız, *bu insanlara bir eyleme geçmeden önce düşünmek için zamana – hem de çok zamana– ihtiyacınız olduğunu söyleyin.* Finansal planlamacı Suze Orman hayatınız altüst olduğunda düzenli faturalarınızı ödemek için yakın bir arkadaşınız ya da sevdiğiniz birisinden yardım istemenizi tavsiye ediyor. Sadece daha yeni girdiğiniz bu hayat hakkında fazla bilginiz olana kadar taahhüt altına giremeyeceğinizi söyleyerek elinizden geldiği kadar çok zaman kazanın.

Eğer değişim katalizörünüz bir şok değil de bir fırsatsa bu o kadar önemli değildir. Bu fırsatın geldiğini görmeniz büyük ihtimalle mümkün çünkü muhtemelen bunun olması için çalışırsınız. Otuz yaşında, müşterim Tyler finans sayesinde küçük bir servet edinmişti ama başka hiçbir şeyde başarılı olamayacağından korkuyordu. "Kendi kariyerimi nasıl yaratacağımı bilmiyorum," diye kabul etti, "çünkü bu güne kadar gerçekleştirdiğim her şey ayağıma geldi." Tyler'ın üniversiteden mezun olur olmaz işe alındığı ve şirketinde arka arkaya terfiler aldığı doğruydu. Ama bu fırsatların hiçbiri "ayağına gelmemişti." Tyler eğitimi sırasında iyi notlar almak için canını dişine takmış olduğundan işverenler tarafından takip edilmişti. Terfi merdivenini devamlı çıkmasının nedeni işini her gün özenle ve sebatla yapmasıydı. Eğer çaba gösterirseniz, karşınıza arada sırada fırsat çıkar. Bunu bekleyin.

Tabii ki bir fırsat için çalışıyorsanız bu durumunuzu bozacak anlamına gelmez. Jennifer'ı kanepemde kıvrılmış, perişan halde, bir korku ve üzüntü tsunamisiyle fırsatını kutlarken düşünün. Özellikle de korku tsunamisi. Bir bakıma, fırsat katalizörleri şoklardan bile daha korkutucu olabilirler. Ne de olsa, eğer kader size hiç fark edilmeyen bir darbe vurursa, herkesin sizden bekleyeceği tek şey hayatta kalıp çare bulmaya çalışmanızdır. Diğer taraftan, büyük bir fırsat, *her zaman* için büyük bir değişim demektir.

Tebrikler, evlat edinme evraklarınız onaylandı. Bir çocuğunuz olacak! Mutluluktan uçuyorsunuz ve müthiş bir paniğe kapıldınız, çünkü aniden bir çocuk büyütmeniz gerektiğini fark ediyorsunuz. Hayret bir şey! Devasa, yenilikçi, teknolojik olarak karmaşık bir binanın mimari tasarımını aldınız. Bravo! Yayınevi kitap teklifinizi kabul etti! Şimdi oturup kitabı yazmaya başlayın. Aniden hafif bir endişe hissediyor musunuz, sanki bilgisayarınızın üstüne kusacakmış gibi? Evet, ben de. Gerçek bir değişim katalizörü olması için, bir fırsatın sizin sınırlarınızı çok zorlaması gerekir. Ve de bu *korku* demektir. Eğer aklınızı başınızdan alan büyük bir fırsat karşısındaysanız, 9. Bölümdeki, "Duygu Pusulanız Korkuyu Gösterirse"ye geri dönün. Tutkunuzu bu fırsat için, sevginizi Kutupyıldızınız için, öfkenizi de şu ana kadar sizi bu paniği yarıp geçmenize ve hayallerinize doğru gitmeye sevk edecek yardımdan uzak tutan her şeye karşı kullanın.

Bir fırsat katalizöründen sonra güçlü bir şekilde gelen başka bir duygu suçluluktur. Yeni sorununuzu kabul edip de hayatınız değişmeye başladığında, kaçınılmaz olarak arkanızda insanlar bırakacaksınız –bu insanlar sizin sahip olduğunuz fırsatları istedikleri için kıskanç ve öfkeli olabilirler. Eski takımınızla hâlâ takılıyor olsanız bile oraya aynı şekilde size uymadığınızı görürsünüz. Artık arkadaşlarınızın sandığı şekilde tanımlanmazsınız ve onları büyüleyen konular size ilgisiz görünürler. Bunun birçok müşterimin başına geldiğini ve onları yoğun bir yalnızlık sürecine götürdüğünü gördüm. Terrence büyük bir tiyatro prodüksiyonunda başrolü aldığında, işsiz aktörlerden oluşan sosyal grubundan acımasız bir şekilde dışlandı. Byron'un arkadaşlarının hepsi sigara içip devamlı bırakma ihtiyaçlarından konuşurlardı ama Byron bu alışkanlıktan kurtulduğunda, grubu rahatsız ve dargın bir tavır göstermeye başladı. Sandy'nin kız arkadaşlarıyla ilişkisi, aralarında ortak olan, iyi bir erkek bulamama yeteneğine odaklıydı. Sandy âşık olduktan sonra, eski dostları ondan açıkça uzak durdular.

Eğer böyle bir şey sizin başınıza gelirse, boğulan bir insana yardım etmenin en iyi yolunun yüzme öğrenmek olduğunu kendinize hatırlatın. Bu yeteneklere sahip olarak ve Kutupyıldızınıza ulaşma çabanızla başka insanların kendi Kutupyıldızlarına ulaşmasına yardımcı olabilecek hale gelirsiniz. Yaşam yönlendiren stratejilerinizi bedava paylaşın; bu yaklaşım sevdiklerinizin benzer karamsarlık, pişmanlık ve hayal kırıklıkları olabilsin diye geride durmaktan daha iyidir. Bazı insanların Kutupyıldızlarının peşine takılma fikrine sarılıp sizinle beraber Birinci Kareye atladıklarını ve daha da iyi bir arkadaş olduklarını görürsünüz. Korku ve baskıcı toplumsal benliklerinden ya da çaresizlik yanılsamalarından dolayı duraksayanlar, ne yaparsanız yapın başarınızı çekememeye devam ederler. Tabii ki bu insanları umursamaya devam edersiniz, ama aslında sahip olmanız gereken yaşamı oluşturmadan önce başarınız konusunda iyi şeyler düşünmelerini beklemeyin.

Dönüşüm olayları fırsatlardan çok sosyal karmaşalara – ve kendinizden yoğun bir şekilde kuşku duymanıza– neden olur. İç arzular, düş kırıklığı ya da heyecandan dolayı bütün hayatınızı değiştirdiğinizde, ortada sizin davranışınız dışında, diğer insanlara yardımcı olacak hiçbir dış güç ya da ödül yoktur. Kredi kartı borçlarıyla yaşamak için John'la üniversitedeki güzel, sağlam işlerimizden ayrıldığımızda bunu hiç kimsenin anladığını sanmıyorum. Diğer fakülte elemanların aralarında, maaşlarımızı arttırmak için pazarlık yapmaya çalıştığımızı konuştuklarını duyduk. Birkaç ay sonra bana, çok kazançlı başka bir akademik pozisyon teklifi geldi. Onu geri çevirdim. İnsanlara göre, davranışımın bir anlamı (dışsal ve maddi) yoktu. Tanrı bilir ki ailemin paraya ihtiyacı vardı. Ama akademik hayata kesinlikle geri dönemeyecek noktaya gelmiştim. Vücudum, beynim ve yüreğim sadece bunu aklıma getirdiğim an bile çalışmayı toplu olarak bırakıyordu.

Borçlarımız biriktikçe, içim endişe doluyordu tabii ki! Akraba ve arkadaşlarımıza yaptığımız o saçma sapan açıklamalar vardı! Kendime milyonlarca defa deli demiştim, ama en sonunda gerçek benliğimle uyum içine girmiştim ve o kendimi kısıtlamama izin vermeyecekti.

Eğer dönüşüm sizi günün birinde bir yaşamdan zorla çıkarıp diğerine sokarsa yaşayacağınız şey işte budur. Kararsızlıklarla, şok ve fırsatlarla karşılaşmış insanlardan çok daha fazla yüklü olursunuz. Başarısızlık korkusu muazzam olur. Eski mevkiinizi, gelirinizi ya da pozisyonunuzu iç huzur hariç, bir hiç karşılığında bıraktığınız için utanç da duyabilirsiniz. Sadece öz-benliğinizin tutkularına göre davranıyorsanız, çoğu insanın anlamayacağını –en azından kısa vadede– garanti ederim. "Niçin eşekler gibi çalışıp didinemedin ki?" diye merak edeceklerdir. "Yüz binler kazanıyordun, yahu bu iş ne kadar kötü olabilirdi ki?" Ya da "Erma, tatlım, Jack'le niçin yürümediğini anlayamıyorum. Çok nazik bir genç adam." Ya da "Tamam, eğer eşcinselsen eşcinselsindir, ama bunu insanlara söylemen neden gereksin ki? Hücreni öyle bir dekore edeceğiz ki bir daha asla dışarı çıkmak istemeyeceksin."

Bir süre sonra bu yorumlara biraz kızarsınız. Daha uzun bir süre sonra bunlar hoşgörüyle kıkırdamanıza neden olurlar. Ama Birinci Karenin ilk sancılarında, her suçlama, her soru ya da eleştiri size ölümcül bir darbe gibi gelir. Bu olumsuz koşullar altında Kutupyıldızınıza doğru yolculuğunuza devam etmek için kararlı, cesur olmak ve bol miktarda ileriye yönelik sıkı çalışma gerekir. Davranışlarınızı anlamayan insanlarla takılmak yerine, zamanınızın çoğunu sizin tarafınızda olan bir Herkes yaratarak geçirin. Kurtulmayı, içinize dönmeyi, öz-benliğinizle uyum sağlamayı, bu iç pusulaları okumayı günlük –hatta saatlik– bir alışkanlık haline getirin. Eski hayatınıza geri dönmeyi hayal edip vücudunuz ve kalbinizdeki içgüdüsel ani tepkilere dikkat edin. Gerçeğe uygunluğunu kontrol etmek için eski bir duruma geri dönmeniz bile gerekebilir; evet, gidişat aynı hatırladığınız kadar kötüydü.

Kendi "ölümüzü" kabullenme savaşını yaparken bunu başarmak için ne yaparsanız yapın, gerçek benliğinizle bağlantıyı koparmayın. Büyük kaptanların gemileri terk etmeyi reddettikleri gibi öz-benliğinizi terk etmeyi reddedin. Seyrüsefer aletlerinizi iki kere kontrol edin, rotanızı çizin, dümeni bağlayın ve fırtınadan çıkın. Biraz su alabilirsiniz, birkaç halat kopabilir, ama eğer gerçekten Kutupyıldızınıza doğru gidiyorsanız, bütün önemli parçalar yerinde olarak, düzgün bir şekilde yol alırsınız.

BİRİNCİ KARENİN ORTASI: EŞİK

Eski hayatınızın bittiğini anlamak olan ilk görevinizi tamamladıktan sonra, kendinizi Birinci Karenin merkezinde bulursunuz. Kuş uçmaz, kervan geçmez bir yere hoş geldiniz. Eski kimliğinizi kaybedip yenisini kabullenmediğiniz için geçici olarak bir tür hiç kimse sayılırsınız. Eski ilişkiler ve davranışlar değiştiğinden dolayı, ne etrafınızda sarılabileceğiniz birisi var, ne de yapacak bir işiniz. Hiç kimsesiz ve hiçbir şeysiz, hiçbir yerde olmayan bir hiç kimse. Eğlenceli, değil mi?

Birinci Karenin tuhaf, şekilsiz, kimliksiz cehennemine antropologlar bir "liminal dönem" derler. *Limin* Latince "eşik" demektir ve liminal dönem kimlikler arasında, ne içte, ne dışta; ne o, ne de bu olduğunuz bir zamandır. Ergenliğe geçiş töreni sırasında, Xhosa gençleri artık çocuk değillerdir ama henüz erkek de olmamışlardır. Nişanlı bir çift bir liminal dönemdedir; bekâr da değillerdir, evli de. Hamile bir kadın anne değildir, ama çocuksuz da sayılmaz. Gibi örnekler devam eder.

Sıkıcı bir antropoloji seminerinde tartıştığınızda, liminal dönemler insana hoş ve düzgün gelir. Ama bunlardan birisini yaşamak tamamen başka bir şeydir. Birinci Karenin çoğu boyunca, büyük ihtimalle kendinizi kolayca paniğe kapılan, zeminsiz ve umutsuz biri olarak hissedersiniz. Sorunlar ve güçlükler, büyükleri, küçükleri, tuhaf ve alışılmamış olanları sanki her taraftan saldırıyormuş gibi görünür. Çılgınca etrafta koşturursunuz, ama kendinizi sanki hiçbir işi başaramıyormuş gibi hissedersiniz. İşte size bu karede ilerlerken büyük ihtimalle çok düşüneceğiz şeylerden bazıları:

"Hayır, olamaz!"

"Yine mi?!"

"Ah, %*#!"

"Neredeyim? Neler oluyor?"

"Burada olamam! İnanmıyorum!"

"Ne yaptım?"

"Ne yapıyorum?"

"Ne yapacağım?"

"Ahhhhhhhhhhhhhhhhh!"

Bu liste pek geniş kapsamlı değil ama genel olarak durumu anlarsınız. Tekrar ediyorum, bu kafa karışıklığı korku ve acının çoğu şans yüzünüze güldüğünde (Jennifer gibi) ya da başınıza büyük bir felaket geldiğinde hissettiğinize benzeyecektir. Babasının şirketi halka açıldığında arkadaşım George üniversitedeydi ve milyonlarca dolar para sahibi oldu. O zamanlar Birinci Kareyi henüz anlamadığımdan, yıkıcı bir endişe yaşayıp depresyona girdiğinde şaşırmıştım. *Esaretin*

Bedeli filmini izlediniz mi? Bu filmde, maksimum güvenlikteki hapishanede bulunan bir suçlu kendisinin hâlâ tehlikeli bir cani olduğunu göstermek için başka bir mahkûmu öldürmeye çalışır. Niçin mi? Çünkü yaşlı adamın cezası neredeyse bitmek üzeredir ve dışarıdaki dünyaya salınmaktan korkuyordur. Sistem en sonunda bu mahkûmu serbest bıraktığında da intihar eder. Bu karakter sadece kafadan yaratılmamış, bir araştırma sonucu ortaya çıkmıştır. Hayat değişiminiz tam istemeniz gereken şeymiş gibi görünse bile Birinci Karede insan kendini bu kadar iğrenç hissedebilir. Bütün hayatımız, yaptığımız bütün eylemler kim olduğumuza dair sahip olduğumuz kavram temellidir. Bu çok önemli gerçeği bilmemek, hissettiğimiz, söylediğimiz ya da yaptığımız her şeyi baltalar.

Eşikte Uğraş

Neyse ki birçok kişinin Birinci Karede yaşadığı iğrenç duyguların çoğu değiştirilebilecek bir zihniyetten gelir. Aşağıdaki "yapılacak" listesinde eşiği geçiş yolculuğunuzu daha az üzücü ve daha bereketli yapacak en önemli adımlar vardır.

1. *Dördüncü Kareye Yapışmak Yerine, İçsel Pusulalarınızı Okuyun*

Eşikteki insanlar yetişkin kangurunun annesinin kesesine kafasından fazlasını sokmak için umutsuzca çabalaması gibi geçmişe geri dönmeye çalışırlar. Daha önce sahip oldukları yaşama tutunmaya ya da tam bir kopyasını yapmaya uğraşırlar. Lester ve Sharon'u hatırlayın, bir önceki bölümde bahsettiğim çift. Boşanır boşanmaz, on beş dakika içinde mutlu, sağlam yeni ilişkiler içindeymiş gibi davrandılar. En sonunda, ikisi de bunun işe yaramadığını fark etti –bunu sizde fark edeceksiniz, eğer bu tür bir acil yama yapmayı denerseniz.

Yaklaşık on yaşımdayken, başarılı bir tramplen atlayıcısı olan ağabeyim Tom, bana hiç unutmadığım bir öğüt verdi. Bana, hayatın da yüksek bir tramplenden arka üstü atlamaya benzediğini, bırakın suya girmeyi düşündüğünüz yeri, havuzu bile göremeden havaya sıçradığınız anlar olduğunu söyledi. Böyle bir atlayışın ortasında, dönüp suya bakma isteğinin çok büyük olduğunu ekledi. Bununla beraber, eğer bunu yaparsanız karın üstü o kadar sert düşersiniz ki böbrekleriniz burun deliklerinizden fışkırıp dehşete düşmüş seyircilerin üzerine mermi gibi yağar. Diğer taraftan, dümdüz gerilip pozisyonunuzu korursanız, yerçekimi sizi öyle bir şekilde döndürür ki suya mükemmel, acısız bir dalış yaparsınız.

Katalizör bir olayın ardından yakın geçmişi tekrar yaratmaya çalışmak atlayış sırasında suya bakmakla eşdeğerdir. Sizi doğru pozisyona getirecek dinamiği yaratmanın yolu içsel pusulalarınıza iyice dikkat göstermekle başlar. Bu kitap boyunca, öz-benliğinizle uyumlu olmanız ve kendi rotanızda ilerlemenin verdiği hisleri öğrenmeniz için size birçok farklı yol gösterdim. Eski yaşantınızı başarısızca yeniden kurmaya çalışmak yerine bu alıştırmalara dönmeyi düşünün. Bu alıştırmalar şaşırtıcı derecede rahatlatıcıdır ve sizi olası en iyi yeni yaşımı yaratmaya hazırlar. Birinci Karede korkmayan ve kafası karışmayan bir müşteriye hiç rastlamadım, içsel pusulalarından bir rota çizmeden pişmanlığını yansıtana da rastlamadım. Bu süreç işe yarar. Deneyin ve görün.

2. *Küçük Hamleler Yapın; Bilgi Toplayın*

Diyelim, bir uzaylı plazma-dönüştürücü aniden şu anda oturduğunuz odanın tavanını deldi, uzaydaki bir solucandeliğine emildiniz ve kendinizi Zorg gezegeninde buldunuz. Bu noktada uzak geleceğinizi planlamak anlamlı olur mu? Hayır. Doğal tepkiniz çömelmek, kendinizi korumak ve neler olduğunu anlamaya çalışarak şaşkınca etrafa bakmak olur.

İster iş, ister yaşam alanı, ister bir ilişki ya da kendi yaşam döngünüzün bir aşamasında; tanıdık olmayan bir durumla ne zaman karşılaşsanız, kullanmanız gereken temel strateji de aynen budur. Milyonlarca dolarlık bir şirketin CEO'su olan, adına Ned diyeceğim kişi bana bir zamanlar başarısının yeni bir durum karşısında neredeyse bütün verileri toplamayı bekleyene kadar bir karar vermemek olduğunu söylemişti. Bir katalizör olay kimliğinizi bir dahaki sefer kaybettirdiğinde bunu aklınızda tutun. Birinci Karenin belirsizliğinde ilerlerken hiç kimsenin büyük bir karar vermeniz için sizi zorlamasına izin vermemeniz gerektiğinden daha önce bahsetmiştim. İkinci Kareye (bir sonraki bölümde inceleyeceğimiz) geçme belirtileri yaşamaya başlayana kadar *kendinizle* ilgili yükümlülükler almaktan da kaçınmalısınız.

İlk müşterilerimden biri olan Janet'ın yaklaşık dört ay boyunca her hafta yeni bir tutkusu oldu. İlk seans sırasında, bana caz piyanisti olmak istediğini söyledi ve müzik kariyerleri araştırmaya başladık. Ertesi hafta, ilgisi etnobotaniğe döndü. O bölgede yüksek lisans programları hakkında bilgi toplamaya başladık. Ondan sonraki hafta, Janet uluslararası anlaşmazlık arabuluculuğu konusunda aşırı heyecana kapıldı. Sonra aşçılık. Sonra veterinerlik. Bir "eşik" deneyimi yaşadığını anlayana kadar, Janet'ın zamanını boşa harcadım: nasıl uyacaklarını görmek için bir yığın yeni kimlik deniyordu. Janet yüreğinde hangi seçimin kök salıp büyümeye başladığını bulana kadar kariyerinin planlama döneminde geriye çekilmem lazımdı.

Bütün hayatınız değişirken, ne yapabileceğiniz konusunda bir yığın fikrinizin olması normaldir. Hızlı dikkat değişimleri sınırlı süreler için normaldir. Bu dönem bu fikirlerle oynamak içindir, katı planlara kendinizi bağlamak için değil. Onu hayatınızın bir parçası yapmayı kararlaştırmadan önce günler, hatta haftalar boyunca bu fikrin size doğru geldiğini hissedene kadar bekleyin.

3. *Şu Andan Ayrılmayın*

Değişim döngüsündeki şemaya bakarsanız, Birinci Karenin bir büyük değil, küçük hamleler zamanı olduğunu görürsünüz. Küçük hamleler yapmanın bir bölümü dikkatinizi buraya ve şu ana odaklı tutmaktır. Alkolle mücadele derneği iyileşen bağımlıları hayatı "günübirlik" yaşamaya teşvik eder. Eğer yeni bir büyük katalizör olay yaşadıysanız, ben size "her seferinde on ya da on beş dakikalık bölümler halinde" yaşamanızı öneririm. Diş doktoruna randevu almak gibi şeyler dışında, birkaç günlükten daha uzun düşünmeye bile kalkmayın. Birkaç hafta, gün hatta saat içinde kim ya da ne olacağınızı bilmiyorsunuz.

Platin kredi kartı taşıyan bir kontrol manyağı olarak, bunun ne kadar zor olduğunu biliyorum. Oğluma Down sendromu teşhisi konduğunda, o daha doğmadan, uykusuz haftalar geçirdim, onun ve benim bütün hayatlarımız boyunca yaşayacağı bütün her şeyi önceden görmeye çalıştım. Hayatımda çıldırmaya en yaklaştığım zaman buydu ve inanın ki bu söylediklerim boş değil. Endişelendiğim de birçok şey oldu, ama Adam ve benim şu anda karşımıza çıkan şey her ne olursa olsun, her zaman onlarla başa çıkabilecek kaynaklarım var. Sadece geleceği önceden görmeye çalıştığımda kendimi aklımı kaçıracakmış gibi hissederim.

4. *Bir Birinci Kare Kimlik Krizini Yanlış Seçim Yaptığınıza Dair Bir Sinyal Olarak Görme Hatasına Düşmeyin*

Öz-benlikleriyle bağlantı kurup büyük pozitif yaşam değişiklikleri yapan ve Birinci Karenin kaosu çöktüğünde paniğe kapılan birçok müşterim oldu. Bu insanlar liminal dönemin karmaşasını devasa bir hata yaptıklarının kanıtı olarak yanlış algıladılar. Doğru seçimin baştan sona kadar harika olacağına inanıyorlardı. Böyle insanların eski patronlarını –bunlar genelde parazit omurgasız hayvanlara karşı hissedilen bir şiddetle tiksindikleri patronlardı– arayıp eski, katlanılmaz işlerine geri dönmek için yalvardıklarını gördüm. Onlara frengi bulaştırıp sonra ilaçlarını çalan, önüne gelenle yatan, duygusuz sevgilileriyle tekrar beraber olmalarını izledim.

Bunun birazı kaçınılmazdır ve birkaç kez ya da birçok kez "geri dönerseniz" kendinize karşı bu kadar katı olmamalısınız. En sonunda, derin bir seviyede anlarsınız: Hayatınız değişti. *Siz* değiştiniz. Eski alışkanlıklarınıza, eski kimliğinize, aynı bebeklik kıyafetlerinizi artık giyemeyeceğiniz gibi, geri dönemezsiniz. Bir süre kendinizi çırılçıplak hissedersiniz. İleri gitmek ürkütücü, aşağılayıcı ve acı verici olabilir ama geri dönmek imkânsızdır.

5. *Kimlik Kaybını Düşünme Yolunu Yeni Bir Çerçeveye Oturtun*

Birinci Karenin çoğumuz için bu kadar zor olmasının bir nedeni, kişisel gelişimin tipik ve asıl bölümleri yerine, kimlik kaybını, geçici yön yitimini ve yabancılık hissini korkunç felaketler olarak görmemizdir. Normal olduğunu bildikten sonra doğum sancısıyla başa çıkabilen bir kadın gibi, yeni kimliğinizi doğururken çekeceğiniz acıyı tanımayı ve kabul etmeyi öğrenebilirsiniz.

Büyük bir hayat değişikliği yapmadan önce bütün müşterilerime Birinci Kareyi tanıtmaya çalışırım, ne olduğunu ve nasıl bir duygu yarattığını onlara anlatırım. Sonra eşiğe çarpıp dehşete kapıldıklarında, sadece "Her şey yolunda. Ben Birinci Karedeyim, hepsi bu kadar. Zaten hissetmem gereken şeyler bunlar," diyerek rahatlayabilirler. Böyle düşünmeye başladıklarında, müşterilerim yanlış bir hayatın boğucu, duygusuzlaştırıcı umutsuzluğundan yeni bir yaşam başlatmanın vahşi, saf, keyifli duygusunu ayırmayı çabucak öğrenirler.

6. *Birinci Karenin Mantrasını Hatırlayıp Tekrar Edin*

Büyük ihtimalle bildiğiniz gibi bir mantra kendinize yoğunlaşmak için arka arkaya tekrarladığınız bir deyimdir. Değişim döngüsünün her karesinin kendi mantrası vardır ama Birinci Karenin deyimini tekrarlamak en önemlisidir. İşte size mantra:

"Neler olduğundan haberim yok ama önemli değil."

Şimdi benimle beraber söyleyin: *"Neler olduğundan haberim yok ama önemli değil."* Tam Birinci Karenin ortasında bu doğrulamanın sizi ne kadar sakinleştireceğini bilemezsiniz. Neler olduğunu bilmemek gerçekten önemli değildir. Gerçek tehlike bilmediğiniz zaman biliyormuş numarası yapmakta yatar. Bu da beni bir sonraki noktaya getirir.

7. *Anaokulu Kompleksiyle Başa Çıkmak*

Anaokulundaki ilk günüm harikaydı. Beş yaşında ve tamamen şaşkın, ama böyle olmamı bekliyormuş gibi görünen yetişkinlerle çevrelenmiş durumdaydım. Öğretenler nazik ve sabırlıydı, her şeyi duymam gerektiği kadar çok kez, çok net bir şekilde açıklıyorlardı. Anaokulundaki çocukların hepsi yeni başlamıştı, ama ne olmamız gerektiğini tam anlamıyla biliyorduk.

Yaklaşık iki hafta sonra, öğretmenlerim ve ebeveynlerim beni üst sınıfa çıkarmaya karar verdiler. Yeni sınıfımdaki ilk günüm benim anaokulundaki ilk günüme hiç benzemiyordu. Diğer çocukların hepsi öğretmeni, birbirlerini tanıyor, okul yemeği sürecinin nasıl işlediğini ve oyuncakların teneffüs sonrası nereye konacağını biliyorlardı. Ne zaman bir çam devirsem, diğer çocuklar beni gösterip gülüyor ve benim aslında anaokulunda kalmam gerektiğini söylüyorlardı. Bu sadece masum bir azarlamaydı –birkaç yıllık tedaviden sonra kaldıramayacağım bir şey değildi– ama içimi utançla doldurdu ve kendimden şüphe duymaya başladım. Bir süre bu Anaokulu Kompleksini çektim, bu herkes ne yaptığını bilirken benim tek başıma en ufak bir bilgim olmadığına dair olan histi.

O kadar saf olduğum için, başka hiç kimsenin böyle bir şey hissetmediğini sandım. Şimdi daha iyi biliyorum. Neredeyse herkes zaman zaman Anaokulu Kompleksine kapılır. Hatta bu komplekse kapılmayanlar sadece çömez olmaktan çok korktukları için asla yeni bir şey denemeye kalkmayan kişilerdir. Anaokulu Kompleksinin tehlikesi, karmaşa hissi ya da bilgi eksikliği değil, *sizi bilmediğiniz zaman biliyormuş gibi yapmak için baştan çıkarmasıdır.* Bu baştan çıkmaya teslim olmak, neredeyse her zaman korkunçtur. Mesela o fotokopi dükkânının müdürü Cloyd Liverfluke'un sadece dükkânı nasıl işleteceğini bilmediğini itiraf etmediği için iflas ettiğine eminim. Verdiği üstünkörü sözler, sahte bir kendine güven gösterişi ve baskı altındayken saldırgan olması, gerçekten bildiğinden daha fazlasını anlıyormuş gibi davranan birisinin tipik tepkileridir.

Anaokulu Kompleksiyle başa çıkmak çok kolaydır: Bir anaokulu öğrencisi olduğunuzu kabul edin. Yeni bir durumu ya da görevi öğrenmek, beş yaşında sıradan bir çocuk gibi seviyenizin acemi olduğunu (bazen sadece kendinize, ama çoğunlukla başka kişilere de) kabullenmeyi gerektirir. Eğer bu mütevazı pozisyondan başlarsanız, ne kadar çok şey öğrenebildiğiniz karşısında şaşırırsınız. Bir taraftan da çoğu insanın, kendine güveni olmayan küçük çocuklara kabadayılık yapmak yerine nazik, tatlı anaokulu öğretmenleri gibi davrandığını görünce mutlu bir şekilde şaşırırsınız. Ne yapmanız gerektiğini bilmediğiniz zaman –diyelim ki, yeni işinizdeki ilk gününüzde ya da bilmediğiniz bir şehirde araba kullanırken– sadece bilgisizliğinizi kabul edin ve insanlara sorun.

Sosyal mevkiinizi korumak konusunda saplantılıysanız, Anaokulu Kompleksini kötü idare etmek bilhassa kolaydır. Bir kişinin mevkii yükseldikçe, o kişinin, özellikle "düşük" seviyeli olarak gördüğü insanlar yanında, sahte bilgi ve anlayış gösterme olasılığı artar. Çoğu erkek adres sormakta pek çok kadından daha fazla zorlanır. Müdürler yarattıkları karışıklığı sekreterlerine nadiren itiraf ederler. Yaşlı insanlar cahilliklerini gençlerden gizlemek için çabalarlar. Bu büyük bir hatadır. "Üstün" seviyeli, acemi bir kendini beğenmiş gibi görünüp kendini beş yaşında, korkak bir çocuk gibi hissederek etrafta dolaşırken bütün "aşağı" seviyeliler (tam olarak nelerin olduğunu anlayanlar) gizli bir aşağılamayla onu izlerler. Mantığa aykırı olan gerçek şudur: eğer size yardım edebilecek herkese bilmediğinizi itiraf ederseniz, sadece konuya daha çabuk hâkim olmamakla kalmayıp bu insanların dostluğunu ve saygısını da kazanırsınız. Lao-tzu'nun dediği gibi, "Bütün nehirler denize akar, çünkü deniz onlardan daha aşağıdadır. Alçakgönüllülük kendi gücünü bundan alır."

8. *Eşiğin Büyüsünü Araştırın*

"Nasıl bir hayat yaşıyorum? Ne yapmak istediğimi bilmiyorum. Nerede olmak istediğimi bilmiyorum. Kimle beraber olmak istediğimi bilmiyorum. Tam bir haftadır bunu çekiyorum!" Bu tür şikâyetleri tekrar tekrar duyarım. Bağnaz iş ahlakımız ve ilerleme saplantımızla biz modern Batılılar, Birinci Karenin belirsizliğini katlanılmaz ve garip görmeye eğilimliyiz. Hatalıyız. Bütün doğayı döngüsel ölüm ve yenidendoğuş şablonu olarak gören mensupları olan diğer kültürlerin, değişimin bu evresi hakkında bize öğreteceği çok şey var.

Birçok "ilkel" kültür, eşikleri büyülü yerler, insanoğlunun başka bir yerde asla başaramayacağı şeyleri yapabildiğimiz, güçlü bir bilinmeyen diyar olarak tanımlar. Eşiklerdeki insanlar, hem gerçekçi hem de sembolik olarak, kimliklerini kaybetmenin yalnız, belirsiz psikolojik serbest düşüşünden dolayı korkunç derecede acı çekmeyi kabul eder. Diğer taraftan şekil değiştirme, görünmez olma ya da hiç çaba sarf etmeden her yöne gidebilme gibi yetenekleri, özel güçleri olduklarını da söylerler. Hiçbir yerdeki bir hiç kimse olarak, her şey olabilir ve her yere gidebilirler. Eşikte, öz-benliğiniz tüm diğer zaman ve yerlerden daha özgürdür.

Liminal dönemden çıkmaya çalışmak için etrafta koşuşturmak yerine, buranın olasılıklarını araştırmaya çalışın. Kendinizi sadece "düşünmeme" ve "yapmama" içinde rahatlamaya bırakın. Taocu üstatlar bunu başarmak için çok çalışırlar. Burası öz-benliğin ortaya çıktığı, kendimizi ve yaşam amaçlarımızı bulduğumuz, eşiğin durağan ve meraklı dünyasındadır. Bazı insanlar buna aydınlanma der. Eğer buna iğrenç diyorsanız, daha derinlere bakın. Korkunuz kaybolana kadar hiçlik içinde oturun. Neyin –kimin– ortaya çıktığını izleyin.

BİRİNCİ KARENİN SONU: YENİDENDOĞUŞ

A. A. Milne'nin Winnie the Pooh, Piglet ve Tavşan'ın Yüz Hektar Ormanda kayboluş öyküsünü hatırlayabilirsiniz. Tavşanın otoriter, çokbilmiş rehberliğinde, üçü tamamen kaybolana ve pusuda bekleyen Heffalumplardan korkana kadar etrafta dolaşırlar. Sonunda bıkan Tavşan, Winnie ve Piglet'i bırakıp eve dönüş yolunu bulmaya gider. Bir daha da geri dönmez. Bir süre sonra Winnie, Piglet'e döner:

> "Hadi, Piglet, eve gidelim" der.
> "Ama kaybolduk" der Piglet."
> "Evet" der Winnie, "ama evimdeki dolapta on iki kavanoz bal var ve mideme sesleniyorlar. Tavşan konuştuğu için onları daha önce duyamadım."

Birinci Karenin eşiğine yerleşip süreçle savaşmayı bırakan ve durumun tuhaf biçimsizliğini kabul eden birinin başına işte bu gelir. Tavşan gibi gevezelik eden toplumsal benlik o kadar bezer ve kafası karışır ki, sonunda çekip gider. Sonra ortaya başka bir şey çıkar: öz-benliğinizde derin derin yankılanan sessiz tatlılık, bal kavanozlarınız midenize sesleniyordur.

Gerçek Yaşantınızla Bir Aşk Macerası

Eğer âşık olduysanız –umarım bunu yaşamışsınızdır–nasıl bir his olduğunu hatırlamak için hemen şimdi bir düşünün. Büyük ihtimalle kendinizi biraz kontrolünüzü kaybetmiş hissettiniz, ayaklarınız neredeyse yere basmıyormuş gibiydi, tuhaf ve çok güçlü yeni deneyimler dalgasının içinde sürüklendiniz ve *bu harika bir şeydi.* Hatta büyük ihtimalle yaşadığınız en güzel histi, değil mi? Şimdi orada kalıp, kayıplarınıza üzülüp Birinci Karenin başlangıç ve orta dönemlerinin karmaşasına dayanabilirseniz, bütün hayatınız hakkında böyle hissetmeye başlarsınız.

Sosyolojiyle ilgilendiğim dönemlerde, hayatlarındaki dönüm noktaları konusunda yüzlerce kadınla görüştüm. Bir tür kimlik "erimesi" yaşayan kadınların bu süreç sırasında neredeyse her zaman âşık olduklarını fark ettim. Sevgilerinin hedefi her zaman başka bir kişi değildi, bazıları bir mesleğe, dinsel bir çağrıya, bir müzik türüne, hatta bir spora bile âşık olmuşlardı. Her ne olursa olsun bu, onları değiştirdi. Bu onları yeni bir rotaya soktu, daha önce hiç yapmadıkları şeylerle zaman geçirmeye zorladı. Eskiden bunun, söz konusu insanların çökmüş ve savunmasız olmalarından kaynaklandığını düşünürdüm. Artık "erimelerinin" toplumsal benliklerini geçici olarak yok edip öz-benliklerini serbest bıraktığını düşünüyorum.

Öz-benliğiniz ne istediğini size *her zaman* sizi tam anlamıyla mest ederek söyler. O anki ilişkinizi tehlikeye atmanız gerekmeden tekrar tekrar bu "âşık olma" hissini yaşamanız gerekir. Kutupyıldızınızın çekimi, aslında yaşamanız gereken hayat, aradaki farkı öğrenememiş insanları şaşırtacak kadar, cinsel arzuya yakındır. Wanda bir caz kulübünde kendisine grubun peşine takılan bir kıza teklif edermişçesine çıkma teklif eden bir gitaristle ilgilendiğini söyledi. Ama onu tanıdıktan sonra, Wanda ilgisini çeken şeyin o adam olmadığını gördü, yalnızca, gitar çaldığında arzuyla tutuştuğunu hissetti. Bu noktada Wanda'nın uzun zaman önce içine gömdüğü caz müzik yapma arzusunu fark etmek çok kolay oldu. Wanda kendisini bulduğu o küçük kulüpte artık düzenli olarak çalıyor.

Adam'ı Beklerken adını verdiğim, akademik olmayan, biyografi türündeki ilk kitabımı yazmaya başladığım zamanı hatırlıyorum. O dönemde doktora tezim üzerinde çalışıyordum ve iki doküman da aynı dizüstü bilgisayardaydı. Kendimi gerçekten tezimle evli ve diğer kitapla aşk macerası yaşıyormuş gibi hissettim. Tamamen tezim üzerine çalışmaya niyetli bir şekilde bilgisayarımı açıyordum ve karşıma, bana öpücükler yollayan ve öz-benliğime tatlı bir şeyler fısıldayan biyografim çıkıyordu. "Tez" yerine "kitap" dokümanının ikonuna tıkladığımda, nabzım hızlanıyordu. Biraz başım dönüyor ve kesik kesik nefes alıyordum. Bu derinlerdeki müstehcen ve Freudyen bir şeyin belirtisi olabilir, ama sizi şunu söyleyeyim, bu *harika* bir histi.

Bu tür bir öz-benlik hezeyanını izlemenin sizi sadece mutlu yapmayıp sahip olabileceğiniz en büyük kariyer başarılarına, ilişkilere ve fikirlere doğrudan götüreceğine gerçekten inanıyorum. Öz-benliğinizi aşırı heyecanlandıran şeyler ve kişiler tam anlamıyla en yüksek potansiyelinizde ulaşmanız gereken şeylerdir. Bunu ispat edebilir miyim? Tabii ki edemem. Teorimi sizin denemeniz gerekiyor ve Birinci Karede olduğunuzda, bundan daha iyi bir şansı asla bulamazsınız.

Siz eşiğin hiçliğinde avare avare dolaşırken, *sizi nereye götürürse götürsün* içsel pusulalarınızı takip edin. Eğer dayanılmaz bir arzuyla mercimek pişirmek ya da bir akvaryum satın almak ya da yirmi dört saat Mary Tyler Moore dizisi izlemek isterseniz, bunun yaşamanız gereken hayata en hızlı giden rota olduğuna gerçekten inanıyorum. Bir süre için, bunun nasıl işe yaradığını göremeyebilirsiniz. Bu normaldir. Sizi en çok mutlu eden şeyi yaparsanız sonunda, hayal edemeyeceğiniz şekillerde, Kutupyıldızınızla karşılaşırsınız.

Öz Yolculuğuna Çıkmak: Fark Etmek, Daraltmak, İsimlendirmek

Xhosalar insanlara kimliklerini bulmaya yardım etme yolu olarak Birinci Kare koşullarını kasten yaratan tek halk değildir. Mesela bazı Amerikalı Kızılderili kabileleri genç erkeklerini "Öz Yolculuğuna" yollar. Bu erkekler isimlerini ve çocukluklarını yuvalarında bırakıp tek başlarına yabanıl doğaya çıkar, Bir Şey olana kadar ellerinden geldiği kadar hayatta kalmaya çalışırlar. Onlara o Bir Şeyin ne olacağı söylenmez, sadece bunu yaşadıklarında anlayacakları söylenir. Bu bir rüya, bir fırtına, vahşi bir hayvanla karşılaşma ya da sadece zihinsel bir empati olabilir. Her ne olursa olsun bu Bir Şey, öz yolculuğuna çıkan kişiye kim olduğunu ve belki de bu yaşamdaki görevi hakkında bir şeyler söyler. Genç ancak bundan sonra kabilesine geri döner. Onlara yeni ismini, kendi başına keşfettiği, öz-benliğinin ismini söyler.

Ne zaman katalizör bir olay sizi kimliğinizi geride bırakmaya zorlasa, bir öz yolculuğuna gitme şansınız olur. Bu size çılgınca gelse bile şunlara dikkat edin: neyi sevdiğinizi fark etmeye, odağınızı daraltmaya, en çok arzu ettiğiniz şeyi ve size özel olan kimliği adlandırmaya.

Deanna bunu neredeyse tesadüfen kendi başına yapmış. Otuz yıllık kocası onu terk ettiğinde kırklı yaşların ortasındaymış. Eski yaşantısının harabeleri arasında el yordamıyla dolaşırken oldukça tuhaf bir şey fark etmiş. "Ellerimde bir şey hissetmeye başladım," dedi bana. "Bir tür enerji. Sanırım o hep oradaydı, ama daha önce fark etmemiştim. Bu enerjinin... ne bileyim... bir şekilde ortaya çıkması lazımdı. Onunla bir şey yapmam gerekiyordu."

Bir gün (Deanna tam gününü söyleyebilir, çünkü bu gerçek anlamda onun "doğum günüydü") Deanna'nın kızı onu masaj yaptırmaya götürmüş. Deanna her zaman işbirlik yapmaya yatkın birisiymiş ve tam anlamıyla tuhaf olmasa da birisinin başka birisinin sırtını ovması için para alması kavramı ona "farklı" gelmiş.

"Terapistin adını bile hatırlamıyorum," dedi Deanna, "ama oradan ayrıldığımda kendimi çok iyi hissettim. 'Endişelenip kızmak ya da gerilmek yerine sizinle iş yaptıktan sonra insanların kendilerini harika hissettikleri bir yerde çalışmak nasıl bir şey olur?' diye düşündüğümü hatırlıyorum. Böyle bir iş istedim."

Deanna o an birbiriyle açıkça ilişkili olan (en azından, geriye bakıldığında) iki önemli şey fark etmişti: ellerindeki enerji ve insanların kendilerini onun masajdan sonra hissettiği gibi hissetmelerini sağlama arzusu. Sonraki birkaç ay içinde, Deanna ilgisinin şifalı masajlarla bağlantılı her şeye odaklandığını fark etmişti. Bu, öz yolculuğunun "daraltma" evresiydi. "Rolfing" denilen bir masaj türü hakkında bilgi sahibi olduğunda son aşamaya geldi: onu adlandırmaya. Bu tuhaf görünen yetenek hakkında çok az şey bilmesine rağmen evini sattı, bütün kıyafetlerini dağıttı ve mavi Honda'sıyla Kanada'dan insanlara rolfing öğretilen bir Colorado okuluna kadar gitti.

"Bu, kocam beni terk etmeden önce yaptığım hiçbir şeye benzemiyordu," dedi bana Deanna. "Masaj, tedavi ya da öyle bir şeyle hiç ilgilenmemiştim. O zamanlar bir vücudum olduğunu bile neredeyse bilmiyordum, bütün hayatım boyunca çok meşguldüm."

Sonuçta Deanna'nın daha genç, daha deneyimli sınıf arkadaşlarının çok ötesinde, iyileştirici bir dokunuş yeteneği olduğu ortaya çıktı. Bunu kişisel deneyimime dayanarak söyleyebilirim. Devam eden rolf seansımdan sonra Deanna'yla bir görüşme yaptım. Yıllardır kronik ağrı yaşayan bir gazi olarak, mümkün olan neredeyse her tür fizyoterapiyi denedim. Ama Deanna'nın ellerinden gelen enerjiye benzer bir şeyi hiç yaşamadım. Ona büyük bir sırt spazmının ağrılarıyla gittim. Deanna bana dokunur dokunmaz, vücudumdaki ağrıyan bütün kaslar, hem hafif hem de etkileyici bir şeymiş gibi hissettiğim çok düşük ses dalgaları gibi titremeye başladı.

"Aman tanrım," dedim. "Kimsin sen, Elektrikli Yılanbalığı Kadın mı?"

Deanna sadece güldü. "Ben aslında yapmam gereken şeyi yapıyorum."

Aslında yapmanız gereken şeyi yaptığınızda, dünyaya eşsiz ve yeri doldurulamaz bir şekilde fayda sağlarsınız. Bu, para, arkadaşlık, gerçek sevgi, iç huzur ve sahip olmaya değer diğer her şeyi getirir; insana kolaymış gibi gelir, ama gerçekten doğrudur. Yılların çoksatan eseri *Paraşütünüzün Rengi Ne?*'nin yazarı Richard Nelson Bolles bunu şöyle ifade eder: "Hayatınızın amacı en mutlu olduğunuz yerle dünyanın derin açlığının birleştiği yerdir." Eğer "en büyük mutluluğunuzu" tanımlamadıysanız, onu sadece içsel pusulalarınızı takip ederek Birinci Karenin içinde bulabilirsiniz.

"Ne olduğunuza" dair yaptığınız liste alıştırmasını hatırlıyor musunuz? Şimdi, bakalım aşağıdaki cümleyi tamamlayabilecek misiniz:

"Aslında .... olmam gerekirdi."

İşte buna güçlü, özgüvenli bir doğrulukla cevap verebildiğiniz an yenidendoğuş anınızdır. Bu size çevrenizdeki insanlara götüreceğiniz, yeni isminizi verir. Bu size değişim döngüsünün geri kalan bölümlerine ilerlemeye hazır olduğunuzun sinyallerini verir. Bunu doğru yapınca, kısa bir süre sonra, daha önce ne olduğunuzla aslında olmanız gereken arasında hiçbir fark kalmaz. Kendi Kutupyıldızınızda yaşamaya başlarsınız.

13

İKİNCİ KARE: HAYAL KURMAK VE PLAN YAPMAK

Rüyaların yapıldığı maddeden yapılmayız biz.

–WILL S.

Değişim döngüsü şeması

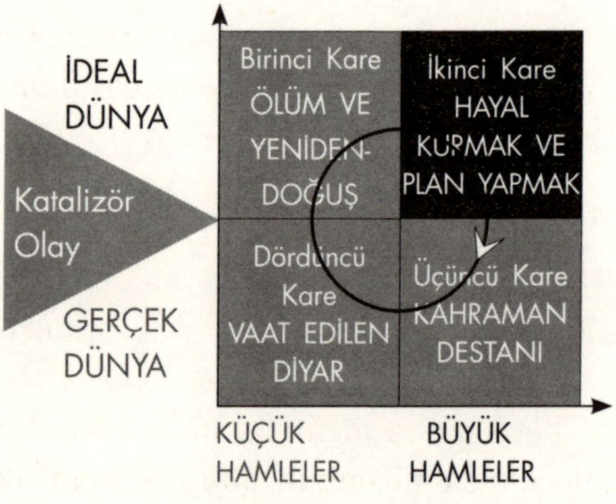

DEĞİŞİM DÖNGÜSÜ

O sabah kalktığınızda, özel bir şey olacakmış gibi görünmüyordu. *Bundan* bir süre sonra, dramatik bir şeyin gerçekleşip de kendinizi daha iyi hissetmenizi sağlamasını beklediniz, ama yavaş yavaş, o ay ilerlerken, mucize beklemekten vazgeçtiniz. *Bunun* sizin için ne olduğunu bilmiyorum –bir ayrılık, bir iş kaybı, bir sağlık krizi, evcil hayvan çiftliğindeki o talihsiz kaza– ama bu sizi öldürdü, umutlarınızı, kendinize güveninizi ve en derin inançlarınızı öldürdü. O "ölümden" beri, kendinize zor bela hâkim oluyor, başka bir üzüntü ve özlem dalgasının içinizden geçmesine izin vermek için bir duvara dayanmadığınızda, bir adımınızdan sonra diğerini atmak için enerji topluyorsunuz. Tabii ki son bölüm gibi yenidendoğuş ve öz yolculuğuna benzer birçok şey okudunuz. Onlara inanmak istiyorsunuz. Ama dürüst olmak gerekirse, hepsi aşırı yapmacık, kültürel olarak sömürücü bir peri masalına benziyor.

Ve sonra, o sabah ilerleyen saatlerde siz metrodayken ya da en sevdiğiniz Starbucks karışımını yudumlarken, farklı bir şey oluyor. Görkemli ya da hatta aleni bir şey değil bu, ama fark edilebilecek derecede yeni. Belki bir yabancı size hafifçe gülümsüyor ve siz de ona sadece gülümsemekle kalmayıp bir an için o kişiyle çıkmayı hayal ettiğinizi fark ediyorsunuz. Her zaman çok güzel olduğunu düşündüğünüz, Victoria döneminden kalma, restore edilmiş o evin önünden geçerken, bu kez "Acaba fiyatı ne kadardır?" diye düşündüğünüzü fark ediyorsunuz. Lanet asistanınızın mahvettiği bir raporu tekrar yazarken, J. Edgar Hoover'ın en sevdiği iç çamaşırının pembe slip olmadığı aklınıza geliyor. Diğer bir deyişle, gelecekle ilgili minik öneriler hem aklınızda hem de yüreğinizde beliriyor, aynı geçen kış boyunca küflenmiş gübrelerden kafalarını çıkaran çiğdem çiçekleri gibi.

İKİNCİ KARE BELİRTİLERİ

Umut –gerçek, içten gelen umut, ona eşlik eden heyecan ve sevinçle– değişim döngüsünün Birinci Karesinden çıkıp İkinci Karesine girişinizin en önemli sinyalidir. Umutta geleceğe doğru yönelmiş bir arzu ve olasılık hissi vardır. "Ölüm ve yenidendoğuş" sırasında bunu hissetmezsiniz. Birinci Karenin lojistik ve psikolojik dinamikleri geleceği tamamen esrarlı bir hale sokar, sizi beklenti yerine inanç ve önceki deneyimlere göre davranmaya zorlar. Üzülmek, kafa karışıklığı ve kendinizi keşfetmek için yeteri kadar zaman ayırmadan, umutlanmak için kendinizi *zorlarsanız*, iş ortakları tarafından mahkemeye verilen, nikâh masasında terk edilen ya da rahibelerin saldırısına uğramış ve bunlar sayesinde pek çok *yanılsama*dan kurtulup yeni *fırsatları* değerlendirme imkânı bulduğu için bundan ne kadar da *memnun* olduğunu söyleyen, çaresizlik neşesi içindeki insanlar gibi olursunuz.

İkinci Karenin başladığını gösteren gelecek görüntüleri çok bilinçli değildir. Öz-benliğinizin merkezinden, bir çaba ya da beklenti olmadan gelirler. Neredeyse gıdıklanmaya benzer bir özellikleri vardır; etrafta etkileyecek hiç kimse olmasa bile gülümsemenizi ve kendi kendinize şarkı mırıldanmanızı sağlarlar. Bu duygular önce, öyle bir görünürler, sonra tekrar ortaya çıkana kadar günlerce ya da haftalarca ortadan kaybolurlar. Ama ne zaman gerçek bir umut hissetseniz, aralıklı bile olsa, değişim döngüsünün en zor döneminin arkanızda kaldığı konusunda kendinize güvenebilirsiniz.

Geleceğin kendiliğinden oluşan görüntüleri İkinci Kareye geldiğinizi gösteren en önemli belirti olsa da, daha birçok emare vardır. Hiç kimse tamamıyla aynı belirti bileşimini yaşayamaz ve ancak kendiliğinden hayal kurmak gerçek bir gösterge olabilir. Bununla birlikte, bunların bir kısmını İkinci Kareye geldiğinizde büyük ihtimalle fark edersiniz.

1. *Çok Daha Kolay ve Çok Daha Sık* Gülersiniz

Birinci Karedeki insanlar nezaketen ya da mezar taşı esprileri gibi şeyler karşısında gülebilirler. Parlak zekâ ya da alaydan değil de, neşeyi yaşayan, mutlu küçük çocuklarda gördüğünüz gibi şen şakrak bir şekilde gülmezler. Hatta siz Birinci Karedeyken gülmek önlenemez olmaktan çok, zorlama olmaya eğilimlidir. Bu siz İkinci Kareye geçtiğinizde değişir. Gülmeniz sizi şaşırtmaya başlar, en beklemediğiniz anda kendi kendine ortaya çıkar.

Diane'in kontrolcü ebeveynleri onun gerçekten büyümesine asla izin vermemişlerdi. Otuz yaşına geldiğinde, ebeveynlerine gerçekten hiç baş kaldırmamıştı ve içinde inanılmaz derecede öfke ve isyan duyguları taşıyordu. Diane öz-benliğiyle bağlantı kurduktan sonra bağımsız kararlar vermeye başladı, bu ailesinin *hiç de* tasvip etmediği bir tutumdu. Diane Uslu Kızımız kimliğini terk ettiğinde ve buna eşlik eden sert eleştirileri aldığında, oldukça zorlu bir Birinci Kareden geçiyordu.

Bir gün, bu süreçte birkaç ay ilerlemişken, Diane'in bir kuzeninin düğününe gitmesi gerekiyormuş. Resmi görevlerden nefret etmesine ve damatla gelini çok az tanımasına rağmen gitmezse, ebeveynlerinin öfkeden köpüreceğine hiç şüphe yokmuş. Davete giderken, Diane metroda liseden eski erkek arkadaşı, Tim'e rastlamış. Sohbete henüz yeni başladımışlarken, tren Diane'in istasyonuna gelmiş. Diane çok güzel zaman geçiriyormuş ve Tim'e hoşça kal diyip düğüne gitme düşüncesi Diane'in öz-benliğinden kocaman bir *"Hayır!"* tepkisi almış. Böylece inmemiş. Tim'le beraber bir sushi lokantasında, geleneksel Japon stilinde yerde oturarak, öğlen yemeği yemişler.

"Öğlen yemeğinin ortasına doğru," dedi bana daha sonra Diane, "Tim bir espri yaptı –ne olduğunu hatırlamıyorum, o kadar da komik değildi– ve gülmeye başlayıp duramadım. O kadar çok güldüm ki devrilip yuvarlanmaya başladım. Bu en azından on dakika sürdü. Neredeyse hiç nefes alamıyordum. Tek hissettiğim şey bu inanılmaz neşe dalgasıydı. Kendimi çok özgür hissettim."

Bu İkinci Kare gülüşüdür, içten gelen, coşkulu bir mutluluk patlaması. Müşterilerimin bazıları, Diane gibi, bu duyguyu daha önce ya çok az yaşamıştır ya da hiç yaşamamıştır. Çocukken bile öz-benliklerine karşı çıkan güçler o kadar güçlü ve her zaman etkiliymiş ki yaşantılarında çoğu bebeğe yakışan kıkırdamayı yaratan neşe için bile yer yokmuş. İşimin en iyi taraflarından biri insanların İkinci Kareye geçip bu tür gülmeyi keşfetmeleri ya da tekrar keşfetmelerini izlemektir.

2. *Daha Önce Hiç Yapmadığınız Şeyler Yapmak İstersiniz*

Bir katalizör olaydan sağ çıkıp Birinci Karede ilerlerken, aniden tamamen yeni bir şey yapma arzusu hissederseniz, şaşırmayın. İkinci Kare, en sonunda geldiğinde ne yapmak isteyeceklerini önceden kestirebilen insan sayısı çok azdır. Öz-benliğiniz özgür oldu mu, ya Flamenko dansı yapmaya ya vahşi yaşam fotoğrafçısı olmaya ya da Fransız mutfağı üzerine aşçı olmaya karar verebilir. Bunların bir kariyer seçimi olması gerekmez. Bunlar sadece, eski baskılar ve güçler tarafından kontrol edilmenizin gerekmediğini, hayatın bir açık büfe lokanta olduğunu ve daha leziz görünen her şeyi denemekte özgür olduğunuzu fark etmeye başlamanızla beraber denediğiniz şeylerdir.

Kâr amacı gütmeyen bir örgüt için yardım toplama işi yapan Stan'in felç edici kendinden şüphe çekirdeğinin etrafına sardığı çekici bir dış görünüşü vardı. Kendine güvensizliği, ona Neptün gezegenine gösterdiği kadar ilgi gösteren, hırslı bir yönetici olan karısıyla ilişkisinde Stan'i ezik bir kişi haline dönüştürmüştü. On üç yıllık bir evliliğinin üstüne, Stan'in karısı işine gitgide daha çok odaklanmış ve Stan kendini gitgide daha yalnız hissetmişti. Bu durum sonunda çok kötü bir hale gelip Stan'i Birinci Kareye itmişti.

Birkaç ay boyunca çift terapisini –ki karısı gelmeyi sistematik olarak başaramadığı için bireysel bir terapiye dönüşmüştü– denedikten sonra en nihayetinde Stan boşanma davası açmıştı.

Ben Stan'le İkinci Kareye geçerken tanıştım ve bu o meşhur Noel sabahı Ebenezer Scrooge'la tanışmak gibi bir şeydi. Başarısız evliliğine üzüldükten sonra, Stan coşkulu bir kendini bulma dönemine girmişti. Colorado Nehrinde rafting yapmış, pilot ehliyeti almış, vahşi doğada sekiz yüz kilometre yürümüş ve bir yığın başka macera için plan yapmıştı. Bu, genç kalmak için umutsuzca bir girişim ya da eski karısına bir şey ispat etmeye çalışmak değildi; Stan sadece eğleniyordu. Sıkı sıkı çalışıp ciddi olmazsa sonuçta kariyerini kaybedebileceğine dair kafasının etini yiyen inançtan dolayı seminerlerimden birine gelmişti. Tabii ki Stan'in kariyeri daha önce olmadığı kadar iyi bir durumdaydı, bu yeni yaşam sevinci onu çok çekici bir yardım toplayıcı haline getirmişti. Seminere katılan diğer insanlar Stan'e yeni yaşantısını bırakmak yerine, ertesi hafta Hindistan gezisine çıkmak için bir yol bulmasına yardımcı oldular. İkinci Kareyi bitirmeden önce, Stan büyük ihtimalle oradan çok daha ilerilere gitmiştir.

3. *Yaratıcılığınız Geri Döner*

Yeni aktivitelerin yanı sıra, İkinci Kareye yeni fikirler de eşlik eder. Lila, diplomalı bir hemşire olarak mesleğinin, bitmek tükenmek bilmeyen yaratıcı fikirler kaynağını şekillendirmek için çok az zaman tanıdığına her zaman kızan, altmış yaşında bir yazardı. Emekliliğin onlar için bir yere yerleşip yazmaya zaman ayırabileceği anlamına gelmesi gerekiyordu, ama işten ayrıldığı gün, Lila tamamen tıkandı. Acımasız ve alaycı ilham perisinin, yeteneğini yok ettiğinden korktu, ama Lila'nın ani yaratıcılık kaybı normal bir değişim döngüsünün parçasıydı. Çalışan bir hemşire olan kimliğini bırakıp yeni bir tane bulması gerekiyordu ve bu önemli işler tamamlana kadar öz-benliği şiir yazmaya başlamayacaktı. Tabii ki, bir yıl sonra, Lila yazma arzusunu tekrar duydu. Hatta Birinci Kareye yaptığı son ziyaret İkinci Kareye geçtiğinde çalışmasını çok daha yaratıcı ve coşkulu bir hale sokmuştu. Yaratıcılık değişim döngüsünün "hayal kurmak ve plan yapmak" bölümü olan İkinci Karenin belirleyici özelliklerinden biridir. Onun kendi zamanına göre ortaya çıkmasını bekleyin ve beklerken paniğe kapılmayın. Özgün düşünme yeteneği İkinci Karenin zihnine, kırlangıçların Capistrano'ya gübre sorunu olmadan gelmesi gibi güvenli bir şekilde döner.

4. *Kıyafetinizi Değiştirirsiniz*

Sanırım en müşkülpesent okurlarımın bazıları, kıyafetlerini büyük ihtimalle her gün değiştirirler, ama İkinci Kareye geçtiğinizde kıyafetlerinizi gerçekten *değiştirirsiniz.* "Bu günlerde dolabımı açtım," dedi bana bir müşterim, daha bu sabah "ve içinde bana aitmiş gibi görünen hiçbir şey gözüme çarpmadı. Sanki o giysileri başka birisi almıştı." Bu neredeyse evrensel bir İkinci Kare deneyimidir. Sert, yakası düğmeli müşterilerimden biri eşofman ve sandaletlerle geldiğinde ya da ölü renkleri tercih eden birisi aniden trafiği durduracak derecede renkli kıyafetler giydiğinde, eşiği geçen ve yeni bir kimliği kabul eden birisini gördüğümü bilirim.

5. *Saç Modelinizi Değiştirirsiniz*

Müşterilerimin şaşırtıcı derecede büyük bir yüzdesi İkinci Kareye geçtiğinde, sadece kıyafetlerini değiştirmekle kalmaz, saçlarında da büyük bir değişiklik yapar. Bunu kesinlikle önermem, hatta bundan bahsetmem bile. Mohikan kesimle ya da yeni bir permayla içeri girdiklerinde, bu değişikliği neden yaptıklarını onlara sorarım. Her zaman şöyle bir şey söylerler "Bilmem, önceki hali canımı sıkıyordu. Yeni bir şeye ihtiyacım vardı."

Bu kişilerin çok azı sakal bıraktıklarında ya da saçlarına küçük saten fiyonklar taktıklarında (ya da her ikisi birden) toplumsal kimliklerini değiştirdiklerini söyler, ama yaptıkları tam anlamıyla budur. Saç modeli sosyolojik olarak sıradan bir şey değildir, birbirimize kim olduğumuzu ve kültürün neresinde durduğumuzu söylediğimiz en önemli sinyallerden biridir. Bunu bir düşünün: Hıristiyan Yayın Ağında sizi saygıyla karşılayacakları bir saç modeli gey barda gülünç kaçacaktır ya da bunun tam tersi. Saç modeliniz kimliğinizi oluşturmanın önemli bir bölümüdür.

6. *Yaşadığınız Yerin Şeklini Değiştirir, Tekrar Dekore Eder ya da Yenilersiniz*

Eğer bir bebeğiniz olduysa, doğum sancıları başlamadan birkaç gün önce içsel bir enerji dalgasının size çarptığını hatırlayabilirsiniz. Eğer erkekseniz ya da çocuğunuz yoksa burada benim sözüme güvenmeniz gerekecek. Bu oldukça tuhaftır; aylardır yatıyorken tuzlanmış bir sümüklü böceğin coşkulu enerjisini gösterirsiniz ve sonra, sadece ayak bileklerinizin şişmesini izlemekten dolayı yorgunluktan öldüğünüz bir noktada, aniden yeni bir mahzen yapmak gibi çok yoğun bir arzu duyarsınız. Sekiz çocuklu bir anne biliyorum; ikinci çocuğunun doğmasından iki gün önce tahta kaplı evinin dışını tek başına cilaladı. Kocası onu durdurmaya çalıştı, ama çok hızlı hareket ediyordu. "Yuva yapmak" gerçekten de doğal bir harikadır.

Yeni bir kimliğe geçişte hormonal olarak benzer bir şeyin eşlik edip etmediğini bilmiyorum, ama birçok müşterimin İkinci Karede dekorasyon çılgınlığına kapıldığını izledim. Bazıları bu konuda o kadar heyecanlandılar ki göstermek için fotoğraflarını çekip getirdiler. Ev dekorasyonu takıntılarının yeni kimliklerinin kök saldığının, yeni yaşantılarının gerçekten başladığının işareti olduğunu bilip başımla onaylar ve beğeniyle gülümserim.

Psikolog, yazar ve eski keşiş Thomas Moore yaşam ortamlarımızın ruhlarımızı doğrudan simgelediğine inanır. Ne zaman evimize bir şey koymayı seçsek, yeni duvar kâğıdından sabuna kadar, bu seçim kişiliğimizi ve psikolojik durumumuzu yansıtır. Moore bazen içsel yaşamlarını "okuma" yolu olarak müşterilerinin evlerine gider. Bunu müşterim Suzanne'a anlattığımı hatırlıyorum. "Bu çok saçma," diye burun kıvırdı. "Benim evimin iç yaşantımın bir yansıması olması imkânsız. Benim düşünmem gereken üç çocuğum ve bir kocam var. Bütün ev onların ihtiyaçlarına göre düzenlendi ve-" Uzun bir süre sustu ve sonra konuştu, "Aman tanrım. Be gerçekten doğru, değil mi?"

Gerçekten doğru. Yaşadığınız yer için aniden yeni bir "görünüş" seçmeye başladığınızda dikkat edin. Yeni kişiliğinizin portesini yaratıp sağlam bir şekilde İkinci Karenin başlangıcına geçiyorsunuzdur.

İKİNCİ KARENİN BAŞLANGICI: HAYAL KURMA ZAMANI

İkinci Karenin belirtilerini fark etmeye başlayınca, dikkatinizin küçük, uyarlanabilir hamlelerden, uzun vadeli planlara kaydığını görürsünüz. Üzüntü dönemleriniz daha kısa ve daha az yoğun olup sonra da tamamen yok olur. Bazı insanlar Birinci Karenin kaosu ve dramından sapıkça memnun olmaya, duygularını paylaşan diğer kişilerden aldıkları ilgi ve güçlü hislerden hoşlanmaya başlayabilirler. Bu kişiler enerjileri acı dolu şaşkınlıktan uzaklaşıp yeni bir gelecek yaratmaya yöneldiğinde buna gerçekten karşı koyabilirler. Bu sizin başınıza gelmeye başladığında, "yapmadan yapmayı" hatırlayın. Birinci Karenin uzaklaşmasına izin verin ve hayal kurma zamanına geçen öz-benliğinizin akışını takip edin.

Hayal kurma zamanı Avustralya Aborijinlerinin gece rüyalarının büyülü, değişmiş gerçeğini tanımlamak için kullandıkları bir kelimenin tercümesidir. (Biz Batılılar *REM uykusu*, yani hızlı göz hareketi terimini tercih ederiz, çünkü rüya içeriğine rağmen bu, bizim ölçebileceğimiz bir şeydir.) İngilizcenin bilinçsiz gece rüyalarıyla bilinçli fanteziler için aynı kelimeyi *–rüya–* kullanması şaşırtıcıdır. Bir zamanlar EĞER ONU HAYAL EDEBİLİYORSANIZ, YAPABİLİRSİNİZ diyen bir dergi ilanı görmüştüm. Mesela –bu doğrudur– geçenlerde, rüyamda ben lüks bir otelde duş alırken, Başkan

Clinton'ın yüzündeki umut dolu ifade hariç, üzerinde hiçbir şey olmadan banyo küvetine girdiğini gördüm. İlk tepkim bu adam gerçekten azgın olmalı diye düşünmekti. İkincisi "Gururumu çok okşadınız Bay Başkan, ama karatede siyah kuşağım olduğunu bilmeniz lazım," demekti. Ardından Bill küvetten çıktı ve doğal olarak, bir yangın söndürücünün içinde yaşayan yavru baykuşunu beslemeye gitti.

Şimdi, üzgünüm ama bu, gerçek dünyada olmayacak – Bay Clinton'ın baykuşları *sevdiğini* bile sanmıyorum. Bununla beraber "hayal et, yap" ifadesini takip etmek bana uyar ve bunu hemen ezberlemenizi istiyorum.

EĞER HAYAL EDEMEZSENİZ, YAPAMAZSINIZ

Bunu müşterilerimde binlerce kez gördüm: bir şey yapmayı hayal edemedikleri sürece, bu onlar için gerçekten imkânsızdır. Bir keresinde samimi bir arzusunu söylemesi için çok fedakâr bir arkadaşımı zorladım. Oldukça düşündükten sonra, meyankökü istediğine karar verdi. Hemen çıkıp kutusu iki dolara iyi meyanköklü şeker satan bir dükkâna gittik ve bir çılgınlık yapıp biraz alması için onu zorladım. "Şey, alamam," dedi ve gerçekten alamıyordu. Kasaya yaklaşıp yaklaşıp kararsız bir endişeyle yön değiştiriyordu. En sonunda, kutuyu rafa geri koydu ve dükkândan çıktı. Ancak eve dönüp meyanköklü şekeri aldığını hayal edebilmesiyle bu psikolojik engeli geçebildi.

Üçüncü Karedeki önemli yaşam değişikliklerine düşler görerek, büyük hayaller kurarak hazırlanmanız gerekir. Bu da İkinci Kare sırasında aklınıza gelen her hayali –gece gördüğünüz garip rüyaları bile– değerlendirip geliştirmek anlamına gelir. Olanaksızı düşlediniz diye mutluluk, başarı, para ya da sevgiyi asla kaçırmayacaksınız, ama hayal gücünüzü mümkünle sınırladığınızda kaçırabilirsiniz.

MÜMKÜN OLAN HAYALİ KURMAK

Simon yakışıklı bir genç adamdı ve katalogdan sipariş verebileceğiniz bir hayat yaşıyordu. Dokuz-beş mesaili bir işi, güzel bir dairesi, birçok takım elbisesi ve kravatı vardı. Tek sorun Simon'un kendini hoş ve ölü hissetmesiydi. Kendi isteğine rağmen, öz-benliği her şeyi değiştirmeye çalışıyordu. İş performansı düşmeye başlamıştı. Ev sahibiyle tartışmıştı. Böyle ideal bir durumu niçin berbat ettiğini anlayamıyordu.

İlk seansımız sırasında, Simon'dan hayal edebileceği en çılgın, en harika hayatı düşlemesini istedim. Yaklaşık beş dakikalık yoğun düşünmeden sonra, "Sanırım, her gün kalkıp işe giderdim," dedi. "Farklı bir arabam olurdu. Belki bir Toyota. Toyota iyi araba. İkindiye kadar çalışırdım. İyi bir maaşım olurdu. Sonra eve döner, akşam yemeğini yer ve yatardım."

Gözlerimi kısarak Simon'a baktım. "Hayal edebileceğin en muhteşem hayat bu mu?"

Bunun Yanlış Cevap olduğunu fark etmesiyle kızardı. "Şey, tamam," dedi hiddetli bir şekilde düşünerek, "belki akşamüstü, işten sonra bir süre televizyon seyrederim."

Simon'un en çılgın hayalinin tamamı bu kadardı. Heyecandan eliniz ayağınıza dolaştıysa bir bardak su içmekten çekinmeyin.

İşin tuhaf tarafı, Simon'un büyüleyici bir geçmişi vardı. On altı yaşında, Alaska'da somon balığı yakalamak için evden kaçmıştı, çok para biriktirmiş, sonra birkaç yılını efsanevi rock grubu Grateful Dead'in sahne amirliği yaparak geçirmişti. Kendi yaşıtı, sıradan üç insandan çok daha fazla macera yaşamıştı da bu kişinin hayal gücüne ne olmuştu?

Bunun cevabı Simon'un iki hayalini kaybetmenin acısını yaşamasıydı. Kurduğu rock grubu tam olarak bir araya gelmemişti ve ilk ciddi aşk ilişkisi yürümemişti. Bu çifte darbe o kadar acı vermişti ki hâlâ onlarla yaşayan Simon hayallerini *kısıtlamak* için müthiş bir enerji harcıyordu. Daha fazla hayal kırıklığı yaşamamak için bütün umutlarını mümkünler âleminde tutuyordu. Bu kitabı okuduğunuzu varsayarak benzer bir şey yapmış olma olasılığınızın çok yüksek olduğunu söyleyebilirim.

İkinci Karenin başında kurulanlar gibi gerçek bir hayal, çılgın, tuhaf ve hakiki bir hayal çok nadiren mümkün görünür. Böyle bir hayali sıradan bir ayıya anlatırsanız, büyük ihtimalle şöyle bir şeyler duyarsınız:

KLASİK HAYAL KIRICILAR

"Bunu yapmak nereden aklına geldi ki?"

"Tamam da öyle bir yeteneğin var mı ki?"

"Bunu daha önce hiç kimse yapmadı."

"Bunu yapmak için ne kadar çalışmak gerektiğini biliyor musun?"

"Bunu yapmak için ne kadar şans*lı olman* gerektiğini biliyor musun?"

"C +."

"Hah hah hah hah!"

Çoğumuz çocukluğumuzun ilk dönemlerinden itibaren bu hayal kırıcılarla sürekli karşılaşırız. Neredeyse bütün çocuklar hayal kırıklığına uğramış ya da korkak yetişkinlerle, uzun zamandır kaybolmuş öz-benliklerini bir çocuğun hayalinde gördükleri zaman korkunç bir kaygı duyan, güçlü otorite figürleriyle karşılaşırlar. Simon gibi, bu yetişkinler Hayatın belli Kuralları olduğuna karar vermişlerdir. Bu Kuralları çiğnediği düşünülen bütün hayaller, doğası gereği imkânsızdır ve yok edilmelidir. Hayallerinize karşı olan bu önyargıyı reddedene kadar, bu hayallerin gerçekleşmeyeceğini garanti ederim.

İMKÂNSIZLIĞA GERİ DÖNÜŞ

Lewis Carol'ın *Aynanın İçinden* romanında, asabi Beyaz Kraliçe'nin "kahvaltıdan önce imkânsız altı şey" yapmanın da buna dahil olduğu günlük bir diyeti vardır. Bu kadar çok zorlamanız gerekmez, ama Kutupyıldızınıza ulaşmak için büyük ihtimalle ayda en azından birkaç imkânsız şey yapmanız gerekir. Değişim döngüsünün İkinci Karesine geldiğinizde, bu şeylerin neler olduğunu bulursunuz. İşte size müşterilerimin gerçek hayalleriyle tekrar bağlantı kurmalarına ve içselleşmiş sınırlamaları yarıp geçmelerine yardımcı olmak için kullandığım bazı alıştırmalar. (Unutmayın ki eğer hâlâ Birinci Karedeyseniz bu alıştırmaların pek faydası olmaz. Bunlar en çok, kendiliğinden gelen umutlar yaşamaya başladığınızda etkili olur.)

1. *İkinci Kare Mantrasını Tekrar Edin*

Hayallerinizi geri kazanmanın birinci adımı, İkinci Kare Mantrasını ezberlemek ve tekrar etmektir:

Ortada kural yok, ama bu önemli değil.

Eğer bu size pek gerçekçi gelmiyorsa, Endüstriyel Olarak Güçlendirilmiş, En Yüksek Standart İkinci Kare Mantrasını kullanabilirsiniz: *Kuralları Siktir Et.* Bu davranışlarınızdaki bütün kısıtlamaları kaldırın demek değil; toplumsal benliğinizin korku ve uygunluğundan ziyade, öz-benliğinizin merak ve tutkularına göre davranmaya başlayın demektir.

ALIŞTIRMA: ELEKTRİKLİ TELDE ÇARPILARAK CAZIRDAMAK

Aklınızdaki kurallar gerçek hayallerinizi kurmanızı bilinçli olarak engelleyen, hayali elektrikli teller gibidir. Onlara küfretmek yerine, onlara derin bir saygıyla davranmanızı ve sonunda da tam üstlerine basmanızı istiyorum. Başlamak için aşağıdaki cümleleri tamamlayın.

"Eğer insanların ne düşündüğü umurumda olmasaydı, ... yapardım-ederdim-olurdum-giderdim."

"Eğer kesinlikle başarılı olsaydım, ... yapardım-ederdim-olurdum-giderdim."

"Eğer cesaretim olsaydı, ... yapardım-ederdim-olurdum-giderdim."

"Bunun doğru seçim olduğundan emin olsaydım, ... yapardım-ederdim-olurdum-giderdim."

"Eğer gelecekten endişe etmeseydim, ... yapardım-ederdim-olurdum-giderdim."

"Eğer özgür olsaydım, ... yapardım-ederdim-olurdum-giderdim."

Şimdi, cevaplarınızdan yasadışı ya da fiziksel olarak tehlikeli olmayan bir tanesini seçmenizi ve *onu yapmanızı* istiyorum. Şu anda, güvenliğin kabul edilebilir seviye ya da risksiz olup olmadığından emin olmadan. Onu bitirdiğinizde başka birini seçin ve onu da yapın. Evet, biliyorum, Kuralları bozacaksınız. Umurumda değil. Kesinlik ve izin ihtiyacı zihninizdeki elektrikli teller için. Hangisi daha kötü: onların üzerinde cızırdamak mı yoksa yukarıdaki listeye yazdığınız şeylerin *hepsini* temelli olarak kaybetmek mi?

Bu ödevi üniversiteye yeni başlayan gençlerle dolu sınıflara verirdim ve hep beraber eğlenirdik. Öğrencilerim kilise okulunda prezervatif dağıtmaktan sokaklarda şarkı söylemeye kadar her şeyi yaptılar. Görgü kurallarına aşırı bağlı bir ailede büyümüş olan genç bir kadın, Şükran Günü tatilinde evin gidip bütün tatil yemeklerini elleriyle yemiş. Bütün aile dehşet içinde bakmış, ama kabak pastası servisi yapılana kadar hiç kimse bir şey söylememiş, tam o sırada öğrencinin babası ayağa fırlayıp, *"Buna dayanamam işte! Buna dayanamam işte!"* diye bağırmaya başlamış ve hızla odadan çıkmış. Aile ilk dürüst ve açık tartışmayı yaptığı için bu olayın ardından devamı gelmiş. Şimdi, benden sonra tekrar edin: *Ortada kural yok, ama bu önemli değil.* Hadi başlayın bakalım.

2. *Buzları Çözmek*

Simon çok çalışan ve televizyon izleyen bir Toyota sahibi olmak hakkındaki büyüleyici fantezisini açıkladıktan sonra, iki seansı ona Hayal Kurma Zamanını araştırtmaya çalışarak geçirdik. Üçüncü seansımız sırasında, Simon aniden Alaska'da somon avcısı olarak geçirdiği günlerden bahsetmeye başladı. Bana, sıfırın altında bir havada ve sürekli deniz suyuyla ıslanarak gün boyu çalıştığı bir geziyi anlattı. Bu zorlu sınav bittiğinde, el ve ayak parmakları donup kangren olmuştu. "Donduktan sonra onları hissetmedim," diye devam etti Simon. "Ama çözüldüklerinde canım yandı, hâlâ da yanar."

Bir yaşam tasarımı seansında sık sık olduğu gibi, Simon farkında olmadan metaforlarla konuşuyordu. Gördüğünüz gibi, basit bir şekilde ölmüş olsalar, hayallerinizden vazgeçmek sorun olmaz, ama ölü değiller. Gerçek bir hayalden kurtulmanın tek yolu donana kadar onu ışık ve sıcaklıktan mahrum etmek, sonra da ruhunuzun en soğuk köşesine sokmaktır. Yaşanmamış hayaller donuk kaldığı sürece çok can yakmazlar. Ama çözülmeye başladıklarda, eyvah! O soğuk sürgünün bütün acısını çabucak çıkarırlar. Hem gözlem hem de deneyimlerime dayanarak size şunu söyleyebilirim: insanlar umutlarını kaybettiklerinde ağlamazlar, umutları geri geldiğinde ağlarlar.

Bu acıdan kurtulmak için, hayallerinizi derin dondurucuda sonsuza kadar saklamaya eğilimli olabilirsiniz. Ama hayallerinizi açmak, acıya katlanmak, gözyaşı dökmek ve donmuş yüreğinizi tekrar tümüyle kullanmak çok daha iyidir.

ALIŞTIRMA

HAYALLERİNİZİN BUZUNU ÇÖZMEK

Bu alıştırma "onay" denilen popüler bir çalışmaya çok benzer –olumlu bir cümleyi kendinize tekrar tekrar söylersiniz. Sizi bilmem ama benim için onaylamanın hep bir geri tepme etkisi vardır. "Her gün, her şekilde, daha daha iyi olacağım" gibi bir şey söyleyerek etrafta dolaştığımda, sabit bir şekilde, yaklaşık iki saat boyunca daha çok manik olurum, bir noktada beynim "patlar" ve kendimi bir köşeye diz çökmüş, damardan dondurma şırınga ederken bulurum. Alıştırma yaratıcılığı danışmanı Julia Cameron'ın "yumurtlama" dediği, aşağıdaki yorumuyla çok daha başarılı oldum.

Başlamak için bir defter ve bir kalem bulun. Bunları alıp en az yarım saat boyunca rahatsız edilmeyeceğiniz, rahat bir yere gidin. İdeali, evinizin dışında bir yer olmasıdır: bir çocuk bahçesi, bir lokanta, bir dağ yolu. Oraya ulaştıktan sonra, rahatlatıcı birkaç nefes alın, vücudunuza tamamen geri dönün ve dikkatinizi içsel pusulalarınıza odaklayın. Sonra içinizde terk edilmiş bir umudun anısını arayın. Ölü annenizin sizi teselli etmek için burada olmasını diler misiniz? Kesilen bacağınızı geri ister misiniz? Gerçekten imkânsız olan, ama gerçekten istediğiniz bir şey düşünün. Sayfanızın üstüne yazın bunu.

Şimdi, hayalinizin altından, sayfanın ortasında kadar bir çizgi çekin. Çizginin soluna, aşağıdaki cümleyi yazarken ölü hayalinizi aklınızda ve yüreğinizde tutun.

"Rüyam gerçekleşiyor."

Analitik zihninizden hemen bir tepki alacaksınız "HADİ ORADAN SEN DE!" gibi bir şey söyleyecektir. Bu tepkiyi kâğıdınızın sağ tarafına, ilk cümlenin karşısına yazın. Sonra, kâğıdın sol tarafına, ilk cümlenin tam altına bunu tekrar yazın."

"Rüyam gerçekleşiyor."

Beyniniz negatif bir tepki daha verecektir: "Çekil önümden, Şeytan." Bunu yazın. Bir satır aşağıya aynısını tekrar edin. Buna bir süre devam edince sağ taraftaki cümlelerin her seferinde farklı olduğunu göreceksiniz. Farklı tepkiler almaya devam ettikçe bunu sürdürün.

Aşağıda Simon'un "buz çözme" alıştırmasından gerçek bir seçki var. Seçtiği ilk hayal, eski kız arkadaşı Rose'la biten ilişkisi. Ondan ayrıldıktan sonra, başka birisiyle evlenip Simon'un onunla beraber olma hayalini tamamen imkânsız hale sokmuştu. *Bu önemli değildi.* Bu alıştırmanın amacı hayalinizi beklediğiniz gibi gerçekleştirmek için değildir. Bunun etkisi hayal gücünüzü serbest bırakmak ve olanaksızı sahiplenerek umudunuzu canlandırmaktır. İşte size Simon'un listesinin bir kısmı:

HAYAL:
KEŞKE ROSE'LA OLABİLSEYDİM

1. Hayalim gerçekleşiyor.	Rose beni sevmiyor.
2. Hayalim gerçekleşiyor.	Rose evli.
3. Hayalim gerçekleşiyor.	Sen çıldırmışsın.
4. Hayalim gerçekleşiyor.	Artık kızıyorum.
5. Hayalim gerçekleşiyor.	HAYIR, ONUNLA OLAMAM, #*&%!
6. Hayalim gerçekleşiyor.	Keşke öyle olsaydı.
7. Hayalim gerçekleşiyor.	Bunu çok istiyordum.
8. Hayalim gerçekleşiyor.	Bu onun hatasıydı.
9. Hayalim gerçekleşiyor.	Beni gerçekten sevmişti.
10. Hayalim gerçekleşiyor.	Onunki gerçekleşmiyor, ama benimki gerçekleşiyor.

Simon'un içinden gelen tepkileri umutsuzluktan (donmuş hayalden) yorum yapmaya (biraz çözülmeye), kızmaya (ciddi bir çözülmeye), üzülmeye doğru (duygunun geri gelmesine) nasıl değiştiğini görebilirsiniz. Simon'un dönüm cümlesi 8 numaradır: "Bu onun hatasıydı." Bu size dünyayı sarsan bir yorum gibi gelmeyebilir, ama bu Simon'un temel bakış açısını değiştirdi. Bunu yazdıktan sonra, Sfenksin esrarını o an çözmüş gibi kafasını defterden kaldırdı. Hemen, öz-benliği bilincinden dondurup çıkardığı iki gerçeği yüzeye yolladı: 1) Rose onu hep sevmişti; 2) İlişkilerini yıkan Simon'un başarısızlığı değil, Rose'un korkusuydu.

Rose hayatında olmasa bile bu bilgi Simon'u çok derinden rahatlatıyordu. Bu, Simon bu alıştırmadaki tepkilerinin doğru olmasını istediği için değil, doğru oldukları için böyle olmuştu. "Gerçekten ayvayı yedim" ya da "Annemle babamın bir nebze bile umurlarında değilim" gibi gerçeklerle karşılaştıklarında çoğu müşterimin aynı rahatlamayı yaşadığını gördüm. Kendinizi mutlu yalanları düşünmeye zorlamak hayallerinizi iyileştirmez. Bazı nedenlerden dolayı, bu alıştırma bu süreci şimdiye kadar kullandığım bütün diğer metotlardan daha çok hızlandırır. Ruhunuzdaki tamamen donmuş yerleri erittiği için hayalleriniz beklenmedik şekillerde gerçekleşebilir. Simon'un örneğinde, bu ona tekrar flört etmeye başlaması için kendine güven ve huzur verdi. Çok uzun zaman geçmeden, romantik hayallerini dolduran bir ilişki kurdu.

3. *Röportaj Oyunu*

Bu 10. Bölümde incelediğimiz "gelecek görüşüne" benzeyen, bir zihinde canlandırma oyunudur. Önce, zamanda ileri doğru yolculuk yaptığınızı hayal edin. Bu gelecekte bir yıldan on, yirmi, otuz... yıla kadar herhangi bir zaman olabilir. Yeni, gösterişli bir dergi alıyorsunuz ve aaa, bakın, kapakta sizin portreniz var! Manşette, meşhur bir gazetecinin derlediği, okuyuculara hayatınız ve geçmişinizle ilgili bazı şeyleri anlatan bir yazının başlığı var.

Şimdi, size bazı sorular soracağım ve sizden onlara düşünmeden, ama bu dergiyi zihninizde açıp cevapları oradan okuyarak karşılık vermenizi istiyorum. Bu cevapları ayrı kâğıda yazsanız daha iyi olur. Tekrar ediyorum, *soruları düşünmeyin, sadece dergiye bakın.* Eğer cevabı "göremezseniz" hemen bir sonraki soruya geçin.

1. Derginin adı ne? *Time* mı? *Vogue* mu? *Deniz Aygırı Sevenler*'in üç ayda bir çıkan eleştiri dergisi mi?
2. Gazeteci kim?
3. Bu gergiyi genelde nasıl insanlar okur?
4. Okuyucular sizi neden tanımak istiyorlar?
5. Sizin hakkınızda neler bilmek istiyorlar?
6. Gazeteci evinizi anlatmış, röportaj nerede yapıldı? Evinizi anlatan bölümü okuyun. Eviniz neye benziyor? Nerede?
7. Sizi fiziksel olarak nasıl tanımlıyor?
8. Yazı kıyafetlerinizden nasıl bahsediyor? Tavrınızdan? Hareketlerinizden?
9. Evinizde başka birisi var mı? Kim?
10. Gazeteci size özel hayatınızın nasıl olduğunu soruyor. Nasıl tanımlıyorsunuz?
11. Bir eşiniz ya da arkadaşınız varsa, gazetecinin ondan nasıl bahsettiğini ve varsa ikiniz arasındaki ilişkiyle ilgili yorumlarını okuyunuz.
12. Gazeteci tipik günlük yaşantınızı yazmış. Neye benziyor?
13. Gazeteci evinizdeki bazı fotoğrafları anlatmış. Fotoğraflarda kimler ya da neler var?
14. Röportajda çocuk geçiyor mu yoksa çocuk yapmama kararınızın nedenlerini mi soruyor?
15. Gazeteci en bilinen başarınızdan çokça bahsediyor. Bu nedir?
16. Hayatınızdaki zor zamanlar ve onları nasıl atlattığınız üzerine bir ya da iki motivasyon bölümü var. Orada ne yazıyor?

17. Gazeteci genç halinize nasıl bir tavsiyede verirdiniz diye soruyor. Cevabınız ne?
18. Okuyucularınız için nasıl bir bilgelik tavsiyesinde bulunabilirsiniz?
19. Yazının en ilginç tarafı nedir?
20. Gazeteci size gelecekle ilgili planlarınızı soruyor. Nelerdir?

Eğer bu alıştırmadan gerçekten hoşlandıysanız, röportajın tamamını yazın. Düzeltmeyin, yazı stili hakkında kafa patlatmayın ya da endişelenmeyin, sadece içinizden geldiği gibi yazın. Müşterilerim bunu yaptıklarında, sonuçların çoğunlukla ürkütücü bir şekilde öngörü değeri olur. Özbenliğinizin yarattığı yazıyı sansürlemememeniz ya da düzeltmemeniz gerektiğini unutmayın. Söyleyebileceğiniz hiçbir şey hayal kurma zamanı için çok tantanalı ya da ihtimal dışı olamaz.

İKİNCİ KARENİN ORTASI: GERÇEKLİĞE GEÇİŞ

İçselleştirilmiş kuralların bazılarından kurtulup dondurulmuş hayallerinizi tekrar canlandırdığınızda, ideal dünyadan gerçek dünyaya geçişe başlama zamanınız gelir. Bu da olanaksız hayallerinizi alıp onları pratik, ulaşılabilir hale getirmek demektir. Bu noktada, bilgi içerikli televizyon reklamlarında koca dişlerini gösteren o motivasyon hocalarıyla güçlerimi birleştirip size hedeflerinizi belirlemenin onlara ulaşmak için çok büyük bir adım olduğunu söylüyorum.

On dört yaşımdan beri buna inanırım. İlk kez işte o zaman Çılgınca Olasılıksız Hedefler dizisi yazmıştım. Bir gün güncemi yazarken, yapmayacağımı düşündüğüm, ama gerçekten yapmak istediğim üç şey yazdım: Kayak yapmayı öğrenmek, on vitesli bir bisiklet sahibi olmak ve Avrupa'ya gitmek. İlk iki maddenin fahiş fiyatları vardı, üçüncüyse söz konusu bile olmazdı. Yine de içimde bütün bunların az da olsa bir şekilde mümkün olduğuna dair bir his vardı. Bunlara Çılgınca Olasılıksız Hedefler adını verdim ve onları neredeyse bir kenara attım.

İşin ilginç tarafı, bu hedeflere ulaşabileceğimi gerçekten düşünmememe rağmen, onları yazdığım günden itibaren beynimde bilim insanlarının "araştırma görüntüsü" dediği şey vardı. Araştırma görüntüsü, bulmayı umduğunuz bir şeye doğru bilinçaltı bir hazırlıktır. Bütün avcı hayvanlar avladıkları hayvan türlerinin görüntülerini aramayı içselleştirmişlerdir, bu yüzden uzun mesafeden de olsa, bir mikrosaniyede bir geyik ya da farenin şeklini ayırabilirler. Beyniniz araştırma görüntülerini birçok durumda kullanır, mesela en sevdiğiniz markayı bulmak için farklı şampuan şişeleriyle dolu bir rafı tararken. Her etiketi dikkatlice incelemeniz gerekmez; beyniniz doğru renkte, şekilde ya da büyüklükte olmayan her şeyi görmezden gelir, dikkatinizi "avladığınız" şeye odaklanması için serbest bırakır.

Bir hedef oluşturmak, özellikle de onu yazıp gözünüzde canlandırıyorsanız, beyninizi o nesneyi andıran ya da sizi ona götüren her şeye odaklanmaya programlayan bir araştırma görüntüsü yaratır. Çılgınca Olasılıksız Hedeflerimi yazdığım andan itibaren, kayak malzemeleri ve bisikletlerle ilgili ilanlar gözüme çarpmaya başladı. Çeşitli para kazanma yolları buldum, kazandığımı harcamak yerine biriktirmek ve doyumu ertelemek konusunda içselleşmiş bir güdüm vardı. Birkaç ay içinde, oldukça güzel bir on vitesli alabildim. Sadece birkaç hafta sonra, bir arkadaşımın yeni bir kayak takımı aldığına ve eskilerini satmak istediğine kulak misafiri oldum. Beni Pazar günleri yakındaki bir kayak merkezine otobüsle götürecek bir mahalle kursuna yazıldım.

Bütün bunların üstüne, bir gün okuldan eve geldiğimde bir dostun (Yugoslavyalı bir basketbol oyuncusu) aileme fazladan iki adet Avrupa'ya gidiş-geliş bileti yolladığını gördüm. Biletler onun yıllık seyahat ödeneğinin parçasıydı, ama kullanılmazlarsa yanacaktı. Küçük kız kardeşimle ben ertesi sabah uçaktaydık ve bütün Çılgınca Olasılıksız Hedeflerim gerçekleşmişti.

Bunu bir tesadüf olarak görebilirdim, ama o zamandan beri kendime Çılgınca Olasılıksız Hedefler koyuyorum ve hepsi de gerçekleşti. Sanki şöyle oluyor: öz-benliğime *"Evet!"* dedirten bir hedef buluyorum. Sonra bir "av" cinnetine kapılıyor, hedefimi öğrenmek ve ona ulaşmamı sağlayabilecek ipuçlarını bulacağım bütün taşları çevirip altlarını arıyorum. Sonra bütün gücümle çalışıyorum. Sonra biraz daha çalışıyorum. En sonunda, yeteneğimin sınırına ulaşıyorum ve ardından inanılmaz bir güvenle, birisi ya da bir şey ortaya çıkıp imkânsızlıkla gerçek arasındaki boşluğu geçmeme yardımcı oluyor. Bir keresinde, karatahtaya yazılmış devasa bir denkleme bakan iki bilim insanının olduğu bir çizgi film gördüm. Bütün o rakam ve sembollerin tam ortasında, denklemin tam merkezinde, "Bir mucize olur" cümlesi yazıyordu. Çılgınca Olasılıksız Hedefler işte bende böyle gerçekleşirler. Müşterilerime de böyle olduğunu büyük bir zevkle söylüyorum. Sizin için de olacaklarına dair içimde en ufak bir şüphe bile yok.

ALIŞTIRMA: KENDİ ÇOH'UNUZU YAPMAK

Çılgınca Olasılıksız Hedeflerinizi (şu andan itibaren onlara ÇOH diyeceğim) seçmek, aynı bir çömlekçi çarkının ortasına kil yerleştirmek ya da standart araba kullanmak gibi öğrenilen bir yetenektir. Size bunun için bir *his* lazımdır. İhtiyacınız olan bu duygu bir arzudur; tam da olasılık ve olasılıksız arasındaki sınırda yatan bir şey için tamamen yürekten bir özlemdir. İçsel pusulalarınız böyle bir hedefi ne zaman açıkça dile getireceğinizi size söyler. "Tanrım, PGA gold turuna katılabilirim / aşçılık okuluna gidebilirim/ Güney Fransa'da yaşayabilirim" diye düşünürsünüz ve nabzınız hemen hızlı atmaya başlar. Enerjiniz artar. Asla sahte olamayacak, gergin bir tür coşku hissedersiniz. Öz-benliğiniz Kutupyıldızınızın gerçek bir parçası olmayan bir şeye böyle tepki vermez. Aynı zamanda kolay da olsa, gerçekten imkânsız da olsa (ama unutmayın, imkânsız olduğuna inandığınız birçok şey aslında ulaşacağınız bir yerdedir) bir hedef için bu kadar çok çırpınıp heyecanlanmaz. Vücudunuz ve duygularınız onları düşündüğünüzde *"Evet!"* diye bağırarak hayallerinizin mümkün olduğunu size söyler.

Bunu aklınızda tutarak, dikkatinizi çok hoşlandığınız bazı aktivitelere odaklamanızı istiyorum. Bu işinizin, ilişkilerinizin, hobilerinizin ya da geçirdiğiniz boş zamanların her hangi bir parçası olabilir. Şimdi, bu sevdiğiniz aktiviteyi mümkün olduğunu düşündüğünüz sınıra ittiğinizi hayal edin. Mesela, eğer aktivite olarak "sörf yapmak" yazdınızsa, ÇOH'unuz ya "Dünya Sörf Şampiyonu olmak" ya "Sydney'de yaşayıp her gün Bondai Kumsalında sörf yapmak" ya da "Dünyadaki bütün harika kumsalları gezip hepsinde sörf yapmak" olabilir. Düşündüğünüz şeyi mantıklı ya da başkalarına göre çarpıcı olarak seçmeyin. Bir ÇOH seçmek öz-benliğinizi aşırı heyecanlandıracak bir hayal bulmakla ilgilidir. İşte sizi teşvik etmeye yardımcı olmak için, müşterilerimden bazı ÇOH örnekleri (bu arada, bütün bu ÇOH'lar onları belirleyen kişi için gerçekleşir).

ÖRNEK ÇOH'LAR

Sevilen Aktivite	Çılgınca Olasılıksız Hedef
İnternette dolaşmak	Kendi internet şirketimi kurmak
İnsanları güldürmek	Profesyonel stand-up komedi yapmak
Avrupalı sevgilimle beraber olmak	Sevgilimle evlenip Avrupa'ya taşınmak
Politik kampanyalarda gönüllü olmak	Adaylığımı koymak
Tempolu koşu yapmak	Bir maratonu bitirmek
Televizyon izlemek	Televizyon yapımcısı olmak
Sahraaltı Afrika'yı gezmek	Afrika ülkelerinin sosyoekonomik gelişmelerine yardımcı olmak

Bu ÇOH listesini inceleyince, yukarıdaki hayallerin çoğunun *benim* öz-benliğimde bir kıpırtı bile uyandırmadığını fark ettim. Hatta bazı müşterilerimin en çok el üstünde tuttuğu hayaller benim en kötü kâbuslarım olur ya da bunun tam tersi. Ortada herkesin dileklerinin gerçekleşmesi için yeteri kadar yer olduğuna inanmanız için bu kadarı yeter. Şimdi sıra sizde, söyleyin bakalım hayalinizi.

Sevilen Aktiviteniz: ....
Çılgınca Olasılıksız Hedefiniz: ....

Hadi durmayın, bu alıştırmayı birkaç kez tekrar edin – ÇOH'ların aynı anda ikiyle dört arasında ÇOH'unuz olduğunda en iyi şekilde işlediğini buldum. Ama başkalarının hayran olacağını sandığınız şeyler değil, gerçekten sevdiğiniz şeyler üzerinde düşünmeniz gerektiğini unutmayın. ÇOH'larınızı aşağı yazın:

ÇILGINCA OLANAKSIZ HEDEFLERİM

Bu hedeflerin konulduğu tarih: ....

1. ....

Hedefe ulaşılan tarih: ....

2. ....

Hedefe ulaşılan tarih: ....

3. ....

Hedefe ulaşılan tarih: ....

4. ....

Hedefe ulaşılan tarih: ....

ÇOH'larınızın gerçekleştiği tarihi yazmanız için yer bıraktığımı görüyorsunuz. Müşterilerimden bu onların başına geldiğinde bana haber vermelerini isterim. Birkaç haftada bir eski bir müşterimden "Oldu! Oldu!" diye haber veren bir posta kartı ya da telefon alırım. Bunu duymaktan duyduğum büyük heyecan asla yok olmaz. "Al sana trendi tipler!" diye düşünürüm her seferinde. "İşe yarıyor!"

Ne yazık ki bu bütün ÇOH'larınıza çaba harcamadan ulaşacaksınız anlamına gelmez. Bu kutlama kartlarını hedeflerini saptadıktan sonra Hedef Perisinin gelip değneğini sallayarak rüyalarının gerçekleşmesini beklemek dışında hiçbir şey yapmadan oturanlardan almam. Hayallerinize tutunduğunuz zaman mucizeler hakikaten olabilir ve olacaktır, ama amaçlarınıza ulaşmak için gücünüz dahilinde olan her şeyi yaparsanız, gerçekleşmeleri daha muhtemel ve daha kolay olur. Meşhur deyiş gibi, "Allah'a güvenin, ama önce devenizi sağlam kazığa bağlayın." Bu, Hayal Kurma Zamanından İkinci Karenin sonu olan Plan Yapma Zamanına geçiş anlamına gelir.

İKİNCİ KARENİN SONU: PLAN YAPMAK

İkinci Karenin başlangıcında yaptığınız hayal kurma, çabalarınızı yönlendireceğiniz net hedefleri tanımanıza yardımcı olur. Bunu yaptıktan sonra, kendinizi doğal olarak hayal kurmaktan planlamaya geçerken görürsünüz. Bu basit olarak bir şey yapmayı *istemekten* onu yapmaya *niyetlenmeye* geçiştir. Eğer bunun önemsiz bir fark olduğunu düşünüyorsanız, tekrar düşünün. Hukuk birinci sınıfta okuyan herhangi bir öğrenci size trafikte diğer şoförleri sık sık öldürmek istemeniz durumunda, normal bir kişi olduğunuzu, ama onları gerçekten öldürmeye *niyet ederseniz* yasal olarak hapse atılabileceğinizi söyleyebilir. İnsan niyetleri o kadar büyük bir güçtür ki yasal manada, çoğunlukla asıl davranıştan daha önemlidir. Çünkü niyetlendiğimiz şey ne olursa olsun, onun gerçekten olma olasılığı çok büyüktür.

Şu ana kadar bu kitapta anlattığım alıştırmalarla kıyaslandığında, İkinci Kare sonu yönlendirmeleri ve değişim döngüsüyle ilgili olan açıklamalar psikoterapiden çok bir kullanım kılavuzu gibi görünür. Bunun nedeni (değişim döngüsünün şemasında görebileceğiniz gibi), tamamen ideal bir dünyadan çıkıp gerçek dünyanın kenarına yaklaşıyor olmamızdır. Kendi Kutupyıldızınızı tanımlamak derin psikolojik ve ruhsal bir sanattır. Aslında oraya ulaşmak daha çok bir tarifi izlemek gibidir: Aşağıdaki malzemeleri bulun, şu sıraya göre birleştirin, şu sıcaklıkta ısıtın, şu kadar süre bekleyin, diye devam eder.

Pratik, deneyimli insanlar değişim döngüsünün bu noktasında rahatlarken, diğerleri duraksarlar. Bu insanlar Birinci Karenin içebakışı ve duygusu gibidirler; İkinci Karenin İmkânsız Hayal safhasını severler. Onları pratik bir şeye doğru itmeye başladığımda, bundan kesinlikle nefret ederler, pratik düşünmek iyi bir İkinci Kare planı yaratmak için gerekli olsa bile. Özür dilerim, Charlie. Kutupyıldızına ulaşmak için hem şık uçuşlar hem de o bildiğimiz eski tarz çalışma gerektirir. Eğer kendini gerçekçi bir plan yapmaya hazır hissetmiyorsan, daha önce bahsettiğim alıştırmalara geri dön. Kutupyıldızını nişangâhında gördüğünden emin olduğun zaman, eninde sonunda aşağıdaki aşamalara geçmek zorunda kalacaksın.

1. *Yapışkanlı Not Kâğıdı Tutkusu: Planınızı Hazırlamak*

Yapışkanlı not kâğıtlarını severim, bu küçük dörtgen kâğıtlar neredeyse her tür yüzeye yapıştırılıp sökülebilir. Onları gerçekten *severim.* Yapışkanlı not kâğıtları bir İkinci Kare planı yaratmak için mükemmel bir araçtır. İyi bir yaşam planı gibi, İkinci Kare planları da sağlam ve gerçektir, ama aynı zamanda kolayca yeniden düzenlenebilir, atılabilir ya da yerlerine yenileri yapılabilir. Sizi Kutupyıldızınıza götürecek bir plan yapmak için, bir yığın yapışkanlı not kâğıdına ve onları yapıştıracak bir yere, tercihen beyaz bir tahta, bir kasap kâğıdı ya da normal duvar gibi, yaklaşık bir metre genişliğinde düz bir yüzeye ihtiyacınız var.

2. *Denklemi Kurmak*

Plan alanınızın sağ üst köşesine, Çılgınca Olasılıksız Hedefinizin kısa bir tanımını yazdığınız not kâğıdını yapıştırın. Müşterilerimin çoğu, özellikle bu yapışkanlı not kâğıdının etrafına ideal hayatlarını temsil eden resimler koyar. Dergilerden resimler keser, posta kartları toplar ya da kendilerinin çektikleri fotoğrafları kullanır, bütün bunları kendi Kutupyıldızlarını temsil eden bir kolaj halinde yapıştırırlar. Bu o kadar candan ve sıcaktır ki bunu sadece yazmak bile kendimi bir Yeni Çağ aura terapisti gibi hissetmeme neden oluyor, ama sanki gerçekten işe yarıyor gibi de gözüküyor. Bunu büyük bir şirketin eğitim seminerinde yapan ve o zamandan beri çok ama çok zengin olan bir müşterimden öğrendim.

ÇOH'unuzu plan alanınızın sağ üst köşesine yapıştırdıktan sonra, *sol* üst köşeye gidip oraya günün tarihini ve saatini içeren başka bir not kâğıdı yapıştırın. Hemen diyorum, bunu okurken. Saate bakıp yazın ve oraya yapıştırın. Şimdi, denklemin iki yanını şöyle hazırladınız:

____ günün ____ saatinde hayatım + X = Çılgınca Olasılıksız Hedefim

Şimdi yapmanız gereken tek şey X'i çözmektir. Hedefinizi gerçekleştirmek için, şu anda sahip olmadığınız neye sahip olmanız gerekiyor? Genelde, en iyi ihtimalle ilk cevabınız belirsiz olacaktır. Nobel ödülü almak ya da İsveç jimnastik takımıyla çıkmak için çok çalışmak gerektiğini biliyorsunuz, ama atmanız gereken adımlardan pek emin değilsiniz. Bunun çözümünü bulmak sadece mantık ve araştırma meselesidir ve bu da sizin bir sonraki göreviniz olacaktır.

3. *Süreci Gözünüzde Canlandırmak*

Unutmayın, eğer hayal edemezseniz yapamazsınız. Bu sadece asil hedefleriniz olması gerekiyor anlamına gelmez. Bir aktivitenin her adımını zihinsel olarak detaylandıramazsanız, bu büyük ihtimalle onun nasıl yapılacağını bilmiyorsunuz demektir. Bütün çocukluğum boyunca, yetişkinlerin nasıl araba kullandığı konusunda belli belirsiz bir fikrim vardı, ama *tam* olarak nasıl olduğunu sorsanız detaylar oldukça bulanık olurdu. Her eylem bir alışkanlık haline gelene kadar, onları adım adım öğrenmem gerekiyordu.

Plan tahtanıza yapıştırdığınız ÇOH'u gerçekleştirmek için atmanız gereken her adımı gözünüzde canlandırmaya çalışın. Eğer ÇOH'unuza ulaşmak için ne yapmanız gerektiğini tam olarak –kesinlikle *tam olarak* diyorum– bilmiyorsanız, planınızın hâlâ detaylandırılmaya ihtiyacı vardır. Ne öğrenmeniz gerektiğinden emin bile olmayabilirsiniz, ama bu da araştırmanız gereken başka bir sorudur. Dedektiflik oynama zamanı geldi.

4. *Ev Ödevinizi Yapmak*

"Law and Order" gibi yarı gerçekçi bir dedektif dizisi izlediyseniz, gerçek dedektiflerin düzgün bir ceset, altı tane olası şüpheli ve bir yığın hazır ipucu barındıran, sevimli bir Bayan Marple senaryolarının pek nadir olduğunu bilirsiniz. Çoğunlukla, dedektifler ortada işe yarar hiçbir bilgi olmadan ve bir yığın karmakarışık, konuyla ilgisi olmayan detayla işe başlarlar. Çoğu vaka harika tümden gelimlerle değil, dikkatli, zahmetli, hiç de romantik olmayan ısrarın sonucunda çözülür. Dedektifler her suç mahallini son derece küçük ayrıntılara kadar gözden geçirirler, en küçük ipucu belirtisini bile sonuna kadar analiz ederler, bir yığın uzmandan destek isterler ve çoğunluğu yardım edemeyecek ya da etmeyecek onlarca sıradan insanı sorguya çekerler.

İşte siz de bu andan itibaren hayatınızı Kutupyıldızınıza götürecek sağlam, işe yarar bir plan yapmak için tam da böyle bir araştırma yaparsınız. Bir adam küçük bir kasabadan diğerine gitmek için yön sorduğunda oradaki yerlilerin "Oraya buradan gidemezsiniz" dediği eski fıkrayı hatırlarsınız. Bu saçmadır; her yere her yerden gidebilirsiniz. Tek yapmanız gereken nasıl olduğunu bulmaktır. Hayal-planlarını hayata nasıl geçireceklerini bilmemeyi ondan vazgeçmek için bir bahane olarak gören müşterilerimin sayısı o kadar çok ki... Bu tavırdan dolayı Anaokulu Kompleksini suçluyorum. Eğer bu kompleksin etkisindeyseniz, size mümkün olan en sevimli şekilde, "Yalaka olun ve ev ödevinizi yapın" demek isterim.

ALIŞTIRMA

Ev Ödevi No 1: Kitaptan Öğrenme

En yakın halk kütüphanesine ya da kitapçıya gidin. ÇOH'larınızdan herhangi birini seçin ve orada bu hedefe ulaşmanıza yardımcı olabilecek bilgileri aramaya başlayın. İpuçlarının orada durmuş sizi beklediğini garanti ederim. "Avınıza" ya tezgâhtardan yardım alarak ya da sadece araştırma görüntünüz tam çalışır durumda olası kitap ya da dergilerin bulunacağı raflara bakarak başlayabilirsiniz.

En azından iki tür bilgi avındasınız: 1. ÇOH'unuza doğrudan nasıl ulaşacağınıza dair açıklamalar (metot ya da borsada nasıl para kazanılacağı hakkında el kitapları gibi) ve 2. size tavsiyede bulunabilecek uzmanlarla bağlantı kurmanızı sağlayabilecek ipuçları.

Mesela müşterim Alissa bir yolcu gemisinde çalışmak istedi. *Travel and Leisure* dergisinde Holland America Cruise Lines için bir ilan görüp ilandaki 800'lü hattı aradı ve satış acentesindeki şaşkın bir görevliye turizm endüstrisi üzerine bir araştırma yaptığını ve büyük bir yolcu gemisini işletmenin girdilerini çıktılarını ona anlatabilecek birisiyle konuşması gerektiğini söyledi. En sonunda çeşitli müdürlere ulaştı, hepsi de onunla kısa bir "bilgi röportajı" yapmayı kabul etti ve Alissa'ya ÇOH'una doğru ilerlemesi için ihtiyacı olan bilgiyi verdiler.

Ev Ödevi No 2: Arayıp Birisini Bulun

Telefonunuzu, fihristinizi ve bir telefon rehberi alıp oturun. Hepsi de sorununuzu çözecek binlerce kafayı harekete geçirecek bir insan avına başlamak üzeresiniz. Her şeyden önce, ÇOH'unuzu kafanıza iyice yerleştirin. Örneklemek için, bir orman korucusu olmak isteyen müşterim Clark'ı kullanalım. Clark'ın arkadaşları ve ailesini araştırıp bunun nasıl olabileceği hakkında bir şeyler bilebilecek insanları gözden geçirdik. Bulamayınca Clark'ın sormaktan hiç çekinmeyeceği kişileri aramaya başladık. Kız kardeşinin eski erkek arkadaşının ormancılık üzerine eğitimi olduğu ortaya çıktı. Kız kardeşi Clark'a erkek arkadaşının adını ve telefon numarasını verdi. Clark arayıp telesekreterine mesaj bıraktı.

Clark'ın bir sonraki ipucu bir arkadaşı orman işletmesi konusuyla hükümetin bir şekilde ilgilendiğine dair bir kanısı olduğunu söylediğinde ortaya çıktı. Clark telefon rehberindeki hükümet daireleri bölümünü araştırdı ve tabii ki orada bir Orman İşletme Müdürlüğü vardı. Clark gerçek bir orman korucusunun adını ve telefon numarasını aldı. Müdür yardımcısına eğer ararsa çok sevineceğini söyleyen bir mesaj bıraktı. Ertesi gün hem müdür yardımcısı hem de kız kardeşinin eski erkek arkadaşı aradı. Aynı zamanda gerçek, yaşayan bir korucuyla bağlantıya geçmeyi becerdi. Artık bilgi amaçlı soru sorma yeteneğini harekete geçirme zamanı gelmişti.

İnsandan insana araştırma sırasında, gerçekten tam anlamıyla o durumda olsanız dahi, aşırı işe ihtiyacınız varmış gibi görünmekten kaçınsanız iyi olur. Muhtaçlık çok keyif kaçırıcı bir durumdur, bu yüzden eğer kendinizi muhtaç hissediyorsanız, muhtaç değilmiş numarası yapınız. Hiç kimseden size iş vermesini ya da sizin için sorununuzu çözmesini istemeyin. Onlar sadece belli bir alanda araştırma yaptığınızı (ÇOH'unuz her ne olursa olsun) ve birkaç soruya cevap vermek için onla on beş dakika arasında zamanlarını size ayırabilirlerse çok sevineceğinizi söyleyin. Bu doğrudan evrensel insan isteğine dokunur: dikkat arzusu. Çoğu insan iyi bildikleri konularda onlara dürüst sorular sorulmasından hoşlanır. Müşterilerim bazen bu insanları susturmakta çok zorlanırlar.

Çelişkili bir şekilde, bilgi röportajları insanların sizi işe almaları, sizinle arkadaş olmaları ya da ev paylaşmaları için en iyi yollardan biridir. Bunları doğrudan istemekten çok ama çok daha etkilidir. Benim en sevdiğim hikâye Leroy'unki. Bu işsiz üniversite mezunun bir banka genel müdürünü arayıp öğlen yemeğinde –tabii ki Leroy ısmarlıyordu– röportaj yapmasının mümkün olup olmadığını soracak kadar büyük *hayaları* vardı. Leroy'un bankadaki bütün parası olan seksen doların yetmiş altısı yemeğe gitmişti. Ertesi gün, genel müdür şans eseri, geleceği parlak bir genç asistan arayan başka bir CEO'yla konuşuyormuş. Leroy ertesi gün işe alınmış ve şimdi altı basamaklı paralar kazanıyor.

Ev Ödevi No 3: Ağı Çözmek

Yanımda yerel iyi gazetelerden biri olan *Arizona Republic*'ten bir makale var; kocasına lösemi teşhisi konan Phoneixli bir kadının hikâyesini anlatıyor. Bu kadının ne tıbbi ne de bilimsel bir eğitimi varmış ve bilgisayar konusunda kara cahilmiş. Ama bu, onu durdurmamış. Kocası hastalandığında, interneti nasıl kullanacağını öğrenmiş ve tehlikeye giren aşkından gelen bütün enerjiyle lösemi konusunu araştırmaya başlamış. Bu sıradan kadın lösemi hakkındaki en son araştırmalar ve tedaviler konusunda o kadar uzmanlaşmış ki kocasının doktorları en sonunda ondan daha az şey bildikleri için özür dilemek durumunda kalmışlar. Bir takım tedavi seçenekleri konusunda kadının üstün bilgisine saygı göstermişler ve olayla ilgili olan herkes kocasının hayatını bu kadınının kurtardığına inanıyormuş.

Eğer ÇOH'unuz sizin için önemliyse ve bir bilgisayara ulaşabiliyorsanız, internet sizi konunuzda gerçekten bir uzmana dönüştürebilir. Hayalinizle ilgili bütün anahtar kelimeleri bulabildiğiniz bütün arama motorlarında deneyin. Konuyla ilgili kitaplar ve makalelerin kaynaklarını bulun, internetten sipariş verin ya da yayıncıyı arayıp size postayla yollamalarını söyleyin. Hedefinize nasıl ulaşacağınızı size öğretebilecek kişilerin e-posta adreslerini alın ve telefon numaralarını bulun, sonra onlara yazın ya da onları arayın (yaklaşık üçte biri karşılık verecektir, bazıları cevap vermezse canınızı sıkmayın).

Ev Ödevi No 4: Çılgın Buluş

Biraz önce bahsettiğim bütün araştırma yollarını deneyebilir ve hiç kimsenin Çılgınca Olasılıksız Hedefinize nasıl ulaşılacağını bilmediğinizi keşfedebilirsiniz. Belki onu daha önce hiç kimse yapmamıştır. Şimdi, yaratıcı olmanız gerekecek. Hayalinizin açık ve net olduğundan emin olun, unutmayın *kural yok* ve ÇOH'unuza ulaşmak için beyin fırtınası yapmayı deneyin.

Liseden mezun olduğum yaz, beraber takılabilelim diye arkadaşlarım Carrie ve Phil'le bir şirkette iş bulmak istediğimize karar verdik. Sokakları aşındırıp garsonluk ya da otel temizlikçiliği gibi işler aradık, ama hiç kimse birkaç ay sonra üniversiteye başlayacak gençleri işe almaya pek hevesli değildi ve hiç kimse üçümüzü birden işe almayacaktı. Zaten yeteneklerimiz biraz olağan dışıydı: Carrie bir melek gibi viyola çalıyordu, Phil harika bir şairdi ve ben çizmeyi seviyordum.

Elimizdeki hammaddeleri ve ÇOH'larımızı düşünüp bir plan yaptık: Çocuklar için yazlık bir yaratıcılık atölyesi, sanatla karşı karşıya gelecekleri bir yer kurduk. Çocuklardan birinin geçirdiği küçük bir kaza dışında planımız inanılmaz derecede iyi işledi. Yer bulmaktan bankada bir şirket hesabı açmaya kadar birçok sorunla uğraşmak zorunda kaldık, ama hepsini çözdük. Atölyemiz iki sömestr boyunca çalıştı, başa çıkamayacağımız kadar çok iş getirdi ve sadık müşterilerimizin itirazlarına rağmen kapattık. Bir şekilde benim uydurduğum, en sevdiğim şeyi yaptığım bir işte hayran olduğum insanlarla beraber çalışıp para kazanmış olmam beni hâlâ çok etkiler. Aklıma gelmişken, şu anda tam da onu yapıyorum.

Bir zamanlar işletme öğrencilerimle bir oyun oynardık. Her öğrenci iş bulmak için farklı bir yol bulmak zorundaydı. Şanslı olan ve davet alan öğrenciler kolay yolu seçmişlerdi: "iş arayanlar ilanlarına bakmak," "özgeçmiş yollamak" gibi. Elliye ulaştığımızda, öğrenciler gerçekten yaratıcı oldular. Teorik stratejiler geliştirdiler, yüksek mevkilerdeki yöneticileri şantajla tehdit ettiler, eski patronlarına çikolata yolladılar. Herkesin sırası birer kez geçtiğinde, tekrar başladık. İşin ilginç tarafı, sıradaki ilk öğrencilerin başlangıçta hayal edebileceklerinden çok daha fikirleri olmasıydı. Beyniniz "hayal kurmak-plan yapmak" tarzına geçtiğinde, olasılıklar sonsuzdur.

Ev Ödevi No 5:

İkinci Karenin diğer aşamalarını anlatmak bana inanılmaz derecede kolay gelir.

Hayalinize ulaşmak için gereken her adım için küçük bir yapışkanlı kâğıtla planlama yerinizi doldurmanız gerekir. İçinizdeki işletmeciler bunun bir "akış çizelgesi" olduğunu bilirler. Bunun mümkün olduğu kadar detaylı olması daha iyi olur. Mesela aşağıdaki plan sadece bir taslaktır. Ayrıntılı bir şema her adımın her detayını gösterir. Bir "formülü takip" etmek yerine, formülün her adımını kendi planınıza ekleyebilirsiniz. Tek bir "Fırın ödünç al" adımı, birçok küçük adıma bölünebilir. Mesela "Bana fırınını ödünç vermeye istekli olabilecek kişileri düşün," "fırın ödünç verme potansiyeli olanların numaralarını al" ve "bu insanları arayıp fırınlarını ödünç verip vermeyeceklerini sor."

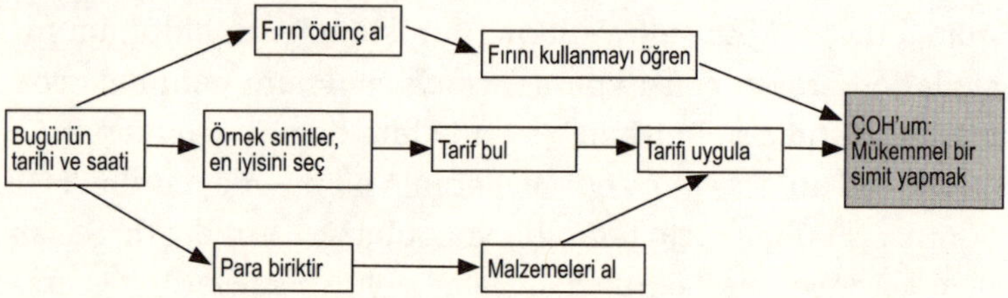

Eğer bu, size yapışkanlı not kâğıdındaki planın üzerine komik derecede küçük adımların listesini yapmanızı istiyorum gibi geliyorsa, gerçekten sağlam bir İkinci Kare planının nasıl yaratılacağının ne demek olduğunu anlıyorsunuzdur. Planınız titizleştikçe, araştırmanız tamamlandıkça ve hedefinize giden adımları kafanızda canlandırmak kolaylaştıkça, gidip bu hayali gerçekleştirmek için bir tür sabırsızlık hissettiğinizi fark edersiniz. Tebrikler. İkinci Karede yer alan, hayal gücünüzün "ideal dünyasındaki" büyük planlar zamanını doldurdunuz. Kutupyıldızınıza giden gerçek, kanlı ve canlı yolculuğunuza başlama zamanınız geldi.

14

ÜÇÜNCÜ KARE: KAHRAMAN DESTANI

Bin kilometrelik yolculuk ayaklarınızın dibinden başlar.
–LAO-TZU

DEĞİŞİM DÖNGÜSÜ

Hey, o harika kitabı –yoksa film miydi, ya da bir televizyon dizisi gibi bir şey mi, her neyse– hatırlıyor musunuz, hani orada iyilerin belli bir zamanda bir şey yapması gerekiyordu yoksa çok kötü bir şey olacaktı? Sonra onların cihazları kırıldığından, nasıl devam edeceklerini bilememiş, ama ardından akıllarına yeni bir plan gelmişti ve onlardan yana olması gereken birisinin kötüler için çalıştığı ortaya çıkmıştı. Ardından diğer şeyi kaybetmişlerdi ve liderleri yaralandığında, kötü adamlar stratejik bir yeri ele geçirmiş ve gerçekten onların kazanacağını sanmıştınız, ama sonra iyilerin aklına çok parlak bir fikir gelmiş ve son anda günü kurtarmışlardı? Bunu hatırlıyor musunuz?

Tabii ki hatırlıyorsunuz. Yukarıdaki paragraf hayatınız boyunca dinlediğiniz, okuduğunuz ya da izlediğiniz on bin öykünün özetidir. Gazetenizin vizyondaki filmler listesinde şimdi yakınlarınızdaki bir sinemada oynayan, buna benzer birçok hikâyeyi görebilirsiniz. Yerel kütüphanenizde bunlardan binlerce vardır. Kablolu televizyon kanallarını ne zaman dolaşırsanız dolaşın *Pokémon*'un en son versiyonundan, *Oprah*'ın, misafirine kanserle savaşı nasıl kazandıklarını anlatmasına, VH1'in *Behind the Music*'e (Döndüğümüzde: The Snot Machine grubunun uyuşturucuya kayışı ve sonrasında rehabilitasyona başladıklarında ikinci albümlerinin platin ödülü alması) kadar başka versiyonlarıyla karşılaşırsınız. Bütün bu hikâye ve oyunlar, kurgu ya da gerçek "kahraman destanlarıdır." Aynı temel formülü paylaşırlar.

1. Anakarakter bir hedefe ulaşmak için yola çıkar.
2. Anakarakterin başı bir yığın sorunla belaya girer.
3. Anakarakter zorlu durumları aşar.
4. Anakarakter hedefine ulaşır.

Biz insanlar bu hikâyeyi ne kadar da severiz! Her kültür, dil ve tarihi dönemde bunların sonsuz sayıda versiyonları bol bol bulunur. Sadece hayatta kalmak için mücadelenin olmadığı, rahat dönemlerde, Beowulf'tan Austin Powers'a kadar uzanan korkusuz kahramanlar, tehlikeli durumlar ve riskli seyahatlerin öykülerini tekrar anlatır ya da yeniden yaratırız. Temsili destanlar yaratmak için yarışmalar ve sporlar uydururuz ve yarışmacıların mümkün olduğu kadar çok zorlukla karşılaşmalarını isteriz. Üstün gayret, yorgunluktan tamamen bitkinlik ve arada sırada kanlı bir kaza görmezsek, sıkılır ve daha heyecanlı bir destan aramaya gideriz.

Niçin bütün insanlar aynı hikâye çizgisinin sürekli tekrarlandığını görme arzusunu paylaşıyormuş gibi görünürler? Cevap basittir: Çünkü kahraman destanı her insanın hayat hikâyesidir. Her tehlike, cesaret kırılma dramı ve gözü peklik bütün izleyicilerin her gün yaşadığı deneyimleri yansıtır. Gizemli öyküler yazarı Lawrence Block bir zamanlar, bütün kurgular bir insanın berbat bir şeyden sonra bir diğeriyle uğraşmasının öyküsüdür demişti. Bu ifade bir gününüzü anlatmaya oldukça yakın değil mi? Sizi bilmem, ama benimkini kesinlikle anlatıyor.

Dinleyin: Kızım bu sabah otobüsünü kaçırdı, bu yüzden giyinip daha kahvemi bile içmeden –ki bu beni huysuz yapar– onu arabayla okula götürmek zorunda kaldım. Sonra bazıları gerçekten gözümü korkutan birilerine telefon etmem gerekti. Ondan sonra üşümüş ve yorgun olmama rağmen köpeğim Cookie'yi yürüyüşe çıkarma zamanım geldi. Doğal olarak, bir çalının altında küflenmiş iğrenç bir pizza buldu ve ben onu uzaklaştıramadan yarısını midesine indirdi. (Daha sonra, pizzanın onu biraz daha şişmanlatacak kadarını sindiren Cookie geri kalanları oturma odamızın halısının üzerine kustu. Bu *blumia* değil, iç dekorasyondur.) Sonra, çok acı veren bir şeytantırnağım olmasına rağmen yazma zamanı geldi. Ve onun ardından...

Tamam tamam, bu *İlyada* destanı değil. Bu sıradan bir gün geçiren, sıradan birinin sıradan öyküsüdür. Ama yine de bir kahraman destanının öğelerine sahip. Sizin gününüz (ya da enerji harcamanız ya da en önemsizinden en bunaltıcısına kadar bir sorunu çözmeniz gereken bir bölümü) de öyledir. Bir zamanlar duvarımda "yapılacaklar" listesini hazırlayan bir adamı gösteren bir karikatür vardı. Listede şunlar bulunuyordu: "1. Yataktan kalk. 2. Hayatta kal. 3. Yatmaya git." Bu kadarını bile becermenin gerçekten kahramanca bir davranış olduğu günler de vardır, sizin de öyle günleriniz olduğunu biliyorum. Büyük bir hayalin peşine düşmek, yaşamanız gereken hayata sahip çıkmak çok daha zorludur.

İşte bu, Üçüncü Kareyi değişim döngüsünün en cesaret kırıcı ve en heyecanlı bölümü yapar. Hayallerinizi maddi dünyada gerçekleştirmek için işe koyulduğunuzda, zekânızın ve hayal gücünüzün "ideal dünyasında" beklenti içinde olduğunuz hiçbir şey sizi olacak şeylere karşı tam anlamıyla hazırlayamaz. Eğer hedefiniz gerçek ve yürektense Üçüncü Karedeki yolculuğun dehşet verici, yorucu ve inanılmaz derecede neşeli olacağı garantidir. Gelecek nesillere bu öyküleri anlatacaksınız ve bunlar insanların gerçekten duymak istediği türden hikâyeler olacaktır.

İŞİN ASLI

Üçüncü Kare Kutupyıldızınızı bulmanın asıl safhasıdır. Bu kare şu ana kadar incelediğimiz şeylerle kıyaslandığında pratik, aktif ve olmasını isteyeceğiniz kadar hoş değildir. *Sevdiğin Şeyi Yaparsan, Para Peşinden Gelir* gibi havalı başlıkları olan onlarca kitap okudum ve bu kitapların neyi sevdiğinize karar vermek için ideal dünyada yapılacak şeyler hakkında oldukça netken, paranın peşinden geleceği asıl gerçek dünya hakkında tamamıyla belirsiz oldukları dikkatimi çekti. Bunun nedeni yazarların yanlış olması değildir –onlara kesinlikle katılıyorum–, asıl neden size ait olan hayalin nasıl gerçekleşeceğini bilmelerinin imkânsız olmasıdır. Eğer bilselerdi o zaman daha kesin ve açık olabilirlerdi. Buna benzer başlıklarla karşılaşabilirdiniz: *Neyi Sevdiğinizi Bulun, Kirayı Ödemek İçin Günlük İşinizden Ayrılmayın, Gerçekten İyi Olan Girişimci Bir Fikir Bulun, Yatırım Sermayesi İçin İkinci Derece İpotek Yapın, Satılabilir Bir Ürün Yaratabilmek İçin Eğitim Alın, Bu Ürünü Üretin, İnsanları Bu Ürünü Almaya İkna Edin, Yapabileceğinizi Sandığınızdan Çok Daha Uzun Süre Boyunca İnanılmaz Derecede Çok Çalışın ve Para Peşinden Gelecektir. Büyük ihtimalle.*

Ne yazık ki birçok okuyucu bir şeyi sadece sevmenin ya da istemenin onu ortaya çıkarmak için gereken sıkıcı, gerçek dünya işini yapmaya gerek olmadığı anlamına geldiğini düşünür. Yeni Çağcı hassaslıkları olan birçok müşterim vardı, hiç aramadan ya da başvuruda bile bulunmadan mükemmel işi bulmayı umuyorlardı. Bu eski bir fıkraya benzer: boğulan vaiz sandalla, motorla ve helikopterle onu kurtarmaya gelenleri, onlara ihtiyacı olmadığını, Tanrı'nın onu kurtaracağına dair mutlak inancı olduğunu söyleyerek geri çevirir. Sonra da boğulur. Cennete gittiğinde tanrıya sorar. "Yardım dualarıma niçin karşılık vermedin?" "Yardım etmeye çalıştım" der tanrı. "Sana bir sandal, bir motor ve bir de helikopter yolladım!"

Şimdi bunu doğru anlayalım: Bütün hayaller pratik eylemlerle gerçekleşir. Büyü özlem ve niyeti takip eder, ama genelde oldukça sıradan bir şekilde görünerek sona erer. Müşterilerimden bazıları bunu gerçekten "anlar." Bu Üçüncü Kare tipleri uygulamalı eylemi çok sever. Bu insanların en büyük sorunu tam oluşmamış fikirler ve eksik planlara göre eyleme geçmektir. Ama müşterilerimin çoğu Cecelia'ya benzerler.

Cecelia bütün sistemi değiştirmek için kıpır kıpır bir arzuya kapılmaya başladığında otuz beş yaşında bir sosyal hizmet görevlisiydi. Bu amaçla işinden ayrıldı ve doktora yapmak için okula geri döndü. Cecelia'nın harika bir hayal gücü vardı ve Kutupyıldızının çeşitli açılarını zihninde canlandırmayı seviyordu. Hedeflerinden bazıları tamamen kişiseldi: Texas'ta yaşamak ve her gün at binmek istiyordu. Diğer hedefleri ise profesyoneldi: Düzeni değiştirip binlerce kişiye ulaşabilecek bir sosyal hizmet görevlisi nesline eğitim ve öğretim vermeyi hayal ediyordu. Birkaç seanstan sonra, Cecelia bu hedeflerin billur gibi net olduklarını açıkladı ve ayrıntılandırdı. Yaşaması gereken hayatı temsil eden harika bir kolaj yaptı ve yapışkanlı, renkli not kağıtlarıyla cicili bicili detaylı bir plan yarattı. Bu planı gerçekleştirmek için atacağı bir sonraki adım ikimiz için de ortadaydı: Cecelia'ın doktora tezini bitirmesi gerekiyordu.

"Tamam!" dedim Cecelia'ya, planı tamamlandığı gün. "İkinci Kareden Üçüncü Kareye geçiyorsun. Artık plan yapmak yok, gerçek dünyanın zahmetli işlerini yapman gerekiyor. Bir sonraki buluşmamızda, tezinin beş sayfalık kaba bir taslağını görmek istiyorum."

"Tamam!" Cecelia ringe çıkan boksör gibi anlamlı bir şekilde başıyla onayladı. İki hafta sonra, heyecandan uçarak büroma girdi. "Bak!" dedi. "Kolajıma başka resimler ekledim!"

"Güzel," dedim. "Beş sayfalık taslağın nerede?"

"Üç meslektaşımı aradım ve bu alanın nasıl değişmesi gerektiği üzerine *harika* sohbetler ettik!" diye övündü Cecelia.

"Taslak nerede?"

"Yaratıcılığımı artırmak için suluboya dersleri almayı düşünüyorum," dedi. "Herkes bunun iyi bir fikir olduğunu söylüyor."

"Sana iyi fikrin ne olduğunu ben söyleyeyim" diye kükredim. "Beş sayfalık tez taslağın."

Tabii ki taslağı yazmamıştı. İki hafta sonra tekrar görüştüğümüzde, bu girişimi yapmak için hâlâ hevesliydi. İki hafta daha sonra, Cecelia bitki çayı poşetlerini gruplara ayırmak ve kedisine tığla bir kazak örmekle meşgul olduğunu söyledi. Bir dakikalık yazma işini araya sıkıştıramamıştı.

"Bak," dedim ona. "Bana hedeflerine ulaşmana yardım etmem için para ödüyorsun, bahaneler bulman için değil. Sen para harcıyorsun ve almayacağın ilaca para harcayamazsın. Şimdi git ve beş sayfalık taslağını bana gösterebilene kadar geri gelme." Ayağa kalktım ve kapıyı açtım.

Cecelia'ın gözleri şaşkınlık ve öfke gözyaşlarıyla doldu. Bütün o at gezintilerini kafasında canlandırmaya yardım etmiş olan o sevimli kişiye ne olmuştu? Vücudumu ele geçiren, bu zırhlı cadı da kimdi? En sonunda oturup ona küçük bir kahraman destanı anlattığımda çok kızmış görünüyordu. Bu kendi doktora tezimi nasıl bitirdiğimin ve bu süreç içinde Üçüncü Karenin başlangıcını geçmek için öğrendiğim birkaç numaranın öyküsüydü.

ÜÇÜNCÜ KARENİN BAŞLANGICI: SIFIRDAN BAŞLAMAK

Üçüncü Karenin en başı, Everest'e deniz seviyesinden bakmak gibidir. Eğer yapmaya değecekse, önünüzde olan iş uzun ve zordur. Daha da kötüsü bilinmezdir. Eğer Kutupyıldızınıza gerçekten kilitlendiyseniz, hedefinize ulaşmak istersiniz ve bu da büyük ihtimalle, başarısızlık korkusunun çok güçlü olduğu anlamına gelir. Bu faktörlerin hiçbiri, sıfırdan başlamak için gereken devasa enerjiyi bulup toplamayı kolaylaştırmaz. Tamamen duran bir şeyi harekete geçirmek, o yola çıktıktan sonra onun hareketini sürdürmekten çok daha zordur. Bir lokomotifin ilk hareketini düşünürseniz (bütün gıcırtıları, çıkan buharları, tıkırtıları ve zorlanması, gerilmesiyle) bir kahraman destanının başlangıcında yaşayacağınız şeyin güzel bir görüntüsüne sahip olursunuz. Bu yüzden aşağıdaki stratejiler –ki bunlar Üçüncü ve Dördüncü Karelerin her bölümünde kullanılabilir– başlangıçta özellikle işe yarar.

1. *Her İşi Kaplumbağa Adımlarına Dönüştürün*

Cecelia'ya anlattığım öykü iki yaşındaki oğlum Adam'ı Down sendromu olan çocuklar için tavsiye edilen "mesleki terapiye" götürdüğüm gün başladı. O zamanlar doktora tezimle uğraşmam gerekiyordu, ama işin doğrusu haftalardır onu düşünmeye bile katlanamıyordum. Bu proje gece gündüz kafamın üstünde oturan, bana pis pis bakan, yeni duyargaları çıkan, gitgide şişmanlayan, görünmez, şişko bir canavara benziyordu.

O gün, Adam'ın terapisti lazımlık eğitimine başlama zamanının geldiğine karar verdi. "Bunu yapmanın yolu," dedi, "bu işi gerçekleştirilebilecek küçük parçalara bölmektir, böylece Adam onları birer birer öğrenebilir."

"Anladım," diye karşılık vermiştim. "Yani bir gün Bir Numara üzerinde çalışacağız, sonraki gün de İki Numara üzerinde mi?"

Anlayışla gülümsemişti. "Pek, öyle değil. Tutmakla başlayacağız." Sonraki birkaç dakikayı Adam'a eğitim pantolonunun belini nasıl, tam göbeğinin altından, sağ eliyle tutacağını öğreterek geçirdi. "Harika!" diye neşeyle bağırdı, öğrendiği zaman. "Şimdi, bugünlük bu kadar yeter, kafası çok karışırsa bunalır. Eve gidin ve birkaç gün sağ elle çalışın. Önümüzdeki hafta, belinin arkasını sol eliyle tutmayı öğretmeye başlayacağız. Bu daha da uzun sürecektir, çünkü bu, öğrenmesi daha zor bir yetenektir. Bundan birkaç hafta sonra, eğitim pantolonunu nasıl çıkaracağını öğrenmeye başlayabilir."

İkinci Kare planınızın çok detaylı olması gerektiğini söylediğimi hatırlıyor musunuz? Ne kadar detaylı yapmanızı istediğim konusunda hiçbir fikriniz yoktu. Müşterilerimin çoğu hayal-planlarını "Bir aktör olarak iş bul" ya da "tıp fakültesine girmek için başvur," gibi –sanki bu şeyler bir çırpıda olabilecekmiş gibi– tekli adımlarla doldururlar. Benim örneğimde toplumsal benliğin emri "O lanet tezi yaz"dı. Bu işin büyüklüğü öz-benliğimden şaşırtıcı derecede başarılı bir isyan çıkardı ve eğitimimi olduğu yerde kesti. O gün mesleki terapide, işleri küçük küçük yapması gereken kişinin sadece Adam olmadığını fark ettim.

Eve döndüğümüzde, tezimi yazma görevimi gerçekleştirilebilir adımlara bölmeye başladım. Bu, benim öz-benliğimin "Evet" ya da "Hayır" dediğindeki hissini fark etmeye başladığım zamanlardan biriydi. Her gün sadece yazmaya, yaklaşık altı saat ayırmaya çalışacağıma karar vererek buna başladım. Bu yapmam gerektiğini düşündüğümden çok daha azdı, ama vücudum ve beynimin bu çabaya bile karşı çıktığını hemen fark edebiliyordum. Bu yüzden beklentilerimi ikiye böldüm: günde sadece üç saat yazacaktım. Yine de kendimi yünlü bir mamutun sırtına binip gezmeye çalışıyormuşum gibi hissettim. Günde doksan dakika, tamam mı? Hayır, devam et. Bir saat. Olmaz. Yarım saat? Hayır. Ama on beş dakikaya indiğimde, vücudumda ve ruh halimde coşkulu bir değişiklik fark ettim. Kaslarım gevşedi ve uyuşuk küskünlüğüme rağmen, açık bir istek hissettim.

On beş dakikalık ilk gün çalışmamı sadece notlarımı toparlayıp onlara bakarak geçirdim. Sonra planıma sadık kalarak, makineye kartı bastım ve bir uyku çektim. Bu kesinlikle fazla değildi, ama haftalardır kendime yaptıramadığımdan daha çoktu. Ertesi gün, tek bir cümle yazdım. Bir sonraki gün tam bir sayfa yazmayı başardım. Ölümcül derecede sıkıcı, koca tezimi işte böyle bitirdim: bir yıl boyunca günde on beş dakika. Bazı günler birkaç paragraf yazdım. Bazı günler ilham geldi ve iki ya da üç sayfa bitirdim. Diğer günler, en fazla yapabildiğim şey bir danışmanın telefon numarasına bakmak ve onu telefonun yanına koymaktı. Ama öz-benliğimin boyundan büyük bir işe kalkışmadığım sürece hedefime doğru santim santim ilerledim.

Yazma totemim olarak kaplumbağalar topladığımı size daha önce söylemiştim. "Kaplumbağa adımı" öz-benliğinizin kolayca yapabileceği en büyük iş için kullandığım bir deyimdir. Kullandığım *kolayca* kelimesi çok ama çok önemlidir. Bitirme tarihine yetiştirmek için, bütün diğer sorumlulukları göz ardı ederek, litrelerce kahve içerek ve ilham perisinin tesadüfen gelmesiyle ne kadar yapabileceğinizden bahsetmiyoruz burada. Kötü bir günde bile kaplumbağa adımlarınızı tamamladığınızda, içinizden gelen ani, samimi tepki "Tabii ki, *bunu* yapabilirim" olmalıdır.

Çok küçük olmaları gibi tuhaf bir nedenden ötürü çoğu kişi kaplumbağa adımları atmaya isteksizdir. Cecelia gibi müşterilere kaplumbağa adımlarını tavsiye ettiğimde tipik tepki "Bunlar yeterli değil! Bu hızla hiçbir şeyi bitiremeyeceğim!" olur. Ve böyle devam ederler, aylar boyunca kesinlikle hiçbir şey yapmadan. Bana güvenin, yavaş ve düzenli kişi felçli ve eylemsiz olandan çok daha sık yarış kazanır. Eğer yeteri kadar adım atarsanız –kaplumbağa adımları olsa bile– eninde sonunda Everest'in zirvesine ulaşırsınız.

ALIŞTIRMA

Gerçekten ulaşmayı tasarladığınız bir hedef düşünün ve ona erişmek için atmanız gerektiğini bildiğiniz bir adımı yazın (son bölümü okuduktan sonra eğer bir hayal-planı yaptıysanız, planınızdan bir adım seçin). Şimdi, o adımı daha küçük parçalara bölün. Sonra bu parçalardan birini seçin ve onu daha da küçük parçalara bölün. Bunu *kolayca* başarabileceğinizden emin olduğunuz minik bir adım bulana kadar devam edin. İçsel pusulalarınıza dikkat edin: işler "kaplumbağa adımı" adını kazanacak kadar küçüldüklerinde vücudunuz ve duygularınızda değişiklikler fark edersiniz.

Bugün, hedefinize doğru bir kaplumbağa adımı atın. Sonra DURUN! *Yirmi dört saat geçene ya da devam etmek için güçlü bir arzu duyana kadar, hangisi daha önce olursa ona kadar, bir kaplumbağa adımı daha atmanıza izin yok.* O noktada bir kaplumbağa adımı daha atın. Sonra tekrar durun ve böyle devam edin. Adım atın, durun, adım atın, durun, adım atın, durun. Bu etkileyici görünmeyebilir, ama sizi her yere götürür.

2. *Öz-benliğinize Rüşvet Verin*

Cecelia'ya beş sayfalık taslağı bitirene kadar onu görmeyeceğimi söylediğimde, aslında onun öz-benliğinden tehdit yoluyla iş çıkarmaya çalışıyordum. Seanslarımızın o gerçek benliğin ortaya çıkıp eğlendiği çok nadir anlar arasında olduğunu biliyordum ve onun oyun oynama zamanlarını tehdit ederek, onu tezi başlatacak kadar korkutabileceğimi anlamıştım. Bu bir çimdikle çok işe yarar –sonuçta Cecelia için işe yaradı– ama pozitif destek, cezadan çok daha sağlam bir motivasyon gücüdür. Bu yüzden, mümkün olan her zaman, tehdidin sevimli kuzeni rüşveti kullanmayı tercih ederim.

Bütün Üçüncü Kare destanlarında *hiç mi hiç* istemediğiniz işler de olacaktır. Tabii ki Kutupyıldızınızdan uzaklaşmanızı ve hayatınızı nefret ettiğiniz işlerle doldurmanızı istemiyorum, ama hayallerinize ulaşmak için, büyük ihtimalle hoş olmayan birkaç sosyal mücadeleden geçmeniz gerekecektir. Planınızda kaplumbağa adımlarına bölünemeyecek parçalar da vardır. Eğer üç ya da dört saatlik bir sunum yapmanız gerekiyorsa, hazırlanmayı küçük parçalara bölebilirsiniz, ama bir noktada, o üç saat boyunca insanların önünde olmanız gerekir. Başka işler o kadar korkunçtur ki en ufak çaba bile insanın hoşuna gitmez. Bütün bunlar öz-benliğin katılımını ya da en azından gönüllü olmasını gerektirir. Kaplumbağa adımları işe yaramadığında, rüşvet gerçekten işe yarayabilir.

Mesela size bir benzin istasyonunun tuvaletini temizlemek gibi gerçekten iğrenç bir iş verdiğimi varsayalım. Bunun karşılığında size beş peni ve iyi bir iş yapmanın mutluluğunu teklif ettim. İşte size fırça ve lavabo pompası! Bu teklife öz-benliğiniz nasıl tepki verir? Ciddi olduğumu ve şu anda sizi gerçekten işe yolladığımı hayal edin. İçinize kapandığınızı, gücendiğinizi ve sırtınızda hafif bir ağrı başladığını hissedebiliyor musunuz? Peki, o zaman hadi ücreti yükseltelim. Tuvaleti temizlemeniz için size tam beş dolar versem? Beş yüz dolar? Beş bin dolar? Beş milyon?

Paraya ne kadar ihtiyacınız olduğuna ve bu tür bakım işleri yapmaktan ne kadar nefret ettiğinize bağlı olarak, ücret arttıkça işe karşı daha sevecen olduğunuzu hissetmeye başlarsınız. Çoğu insan beş yüz doları duyar duymaz "Asla olmaz" dan "Hım. Belki"ye doğru bir dönüşüm hisseder. Bugüne kadar beş milyon dolar karşılığında bir benzin istasyonunun tuvaletini neşeyle temizlemeyecek bir müşterim olmadı ve eğer olsaydı, o kişiyi hemen terapiye yollardım. Bu ücret seviyesinde, ben bile tuvalete dudaklarımda bir gülümseme ve içimde bir şarkıyla dalarım.

Burada anlatılmak istenen şey öz-benliğin satın alınabileceği ve onu satın almanız gereken zamanlar olduğudur. Hayal-planınızdaki hoş olmayan bir işi yapamaya giderken burnunuzun önünde sağlayacağınız milyonlarca dolarınız olmayabilir. Ama bu kitaptan aldığınızı umduğum tek şey, öz-benliğinizin ne istediğini tanıma ve isimlendirme yeteneğidir. En azından bu sürece başladığınızı varsayarak nefret ettiği bir şey yapması için öz-benliğinize rüşvet olarak sevdiği bir şey vermenizi istiyorum. Öz-benliğinize tiksindirici bir iş yapması için çeşitli ödüller sunun ve içsel pusulalarınızın size neler söylediğine dikkat edin. Şöyle olacaktır:

"Korkunç patronumdan zam istemem gerekiyor. Eğer bunu gerçekleştirirsem, kendime John Grisham'ın son romanını alacağım."

Eğer öz-benliğiniz bu rüşvetin ondan göstermesini beklediğiniz çabaya değeceğini düşünürse "Evet!" cevabını hissedersiniz. Eğer öyle düşünmezse, "Hayır!" tepkisini algılarsınız. Rüşveti artırmanız gerekir: "Tamam, eğer bu zammı istersem, sadece John Grisham'ın kitabını almakla kalmayıp bu akşam iki saat boyunca onu okuyacağım." Eğer bu da işe yaramazsa, en sevdiğiniz lokantada bir yemek, bir masaj ya da bütün gün hastayım diye evde kalmayı teklif edin. Öz-benliğinizin bu anlaşmaya "Evet!" dediğini hissedene kadar rüşveti artırmaya devam edin.

Bazen, bir iş size gerçekten tersse, ne kadar rüşvet verirseniz verin öz-benliğinizi katılmaya ikna edemezsiniz. Bu genelde sizi Kutupyıldızınızdan tamamen uzaklaştırmaya çalışan bir adımın işaretidir. Eğer durum böyleyse, o adımı atmayın. Ama eğer, bu iş yazgınıza doğru atılan nahoş bir adımdan ibaretse, eninde sonunda iki benliğinizi de mutlu edecek bir rüşvet bulursunuz.

ALIŞTIRMA

Kaplumbağa adımlara bölünemeyecek ya da *gerçekten* istemediğiniz bir adım için hayal-planınızdaki yapılacak işler listesine bakın. Bu adımı atmak için öz-benliğinize ödül olarak vermeniz gereken, sevdiğiniz şeyin ne olacağını bulun. Çok önemli uyarı: Öz-ben*liğiniz kabul edip verilen görevi yaptığında, rüşveti kesinlikle tamamen ödemeniz gerekir.* Yoksa gerçek benliğinizin güvenini kaybedersiniz.

3. *Berbat Bir İş Yapın*

Eğer bir şey yapmaya değerse, kötü yapılmaya da değer olduğuna bütün kalbime inanıyorum. Neredeyse bütün müşterilerim işlerini iyi yapmak için çok çalışmaya isteklidir. Bu, övülmeye değer bir yaşam anlayışıdır. Yine de bu, gün içinde yaptığımız korkunç hatalar olmaksızın idare etmeye yetecek kadar hayat tecrübesine sahip olduğumuz zaman büyümeyi, deneyimlemeyi ve yeni davranışlar öğrenmeyi durdurduğumuz anlamına da gelir. Bütün aktivitelerimizi o an çok iyi yaptığımız şeylerle sınırlarız. Kötü bir işi yapmayı reddetmek Kutupyıldızı Eksiklik Sendromuna giden bir rotadır.

Eğer büyük bir dönüşümden geçiyorsanız, sizin kahraman destanınızda kesinlikle yabancı ortamlar, durumlar ve yeni yetenekler olur. Bir sözleşme pazarlığından olta bağlamaya kadar bu şeylerin herhangi birini ilk birkaç deneyişinizde, büyük ihtimalle kötü yaparsınız. Harika! Bu kendi imkân sınırlarınızı hâlâ genişlettiğinizi gösterir. Zamanla ve pratikle, Kutupyıldızı işlerinizi mükemmel bir şekilde yapacaksınızdır. Ama bu yeteneği kazanmanın bir önkoşulu bu işi yüzünüze gözünüze bulaştırmaya istekli olmaktır.

ALIŞTIRMA

Daha önce hiç yapmadığınız bir kaplumbağa adımı ya da size zor gelen bir şey bulun. Bu şeyi çok kötü yapın. Kelimeleri yanlış yazın. Çizgi adamlar çizin. Tamamen kaybolun. Tarif sorup sonra onları unutun. Sonra, kendinizi azarlamak yerine, birkaç kez işleri elinize yüzünüze bulaştıracak kadar cesur olduğunuz ve yeni bir şey yapmayı denediğiniz için kendinize bir ödül verin. Artık bir kahraman gibi yaşıyorsunuzdur.

ÜÇÜNCÜ KARENİN ORTASI: BAŞARISIZLIK

Hata yapma ve onları düzeltme isteği sizin Üçüncü Karenin ilk hızlanma safhasını geçtiğinizde karşınıza çıkacak kayalık ve hain bölgeyi aşmanız, biraz hız kazanıp size ait olan kahraman destanının ortasına gelmeniz için kesinlikle gerekli bir özelliktir. Harika, iyi araştırılmış hayal-planınızı uygularken, bunun işe yaramadığını keşfetmenize ramak kalmıştır. Ve iş yaramayacaktır! Onu tamamen uygulanamaz yapan yaklaşık dört bin beklenmedik sorun vardır.

Bu noktada, kendinize Üçüncü Karenin mükemmeliyet değil, deneme ve hata yapma bölgesi olduğunu hatırlatmak çok önemlidir. Değişim döngüsünün bu aşamasında başarısızlık neredeyse kaçınılmazdır. Büyük macera büyük risk gerektirir ve bu işler çoğunlukla kötüye gidecek anlamına gelmez. Başarısızlığı başarıya giden bir adım olarak görmeyi öğrenmek Üçüncü Karenin sıkıntılarında hayatta kalmak için çok önemlidir. İşte size çoğunlukla zahmetli olan bu değişim döngüsünden geçmek için bazı öneriler.

1. *Sakin Olun!*

Üçüncü Karenin ortasının dağınık, deneme ve yanılma süreci hakkında Çinli erken dönem komünistlerden çok şey öğrenebiliriz. Çin'i zengin edip refaha kavuşturacağından kesinlikle emin oldukları Beş Yıllık Planlar yapıp durdular, ama bu planlardaki minnacık bir hata milyonlarca insanın açlıktan ölmesine neden oldu. Ama biz ölmeyeceğiz, çünkü üniversitedeyken buna benzer konuşmaları gereğinden çok yaptım.

John'la 1984'te, bir araştırma bursuyla Çin'e giderek bir Son Derece Olasılıksız Hedefe ulaşmaya kalktığımız deneyimi inceleyeceğiz. O zamanlar Halk Cumhuriyeti Amerikalılar için hâlâ ilginç bir yerdi ve biz gerçekten oraya gittikten sonra Çin'de bir yolculuğu organize etmenin imkânsız olduğunu keşfettik. Bizim planımız –hayal-planımız– Pekin'e uçmak, sonrasında kırsal alanları gezmek için program yapmaktı.

İlk aşama güzel gitti ve yukarıdaki bagaj bölmelerinde canlı ördekler olan ticari bir havayoluyla seyahat etmek biraz sinir bozucu olsa da olaysız bir şekilde Pekin'e ulaştık. Guilin şehrinin güneyine uçak bileti almak için yabancılar seyahat bürosuna gittik. Seyahat bürosuna gidene kadar, ben görevliye planlarımızı açıklamamız için gereken çeşitli cümleleri söylerken, John da talebe dayalı ticaretin erdemlerini öve öve göklere çıkardı.

Büroya geldiğimizde, orasını Disney World'de gördüğünüz gibi uzun ve dolambaçlı bir kuyrukla dolu bir halde bulduk. Bu sonsuz kuyruğun başında, Çinli bir kadın minik bir tahta masada tek başına oturmuş, Tai Chi yaparmış gibi tırnaklarını törpülüyordu. John'la sıranın en sonuna geçtikten yaklaşık on beş dakika sonra, kadın törpüyü nazik bir şekilde masaya koyup birkaç tane yavaş ve derin nefes aldıktan sonra, "Sıradaki?" dedi.

Sıranın başındaki, beklerken sakalı birkaç santimetre uzamış olan adam, onunla Oxford aksanlı bir İngilizceyle konuştu.

"Evet, Şanghay'a biletimi almaya geldim. Bana burada olduğu söylendi."

Kadın adamın adını alıp bir listeyi birkaç dakika boyunca taradı ve sonra, "Biletiniz şu çekmecede," dedi. Odanın karşısındaki minik, ahşap çalışma masasını parmağıyla gösterdi.

İngiliz adam birkaç saniye bekleyip, "Alabilir miyim?" diye sordu.

Kadın alt dişlerinin arasından bir nefes aldı ve "Şey, bilet çekmecede ve çekmece kilitli," dedi.

"Açmanızda bir sakınca var mı?" İngiliz adamın sesi biraz gerilmiş gibiydi.

"Özür dilerim, bayım," dedi kadın sert bir şekilde. "Orası Bay Liu'nun masası. Orayı açma izni sadece ona ait."

"Peki." İngiliz adamın sesi tizleşiyordu. "Bay Liu nerede?"

"Öğlen yemeğine gitti."

"Ne zaman dönecek?"

Kadın omuz silkti.

"Peki, ne zaman gitti?"

Seyahat acentesi görevlisi dudaklarını büzdü ve tavana bakıp derin düşüncelere daldı. "Sanırım Salı günüydü," dedi en sonunda. "O zamandan beri onu görmedik. Bazen haftalarca ortalıkta görünmez."

O noktada, İngiliz adam koptu. "*Aman tanrım!*" diye çığlık attı, yağlı saçlarına iki eliyle yapışarak. "*Ben bu ülkede ne yapıyorum? Böyle barbarlık olur mu? Aman tanrım! Aman tanrım!*"

Seyahat acentesi görevlisi törpüsünü aldı ve Çince "Tanrı yok," dedi.

Bu noktada, bütün sahneyi ölümcül bir trafik kazasını geçirirken hissettiğiniz dehşet duygusuyla izleyen biz kahkahayı bastık. Görevlinin başı sertçe döndü –bu ondan gördüğüm ilk hızlı hareketti ve göz göze geldik. Sonra o da gülmeye başladı. Birkaç dakika sonra, genç bir bürokrat yanımıza gelip çok nazik bir şekilde, seyahat planlarımızı hızlandırmak için ne yapabileceğini sordu. Oradaki herkes biraz Çince bilmemizden o kadar memnun oldu ki bize yardım etmek için ellerinden geleni yaptılar.

Kendimi ne zaman Üçüncü Karede bulsam bu deneyimi aklımda tutmaya çalışırım. Yabancı bir yerde olduğunuzda, hayali bir yer ya da sadece bir değişim döngüsünde olmak fark etmez. Bu, neyin işe yarayıp neyin işe yaramayacağını önceden bilemeyeceğinizi hatırlamama yardımcı olur. Eğer planınızı *tam anlamıyla* öngördüğünüz gibi işlemesi için zorlamaya kafanızı çok takarsanız, tehlikeli hatalar yapacağınız ve bu yeni tarlada yaşamanıza yardımcı olabilecek bir yığın faydalı bilgiyi kaçıracağınız kesindir. Üçüncü Karenin ortasına geldiğinizde, rahatlamaya, gözlemlemeye ve beklentilerinizden vazgeçmeye çalışın. Başarı kadar başarısızlığa da açık olun, neyin işe yarayıp neyin işe yaramadığına bakın. Sonra kendinizi önyargılarınızın değil, durumun gerektirdiği ritmin akışına bırakın.

ALIŞTIRMA

Bu hafta, size yabancı olan bir ortama girin. Eğer pirüpak dindar biriyseniz bir barda bir saat geçirin. Eğer zincir ve derilerden hoşlanıyorsanız, kiliseye gidin, ama kesinlikle hiç ait olmadığınız bir mezhep seçin. Bu ortama bir "gözlemci katılımcı" (bu terim striptiz kulüpleri hakkında gazete yazıları yazarak profesyonel itibar kazanmak isteyen sosyal bilimcilerin kullandığı bir terimdir) olarak gireceksiniz. Amacınız sadece, bunu daha sonra bir arkadaşınıza anlatabilmek için bu yabancı ortamda olanları izlemektir. İnsanlar nasıl oturur, nasıl yürür, birbirlerine nasıl gülümserler? Buraya uyum sağlayabilmek için neler yapmanız gerekir? Bunları yapmanız gerekmez, sadece tanımlayın.

Bu alıştırmayı yaparken, içsel tedirginliğinizin yansız bir ilgi ve eğlenmeyle karıştığını görürsünüz. Bu sosyal ortamı analiz etmek rahatsızlığınızı azaltırken kendinize güveninizi artırır. Üçüncü Kareye bir dahaki gelişinizde, bu his ve durum ne kadar gergin olursa olsun, buna geri dönmeyi unutmayın. Bu sizin sakin olmanıza yardımcı olur.

2. *Hatalardan Ders Alın*

Üniversitedeki en sevdiğim sanat profesörüm bir zamanlar şöyle derdi: "İlk beş bin hatanızı ne kadar çabuk yaparsanız, bir sonraki beş bine o kadar çabuk geçersiniz." Bu, onun başarısızlıklar vasıtasıyla öğrendiğimizi esprili, ama kasvetli bir şekilde belirtme yoluydu. Bahsetmediği şey ise gitgide daha zor sorunları çözdükçe, sonunda hatalarınızın bir aceminin değil, bir ustanın sorunları olduğu seviyeye varacağınızdır. Bu doğrudur, ama yalnızca her hatanızdan ders almanız durumunda.

Küçük bir çocukken, her uçak kazasının ardından uçağın "kara kutusunun" umutsuzca neden arandığını merak ederdim. Ne de olsa kutuyu bulmak kazayı telafi etmeyecek ya da ölenleri geri getirmeyecekti. Analistler o uçak kazalarında hatanın tam olarak ne olduğunu bulmak için binlerce saat harcadıkları için gökyüzündeki bütün uçakların daha güvenli uçtuğunu anlamam epey bir süre aldı. Tabii ki hiç kimse hataların ve trajedilerin olmasını istemez. Ama başarısız olduğumuzda, bundan ders almamız da gerekir.

Çoğu insan "kara kutu" yaklaşımını kendi hataları için kabul etmez. Başarısızlığı geride bırakmak, onu düşünmekten kaçınmak ve diğer kişilerden saklamak isteriz. Kutupyıldızınıza ulaşmak için, hatalarınızı her açıdan incelemelisiniz, buna diğer insanların olaya bakış açıları da dahildir. Bu, etrafınızdaki insanlardan hem olumlu hem de olumsuz geribildirim istemek anlamına gelir. Müşterilerimin çoğu Üçüncü Kareye geldiklerinde etraflarındaki herkese gün gibi açık görünen sorun ve önyargılar yüzünden kendi kendilerini yok eder. Eleştirilmek istemediklerini açıkça söylerler, böylece bu faydalı bilgiler yığını diğer insanların kafalarında kalır ve ona asla ulaşmaz. Kara kutuyu aramak yerine, ona bir göz bile atmadan kutuyu gömerler ve onu sonuçta küçük, soyutlanmış, hataları büyük, tekrarlanan başarısızlıklara dönüştürürler.

Her yaştan ve farklı yetenek seviyelerinde on küsur kişiyle beraber bir karate dersi aldığımı hatırlıyorum. Henüz siyah kuşağı almamış olsam da o gün *senpai*ydim, yani öğretmenden sonra grubun en yüksek rütbeli üyesiydim. Hepimiz yumruk alıştırması yaparken sarı kuşak takan sekiz yaşında bir çocuk salonun diğer ucundan bana bağırdı. "Bileğini yeteri kadar çevirmiyorsun," dedi. "Bu yüzden bu kadar yavaşsın."

İlk tepkim kıpkırmızı olmak ve o ders bitmeden çocuğun, kafasına sert bir tekme yemesini beklemekti. Öğretmen en alt seviyedeki öğrencilerinden birinin en üst seviyedekinin hatasını herkes içinde göstermesi karşısında dehşete kapılıp o anda çocuğu iyi bir haşladı. Öğretmen bunu yaparken, aklıma bir şey geldi: Çocuk haklıydı. Sadece gururum bu tavsiyesini bir armağan yerine hakarete dönüştürmüştü. Bir sonraki su molasında, sekiz yaşındaki çocuğun yanına gittim ve ona teşekkür edip tekniğimi tam anlamıyla nasıl geliştirebileceğimi bana göstermesini istedim. Daha sonra, birisi onun kafasına tekme attığında mutlu olmamaya çalıştım.

ALIŞTIRMA

Birkaç sayfa önce sizden bir şeyi kötü yapmanızı istediğimi hatırlarsınız sanırım. Şimdi performansınızda tam olarak neyin kötü olduğunu bulmanızı istiyorum. Güvendiğiniz iki ya da üç kişiden geribildirim isteyin. Eğer o iş bir şey yapmaksa, onlara ürünü gösterin ve sorunun ne olduğunu sorun. Kişilerarası bir şey yaptıysanız, diğer insanlarda nasıl bir etki bıraktığınız hakkında geribildirim isteyin. Eğer bir sorun çözüyorsanız, mantığınızın nerede aksadığını size gösterme işini başka birisine bırakın. Sonra onlara geribildirimleri için teşekkür edin ve öz-benliğinize bir şey ısmarlayın. Platon'un dediği gibi "İnsan kendi bilgisizliğini kabul ettiği gün zekâ düzeyi bir seviye yükselecektir." Tebrikler. Şimdi daha zeki görünüyorsunuz.

3. *Birinci Kareye Geri Dönün*

Ray, görüşmesinde başarısız olduktan sonra öfke içinde büroma daldı. "Amex'in o işi bana vermediğine inanamıyorum" diye söylendi. "Karşılaştığım diğer adaylardan çok daha uygundum."

"Ama büyük bir şirket için çalışacağıma ölürüm dediğini sanmıştım" dedim.

"Şey, doğru." Ray başıyla onayladı. "Ama bana en azından bu fırsatı vermeliydiler."

Ray'ın Üçüncü Karedeki başarısızlığının nedeni planını sağlam Birinci Kare üzerine kurmamış olmasıydı. Onun yaşam planı onun aslında kim olduğu ve aslında ne istediğine göre değildi. İnsanlar kararsızlığı hissedebilir, özellikle de iş görüşmesi yapan çoğu insan gibi bunu özellikle arıyorlarsa. Ray istemediği bir işe başvurmayarak bir yığın çaba ve boşa zaman harcamaktan kurtulabilirdi.

Başarısız bir Üçüncü Kare çabasını analiz etmenin yolu sizi Birinci Kareye geri göndermesine izin vermektir. Büyük bir başarısızlık size gündeminizi bıraktıracak ve değişim döngüsünün henüz başındayken kullandığınız stratejilere geri döndürecek kadar sarsan bir "katalizör olay" olmalıdır. Başarısızlığınız hayalinizi yetersiz tanımlamanın bir sonucu mu olmuştu? Eğer öyleyse, bu sorunu çözmek için Birinci Karenin teknikleri gereklidir.

Eğer Birinci Kareye döner ve gerçekten Kutupyıldızınıza giden yolda olduğunuzu görürseniz, başarısızlığınızın nedeni "hayal kurmak ve plan yapmak" aşamasında yatıyor olabilir. İlk müşterilerimden biri olan Carol güneybatı çölündeki küçük bir kasabada yaşamak istediğini bana söyledi. Böyle bir kasabada iş buldu ve gerçekleşen hayalinin keyfini çıkarmak için oraya taşındı. Altı ay sonra, yeni yaşamı hakkında şikâyetlerle dolu bir şekilde büroma geldi.

"Orada tanıştığım insanlar çok taşralı," dedi. "Hepsi Cumhuriyetçilere oy veriyor ve jöleli salata yiyorlar."

"Onların ne yapmasını bekliyordun ki?" dedim.

"Şey, özgürlükçü ve deneysel olduklarını sanmıştım. Zamanlarını sanatla uğraşarak ve yol kenarı kafeteryalarında kahvelerini yudumlayarak geçirdiklerini sanıyordum."

"Sen bunları minik bir çöl kasabasında bulmayı mı bekliyordun?" diye inanamayarak sordum.

Carol'ın hayali, bir şehirlinin küçük kasaba yaşantısı hakkındaki romantik fantezisiydi. Asıl hayali yaratıcı sanatçıların oluşturduğu bir toplulukta yaşamaktı ve bunu çok büyük ihtimalle önemsiz bir kasabada değil, dünyanın en büyük şehirlerinde bulabilirdi. Onun Üçüncü Karede aksamasının nedeni fantezisinin eksiklerini kontrol etmemiş olmasıydı. Carol şimdi New York'ta yaşıyor ve bundan memnun.

Eğer hayaliniz sağlamsa, araştırmanız güvenilir ve tamamlanmışsa planınızla ilgili bir sorun olabilir. Planınıza eklediğiniz adımlar etkisiz ya da ters etkili olabilir. Bazıları büyük ihtimalle listede yoktur, çünkü onların var olduğunu bile önceden bilmezsiniz. Bir planı mükemmel hale getirmenin tek yolu ilk beş bin hatada beceriksizlikler yapmak ve artan deneyiminizi yansıtması için planınızdaki adımları ince eleyip sık dokumaktır. Kendinize her Üçüncü Kare aktivitesi için ihtiyacınız olacağını düşündüğünüzden daha fazla zaman verin ve bir taraftan sert darbeler okulundan öğrenirken bir taraftan da planınızı gerçeği yansıtacak şekilde yeniden inceleyin. Bu kahraman destanının maceracı yüreğidir ve bu felaketten sağ kurtulacaksınızdır.

ALIŞTIRMA

Daha önce hiç yapmadığınız bir şey yapın. Bu, bahçenize bir patates bölümü yapmaktan model uçak yapmaya kadar pek çok şey olabilir. Bunu yaparken, ortaya çıkan beklenmedik sorunları ve başarılı olmak için öğrenmeniz gereken yeni yetenekleri sıralayıp yazın. Bu kadar çok engeli aştığı için öz-benliğinizi ödüllendirin. Eğer bütün bunları öğrenebiliyorsanız, Kutupyıldızınıza kadar bütün yolu kaplumbağa adımlarıyla gitmenizi sağlayacak her şeyi öğrenebilirsiniz.

4. *Üçüncü Kare Mantrasını Tekrarlayın*

Üçüncü Kare mantrası, ilk iki karenin mantrası gibi, cesaretsizlik ya da düş kırıklığı anlarında kendi kendinize söylemeniz gereken bir şeydir: İşte şöyle:

"Bu benim beklediğimden çok daha kötü, ama önemli değil."

Röportaj yaptığım başarılı insanlardan biri, Felix adında bir bilgisayar programcısıydı. İnanılmaz derecede karmaşık bir programın hatalarını düzeltmenin düş kırıklığını nasıl sakince kabul ettiğine hayran kaldığımda, bana bunu önerdi. "Tabii ki kodu olabildiği kadar mükemmel yapmak için kendinizi zorlarsınız," dedi, "ama her zaman hatalar ve gecikmeler olur. *Her zaman.* Yaptığım işten tonla para kazanmamın nedeni programlarımdaki bütün arızayı içtenlikle kabul etmemdir. O küçük hatalardan bir şekilde hoşlanırım da, onları arayıp bulur ve sonra nasıl düzelteceğimi çözerim. Hemen her şeyin mükemmel olduğuna kafayı takmadığınız sürece bu eğlencelidir." Sanal dünyada olan gerçek dünyada da geçerlidir. Üçüncü Kare Mantrası avınızı takip etmeyi sürdürmenize yardımcı olabilir.

5. *Eğer Sorunun Ne Olduğunu Bulamazsanız, Gidip Farklı Bir Şey Yapın*

Alkolle Mücadele Derneğinin *Büyük Kitap*'ı, cinneti "aynı şeyi tekrar tekrar yapıp farklı sonuç beklemek" olarak tanımlar. Bu, hatalarını analiz etmeyen ya da geribildirim kabul etmeyen kişilere özgüdür. Üçüncü Karenin ortası böyle kişilerin tekrar tekrar patladığı yerdir. Ya evrak düzenlemeyi başaramadıkları için iş üzerine iş kaybederler ya altı farklı bedende aynı yok edici kişilikle ortaya çıkarlar ya da sergileyemeyecekleri bir performans sözü verip bir haftada on kez kendi kendilerinin pestilini çıkarırlar.

Psikoterapist Bill O'Hanlon *Farklı Bir* Şey Yapın adlı kitabında, bir başarısızlık şablonu yaratan şeyin ne olduğunu bulamıyorsanız, bir şeyi –her ne olursa olsun– değiştirmeniz gerektiğini söyler. Hayatınızın hayal-planını bir daha inceleyin, ama bu sefer daha önce yapmadığınız bir şey yapın, mesela kafanıza bir şapka takın (bu O'Hanlon'ın kendi örneğidir). Herhangi bir değişiklik bakış açınızı değiştirir ve bu şablonu bozmanıza yardımcı olur.

Bu hem tam anlamıyla görev yönelimli süreçlerde hem de kişilerarası etkileşimin daha ince, karmaşık dünyasında işe yarar. Mesela O'Hanlon aynı berbat tartışmayı tekrar tekrar yapan evli bir çifti anlatır. Onlara kavga etmelerini söyler, ama şu koşullar altında: Ne zaman tartışma başlasa adamın kuru bir banyo küvetinde bütün elbiseleriyle oturması gerekecekmiş. Karısı da tuvalette oturacakmış (o da tamamen giysili). O'Hanlon'a göre bu, çiftin işe yaramaz anlaşmazlık şablonunu bozmuş, kendilerini porselen banyo parçalarında otururken o kadar komik hissetmişler ki düşmanlıklarını bırakıp evlilik danışmanlarını öldürme planı yapmak için birleşmişler. Hayır, hayır, şaka yapıyorum. Gerçekten olan şey şuymuş: ikisi de kendi iletişim tarzlarının eleştirel birer gözlemcisi olmuş. Bu bakış açısına göre, kendi varsayımlarını analiz edip birbirleriyle etkileşime girebilmek için planlarını değiştirebilmişler.

Daha önce hiç yapmadığınız bir şey yapmak, hayal-planınızı uyguladığınız her sefer algınızı genişletmenin bir yoludur. Geribildirim almak, "ideal dünyanızı" analiz etmek ve sert darbeler okulunda eğitim görmek hatalarınızı görmeye yardımcı olmazsa, yaptığınızı tekrar edin, ama yeni, en az bir davranış tarzı ekleyin. Eğer planınıza uymaya devam ederseniz, sonunda kahraman destanının "başarısızlık" aşamasını geride bırakıp Üçüncü Karenin gerçekten memnuniyet verici bölümüne geçeceksinizdir.

ALIŞTIRMA

Bozmak istediğiniz bir şablon düşünün: kötü bir alışkanlık, kaytarma eğilimi, hayır demek isterken evet demek. Bunun bir daha olacağını hissettiğinizde bununla savaşmayın. Üzerine gidin ve şablonu tekrar edin, *ama bu kez bir şapka takmanız gerekiyor.* Eğer şapka takma alışkanlığınız varsa, küçük günahınızı işlerken başka bir şey yapın. Mesela çömelmeyi, elinizde çiğ bir yumurta tutmayı ya da kuşdili konuşmayı deneyin. Şu andan itibaren, istenmeyen şablonunuzu izin verdiğiniz her sefer için yeni bir şey eklemeniz gerekiyor. İyi eğlenceler.

ÜÇÜNCÜ KARENİN SONU: BAŞARI

Max o sabah yüzünde afallamış bir ifadeyle içeri girdi. Ona bir göz atıp derin bir nefes aldım ve bir hayal kırıklığıyla başa çıkmasına yardımcı olmaya hazırlandım.

Max yazar olmayı çok istiyordu. Aylardır yayıncılara mektuplar ve taslaklar yolluyordu ve karşılık olarak "Önerinizi alıp inceledik ve şu an için ihtiyacımıza karşılık vermediğini gördük" temasının düzinelerce yorumunu almıştı. Biz yazarlar böyle cümlelerin altındaki manayı anlayabilir, yayıncıların aslında ne demek istediğini biliriz: "Yazabilirsin, düşünebilirsin ve herkes senden nefret eder. Aynı zamanda çirkinsindir de." Max'in boş ve şaşkın bakışlı gözlerinden yine reddedildiğini tahmin ettim.

"Naber, Max?" dedim nazikçe, o otururken.

"Yazım. *New Yorker* diye kekeledi Max.

"Dinliyorum."

"Kabul ettiler. Satın aldılar," dedi. "Ben bir yazarım."

Uzun ve sessizlik bir dakika boyunca birbirimize baktık. Ben de en az Max kadar sersemlemiştim. Onun kahraman destanında darbeler yemeye o kadar alışmıştık ki başarının nasıl bir his olduğunu merak ederek durduk. Max reddedilmeye alışıktı. Başarı onu tamamen gafil avlamıştı.

Bu noktaya ulaştığınızda, hayallerinizin gerçek yaşamla ilk kez bağlantı kurduğu anda, sizden durup bunu gelecek kuşaklar için kaydetmenizi istiyorum. Günlük notlarınıza yazın, videosunu çekin, bir hayal gerçekleştiğinde insanın ne hissettiğini onlara anlatmak için arkadaşlarınızı ve ailenizi toplayın. Dikkat edin. Bu, hayatın size sunacağı en iyi deneyimlerden biridir. Bütün her şey bunun içindir.

Tabii ki gerçek yaşam başarısının anı, sizin kahraman destanınızın sonu değildir. Tam zıttı da diyebiliriz. Planınız tanrının istediği gibi işlemeye başladığında, daha önce hiç çalışmadığınız kadar çok çalışacağınız bir süreçten geçeceksiniz. Öyküsünü *New Yorker*'a sattıktan sonra, Max çeşitli yazı fikirleri yaratıp onları yeni editörüne önererek işin peşini bırakmadı. Özgeçmişini ve birkaç kuşkulu yazısını, çabucak değiştirip eserinin saygın bir dergide yayımlandığından bahsederek başka yayıncılara yolladı. İlk başarısının verdiği güçle, bir kitap önerisini satması için ona yardım edebilecek olan bir edebiyat ajanının dikkatini çekti.

Burada olup biteni anlıyor musunuz? Bir kahraman destanı tek bir zaferle bitmez; kahraman düşmanı ne kadar çabuk yenerse o kadar çabuk ejderhanın, orkların ve kötü büyücünün karşısına çıkabilir. Bir belanın arkasından başka bir bela çıkar. Bu yüzden, zaferin tadını bir süre aldıktan sonra, aşağıdakileri yapmaya hazır olun:

1. *Köpek Gibi Çalışın*

"Köpek gibi çalışmak" deyimini kim bulduysa, Cookie'yle hiç tanışmadığı belli; bizimki bütün hayatı boyunca iç dekorasyonu saymazsanız bir nebze bile iş yapmamıştır. Biz "köpek gibi çalışmayı" nankörce, bıktırıcı bir şekilde uğraşmayı tanımlamak için kullanırız. Bu arada hiçbir köpeği çalışırken izlediniz mi? Profesyonel bir köpekten bahsediyorum, bir av köpeğinden, narkotik köpeğinden ya da çoban köpeğinden bahsediyorum. Bu yaratıklar kesinlikle işlerini *severler.* Onlar çalışmak için yalvarır, yüzlerinde kocaman bir köpek gülümsemesiyle saatlerce çabalarlar. Bir evcil hayvan dükkânı müdürü bir keresinde sürüyü gütmelerine izin verilmediği taktirde border collielerin klinik olarak bunalıma gireceklerini söylemişti. Kendi colliesi bir yetişkinin ortaya çıkmasını ve onların tüylerini kesmesini bekleyerek, komşu çocuklarını bir avludan bir avluya götürerek bu sıkıntısını çözmüş.

Üçüncü Karenin sonu çok gerçekçi bir anlamda bir köpek gibi çalışmanız gereken bir zamandır. Köpekler belli işler için üretilirler, gerçekten vücutlarındaki her hücrede hayatlarının işi için bir arzu kodlanmış olarak yaratılmışlardır. Siz de bazı işleri sevmek ve diğerlerinden tiksinmek için doğdunuz. Kendi Kutupyıldızınıza doğru giderken, aslında yapmanız gereken işi bulacaksınız. Siz de yataktan fırlayıp bir an önce işe koyulmak için yaygarayı koparacaksınız. Nasıl geçtiklerini bilmeden saatlerce çalışacaksınız.

Size yüzlerce örnek verebilirim, ama sadece birkaç taneyle sınırlı kalacağım. Lorraine evliliği kötü giden bir yardımcı avukatken, sürekli yorgunluk çekiyor ve vücudunda yinelenen virüs enfeksiyonları oluyordu. Artık bekâr bir moda tasarımcısı ve kapıcı binanın ışıklarını söndürene kadar işten çıkmayı çoğunlukla unutuyor. Jude mühendislik derslerinde neredeyse her zaman uyurdu, ama zooloji eğitimi almaya karar verdiğinden beri, daha çalar saati bağırmaya başlamadan, enerji dolu bir şekilde kalkıyor. Ve eski işinde hiç iyi bir performans değerlendirmesini sürdüremeyen Max, artık yazılarını destekleyen iyi, etkin iş alışkanlıkları geliştirdi ve bunları uyguluyor. Bütün bu kişiler gerçekten köpekler gibi çalışıyor. Deneyin bakalım onları yavaşlatabilecek misiniz?

ALIŞTIRMA

Bir köpek bulun. Çalışmasını izleyin. Artık, Ebenezer Scrooge, John Herry ve endüstrinin devlerini unutun. Fido sizin yeni rol modeliniz.

2. *Köpek Gibi Oyun Oynayın*

Sanırım köpeklerin bu kadar sıkı çalışmasının nedeni oyun oynamayı gerçekten biliyor olmaları. Kültürümüzdeki ortak inanç ve Protestan iş ahlakına göre oyun ve başarılı iş birbirine zıttır. Bu, doğal düzeni çarpıtmadır. Gerçekse doğanın oyun oynamayı seven yaratıklara üstün çalışma ve sorun çözücü yetenekler sunmuş olmasıdır.

Bir keresinde bir kuzgunu ceviz kırmaya çalışırken gösteren bir dizi *National Geographic* fotoğrafı görmüştüm. Mevsim kış ve yiyecek kıt olduğundan durum ciddiydi. Kuzgun küçük, karlı bir tepenin üzerinde durmuş, bir pençesiyle cevizi tutarken gagasıyla da kırmaya çalışıyordu. O kadar çok çalıştı ki sonunda geriye doğru yuvarlanıp tepeden aşağı baş üstü kaydı. O andan sonra, kuzgun cevizi unuttu. Bütün öğleden sonrayı tekrar tekrar tepeye çıkıp gerisin geri yatıp aşağı kayarak geçirdi. Sevgili dostlarım, işte doğanın yolu bu.

Müşterilerim genelde Üçüncü Karenin sonunda, iş baskısı arttıkça, oyun oynama zamanını azaltmaları gerektiğine inanırlar. Aslında tam tersi doğrudur. Ne kadar yoğun çalışırsanız o kadar çok oyun molası vermeye ihtiyaç duyarsınız. Oyun oynamak yaratıcılığınızı ve sorun çözme yeteneklerinizi artırır, psikolojik çöküşü minimuma indirir ve yüksek seviyeli performansın devamlılığını sağlar. Gaddar, psikotik bir despot olmayı planlıyorsanız sağlam iradeli kişisel disiplin doğru şey olabilir. Aksi takdirde hadi oyuna.

Ben işletme bölümünde öğretmenlik yaparken, sık sık çok çalışan öğrencilere final haftası boyunca günde iki saat oyun oynama ödevi verirdim. Sonuç olarak her zaman, performanslarının yükseldiğini bildirirlerdi. Ders çalışma süresinin azalması, çalışmalarının hızını ve verimliliğini etkileyici bir şekilde arttığı için telafiden fazlası oldu. Sizden de bu hafta aynı şeyi yapmanızı istiyorum: günde iki saat sosyal zorunluluklarını yapmak ya da ot gibi yaşamak yerine samimi bir şekilde elinizden geldiği kadarıyla eğlenmenizi. Öz-benliğinize oyun zamanı ne yapmak istediğini sorun. Verimliliğinizin ne kadar arttığını ve kitlesel katliam yapma arzunuzun ne kadar azaldığını görün.

ALIŞTIRMA

Resmi bir oyun zamanı seçin ve bunu uygulayın.

3. *En Sevdiğiniz İnsanlarla Takılın*

Gerçek bir başarılı Üçüncü Kare kahramanı her zaman diğer insanlarla iyi oyun oynayan birisidir. Başarılı bir destanda ilerlemek için herkesle anlaşmanız gerektiğini ya da sosyal biri olmanız gerektiğini söylemiyorum. Hoşlanacağınız insanlar aramanız ve sadece arkadaşları olarak mümkün olduğu kadar çok vakti onlarla geçirmeniz gerektiğinden bahsediyorum.

Tanıdığım birkaç kişi var, çoğu John'un işletme bölümünden insanlar ve sosyal ağ kurmaya açıkça çaba harcarlar. Yüzlerce kokteyl partiye gider, her köşeye sokulur, kartvizitlerini dağıtıp isimler ezberlerler. Bağlantılarını her altı ayda bir ararlar. "Selam Martha!" diyeceklerdir, benim adım kartvizitliklerde göründüğünde. "Blatherspoonsların Noel partisinden beri seni görmedim. Nabersiniz? Sen, John, çocuklar, Katherine, Adam ve Elizabeth?"

Bu insanlardan nefret ederim. Onların kokteyl partilerinden nefret ederim. Onların kartvizit ilişkilerinden nefret ederim. Kısacası, sosyal ağ kurmaktan nefret ederim, en azından birçok iş adamımın onu tarif etme şeklinden. Dahası, bu tip sosyal ağın büyük bir şekilde işe yaradığını da görmedim. Gerçek soysal ağ kurmanın -bu tür, sadece kartvizitliğinizi değil yaşantınızın her alanını geliştirir- hilekâr şirket tavrı ya da ortak çıkarlarla ilgisi yoktur. Sevgiyle ilgisi vardır. Bu size tuhaf mı geliyor? "Arkadaşlık" diyebilirdim, ama ben doğrudan konun can alıcı noktasına ulaşmak istiyorum. İşin doğrusu Kutupyıldızınızı öylesine hoşlandığınız insanlarla değil, gerçekten taparcasına sevdiğiniz kişilerle bulacaksınız. Bu insanlar tutkularınızı ve ideallerinizi paylaşacaklardır. Onların öz-benlikleri büyük ihtimalle sizinkilerle güzel bir şekilde uyuşacaktır. Onlar sizin kabileniz.

Gerçek arkadaşlığın sizi gerçek başarıya götürecek "sosyal ağ bağlantısı" olduğunu bilecek kadar uzun süredir işimi yapıyorum. Yeni başlayanlar için, bu kariyerinize kimi dahil etmek istediğinize karar vermenin en iyi yoludur. Bu iş teklifleri, girişim fırsatları, ortaklıklar, terfiler, inanılmaz ekip performansları ve sayısız başka ödüller sağlayabilir. Ama Kutupyıldızının bir parçası olması gereken bu insanlarla bağlantı kurmak işin her yönünden daha önemlidir. Hiç kimsesiz ve hiçbir şeysiz, hiçbir yerde olmayan bir hiç kimse olduğunuz Birinci Kareyi hatırlıyor musunuz? Üçüncü Karenin inanılmaz derecede çetin, hayal kırıklığı yaratan, stres dolu yolculuğunun sonunda sizi gerçekten anlayan ve yolunuza her tür fırsatı çıkaran arkadaşlarınızla beraber ait olduğunuz yerde, gerçek benliğiniz olacaksınız. Kişisel ya da profesyonel işiniz veya ilişkileriniz, yaşamınızın her açısı sevgi ve neşe üzerine kurulu olacak. Ve buna doğrudan girdiğinizde başka hiçbir şeyin önemi kalmaz.

En yakın arkadaşınıza telefon edin. Oyun oynamak için bir program yapın. Buluşun ve tam anlamıyla eğlenirken, durup dikkat edin. Bu duygu –bu rahatlık, ferahlık, güven ve hepsinin üzerinde eğlence duygusu– kendi Kutupyıldızınıza kilitlendiğinizde düzenli olarak yaşamanız gereken şeydir. Sizin olması gereken hayata yaklaştıkça iş, oyun, "bağlantı" ve arkadaşlık birbirine karışacak ve en sonunda bir olacaktır. Bu sizin kahraman destanınızın tadı ve dokusudur. Keyfini çıkarın.

15

DÖRDÜNCÜ KARE: VAAT EDİLEN DİYAR

Mükemmellik yoluna, tanrılar birçok engel koydular; bu yol dik ve tırmanması zordur. Ama zirveye ulaştığınızda artık kolaydır, zor olmasına rağmen.

–HESİODOS

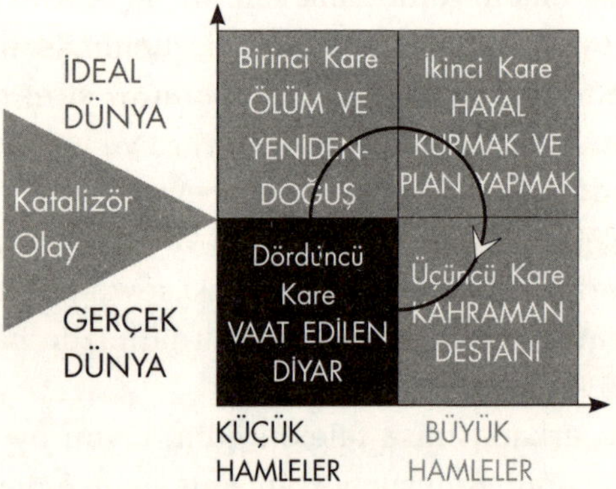

DEĞİŞİM DÖNGÜSÜ

Musa oraya asla ulaşamadı. Kırk yıl boyunca, İsrail Çocuklarıyla etrafta dolaşıp Vaat Edilen Diyarın yeşil çayırlarını, durgun sularını, bal ve sütünü aradı. Sonra bağırdığı zaman sesi duyulacak mesafeye geldiğinde, Tanrı, Musa'yı Cennet'e çıkarmaya karar verdi. Bu, bazen Gökteki Büyük Ergin Bir

Oğlan Çocuğu gibi konuşan, havarilerini dönüşümlü olarak kutsayan ve oldukça nahoş deneylerde kobay olarak kullan Eski Ahit tanrısının kaprisliliğinin başka bir örneği olabilir. Ama belki ortada başka hayırlı nedenler vardır. Belki Musa bir gezgindi, vahşi doğada serpilmek üzere doğmuş; düzenli, sakin bir hayatla ilgilenmemişti. Belki başka bir boyutta yeni maceralara gitmişti. Belki de İncil'i yazan öykücüler kahraman destanı bittiğinde onun okuyuculara artık o kadar ilginç gelmeyeceğini biliyorlardı.

Biz aslında Musa'nın iki seviyeli güzel bir tapınağa nasıl taşındığıyla, süt ve ballı bir içki için harika bir tarifi nasıl bulduğuyla ve bir yığın hazır yiyeceği nasıl yaptığını dinlemekle ilgilenmiyoruz. Biz kahramanlarımızın mücadele etmesini, ordular tarafından kuşatılmasını ve kullanılmasını istiyoruz. Dördüncü Kareyi dinlemek Üçüncü Kareyi dinlemekten daha az keyif verse de sizi temin ederim, bu kareyi yaşamak çok daha keyiflidir.

Hayalleriniz sadece gerçekleşmekle kalmayıp uzun vadeli sürme gücünü gösterdiğinde Dördüncü Kareye geldiğinizi anlarsınız. Küçük işiniz yaşamaya yetecek kadar kazanç sağlar; sevdiğiniz kişi sizinle evlenmeyi kabul eder; anlaşma imzalanır; daha ciddi suçlamalarınızda zaman aşımı kalkar. Neşeli bir yaşam için gereken malzemeleri artık kendiniz için saklayabilirsiniz. Bir sonraki yardım yemeğinin nereden geleceğini ya da zamanında gelip gelmeyeceğini bilmeden vahşi doğada dolaşmanız bitti. En sonunda yavaşlama zamanı geldi.

DÖRDÜNCÜ KARENİN BAŞLANGICI: YAVAŞLAMAK

Gördüğümüz gibi, Üçüncü Kare ileri doğru muazzam bir ivme gerektirir. Dördüncü Kareye geçmek için, bir Amerikan futbolu defans oyuncusu seviyesinde, yeterli sayıda engeli delip geçtiniz. Bu öyle uzun sürebilir ki sonunda bunu sürekli bir hayat tarzı olarak düşünürsünüz. Dördüncü Kareye geldiğinizde ve artık yolunuzda engel kalmadığında, bu durumla nasıl başa çıkacağınızı bilemeyebilirsiniz. Merak etmeyin. Burası iyi bir bölümdür. Buranın keyfini çıkarmanıza yardımcı olması için işte size bazı talimatlar.

1. *Frene Basın*

Sizi bir şey almaya ikna eden, sonra sizi sinirlendirecek kadar çok zorlamaya devam edip kararınızı tekrar düşündürmeye başlatan bir satıcıyla hiç karşılaştınız mı? Dördüncü Kareye ulaştığınızda ve her şey istediğiniz gibi gittiğinde lütfen rahatlayın. Bunu yapmakta zorlanan çok insanla karşılaştım. Çok başarılı olduktan sonra bile tek bir fırsatı dahi kaçırmanın geleceklerini mahvedeceğinden emin bir şekilde, çok fazla çalışırlar. Yapmaları gerekmeyen işleri, gerçekten hoşlanmadıkları insanlar için, arkadaşsız kalmamak adına zahmetlere girerek yaparlar. Üçüncü Karede böyle bir çaba başarıya yardımcı olabilir. Dördüncü Karede ise gerçekten başarısızlık yaratır.

Çoğumuz Üçüncü Kareden çıkıp Dördüncü Kareye geldiğimizde biraz aşırıya kaçarız, ama bu önemli değildir. Dış geribildirimlere dikkat ederseniz ve içsel pusulalarınızı gözden kaçırmazsanız fren yapmak için bol bol zamanınız olur. Dördüncü Karenin başına geldiğinizde, öz-benliğiniz biraz geri çekilmeye başlayıp aslında yaşamanız gereken hayatla aleni bir şekilde aynı hizada kalmaya çalışır. İçsel dürtünüzün çalışma ve başarı arzusunun aniden dinlenme ve rahatlamaya dönüşmesi sizi gafil avlayabilir, ama onu dinlemelisiniz. Dördüncü Karede daha az çaba, daha çok güven ve başarıya eşittir.

ALIŞTIRMA

Çok hoşunuza giden bir fıkra seçin. Onu duymamış bir arkadaş bulun. Şimdi bu fıkrayı arkadaşınıza anlatın. Eğlenceli değil mi? Tamam. Şimdi, hemen aynı fıkrayı aynı kişiye tekrar anlatın. Ve anlatırken, arkadaşınıza niçin gülmesi gerektiğini *açıklayın.* Fıkranın komiklik değeri üzerine yorumlar: "Çok komikti, değil mi? Hiç bu kadar gülmemiştim!" Daha siz farkına bile varmadan, arkadaşınız gülmeyi kesip dudağını biraz büzerek uzaklaşmaya başlayacaktır. Bu alıştırmadan çıkan ders şudur: *Bazen sizden umulanı yapmak gerekir, bazen de hayatı akışına bırakmak.* Bir dahaki sefer, hayal-planınız başarılı oluyor gibi göründüğünde onu rahat bırakın. Pusulalarınızı kontrol edin. Zorlamaya kalkmayın.

2. *İşe Yarayan Şeylere Odaklanın; Diğer Her şeyi Bir Kenara Bırakın*

Seymour hayatında finansal Dördüncü Kareye neredeyse kazaen çok erken varan bir müşterimdi. Yirmi dokuz yaşındayken ona bir milyon dolardan fazla para miras kalmıştı. Bunu hiç düşünmeden, büyülü bir hayatı olduğu ve bu maddi fırsatın hiç değişmeyeceği zannına kapıldı. Seymour o milyon dolara, pastaya dalan bir domuz gibi daldı, tekneler, evler, parlak pullarla süslü aşk köleleri ve istediği diğer her şeyi satın aldı. Kırk yaşına geldiğinde, Seymour iflas etmişti ve bu konuda ne yapması gerektiği ya da ne yapabileceği hakkında tek bir fikri bile yoktu. Ona göre, Kutupyıldızını bulmasının tek yolu, yatmak ve bir milyon doların daha gökyüzünden düşmesini beklemekti.

Semour'un tam tersini düşünen birçok başka müşterim var. Bu insanlar, neredeyse bir yağmur duacısının yağmur yarattığı gibi yiyecek bağışı yarattığını düşünen, benim meşhur köpeğim Cookie gibiler. Doğrusu, ne yaparsa yapsın, günde iki kez ona yemek verilir, ama bunu ona söylemeye kalkmayın. Her yemekten sonra, Cookie hemen o Büyük Olayın öncesine giden bütün davranışları tekrarlamak için bütün beynini –iki hücreyi– yer. Karşısına tekrar bir insan çıktığında bütün o hareketleri, sırasına göre, tekrarlarken şöyle düşünür: "Bakalım son seferinde ne yapmıştım –dudaklarını büz, *Uuuuuuu,* sola iki yan adım, iki sağa, dön, kulaklarını salla –onları salla, onları salla –aman tanrım, başım dönüyor –yerde yuvarlan, ayağa kalk, tekrar et: *Uuuuuu...*" Bu, yaklaşık beş dakika sürer. Eğer yemek zamanında yapmamışsa ona yemek verilmez. En sonunda oradan sıvışan Cookie bir taraftan da şöyle düşünür: "Lanet olsun, bir şeyi unutmuş olmalıyım."

Buradaki ortak noktayı görüyor musunuz? Ne Seymour ne de Cookie istediği şeylere ulaşmak için gerekli mekanizmaların ne olduğunu tam olarak anlamıyorlar. Seymour'un sorunu, ödüllendirilmek için bir şey yapması gerekmediğini sanmasıyken, Cookie tamamen verimsiz olan bir yığın şey yapması gerektiğini düşünüyor. Dördüncü Karenin başına geldiniz mi, bu iki değerlendirme hatasına da dikkat etmek önemlidir.

Eğer vaat edilen diyara yolculuğunuz kolaysa, şanslısınız demektir. Şaka yapmıyorum. Durup sıradışı şanslı olduğunuz durumları iyice inceleyin. Bunların tekrarlanma olasılığını hesaplayın. Ne kadar şanslı olduğunuzu, bu yüzden de başarınızı çantada keklik olarak ve hiçbir çaba harcamadan sonsuza kadar devam edecek gibi görmediğinizi anladığınızdan emin olun. Eğer Seymour bunu kırk yerine otuzunda yapsaydı, o parayı çarçur etmek yerine yatırımlarda kullanır ve hayatının geri kalanını Dördüncü Karede geçirebilirdi.

Diğer taraftan, bütün enerjinizi vaat edilen diyara ulaşmak için kesinlikle her şeyi yapmaya harcıyorsanız, büyük ihtimalle başarınızı sürdürmek için gerekenden daha fazlası harcıyorsunuz. İlk kitabımın reklamını yapmaya başladığım zamanlarda, bir çoksatan yazar saat dilimlerinden dolayı telefonla bir radyo şovuna katılmak için gecenin ikisinde kalmakla uğraşmamam gerektiğini söyledi. "Bunu yapmak için kendimi öldürürdüm ve pek bir şey de değiştirmezdi" dedi. "Eğer bir kitap satacaksa, bunun nedeni bir gece radyo programı olamaz. Eğer bir kitap patlayacaksa, o radyo şovu bunu engelleyemez. Sağlığınız ve ailenizle ilgilenmek daha önemlidir." Diğer bir deyişle, kıymetli zamanınızı ve enerjinizi düşük verimli stratejilere harcamayın. (Yayınevimdeki pazarlamacıların buna katılmayacaklarına eminim, ama yanılıyorlar.) Eğer başarınıza çok az etkisi olacak bir şey sizi tüketecekse onu yapmayın.

Dördüncü Karenin başında en önemli görevlerinden biri vaat edilen diyarınızda etki yaratacak çaba oranına sahip olan strateji ve aktiviteleri bulmaktır. Bu herkes için farklıdır. Mesela arkadaşım Mary Ann inanılmaz bir yatırım uzmanıdır. Bir kupon dosyası vardır; türüne, tarihine, dolar değerine göre öyle çapraz referanslandırılmıştır ki Kongre Kütüphanesi onun yanında cahil uyuşturucu bağımlıları tarafından organize edilmiş gibi kalır. Mary Ann'in kupon dosyası ona yılda binlerce dolar kazandırır. Bir keresinde, onun ihtişamı karşısında huşu içinde kalıp Mary Ann'in metotlarını kopyalamaya çalıştım. Sistemini öğrenmek, sonra da kuponları kesip dosyalamak için saatler harcadım. Sanırım bir kere onları dükkâna giderken yanıma almayı hatırladım, ama onları hemen oradaki ıslak bir muşamba parçasının üstüne düşürdüm. Birkaç başarısız çabadan sonra, kupon kesmemin bana aynı zaman süresinde bir müşteri görmemden çok daha az para kazandırdığını fark ettim. Benim için, kupon kesmenin çaba-etki oranı buna değmez. Mary Ann için, değer. *Yaşasın farklılık!* İşinize yarayan neyse onu yapın.

3. *Öğrenme Eğrisini Aşağı İndirin*

Üçüncü Karede, daha önce hayal bile etmediğiniz onlarca görev ve durumla karşılaştınız. Birçok hata yaparak, sık sık Birinci Kareye dönerek ve çok fazla şey öğrenerek bu alışılmadık deneyimler içinde bocalayarak ilerlediniz. Dördüncü Karede, bu çabaların hangilerinin en etkili olduğunu bulup verimsiz davranışların hepsine son verdiğinizde, başarınızı sürdürecek şeylerde gerçekten iyi olmaya odaklanma zamanı gelmiştir.

Başlangıçta, bu süreç azap verici bir şekilde yavaştır. Bunun nedeni sadece yeni yetenekler öğrenmekle kalmayıp aynı zamanda bu alanın *nasıl öğrenileceğini öğrenmenizdir.* İster kariyer yönetimi, ister mimarlık, ister kibar şirket tavırları, ister duygusal zekâ, ister sanat, ister bilim, ister Funky Chicken ya da başka bir yetenek olsun, öğrenmenin başlangıcı en zor bölümüdür. Bir kere hızlandınız mı, daha ileri seviyeleri gitgide daha çabuk anlarsınız. Dördüncü Karenin başlangıcında ilerlemek için acemilik yapmak, tekrar etmek ve hepsinden önemlisi, uygulama yapmak için kendinizi zorlayın. Çok geçmeden asla öğrenemeyeceğinizi düşündüğünüz konuda bir uzman olursunuz. Onu uykunuzda bile yapmadan yapıyor olursunuz.

4. *Kaplumbağa Adımlarınızı Birleştirin*

Üçüncü Karede hayal-planınızı "kaplumbağa adımlarına" bölmenizin nedeni, büyük değişikliklerle bilinmedik işler yapmanız ve bu yeni alanlarda hiç deneyiminiz olmamasına rağmen kendinizden büyük ihtimalle çok fazla şey beklemenizdi. Dördüncü Karede olduğunuzda, kaplumbağa adımı tanımınız (öz-benliğinizin kolayca yapabileceği en büyük iş) gitgide daha çok alanı kapsar. Birkaç adıma böldüğünüz aktiviteler birleşir. "Tamam, bu yumurtayı alıp uzunlamasını tutacağım, sonra kâsenin kenarına sertçe –ama çok sert değil– vuracağım, içindeki madde kâseye akarken kabuğu ikiye ayıracağım, sonra kabuğu atacağım, sonra kaşığı bu şekilde, dar ucundan tutacağım ve geniş, kepçeli ucunu karıştırma kâsesine sokacağım, sonra kaşığı kâsenin içinde şöyle çevireceğim..." diye düşünmeniz gerekmez. Onun yerine şöyle düşünürsünüz: "Bir yumurtayı çırp." Çok daha kolay, değil mi?

Bu birçok küçük adımı birleştirip büyük bir adım haline sokma yeteneğine "yığma" denir. Ne zaman yeni bir bilgi öğrensek beynimiz bunu otomatik olarak yapar. Diyelim sizden sırayla yetmiş numara ezberlemenizi istedim, mesela *pi* sayısından yetmişinci basamağına kadar. Otistik bir bilge olmadığınız sürece, bunu yapmakta zorlanırsınız. Ama büyük ihtimalle ezbere en az on tane telefon numarası bilirsiniz. Bu yetmiş sayının, hepsi mükemmel sıralı minimumudur. Bu kadar çok numarayı hatırlayabilmenizin nedeni yığılmış olmalarıdır: yediyle on arası sayıdan oluşan her grup zihninizde belli bir kişi ya da yerle ilgilidir. Her sayı grubu da parçalara bölünmüştür. Bu sayıları parantez ve tirelerle yazmamızın bir nedeni de beynimizin parçalanmış bilgileri daha kolay depolaması ve hatırlamasıdır.

Bangkok'a ilk kez bir iş gezisi düzenlediğinizde ya da bir yağlı boya portre yaptığınızda ya da ikinci dereceden bir denklemi çözdüğünüzde, bu işin her safhası çok yavaş ilerler ve kendiniz haklı olarak yorgunluktan bitmiş hissetmenizi sağlar. On beşinci seferde, bir yandan kendinize manikür yaparken bir yanda bunların hepsini sadece ayak parmaklarınızı kullanarak yaparsınız. Her kaplumbağa adımına daha fazla iş katmak için kendinizi nazikçe ama sebatla zorlamaya devam edin. En sonunda Dördüncü Kare refahını sürdürmek için gerekli her şeyin sadece kontrol edilebilir olmakla kalmayıp aynı zamanda kolay olduğu noktaya ulaşırsınız. Bu Dördüncü Karenin sağlam merkezine ulaştınız demektir.

DÖRDÜNCÜ KARENİN ORTASI: DURGUN SULARIN YANINDA YÜRÜMEK

Geçen gün Elizabeth Taylor'ın özel yaşamından çok daha fazla işgal edilmiş bir ülkeden gelen bir taksi şoförüyle konuştum. Şu an için ülkesi bağımsız, ama taksici dostum oranın geleceği konusunda endişeliydi. "Halkım baskıya karşı savaşmakta çok iyi," dedi bana. "Asıl sorun bundan başka bir şey bilmememiz. O kadar çok savaş yaşadık ki barış zamanı nasıl yönetileceğini bilmiyoruz." Müşterilerimin çoğu böyledir. Kaotik, öngörülemez ortamlarda büyüyenler (alkolik ebeveynlerin çocukları özellikle korunmasızdırlar) Dördüncü Karenin huzurlu, aşırı istikrarından rahatsız olurlar. Durgun suların yanında nasıl dolaşılacağını bilmez ve çoğunlukla sonunda kendilerine vaat edilen diyarı yok ederler. Eğer bu insanlardan biriyseniz, işte size Dördüncü Karenin ortası için bazı anlamlı sözler.

1. *Tostları Biriktirmeye Kalkmayın*

Bir zamanlar Sibirya'daki Sovyet hapishanesinden kaçıp arada bir zehirli yılan dışında yiyecek hiçbir şeyi olmadan Gobi Çölünü geçip Çin'e ulaşan bir adamın hatıralarını okumuştum. En sonunda özgürlüğüne kavuştuğunda, neredeyse ölmek üzereymiş ve birkaç haftasını hastanede geçirmek zorunda kalmış. Hastanede geçirdiği bu sürede, adam tostlarını yastık kılıflarının içinde saklayıp durmuş. Aklı bunun gereksiz olduğunu biliyormuş, ama derinlerde bir yerde, bu inanılmaz bolluğun –her yerde toslar olmasını– devam edeceğine inanamıyormuş.

Birçok insan Dördüncü Karede her tür "tostu" biriktirmeye başlar. Değişim döngüsündeki uzun yolculuklarından sonra yorgunluktan bitkin ve korku içinde, hayatlarına en sonunda giren iyi şeylere çılgınca yapışırlar: paraya, ilişkilere, ilgiye, güce. Otoriteyi devretmezler, yanlarında çalışanlara cömertçe ücret ödemezler ya da insancıl davalara zaman ve para vermezler; biliyoruz ki geriye, onlar için yeteri kadar iyi bir şey kalmayacaktır! Ne kadar gariptir ki bu tür düşünme ve davranışlar bir vaat edilen diyar kovucu görevi görürler. Biriktirme zihniyeti aslında neşeli yaşamanızı engeller, para kazanma yeteneğinizi azaltır ve hem kişisel hem de profesyonel ilişkilerinizi bozar.

Bir Kasım günü, uyanıp evde Amerika'daki bütün adam, kadın ve çocukların dişlerini çürütecek kadar çok Cadılar Bayramı şekeri kaldığını gördüm. Bütün şekerleri büyük bir kâseye koyup büromun kapısına koydum. Yeni başarılı olmuş müşterilerimden birine, istediğin kadar al, dediğimde açlıktan ölmek üzere olan bir kemirgen gibi bütün kâseyi boşaltana kadar ceplerini doldurdu. O zaman bile bu adamın psikolojik dürtüsünün korku ve güvensizlik olduğunu biliyordum. Ama bu benim yansımalı tepkimi yumuşatmadı: *"Sen iğrenç birisin ve sana bundan sonra asla bir şey vermeyeceğim."* Güvensiz insanlar –tost biriktirenler– vaat edilen diyarı defetmeye eğilimlidirler, çünkü kendi refahlarına güvenmeyi beceremezler.

Budistler şöyle söyler: iyi şeylere yapışıp kaldığımızda, sadece onları öldürmekle kalmaz, aynı zamanda kendimizi dünyanın bize her an sunduğu güzellik coşkusunun hepsini kucaklayamamayacak hale de dönüştürürüz. Bir kişinin sevgisine sahip olmayı saplantı haline getirmek o kişiyi uzaklaştırıp başka değerli ilişkilere ulaşmanızı engeller. Tedbirli yatırımlarda doğacak küçük riskleri almak yerine her kuruşu kafaya takmak, insanı muazzam bir kârdan edebilir. Pintilik sadece itici değil aynı zamanda kendine zarar vericidir. Eğer Dördüncü Kareye girdiğinizde buna kapıldığınızı fark ederseniz kendinizi yeniden eğitmelisiniz.

Her şeyden önce, kafanızda Herkes tarafından daha önceden oraya sokulmuş açgözlü bir sürü yalan olabilir. "Para tarlada yetişmez" ya da "İbre tersine dönebilir" ya da "Ahmak! Bütün bu tostlar sonsuza kadar var olacak mı sanıyorsun?" gibi küçük nasihatleri farkında olmadan, bilinçsizce tekrarlıyor olabilirsiniz. Eğer böyle yapıyorsanız, negatif Herkes-konuşmasını değiştirmek için kullandığınız tekniklerle kendinizi yenilemelisiniz.

BİRİNCİ ALIŞTIRMA: YAPIŞMA-KORUMA ONAYLARI

Onaylamalar, onlar hakkındaki genel şüphelerime rağmen, bu durumda çok işe yarar. Aşağıda kendinizi açgözlü ve endişeli hissetmeye başladığınız zaman duvarlarınıza, buna zihninizin duvarları da dahil olmak üzere, asmanız gereken bazı ifadeler var. Eğer değişim döngüsünün her adımını içsel yön bulma aletlerinize göre izlediyseniz, bu ifadelerin hepsi kesinlikle doğrudur. Onlara inana kadar onları tekrar edin.

1. Ortada herkese yetecek kadar servet, sevgi ve mutluluk var.
2. Seçimlerimden dolayı başarılıyım, şans eseri değil.
3. Eğer bir şey ters giderse, onu nasıl düzelteceğimi bulacağım.
4. Bu durumu bir kez yarattım ve tekrar tekrar yaratabilirim.
5. Eğer her şeyi kaybedersem bana isteyerek yardım edecek bir yığın insan var.
6. Şu anda hayatımın üstesinden gelebiliyorum ve her zaman yapmam gereken de bu.
7. Hiçbir şey geleceğimi benden alamaz.
8. Bunun geldiği yerde çok ama çok daha iyi şeyler var.
9. Her zaman bolluk içinde olacağım.
10. Sınırsız zenginliklere ücretsiz ulaşım hakkım var.

İçselleştirilmiş, bonkör bir Herkesiniz olsa bile bir yoksunluk dönemi geçirdikten sonra psikolojik duyargalar geliştirmiş olabilirsiniz. Bu doğal bir eğilimdir, hatta fizyolojik bile olabilir. Sovyet tost pintisinin açlıktan ölmek üzere olmaktan dolayı içgüdüsel bir vücut ve beyin tepkisi sonucu yiyecek saklaması gerekir. Bu tip şeyler için en sevdiğim çözüme "ilahi çöküş" derim.

İlahi çöküşü denemek için, öz-benliğinizin gerçekten hoşlandığı bir şeyden bol bol alın. Sadece istediğiniz kadar almayın; iki misli, beş misli, bir ay boyu her Pazar günü kullanabileceğinizden daha fazlasını alın. Tabii ki çok zengin değilseniz, lüks yatları ya da aşırı eğitimli hizmetkârları istifleyemezsiniz, ama öz-benliğiniz çok sadedir ve göreceli olarak ucuz ödüllerle ilahi çöküşü yaşayabilir.

Lillian ilk ilahi çöküş alıştırması olarak, kendine farklı renklerde, çok hoş kokulu, gliserinli yirmi adet sabun aldı. Onlardan o kadar çok etkilendi ki onları gösterip anlatmak üzere bir seansa getirdi. Sabunlar saf platin olsaydı bile Lillian'ın öz-benliği bu kadar memnun olmazdı. Matthew mekanik kurşun kalemleri sever, bu yüzden alıştırma yapmak için yedekleriyle beraber on farklı çeşit aldı. Emily neredeyse meteliksizdi, ama çok becerikliydi; gardaki bitpazarına gidip tanesi bir ya da iki dolardan birkaç eşarp ve elbise aldı. Benim kişisel olarak hiç bitmeyen kutulu çikolata stoğum var, karamelli ve fıstıklı olanlardan. Her zaman için el altında en azından iki kilo olmasını isterim.

Onlara bu alıştırmayı verdiğimde, müşterilerim sanki onlardan bir huzurevini soymama yardım etmelerini istemişim gibi bana bakarlar. Bunu yapmak çok kötü bir şey olabilir, derler; nefsine böylesine düşkün olmak, hayvani ve rezil bir şey! Evet. Harika değil mi? İlahi çöküş işte tam da böyle bir duygu olmalı, en azından başladığınızda. Ama bir süre sonra, aynı tost biriktirme tepkisi gibi kaçınılmaz ve iradeniz dışında psikolojiniz üzerinde belli bir etkisi olan iyi şeylerin baskını altında kaldığınızı görürsünüz. Bolluk içinde bir süre yaşadıktan sonra, psikolojik ilginiz azalır. Biteceği için endişelenmeyi keser ve boş vermeye başlarsınız.

İnsanlar bana her zaman iki kilo çikolataları olsa, mideleri çatlayana kadar durmadan yiyeceklerini söyler. Buna inanıyorum, çünkü sınırsız çikolata stoğu yapmak için kendilerine asla izni vermezler. Zevk kıt ve yasak olduğu sürece, kendinizi ona karşı açgözlü ve tutkulu hissedersiniz. Kendinize ona serbestçe ulaşma izni verdiğinizde, gerçekten bir süreliğine çılgına dönebilirsiniz. Kendime ilk kez çikolata aldığımda, üç gün boyunca başka hiçbir şey yemedim. O andan sonra, sıkıldım ve canım salata çekmeye başladı. Gerçekten. İstediğiniz sürece yiyebileceğiniz kadar çikolatanız olduğunda ve ne zaman isterseniz daha fazla alabileceğinizi bildiğinizde, saplantılı tıkınma ihtiyacınız yok olur. En sevdiğiniz şey bitse bile panik ya da mahrumiyet hissi olmaz. Huzur ve bolluk birbirlerine uyar, eğer kendinize bunlardan birini sağlarsanız, diğerine de sahip olursunuz.

İlahi çöküş konusu olan şeye aşırı bağlandığınızı sandığınız zaman, küçük bir test yapın: Onun bir kısmını verin. Eşarpların bir kısmını bir torbaya koyup Selamet Ordusuna yollayın. Gliserinli bir sabunu çocuklara bırakın. Mekanik kurşun kalemlerden birini kardeşinize verin. Şimdi, dürüst olun: Üzüldünüz mü? Eğer değerli şeyinizden ayrılmak size zor geldiyse, ilahi çöküşü hissedecek kadar zaman harcamamışsınızdır. O zevk her neyse kendinize ondan biraz daha alın. Hepsini kendinize ayırın. Onları yastık kılıfınızın içinde saklayın. Civciv çıkartmaya çalıştığınız bir yumurta gibi aylarca üstünde oturun. Eğer bunu yeteri kadar uzun süre yaparsanız, sonunda iyi şeylerden çok miktarda olduğunu ve her zaman olacağına inanmaya –derinlerde bir yerde, gerçekten inanmaya– başlarsınız. Kırgınlık yaşamadan ya da endişe etmeden ilahi çöküş nesnenizin bir kısmını verebildiyseniz, bir başka alıştırmaya hazırsınızdır.

ÜÇÜNCÜ ALIŞTIRMA: KARŞILIKSIZ VERMEYİ DURDURUN

Karşılıksız vermek birçok kültürün temel öğesidir. Bu toplumlardaki insanlar sahip oldukları şeylere göre değil, verdikleri şeylere göre mevki kazanır. Bu felsefenin kendi sakıncaları ve işlev bozuklukları olsa da çoğumuz bunun birazına dayanabiliriz. Bizim kültürümüzde, karşılıksız olarak çok sık vermek bir tür kontrol –"Sana hayatını ben verdim, bana her şeyi borçlusun"– ya da haklı olduğunu hissetmenin bir yolu olur. Bu nedenlerle vermek sizi daha az değil, daha çok cimri yapar ve aslında sizi, yaşamanız gereken hayattan uzakta tutabilir. Gerçek bir karşılıksız verme, sizi vaat edilen diyardaki yerinize çivileyecek türde, isteyerek yapıldığında ve neşeyle olur. Bu sizi mutlu ettiği için verirsiniz. Geri verilmesine ya da oturup kendi cömertliğinize hayran olmaya hiç ihtiyacınız yoktur. *Elinizde yeteri kadar iyi şey olduğuna emin olmadığınız sürece karşılıksız vermek konusunda böyle hissedemeyeceğinizi* tekrarlamalıyım. Yoksunluktan zorla cömertlik yaratmak imkânsızdır. Denemeye bile kalkmayın. Ama dünyanın her şeye rağmen cömert olabileceğini hissedecek kadar ilahi çöküş yaşadığınızda, aşağıdaki adımlar Dördüncü Kare deneyimlerinizi daha iyi bir hale sokabilir:

1. Fazlasıyla sahip olduğunuz ve paylaşmaktan çekinmeyeceğiniz bir şey belirleyin.

2. Paylaşmak istediğiniz şeye ihtiyacı olan birisini bulun.

3. Ne kadarını zevkle verebileceğinizi hesaplayın (bunu farklı miktarlarda vermek konusunda öz-benliğinizin verdiği tepkiye bakarak yapın).

4. *Zevkle* verebileceğiniz kadarını verin. Eğer mümkünse bunu kimden geldiği belli olamayacak şekilde yapın.

5. Hediyenizle yarattığınız iyi hissi hayal etmenin ya da görmenin zevkini yaşayın.

Bu alıştırmanın sizi ne kadar mutlu edeceğine şaşıracaksınız. Çok tuhaftır ki gelirinizi artırmanın en iyi yollarından birinin bu olduğuna gerçekten inanıyorum. Bu küçük tavsiyeyi bir finansal planlama kitabında okuyup çok tatlı, yapmacık ve tamamıyla asılsız olduğunu düşünmüştüm. Bakın, ben mensuplarının, kazançlarının yüzde onunu kiliseye vermesi gereken bir dinde büyüdüm ve gençliğimde bunu yapmama rağmen, gelirimin büyülü bir şekilde arttığını hiç görmedim. Ama o finansal planlama kitabını okurken, küçükken her zaman zorla verdiğim, çoğunlukla vermek istediğim miktardan daha çok verdiğim ve bağışımın her ne kadar iyi niyetliyse de devasa, meçhul bir kuruma gittiği aklıma geldi. Yıllar sonra "karşılıksız vermek" kavramıyla karşılaştığımda, bunu kendi koşullarıma göre denemeye karar verdim. Rahatça ne kadar para verebileceğimi hesapladım ve bu küçük miktarla hayatı gerçekten değişebilecek birisini belirledim. Anonim olarak yapılan bu nakit bağışı kendimi harika hissetmemi sağladı. Ve ertesi gün, çoktan unutmuş olduğum bir projeden beklenmedik bir çek aldım. Çok şaşırdım.

Bunun niçin işe yaradığını bilmiyorum, ama işe yarıyor. Ne zaman finansal işlerim can sıkıcı görünse, ne zaman açgözlülük ve korku iğrenç kokulu nefesleriyle kulağıma fısıldamaya başlasa (bu tam 15 Nisan civarında olmaya eğilimlidir) gidişatı tersine çevirmek için dağıtmak üzere bir miktar para ayırırım. Bana neşe getirecek bir tavır ve miktarda verdiğim sürece, kısa vadede daha çok para gelir, hiçbir nedenle beklemediğim paralar. Hiçbir mantıksal neden olmamasına rağmen aynı şeyin müşterilerimin başına tekrar tekrar geldiğini görüyorum. Şimdiki hipotezim şu: her birimizi evrensel eter maddesine bağlayan, kozmik bir tür Al-Ver vanası var. Vana kapalı olduğunda ne alırız ne veririz. Açık olduğunda para ve sevgi hayatlarımıza devamlı olarak akar. Vermeye istekli olmadıkça almak için vanayı açamazsınız, tam tersi de doğrudur. Ne zaman ihtiyacınız olursa, vermek iyi şeylerin akışını başlatmak için kullanılabilir bir metottur.

2. *Sevinçten Uçun*

Bir gün aile diş doktorumuz bana oğlumun arka azı dişlerini yeteri kadar temizlemediğini söyledi. Down sendromu Adam'ın kaslarını kontrol etmesini etkilediği için, sıradan bir diş fırçasıyla bütün azı dişlerinin yüzeylerine ulaşabilmesi zor. Diş doktorumuz esnek ve pahalı bir elektrikli fırça tavsiye etti; şansa orada o da satıyormuş, ne büyük tesadüf! Paraları sayıp diş fırçasını aldım, eve gittim, Adam'a fırçayı kullanmayı öğrettim ve kardeşleriyle onu banyoya yolladım. Birkaç dakika sonra banyodan, sanki birisi anestezi yapmadan canlı tavuk yoluyormuş gibi korkunç sesler duydum. Adam'ın elektrikli diş fırçasından çarpıldığından emin bir şekilde banyoya dalmak üzereyken, içeriden çıkmakta olan kızım Elizabeth'e neredeyse çarpıyordum.

"Adam'a ne oldu?" diye sordum ona.

"Bir şey olmadı, anne" dedi Lizzie. "Sadece sevinçten uçuyor."

Hakikaten öyleydi. Adam zevkten mest olmuş bir şekilde lavabonun yanında durmuş, çok yönlü kılları dişlerine sürtüyor, vahşi bir şekilde bağırıyor ve sanki seçimlere adaylığını koymuş gibi sırıtıyordu. Adam yeni deneyimlerin neredeyse hepsine böyle tepki verir. Ona bir beslenme çantası ya da yeni bir iç çamaşırı verdiğinizde zevkten uçar. *"Aman tanrım! Şuna bak. Müthiş! Teşekkür ederim!"*

Bunun sonucu olarak da Adam çok şımartıldı. Herkes ona bir şey verir, çünkü onun almasını izlemek bulaşıcı bir eğlencedir. Eğer iyi giden şansınıza Adam gibi tepki vermenize izin verirseniz, insanlar da size vermek isteyeceklerdir. Çok minikken siz de böyleydiniz, ama büyük ihtimalle arka azı dişleriniz daha ortaya çıkmadan sizi zorla değiştirdiler. Muhtaç gibi değil, kanaatkârmış gibi davranmayı öğrendiniz. Hiç kimseye bir şeyi ne kadar çok istediğinizi göstermemeyi ya da insanların ona almanın sizi ne kadar heyecanlandıracağını görmesine asla izin vermemeyi öğrendiniz. Köpek balıklarını üzerimize çektiği için, bizi hem kişisel hem de profesyonel ortamlarda savunmasız bıraktıkları için çoğumuz açıkça arzu ya da memnuniyet göstermenin mantıksız olduğuna inanırız.

Benim gözlemlerim bu inancın tamamıyla bir palavra olduğunu söyler. En az başarılı olan müşterilerim, hayatlarını düzene sokamıyormuş gibi görünenler, duygusal tepkilerini saklama eğilimi en fazla en saplantılı olanlardır. Diğer yandan bu kitap için çok başarılı insanlarla görüştüğümde, hepsinin hem memnuniyet hem de hayal kırıklığı duygularını açıkça göstermelerinden çok etkilendim. Kayıplarından dolayı üzüntülerini minimuma indirmek yerine şöyle derler: "Ah, o işe giremediğimde harap oldum. *Harap oldum.* Üç gün ağladım." Bir yandan da karşılarına iyi bir şey çıktığında kendilerini sevinçten uçmaya bırakırlar.

Adam gibi, başarılı örnekler çoğu kişinin iyi şeyleri çantada keklik sandıklarını sürekli hatırlatır. "Şu buluta bak! Güzel değil mi? Bir dakika, şu bulutlara bakmam lazım!" ya da "Dün gece televizyon izledim. Harikaydı. Tanrım, hayat ne güzel!" ya da "Nefes almak muhteşem bir şey, değil mi? Nefes almaya bayılıyorum!" gibi şeyler söylemek için görüşmeleri bölerler. Her zaman, sonunda kendimi bu insanlar için bir şeyler yapmak isteyen bir halde bulurum. Minnettarlıklarını ifade eden insanlar etraflarındaki dünyada cömertlik göletleri yaratırlar.

Eğer gerçekten içsel pusulalarınıza danışarak hayatınızın yerini belirler ve kendi Kutupyıldızınıza doğru bir rota çizerseniz, bir yığın güzel şey yaşayacaksınız. Onların keyfini çıkarın. Onları sık sık yorumlayın. İnsanlara hem başarı hem de başarısızlık karşısındaki tepkilenizi söyleyin. Hem memnun hem de açık olun. Mutluluğunuzu maksimuma çıkaracak ve sonsuza kadar sürmesi için altyapı hazırlayacaksınız.

ALIŞTIRMA

Şu anda sahip olduğunuz on tane iyi şey yazın. Mesela şu anda benim 1) sağlıklı akciğerlerim, 2) birçok mutlu anım, 3) çikletim, 4) okuma yeteneğim, 5) hafif yanmış tenim, 6) umudum, 7) diyet meyve suyum, 8) Jamaika gezi planım, 9) güzel bir Kuzey Phoenix manzaram, 10) ter bezlerim var. Ve bu sadece başlangıç! Sıra sizde:

1. ....
....

2. ....
....

3. ....

....

4. ....

....

5. ....

....

6. ....

....

7. ....

....

8. ....

....

9. ....

....

10. ....

....

Şimdi listedeki her maddeye odaklanmak için biraz ara verin. Her biri için kendinizi tebrik edip kutlayın. Değerli özellikleriniz ve avantajlarınız üzerinde kafa patlatın. Böbürlenin. Eğer mümkünse, kendinizden duyduğunuz memnuniyeti minnettar bir tür neşeyle boğulacağınız bir noktaya gelene kadar zorlayın. Bu hissi mümkün olduğu kadar çok ifade edin. İnsanları uzaklaştırmak bir yana, bu durum iyi kişileri ve şansı size doğru çekecektir.

3. *Şu Anda ve Burada Olun*

Andrew Carnegie, "Bana gözü tok bir adam gösterin, ben de size bir başarısızlık göstereyim" demişti. Diğer bir deyişle, daha fazlasına duyulan tutku ve tatmin olamamak başarının temel bileşenleridir. Öyle mi? Tam bir saçmalık! Bu, tıp öğrencilerine yalnızca çok acı çeken hastaların sağlıklı olarak kabul edilebileceğini öğretmek gibidir. Ama yine de bu, çoğumuzun öğrendiği düşünme şeklidir.

"Yeteneğimi kaybetmekten korkuyorum" dedi, gerçekten çok başarılı bir müşterim olan Gil. "Bu günlerde hiç isteğim yok gibi."

Gil çaylaklıktan başlayıp mesleğinin zirvesine kadar çıkmıştı. İkramiyeler hariç yılda yarım milyon dolar kazanıyordu. Harika bir kadınla evliydi ve yeni bir oğulları olmuştu. Gil bütün bunları müthiş bir "isteğin" etkisiyle başarmıştı. Onun sorunu bunun yok olması değil, *doymuş olmasıydı.* Gil'in kaybettiği tek şey bir doyumsuzluk hissi, yeterli miktara sahip olmadığına dair inancıydı. Andrew Carnegie ona hoşnutsuzluğu geri kazanmasını tavsiye edebilirdi, ama ben Gil'in daha fazlasının peşinden koşmak yerinde, şu anda ve burada olanı yaşamanın keyfini çıkarma zamanının geldiğine inanıyorum. Orada yapacağınız tek şey oturup başka bir yeri hayal etmekse, vaat edilen diyara ulaşmanın ne anlamı var ki? Vegas'ta dedikleri gibi, kazanmak için orada olmanız lazım.

Dikkatinizi yaşanan ana çekmek için Asya'ya özgü dini metotlarda çeşitli teknikler vardır, bu yüzden sürekli ileri dönük umut ve korkulara ya da geçmiş başarı ve talihsizliklere sıcak bakarak hayatı yaşamayı elden kaçıramazsınız. Bu metotlardan biri kımıldamadan oturup nefesinize, bir kelimeye ya da mum alevi gibi küçük bir nesneye odaklanmaktır. Bunu denemekten isterseniz, meditasyon üzerine okuyup bilgi edinmenizde ve bu tekniği denemeniz konusunda ısrar ediyorum. Bununla birlikte, kımıldamadan oturmak ve odaklanmak inanılmaz derecede zordur, çoğu müşterim bunu yapmaya hiç zaman ayıramadı. İşte size şu anda burada olmak için daha çabuk ve kolay iki metot daha.

BİRİNCİ ALIŞTIRMA: GÜZELLİK YOLU

Navajo Kızılderililerinin "Güzellik Yolu" dedikleri bir ilahileri vardır ve ben onu zamanında Navajo bir arkadaşımdan öğrenmiştim. Birçok tercümesi olduğuna eminim ve onu kafama göre değiştirdiğim kesin. Buna rağmen Navajo halkından özür dileyerek, size "Güzellik Yolu" ilahisinin bana ait olan versiyonumu öğreteceğim. Çok kolay. Şöyle bir şey:

Önümde de güzellik var, arkamda da güzellik var.
Solumda da güzellik var, sağımda da güzellik var.
Yukarımda da güzellik var, aşağımda da güzellik var.
Etrafımda da güzellik var, içimde de güzellik var.

Bir zamanlar ressam Degas'yı "güzelliği keşfetme konusunda büyük bir yetenek" diye tanımlayan bir yorum okumuştum. Güzelliği yaratmak ya da çoğaltmak değil, onu keşfetmek. İşte o an bir ressamın gerçek katkısının çizdiği şey değil, nasıl gördüğü olduğunu anladım. Güzellik Yolu ilahisini tekrar etmenin bakış açımı değiştirdiğini gördüm. Bu beni ilk cevaba takılmaktan ve saplantılardan hızla çekip çıkarır, o anın dudak uçuklatan sevimliliğini ortaya serer. Bu, hep orada olmasına rağmen hiç fark etmediğim bir güzelliktir.

Tuhaf bir şekilde görkemli olan Sonora Çölünde yürüyüşe çıktığımda sıkı sık bu Güzellik Yolu ilahisini mırıldanırım. Doğada yaşayan insanların böyle bir duayı ne için buldukları oldukça açıktır. Ama aslında bu, daha az güzel olduğu aşikâr olan koşullarda daha çok işe yarar. Daha geçenlerde, bir gece uçakta otururken Güzellik Yolunu kendi kendime tekrarladım. Oranın özellikle güzel bir yer olduğunu düşünmemiştim, hatta yolculuğun sıkıntısı ve klostrofobisinden kurtulmak için başka yerleri düşünüyordum. Bu ilahiyi tekrar ettikçe, önüme, arkama, sağıma, soluma, aşağı, yukarı baktım ve uyuyan yolcuların, yiyecek kokusunun, koltuğumun otuz bin fit altındaki siyah kadife manzarada yer alan minik ışıkların güzelliği karşısında şaşkınlıktan küçük dilimi yuttum.

Shelly haklıydı: Güzellik var olmanın kendine göre bahanesidir. Dünyadaki Andrew Carnegielerin fark etmemiş gibi göründükleri şey güzelliği, onun yansıttığı tatmini yaşamak ve bundaki kendine has derin başarı şeklidir. Şu anda nerede olursanız olun Güzellik Yolu ilahisini tekrar edin. Güzelliği, her tür güzelliği her yerde fark etmeye başlarsınız, kuş şakımalarında ve savaş çığlıklarında, kaslarda ve denklemlerde, endişede ve yulaf ezmesinde. Böylece mevcut anda olmanın ne demek olduğunu keşfedersiniz.

İKİNCİ ALIŞTIRMA: FARKINDA OLARAK ÇİĞNEMEK

Bu, "farkındalık" denilen bir meditasyon çalışmasına dayanır. Bu alıştırmada sıradan şeyleri sıradışı bir dikkatle yaparsınız. Önce, gerçekten sevdiğiniz bir yiyeceği az miktarda hazırlayın; üzüm, şehriye ya da (benim en çok sevdiğim) karamelli ve fıstıklı çikolata olabilir. Rahatsız edilmeyeceğinizi bildiğiniz bir zaman oturun ve bu şeyi çok ama çok yavaş yiyin. Hissettiğiniz bütün duygulara odaklanın: görüntü, koku, tat, ses ve doku. Yiyeceğin ağzınızda, boğazınızda ve midenizde yarattığı duyguyu hissedin. Onunla oynayın. Parmaklarınızla dürtün. Köpük yapın. Sadece bu deneyimin zevkini çıkarmak için bütün benliğinizle o anda olun. Onda genelde fark ettiğinizden çok daha fazla zevk bulacaksınız.

Şimdi, günde bir kez, bu tür bir farkındalığı başka deneyimlere taşıyın: sevdiğiniz birisini kucaklamaya, kediyi sevmeye, giyinmeye, burnunuzu karıştırmaya. Bu deneyim hakkındaki düşünceleriniz yok olup sadece deneyimin kendisi kalana kadar asıl hislere yoğun bir şekilde odaklanmaya çalışın. Tamamen keyfini çıkarın, sonra onu bırakın ve bir sonraki anın keyfini çıkarın. Andrew Carnegie bunu yaptığınız için çok kızabilirdi, ama unutmayın o artık yaşamıyor. Bizim onun için yapabileceğimiz tek şey sonunda rahata kavuştuğunu ummaktır.

DÖRDÜNCÜ KARENİN SONU: VAAT EDİLEN DİYARI EKİP BİÇMEK

En sonunda yavaşladınız ve vaat edilen diyarın bereketli yaşantısının keyfini çıkarmaya başladınız. Bu bir şeyler yapmayı bırakacağınız ya da sıkılacağınız ve işsiz olduğunuz anlamına gelmez. İdeal olarak, bütün hayatınızı gerçek benliğinizin kendini tamamıyla ortaya koyup keyfini çıkarabileceği yer olan Dördüncü Karede geçirdiğinizi görmek isterim. Ama Dördüncü Kare sadece yenilik ve gelişmeye izin verdiği sürrece sürebilir. Eğer bunlara izin vermezse, kendinizi çok kısa zamanda tekrar Birinci Karede bulursunuz. İşte size, mümkün olduğu kadar uzun sürebilmesi için, Dördüncü Kare deneyimlerinizi çoğaltabilme yolları.

1. *Mümkün Olduğu Kadar Çok, Zahmete Değer Deneyim Yaşayın*

Yaşam planlama kitaplarının yanı sıra birçok insan, İyi Hayatı çok fazla şeye sahip olmak diye tanımlar. Ben İyi Hayatı ilginç deneyimler için mümkün olan en yüksek seviyede fon sahibi olmak diye düşünmeyi tercih ederim; buna, sizi tahrik eden buysa, servet deneyimi de dahildir. Deneyim kimlik dokunuza kendini işleyerek sizi geliştirir; siz deneyimlediğiniz şeylerin bir toplamısınızdır.

Bu nedenle, Dördüncü Kareye ulaşan ve kendinden oldukça memnun görünen müşterilerim olduğunda onlara çekici gelen yeni, eşi görülmemiş deneyimlerin neler olduğunu, öz-benliklerini çeken şeyin ne olduğunu bulmaya çalışırım. Böyle deneyimler yaşamak için yeni bir değişim döngüsü başlatmanız gerekmez; onları mutlu, zengin ve rahat olan Dördüncü Kareye katmanız yeterli olur. Elinizden gelen her şeyi bu vaat edilen diyarda, hemen ve şimdi yetiştirebilirsiniz.

Bir zamanlar insanlara "Ölmeden önce ne yapmak isterdiniz?" diye sorardım. Bir süre sonra bu sorunun insanları ürkütüp geri çektiğini gördüm ve bunun onlara gözlerini bağlayıp kurşuna dizmeye götürmeyi planlıyormuşum gibi geldiğini fark ettim. Artık sorumu çok daha dikkatli bir şekilde oluşturuyorum ve şimdi size sormak istiyorum: Dünya gezegenindeki bu özel takılmanız bitmeden önce nasıl bir şey deneyimlemek istersiniz? Yapmak istediğiniz ama hiç yapmadığınız ilginç şeyler var mı?

İnsanlar bu soruya beklenmedik çok tatlı cevaplar verirler. Bu soruyu bu sabah dört müşterime sordum ve işte cevapları: Randy Latin dansları öğrenmek istiyor. Kathy Hindistan'ı gezmeyi umuyor. Orlando sanrı yapan mantarları denemek istediğini söyledi. Jeanette dünyaya kapalı bir kadınlar manastırında bir süre geçirme fikrini yarı ciddi bir şekilde düşündü. Bütün bunlara tepkim şu oldu: ! Bu insanların böyle istekleri olduğundan hiç haberim yoktu, ama hepsini de çok ilginç buldum. Doğal olarak, onları hemen tasarı haline dönüştürdük ve bu müşterilerimin deneyim birikimlerine büyüleyici katkılarda bulunacaklarına hiç şüphe yok.

2. *"Tek Yol" Tabelalarının Hepsini İndirin*

Bu kitabı okuyor olabilecek bütün yasal otoriteleri yukarıdaki paragrafın müşterilerimi sanrı yaratan mantar kullanmaya hiçbir şekilde teşvik etmediği konusunda temin ederim. Bunun yasalara karşı olduğunu biliyorum ve ben de genelde psikoaktif maddeler söz konusu olduğunda biraz gerilirim. Aynı sebepten, bazı insanlar yaşam değiştiren olumlu deneyimleri sanrı yaratan maddeler kullanarak yaşadıklarını bana anlattı ve benim gerçek yolum beni o yöne götürmese de bunun onlar için yanlış olduğunu iddia edebileceğim hiçbir dayanağım yok.

Dördüncü Kareye ulaşan kişilerde mutluluğa giden Tek Yolu keşfettiklerine ve herkesin tam anlamıyla aynı şekilde yaşamaktan faydalanacağına karar vermeleri çok yaygındır. Lahana salatası dışında hiçbir şey yemeden ya da camiye giderek ya da evli olarak ya da koşarak kendilerini daha iyi hissediyorlarsa, o zaman diğer herkesin aynı şeyi yapmasını sağlamaya çalışacaklardır. Bu insanlar aşırı ilkeli, nazik ve iyi niyetlidirler. Onları göz ardı edin. Başka birisinin Kutupyıldızına kilitlenerek kendi rotanızı bulamazsınız.

"Tek Yol" düşünürleri kendi Kutupyıldızları onları bilinmeyen bir bölgeye yönelttiğinde şaşırmaya eğilimlidirler. Onların alışık oldukları düşünce tarzına göre, güvenlik duygusu ancak sürekli değişime uyum göstermekle ortaya çıkar ve kalıcı mutluluk ancak belirli davranış biçimleri ve inançlarla güvence altın alınabilir. Hayatınızın –burada ideal hayatınızdan söz ediyorum– bir noktasında size doğru gelen bir şey, başka bir noktasında tamamen yanlış olacaktır. Vaat edilen diyar, tek bir birey için bile olsa, Tek Yol/Tek Yön tabelalarına uygun bir yer değildir.

Aydınlanmış bir guruyu görmeye giden bir keşiş hakkında eski bir Çin öyküsü vardır. Bir yerde, keşiş geniş bir nehirle karşılaştığı için bambudan bir sal yapıp karşı kıyıya geçmiş. Yolculuğun geri kalanı dik, dağlık bir bölgeymiş. Ama keşiş bambu sala çok bağlanmış. Onu yaparken çok çalışmış, sal çok işine yaramış ve bu kadar yararlı bir şeyi terk etmek ona sağduyulu bir şey gibi görünmemiş. Keşiş salı dağa çıkarmaya çalışmış, ama bu uğraş gittikçe daha yıpratıcı ve bezdirici bir hale gelmiş. En sonunda, salı bırakmadığı sürece gurunun yanına ulaşamayacağını fark etmiş. Bu yolculuğun bir noktadaki amacı daha sonra devasa bir ayak bağı olmuş. Bu, hayatınızdaki ilişkiler için ya da bir din için doğru olabilir. Budizmde, bu tip şeylere "altın zincir" denir; kutsal ve çok kıymetli olsalar da yolculuğunuzun bir noktasında, şu anda, işe yaramayabilirler.

Eğer Tek Yol düşüncesine ondan ameliyatla ayrılamayacak kadar bağlıysanız, sadece başka insanları gerçek rotalarından çıkarmakla kalmaz, yaşamanız gereken hayattaki ilerleyişinizi de durdurabilirsiniz. İçsel pusulalarınızın size toplumsal baskıya karşı koy ya da başka birisinin size ya da başkalarına zarar vermesini engelle diyeceği zamanlar olabilir. Eğer birisi size saldırırsa, durmayın ve niyetlerini gerçekleştirmelerini engellemek için gereken her şeyi yapın. Ama diğer kişiler tehlikeli ya da zararlı değilse, onların yaptıklarından endişe etmeyi bırakın ve kendi yolunuzu bulmaya odaklanın. İnsanlar başkalarının bağımlıkları, tacizleri ya da çılgınca davranışlarından ciddi zararlar gördükten sonra "ilişki bağımlılığı" tedavisinde işte bunu öğrenirler. Hayatta başka hiç kimsenin yolculuğunu kontrol edemezsiniz. Kendinizinkine odaklanın. Şefkat, dürüstlük, kendini inceleme ve açık görüşlülük diğer kişilerle aklı başında ve başarılı bir şekilde etkileşim kurmanın "tek yoludur." Tabii ki bu konuda yanlış düşünüyor da olabilirim.

3. *Değişimi Bekleyin*

Dördüncü Karedeki insan için değişime karşı çıkmak neredeyse evrenseldir. Her şey çok güzeldir, buraya ulaşması çok uzun zaman almıştır. Her şeyin tam da şu anda olduğu gibi kalmasını istemenizde şaşılacak bir şey yok. Ama. Hayatınız bu cümleyi okumaya başladığınız andan beri değişti. Bu cümleye başladığınızdakinden biraz daha yaşlısınız. Saçlarınız ve tırnaklarınız daha uzun, ölümünüze kalan zaman azaldı. Zihninizde şu ana kadar hiç görmediğiniz bir cümlenin anısı var; bir dakika, henüz değişti, yani bir saniye önce, okumaya başladığınızda. Siz, ben ve çevremizdeki her şey sürekli, devamlı, acımasızca bir değişim içindedir.

Biz modern insanlar bu gerçeği eskiden yaşamış olanlardan daha çok kabul etmeliyiz. Etrafımızdaki dünyanın değişim hızı geometrik olarak artıyor. Buhar makinesinin icadına kadar en hızlı seyahat yolu, yüzlerce yıldır varolan, yelkenli gemiler olduğunu bir düşünün. Otomobil geliştirildiğinde, doktorlar insan psikolojisinin büyük ihtimalle saate yirmi kilometreden fazlasına dayanamayacağını söylediler. Artık aramızda en yavaş araba kullanan, okul yakınlarında bile daha hızlı giderken, avcı uçağı pilotu olanlar düzenli olarak sesten daha hızlı yolculuk ediyorlar. Birkaç nesil içinde, tasavvur edilemez miktarda bilgi yaymayı yarattık ve öğrendik (*New York Times*'ın bir sayısında on üçüncü yüzyılda dünyada varolan edebiyattan daha fazla bilgi var) ve kendi ekosistemimizi yok etme noktasına gelecek kadar çoğaldık. Kısacası her şey sadece değişmiyor. Çok ama çok hızlı değişiyor ve yavaşlayacak gibi de durmuyor.

Bu Dördüncü Karenizin, dış dünyada kurduğunuz hayatın değişim gerçeğine uyum sağlaması için çok daha büyük bir neden. Bu durum yaşlanma, ölüm, ihanet, çöküş ve dil hızması yaptırmak gibi sosyal modaların ortaya çıkmasına kızmamanız anlamına gelmez. Sadece size ait olan, vaat edilen diyarın direniş ve üzüntüye zamanı ve yeri olduğu anlamına gelir. Ona ilgisiz kalarak değişimle başa çıkamazsınız. Akıntıyı takip etmeyi, yapmadan yapmayı, sürpriz, trajedi, memnuniyet ve hayranlık oluştuğunda onları tamamıyla yaşamayı öğrenirsiniz. Uygulamada, bu zamanınız kalmamış gibi, pek çok şey yaparak kapasitenizi zorlamamak demektir. Kazanmak ve eğlenmek, beraberlik ve yalnızlık, çaba ve dinlenme arasındaki dengeye dikkat çekmek demektir. İşte size Dördüncü Kareyi mümkün olduğu kadar dayanaklı ve esnek kılacak faydalı ipuçları.

BİRİNCİ ALIŞTIRMA: ARAZİYİ KEŞFE ÇIKIN

Her birimiz için Dördüncü Kareye, vaat edilen diyarın bir versiyonuna ulaştığımızda sadece kendi ölümümüzün katalizör olayı hariç rahatsız edilmeyeceğimiz bir an gelecektir. Ama bundan önce, hepimiz değişim döngüsüne birçok kez, belki de onlarca kez zorla gireceğiz. Ben burada oturmuş yazarken, penceremden dışarı bakıp yaklaşık bir buçuk kilometre ilerideki tepenin üzerinden yükselen kocaman bir duman bulutu görebilirim. Üç saat önce oturduğumda yoktu;

aniden başladı ve çok hızlı büyüyor. Haberlerde gri renkli bu büyük bulutun içinde, iki saat önce, birisinin evi olan yerdeki tüm nesnelerin olduğunu söyledi.

Benim evim daha önce hiç yanmamıştı, ama dikkatlice oluşturduğum hayatım birkaç kez yanıp kül oldu. O evin sahiplerinin neler hissettiğini tahmin edebiliyorum. Tüm kalbimle umuyorum ki ne ben ne siz ne de başka bir canlı bir daha böyle bir şey hisseder. Bu nedenden dolayı, her Dördüncü Kareyi keşfe çıkmayı âdet haline getirmenizi istiyorum. Paranoyak ya da kaderci olmadan, iyi ya da kötü değişim işaretlerine gözcülük edin. Bazen katalizör olayları onların yönünü saptıracak kadar zamanında görebilirsiniz; yangın alarmı taktırıp yangın söndürücüler alarak evinizi yangından koruyabilirsiniz. Bu yüzden dikkatli ve tetikte olun. İşte size düzenli olarak sorup cevaplandıracağınız bazı sorular:

1. Sevdiğiniz kişiler sahip olduğunuz hayattan mutlular mı? İnsanların ailelerinin mutlu olduğunu farz etmelerinin nedeni, sık sık ayrılıklar, restleşmeler ve uzun süreli dargınlıklar yaşamalarıdır.

2. Teknoloji iş alanlarını ve günlük hayatı sizi etkileyecek şekilde değiştiriyor mu? Bilgisayar çağının başlangıcında, hâlâ sürgülü hesap cetveli fabrikalarında çalışan insanlar ya çabuk çözüm buldular ya da tatsız bir şok yaşadılar.

3. Siz ve sevdikleriniz düzenli olarak genel sağlık ve diş kontrolü yaptırıyor musunuz? Pek bir işe yaramadıklarını biliyorum, ama büyük bir sağlık krizi yaşamaktan kurtarabilir.

4. Henüz öğrenemediğiniz yararlı bir hayat becerisi var mı? Tesisatçılık, evrak işleri, yatırım stratejileri? Yıllık gelirinin 200.000 dolarını bildirmeyi beceremediği için vergi kaçakçılığıyla suçlanan bir müşterim vardı. "*Bütün küçük çeklerin* takibini nasıl yapmam bekleniyor ki?" diye hiddetlenmişti. Nasıl

mı: Dikkat ederek ve özgürlüğü için korkarak. Dördüncü Kareye geldiniz mi, her zaman öğrenmeniz gerektiğini bildiğiniz bütün bu şeyleri öğrenmek için fırsat bulursunuz.

5. İçinizde duygusal çöp var mı? Dördüncü Kare çoğunlukla, zaman ve güven olur olmaz mantar gibi yüzeye çıkan eski duygusal yaralarla başa çıkmak için ilk fırsatı sağlar. Eğer bu başınıza gelirse, bir terapist bulun, anılarınızı yazın ya da bu hissi çözmek için ne gerekirse onu yapın. Yoksa Dördüncü Kareyi mahvedersiniz.

6. Öz-benliğinizden gelen herhangi bir huzursuzluk hissediyor musunuz? Sık sık, zamanının gelmesi dışında başka bir nedeni olmadan, yeni bir şey denemek ya da yön değiştirmek için arzu duyacaksınız. Bununla savaşmayın.

7. Çevrenizde aniden yeni fırsatlar beliriyor mu? Dördüncü Kare mükemmel bir başlangıç yeridir. Eğer gerçekten çarpıcı bir şey ya da birisi ortaya çıkarsa ve kendinizi o yöne doğru –bu Birinci Kareye geçmek anlamına gelse bile–çekilmiş hissederseniz hiç durmayın.

İKİNCİ ALIŞTIRMA: DÖRDÜNCÜ KARE MANTRASINI TEKRAR EDİN

Dördüncü Kare mantarsı:

Her şey değişiyor, ama bu önemli değil.

Bunu Dördüncü Karede kendinize sık sık söyleyin. Bu sizi endişelendirebilir, ama endişelendirmesi gerekmiyor, ne de olsa kabul etseniz de etmeseniz de bu, gerçektir.

"Bu da geçecek" ifadesinin, Hintli bir prensin danışmanı tarafından söylendiği iddia edilir. Prens mutlu olduğunda onu mutsuz edecek ve mutsuz olduğunda ise onu mutlu edecek bir şey istemiş. Değişimin farkında olmak hem mutluluğa hem de üzüntüye her zaman hazır olmaktır. Bunun anlamı Zorba'nın "tam facia" dediği, başımıza gelebilecek epey karışık duygu ve deneyim salvosuna kendinizi açmak demektir. Bu, neşesiz bir anımız ya da acı çekmenin yarattığı merhametin olmadığı bir anımız yok demektir. Hayatınızı buna göre düzenleyin yoksa bunlardan birini göremediğinizde kısa bir süre sonra Birinci Kareye geri yollanırsınız. Gerçeğin görmezden geldiğiniz parçası en beklemediğiniz anda gizlice size sokulacak ve *saldıracaktır.* Sonra, gitti güzelim gelecek planları! Ama tabii ki bu da önemli değil.

ÜÇÜNCÜ ALIŞTIRMA: AKAN SU GİBİ OLUN

Geçenlerde bir öğle yemeğinde bir grup profesyonel sanatçı ve yazara konuşma yaptım. Yaşları yetmiş ve üstüydü. Bunun katlanılması gereken uzun ve sıkıcı bir etkinlik olduğunu düşündüğüm için, onlara karşı nazik olmak için hazırlandım. Yemek masasına oturduğumda, yanımdaki kadın hemen kendisine başka birisinden kalan köpek hakkında konuşmaya başladı. "Eski sahibi geçen gün telefonla arayıp köpeğiyle konuşmak istediğini söyledi," dedi kadın. "Köpek sizinle konuşamaz dedim ona. O şu anda diğer hatta." O andan itibaren her şey iyi gitmeye başladı. Bu parti benim üniversitede katıldığım sıkıcı, çılgın tanışma toplantılarının hepsinden daha coşkulu ve ilginç kır saçlı kıdemlilerle doluydu. Oradaki her sanatçı çok uzun seneler yaşamış olsa da salonda tek bir yaşlı yoktu. Akan su gibiydiler, her zaman canlı ve canlandırıcı.

Eğer bir çamurlu bir su birikintisini birkaç gün boyunca bir kapta bırakırsanız, o su, yosun ve böcek larvalarıyla dolup zehirli hale gelir ve pis bir koku yayar. Diğer yanda ise yüzlerce yıldır akan bir kaynaktan, taze içme suyu edinebilirsiniz. Değişmeyi reddeden insanlar durağandırlar ve henüz yirmilerindeyken bile yaşlanmışlardır. Değişimi gerçekten takip eden insanlar ise genç ölmeyi garantilemiş kişilerdir. Akan su gibi her daim tazelenmiş ve canlandırıcıdırlar.

Araştırmalar çocukların yüksek bir "akışkan zekâyla" doğduğunu gösterir. Bu da onların tutkulu bir şekilde meraklı ve yeni beceriler öğrenmekte harika olmalarını sağlar. Biz yaşlandıkça, giderek artan miktarda "kristalleşmiş zekâ" ya da daha önce gördüğümüz durumlarda yetkin bir şekilde iş görmemizi sağlayan sabit bilgiler depolarız. Belli bir noktada (bir bilim insandan bu yaşın yaklaşık olarak yirmi üç olduğunu duydum) çoğu insanın hayatta kalmak için daha fazla öğrenmeyi gereksiz hale getirecek yeterlilikte kristalleşmiş zekâsı olur. Aynı miktarda akışkan zekâ kullanımını bırakırlar ve öğrenme becerileri geriler. Bununla beraber, alışılmadık durumlarla karşılaşmaya devam eden ve yeni şeyler öğrenen insanlar akışkan zekâlarını yüksek seviyede tutarken kristalleşmiş zekâ temelleri de gelişmeye devam eder.

Akan su gibi olmak için, yolunuza çıkan her deneyimi rahat bir şekilde karşılayın. İyi hafızanızı, yaratıcılığınızı ve analitik yaklaşımınızı korumak istiyorsanız, kendinizi kafanızı karıştıracak durumlara sokmaya devam edin. Dördüncü Kare aşırı rahat gelmeye başladığında, hiç sorun kalmadığında, hiç yapamadığınız bir şeye başlayın, mesela araba tamir etmek ya da Fince öğrenmek gibi. Kendi lazerinizi ya da ahşap kulübenizi yapın. Bir roman yazın ve internette yayınlayın. Nasıl yapılacağını bilmek istediğiniz beş şeyin listesini yapın ve beş yıl boyunca her sene birini yapın. Bir taraftan da, daha onları denemeyi düşünmeden önce bile radar ekranınızda aniden ortaya çıkacak şeylere karşı açık olun. Hayatınıza açılan her fırsatın, her köşe ve bucağın içine süzülün.

VE SON OLARAK

Bu kitaptaki bütün tavsiyeler tek bir şeyle özetlenebilir: siz sahip olmanız gereken hayatı bulabilme yeteneğiyle tasarlandınız. Bunu ben sizin için yapamam. Ne anneniz ne sevgiliniz ne dini lideriniz ne de başka birisi bunu yapabilir. Bu kitaptaki yönlendirmelerin sizi bütün yönlendirmelerden kurtarmak ve kendinize güvenmenize yardım etmek dışında kesinlikle bir değeri yoktur. Yazdıklarımda kendi doğruluk anlayışınıza seslenmeyen her şeyi hemen bir kenara atmanızı bütün kalbimle istiyorum, lütfen! Sizin dışınızda hiç kimsenin Kutupyıldızınızı bulma becerisi yoktur ve onu bulmanızı engelleyecek güç sadece sizde vardır. Bu güç hiç kimsede yoktur.

İnsanın fani yolculuğu sizi her yere götürecektir. Kariyer, başarı ve hayal kırıklığı aşamalarından geçeceksiniz. Sevecek ve nefret edeceksiniz, kızacak, özür dileyecek, acı çekecek ve keyif yaşayacaksınız. Bu uzun bir yolculuktur ve arazi göz alıcı bir şekilde değişkendir. Değişmeyecek tek şey, her zaman, her an, doğanızın sizi yazgınıza doğru götürecek o sabit, parlak ışığı fark etmeniz için sizi zorlayacağıdır. İçinizdeki pusulalar, onları kontrol etmeyi unutsanız bile rotanızı takip etmeyi bir süre başaramasanız bile her zaman doğru yolu gösterecektir. Her an tekrar başlayabilirsiniz ve gerçek kuzeye döndüğünüz anda, yaptığınız bütün hatalar ve yanlış yolda ilerlerken harcadığınız her dakika saf bilgelik, şefkat ve neşe malzemesine dönüşecektir.

"Üstat evinden hiç ayrılmadan bütün gün seyahat eder," demiş Lao-tzu. Bu iki şekilde doğrudur: Eğer Kutupyıldızınızı takip ediyorsanız, siz bir noktada sebatla kalırken vücudunuz dünyayı gezebilir ya da en vahşi, maceralı yolculuğu hiç kımıldamadan yapabilirsiniz. Dante'nin Cennete yolculuğu inanılmaz derecede uzun ve olaylarla doluydu, ama bu yolculuk sadece zihninde ve yüreğinde gerçekleşti. Cehennemden çıkarken gördüğü yıldızlar da onunla beraberdi. Onun için olduğu kadar, sizin için de, kendi Kutupyıldızınız bir yer değil, varoluşun bir aşamasıdır. Bu sizin tamamen ve sadece kendiniz olduğunuz haldir. Bu yolculukta bir milyon kilometre yol kat etmiş olabilirsiniz, ama en sonunda, baştan beri kendi Kutupyıldızınızın, sadece, siz olduğunu göreceksiniz. Hayal edebileceğiniz ya da deneyimleyebileceğiniz en iyi rota sizsiniz. Yuvanıza hoş geldiniz.